Timo Runge

Clusterspezifisches Wissen als eine strategische Ressource

Eine theoretische und empirische Analyse
am Beispiel des Luftfahrtclusters
der Metropolregion Hamburg

LIT

Gedruckt auf alterungsbeständigem Werkdruckpapier entsprechend
ANSI Z3948 DIN ISO 9706

Bibliografische Information der Deutschen Nationalbibliothek
Die Deutsche Nationalbibliothek verzeichnet diese Publikation in der
Deutschen Nationalbibliografie; detaillierte bibliografische Daten sind
im Internet über http://dnb.d-nb.de abrufbar.

ISBN 978-3-643-12214-8
Zugl.: ESCP Wirtschaftshochschule Berlin, Diss., 2013

© LIT VERLAG Dr. W. Hopf Berlin 2013
Verlagskontakt:
Fresnostr. 2 D-48159 Münster
Tel. +49 (0) 2 51-62 03 20 Fax +49 (0) 2 51-23 19 72
E-Mail: lit@lit-verlag.de http://www.lit-verlag.de

Auslieferung:
Deutschland: LIT Verlag Fresnostr. 2, D-48159 Münster
Tel. +49 (0) 2 51-620 32 22, Fax +49 (0) 2 51-922 60 99, E-Mail: vertrieb@lit-verlag.de
Österreich: Medienlogistik Pichler-ÖBZ, E-Mail: mlo@medien-logistik.at
Schweiz: B + M Buch- und Medienvertrieb, E-Mail: order@buch-medien.ch
E-Books sind erhältlich unter www.litwebshop.de

INHALTSVERZEICHNIS

Vorwort		ix
Abbildungsverzeichnis		xi
Tabellenverzeichnis		xiii
Abkürzungsverzeichnis		xiv

I	Einleitung		1
	1	Entwicklung und Relevanz der forschungsleitenden Frage	2
		1.1 Problemstellung und Entwicklung der forschungsleitenden Frage	2
		1.2 Theoretische und praktische Relevanz der Fragestellung	5
	2	Stand der Forschung und Forschungsbedarf	6
		2.1 Forschungsstand	6
		2.2 Forschungsbedarf	8
	3	Ziel und Aufbau der Arbeit	10
		3.1 Zielsetzung der Arbeit	10
		3.2 Verlauf der Arbeit	13
II	Cluster		17
	1	Der Begriff „Cluster"	17
		1.1 Netzwerke vs. Cluster	27
		1.1.1 Intraorganisationales Netzwerk	28
		1.1.2 Interorganisationale Netzwerke	30
		1.1.3 Virtuelles Unternehmensnetzwerk	31
		1.2 Differenzierung zwischen den verschiedenen Clustertypen	32
	2	Das Diamanten-Modell als Erklärungsansatz von Clustern	34
III	Theoretischer Bezugsrahmen		41
	1	Resource-based View	42
		1.1 Historische Entwicklung des Resource-based View	43

	1.2	Charakteristika des Resource-based View	48
	1.3	Terminologische Grundlagen des Resource-based View . .	51
	1.4	Identifikation von Ressourcen mit dem Potenzial zur Realisierung von Wettbewerbsvorteilen aus Sicht der Einzelunternehmung	57
	1.5	Begriffliche Abgrenzung der Rentenarten	61
		1.5.1 Ricardo-Renten	63
		1.5.2 Quasi-Renten bzw. Pareto-Renten	63
		1.5.3 Monopolistische Renten	64
		1.5.4 Schumpeter-Renten	64
	1.6	Defizite des Resource-based View	65
2	Relational View		68
	2.1	Grundlegende Kennzeichnung des Relational View	68
	2.2	Grundlagen für Wettbewerbsvorteile	71
	2.3	Relationale Renten	73
	2.4	Schutzmechanismen der Renten.	75
	2.5	Defizite des Relational View.	76
3	Synthese des Resource-based View und des Relational View . . .		77
	3.1	Notwendigkeit und Nutzen der Synthese beider theoretischer Ansätze	78
	3.2	Überprüfung auf Vereinbarkeit der Theorieverknüpfung. .	80
		3.2.1 Überprüfung der theoretischen Ansätze auf Inkommensurabilität.	81
		3.2.2 Fazit der Synthese	83
		3.2.3 Synthese von Resource-based View und Relational View.	83

IV Clusterspezifisches Wissen 89

1	Wissen.		90
	1.1	Demarkation und Definition des Terms Wissen	93
	1.2	Implizites, tazites und explizites Wissen	98
	1.3	Individuelles vs. kollektives Wissen	100
	1.4	Wissensspezifität (generelles vs. spezifisches Wissen) . . .	104
	1.5	Zusammenfassung zum Wissen	106
2	Wissensmanagement		110

INHALTSVERZEICHNIS

	3	Prozesse des Wissensmanagements nach Nonaka und Takeuchi . 112
		3.1 Kritik an der Wissensspirale von Nonaka 116
		3.2 Die Wissensspirale nach Nonaka und Takeuchi auf Clusterebene (mit Hypothesengenerierung) 117
	4	Der Wissenstransfer 122
		4.1 Die Phasen des Wissenstransfers. 126
		4.2 Der Wissenstransfer im Cluster 131
		4.2.1 Der interaktionstheoretische Einfluss auf den Wissenstransfer 131
		4.2.2 Die Strukturvariablen im Informationsnetzwerk . . 134
		4.2.3 Theoretische Darstellung der grundlegenden positiven Einflussfaktoren auf den Wissenstransfer und die Wissensgenerierung im Cluster. 137
		4.2.4 Weitere Rahmenbedingungen für die Generierung von clusterspezifischem Wissen und des Wissenstransfers (mit Hypothesengenerierung) . . . 147
		4.2.5 Der Wissenstransfer in Clustern und die daraus resultierende Generierung von clusterspezifischem Wissen (mit Hypothesengenerierung). 155
		4.3 Zusammenfassung 171
	5	Cluster-based View of Knowledge 177
		5.1 Analyse von clusterspezifischem Wissen auf der Unternehmensebene unter Verwendung des Cluster-based View of Knowledge (mit Hypothesengenerierung) 177
		5.2 Analyse von clusterspezifischem Wissen auf der Netzwerkebene unter Verwendung des Cluster-based View of Knowledge (mit Hypothesengenerierung). 187
		5.3 Analyse von clusterspezifischem Wissen auf der Kontextebene. 193
		5.4 Zusammenfassung 196
V	Empirische Untersuchung 199	
	1	Zielsetzung der empirischen Untersuchung 199

- 2 Methodische Vorgehensweise und Apologie der Vorgehensweise . 200
  - 2.1 Quantitative vs. qualitative Forschungsmethoden 200
  - 2.2 Wahl des Forschungsdesigns. 207
  - 2.3 Gütekriterien der gewählten Methodik 215
- 3 Aufbau und Prozess der empirischen Untersuchung 219
  - 3.1 Forschungsleitende Hypothesen. 219
  - 3.2 Operationalisierung der Variablen. 223
    - 3.2.1 Operationalisierung der Variablengruppe „Qualität der Beziehungen" 224
    - 3.2.2 Operationalisierung von Informationstransfer und clusterspezifischem Wissen 229
    - 3.2.3 Operationalisierung des Potenzials zur Realisierung von Wettbewerbsvorteilen von clusterspezifischem Wissen auf der Unternehmensebene 233
    - 3.2.4 Operationalisierung des Potenzials zur Realisierung von Wettbewerbsvorteilen von clusterspezifischem Wissen auf der Netzwerkebene . 237
- 4 Datenerhebung 241
  - 4.1 Techniken der Datenerhebung 242
    - 4.1.1 Schriftliche Befragung 242
    - 4.1.2 Interview 243
    - 4.1.3 Dokumentenanalyse 244
  - 4.2 Fallstudienauswahl und Apologie 245
  - 4.3 Zielgruppe und Umfang der empirischen Untersuchung innerhalb der Fallstudie. 248
  - 4.4 Heterogenität der Akteure. 250
  - 4.5 Datenerhebungsprozess 251
  - 4.6 Datenanalyse mittels Hypothesenprüfung durch Fallstudien 252
  - 4.7 Clusterspezifisches Wissen in der Luftfahrtcluster Metropolregion Hamburg und ihr Potenzial Wettbewerbsvorteile zu erwirtschaften. 255
    - 4.7.1 Datenauswertung und Ergebnisdarstellung 255
    - 4.7.2 Das Luftfahrtcluster Metropolregion Hamburg . . . 256

4.7.3 Darstellung der Ergebnisse: Variableneinschätzung . 259

　　　　　　4.7.3.1 Einschätzung der Variablengruppe:
　　　　　　　　　 Qualität der Beziehungen 259

　　　　　　4.7.3.2 Einschätzung der Variable: relevante
　　　　　　　　　 Informationen 271

　　　　　　4.7.3.3 Einschätzung der Variable: Wissenstransfer . 272

　　　　　　4.7.3.4 Einschätzung der Variable:
　　　　　　　　　 Clusterspezifisches Wissen 273

　　　　　　4.7.3.5 Einschätzung der Variablengruppe:
　　　　　　　　　 Potenzial zur Realisierung von
　　　　　　　　　 Wettbewerbsvorteilen auf der
　　　　　　　　　 Unternehmensebene des Clusters 283

　　　　　　4.7.3.6 Einschätzung der Variablengruppe:
　　　　　　　　　 Potenzial zur Realisierung von
　　　　　　　　　 Wettbewerbsvorteilen auf der
　　　　　　　　　 Netzwerkebene des Clusters 290

　　　　　　4.7.3.7 Einschätzung der Variable: Staatliche
　　　　　　　　　 Förderung 297

　　4.8 Zusammenfassende Darstellung der
　　　　Variablenausprägungen 298

5 Analyse und Diskussion der Untersuchungsergebnisse 303

　　5.1 Übereinstimmung bezüglich der Qualität der
　　　　Beziehungen und des Transfers von Informationen 303

　　　　5.1.1 Wirkungszusammenhang zwischen der Form und
　　　　　　　der Art der Beziehung und dem Transfer von
　　　　　　　Informationen 304

　　　　5.1.2 Wirkungszusammenhang zwischen der Intensität
　　　　　　　der Beziehung und dem Transfer von
　　　　　　　Informationen 307

　　　　5.1.3 Wirkungszusammenhang zwischen dem Vertrauen
　　　　　　　in der Beziehung und dem Transfer von
　　　　　　　Informationen 307

5.2 Clusterspezifisches Wissen in der Praxis 308
    5.2.1 Wirkungszusammenhang zwischen dem Transfer von Informationen über das Cluster und der Generierung von idiosynkratischen Kenntnissen . . 309
    5.2.2 Wirkungszusammenhang zwischen dem Transfer von fachlich relevanten Informationen und der Generierung von idiosynkratischen Fähigkeiten. . . 310
5.3 Übereinstimmung bezüglich des Potenzials von clusterspezifischem Wissen zur Generierung von Wettbewerbsvorteilen. 310
    5.3.1 Wirkungszusammenhang zwischen clusterspezifischem Wissen und dessen Potenzial Wettbewerbsvorteile auf Unternehmensebene zu erwirtschaften 311
    5.3.2 Wirkungszusammenhang zwischen clusterspezifischem Wissen und dessen Potenzial Wettbewerbsvorteile auf Netzwerkebene zu erwirtschaften 314
5.4 Schlussfolgerungen für das Modell 316
5.5 Kritische Würdigung des Modells 319

VI Schlussbetrachtung 321

1 Zusammenfassung der Ergebnisse 321
    1.1 Das entwickelte Modell 322
    1.2 Die Fallstudie. 324
2 Praktische Implikationen für das Clustermanagement und die Akteure des Clusters in wissensintensiven Branchen. 325
    2.1 Praktische Implikationen auf Basis der theoretischen Erkenntnisse und des Modells. 325
    2.2 Praktische Implikationen aus der empirischen Untersuchung 327
3 Schlussfolgerungen für die Forschung. 330
4 Limitationen. 333
5 Ausblick 335

Anhang 338

Literaturverzeichnis 351

Vorwort

Unternehmenscluster im Kontext der Wettbewerbsfähigkeit von Branchen und Einzelunternehmungen sind ein Thema mit hoher wirtschaftlicher Relevanz. Weltweit gibt es inzwischen umfangreiche Initiativen zur Förderung regionaler Cluster. Es mangelt jedoch an Erkenntnissen, die aufzeigen welche Faktoren zum Erfolg eines Clusters und der Unternehmen im Cluster beitragen. An diesem Punkt setzt das vorliegende Buch an. Die Zielsetzung besteht darin, einen Beitrag zur Klärung der Frage zu leisten, wie einzelne Unternehmen davon profitieren können, in einem Cluster angesiedelt zu sein. Hierbei wird die Wissensthematik in den Vordergrund der Analyse gestellt. So wird angenommen, dass die Wissenstransferprozesse zwischen den fokalen Unternehmen im Cluster zur Generierung von neuem Wissen im Allgemeinen und zu clusterspezifischem Wissen im Speziellen führen. Das so generierte Wissen könnte zu Innovationen für die fokalen Akteure führen und somit einen Faktor darstellen, der das Potenzial besitzt, Wettbewerbsvorteile zu realisieren. Basierend auf diesen Überlegungen wird ein Modell entwickelt, welches ermöglicht den Entstehungsprozess von clusterspezifischem Wissen und dessen Potenzial zur Realisierung von Wettbewerbsvorteilen zu analysieren. Basierend auf dem entwickelten Modell und der empirischen Untersuchung werden dann praktische Implikationen für das Clustermanagement, die Clusterakteure und die Wirtschaftsförderung abgeleitet.

Die vorliegende Ausarbeitung wurde 2013 als Dissertation an der ESCP Europe Wirtschaftshochschule Berlin angenommen. Auf dem Weg bis zur Erreichung des Abschlusses wurde ich von vielen Personen begleitet und unterstützt, hierfür möchte ich mich recht herzlich bedanken. Leider ist es mir nicht möglich alle Personen aufzuführen, dennoch möchte ich ein paar Personen hervorheben, die maßgeblich zum erfolgreichen Abschluss beigetragen haben.

Entsprechend danke ich Frau Prof. Dr. Marion Festing für ihre Betreuung der Dissertation und für die tolle Arbeitsatmosphäre an ihrem Lehrstuhl. Weiterhin möchte ich Herrn Prof. Dr. Frank Jacob für die Übernahme des Prüfungsvorsitzes sowie Herrn Prof. Dr. Markus Bick für seine Unterstützung in Fragen des Wissensmanagements danken. Einen besonderen Dank möchte ich auch den Mitgliedern des „German Australian Research Project on Clusters" aussprechen, da sie mir stets mit wertvollen Ratschlägen zur Seite standen.

Die Realisierung der empirischen Untersuchung wäre nicht ohne die freundliche Unterstützung des „Bundesverbandes der Deutschen Luft- und Raumfahrtindustrie e.V." möglich gewesen. Hier möchte ich mich vor allem bei Herrn Steffen Schwarzer für die Herstellung der Erstkontakte im Luftfahrtcluster der Metropolregion Hamburg bedanken. In diesem Zusammenhang möchte ich mich ebenfalls bei allen Interviewpartnerinnen und Interviewpartnern des Clusters der Metropolregion Hamburg für ihre Zeit und die ausführlichen Antworten bedanken.

Ebenfalls möchte ich meiner Freundin Henrike Dralle für ihren Zuspruch und ihr Verständnis danken. Für die fachlichen Beiträge und die freundschaftliche sowie moralische Unterstützung möchte ich mich vor allem bei den Herren Ruben Dost, Lars Dzedek, Ihar Sahakiants, Jürgen Pauthner, Max Kury, Dr. Joachim Wahl, Frank Miebach, John-Patric Demirpercin, Viktor Bittner und Frau Martina Maletzky bedanken.

Abschließend möchte ich mich ganz besonders bei meinen Eltern Gaby und Udo Runge bedanken, ohne deren Unterstützung mein Werdegang nicht möglich gewesen wäre.

Delmenhorst, März 2013
Timo Runge

ABBILDUNGSVERZEICHNIS

Abbildung 1: Überblick über den Aufbau der Arbeit	14
Abbildung 2: Value Adding Web	23
Abbildung 3: Integriertes Netzwerk	29
Abbildung 4: Clustertypen	33
Abbildung 5: Diamanten-Modell nach Porter	36
Abbildung 6: Die Phasen ressourcenorientierter Forschung	43
Abbildung 7: Marktorientierter vs. Ressourcen-orientierter Ansatz	50
Abbildung 8: Ressourcentypologie	56
Abbildung 9: Theoretischer Bezugsrahmen nach Barney	59
Abbildung 10: Rentenarten unter Berücksichtigung der integrativen Verknüpfung	85
Abbildung 11: Zeitstrahl der Wissenschaftstheorien	90
Abbildung 12: Das Kontinuum von Daten und Informationen zum Wissen	94
Abbildung 13: Die Wissenstreppe	94
Abbildung 14: Die vier Formen der Wissenstransformation	113
Abbildung 15: Die Wissensspirale	115
Abbildung 16: Die Phasen des Wissenstransfers	128
Abbildung 17: Der Wissenstransfer in Determiniertheit von der Wissensart	130
Abbildung 18: Mechanismen des Wissenstransfers	141
Abbildung 19: Einflussfaktoren auf den Wissenstransfer und die Wissensgenerierung	152
Abbildung 20: Relation zwischen Wissenseigenschaften und Transfermechanismen	158
Abbildung 21: Entstehung von clusterspezifischem Wissen durch die Projektarbeit	166
Abbildung 22: Entstehung von clusterspezifischem Wissen durch die Interaktion von Humanressourcen	169
Abbildung 23: Entstehung von clusterspezifischem Wissen durch Humankapitalfluktuation	170
Abbildung 24: Entstehung von clusterspezifischem durch Beobachtung	171
Abbildung 25: Analysemodell zur Entstehung von clusterspezifischem Wissen	172

Abbildung 26: Standortfaktoren 195
Abbildung 27: Modellsegment II: Clusterspezifisches Wissen und Wettbe- 197
werbsvorteile
Abbildung 28: Ausgewähltes Fallstudiendesign nach Yin 213
Abbildung 29: Analysemodell zum clusterspezifischen Wissen 220
Abbildung 30: Gesamtumsatz der drei weltweit größten Luftfahrtstandorte 247
Abbildung 31: Prozess des Pattern Matching 254
Abbildung 32: Erweitertes Analysemodell zum clusterspezifischen Wissen 318

TABELLENVERZEICHNIS

Tabelle 1: Auswahl von Clusterdefinitionen	18
Tabelle 2: Standortfaktoren	26
Tabelle 3: Ressourcen unter dem Bezugsrahmen des Resource-Based View	52
Tabelle 4: Vergleich Resource-Based View und Relational View	70
Tabelle 5: Exemplarische Definitionen des Terminus „Wissen"	95
Tabelle 6: Abgrenzung des Forschungsdesigns der Fallstudie gegenüber anderen Designs	208
Tabelle 7: Nomothetische Fallstudientypen	211
Tabelle 8: Gütekriterien bei Verwendung der Fallstudienmethodik	215
Tabelle 9: Forschungsleitende Hypothesen	221
Tabelle 10: Indikatoren zur Erfassung von Vertrauen	226
Tabelle 11: Indikatoren zur Erfassung der Intensität der Beziehung	227
Tabelle 12: Indikatoren zur Erfassung der Beziehungs-Form	227
Tabelle 13: Indikatoren zur Erfassung der Beziehungsart	228
Tabelle 14: Indikatoren zur Erfassung von relevanten Informationen	229
Tabelle 15: Indikatoren zur Erfassung von Wissens-Transfer	231
Tabelle 16: Indikatoren zur Erfassung von cluster-spezifischem Wissen	232
Tabelle 17: Indikatoren zur Erfassung des Potenzials von clusterspezifischem Wissen zur Realisierung von Wettbewerbsvorteilen auf Unternehmensebene	234
Tabelle 18: Indikatoren zur Erfassung der Imitierbarkeit von Ressourcen	235
Tabelle 19: Indikatoren zur Messung der Werthaltigkeit einer Ressource	236
Tabelle 20: Indikatoren zur Messung des Potenzials clusterspezifischen Wissens zur Generierung von Wettbewerbsvorteilen auf Netzwerkebene	237
Tabelle 21: Kriterien zur Messung der Indikatoren zur Beurteilung des Potenzials zur Realisierung von Wettbewerbsvorteilen durch clusterspezifisches Wissen	239
Tabelle 22: Schutzmechanismen auf Netzwerkebene	240
Tabelle 23: Gesamtumfang der empirischen Untersuchung	249
Tabelle 24: Interviewaussagen	289
Tabelle 25: Zusammenfassende Darstellung der Variablenausprägungen	301
Tabelle 26: Hypothesen zum Einfluss auf den Informationstransfer	305
Tabelle 27: Effekte und Eigenschaften von Wissen	349

Abkürzungsverzeichnis

Abb.	Abbildung
Anm. d. Verf.	Anmerkung der Verfasser
BMBF	Bundesministerium für Bildung und Forschung
bspw.	beispielsweise
bzw.	beziehungsweise
ca.	circa
CFK	Carbon Fiber Composit
d. h.	das heißt
F&E	Fertigung und Entwicklung
F&T	Forschung und Technologie
ggf.	gegebenenfalls
ILA	Internationale Luft- und Raumfahrtausstellung
Kap.	Kapitel
MG	Muttergesellschaft
OECD	Organisation für wirtschaftliche Zusammenarbeit und Entwicklung
RBV	Resource-based View
SECI	Socialization, Externalization, Combination and Internalization
SWOT	Strengths, Weaknesses, Opportunities and Threats
Tab.	Tabelle
TG	Tochtergesellschaft
u. a.	unter anderem/unter anderen
usw.	und so weiter
vgl.	vergleiche
VRIN	Valuable, Rare, Impferfect Imitability and not Substitutable
VRIO	Valuable, Rare, Imperfect Imitability and Organizational Specificity
vs.	versus
ZAL	Zentrum für angewandte Luftfahrtforschung
z. B.	zum Beispiel

I Einleitung

Spätestens mit den Arbeiten von Michael E. Porter ist das Cluster zu einem Modewort geworden, das regelmäßig genutzt und zitiert wird.[1] Der Begriff „Cluster" wird in heutiger Zeit als ein bedeutendes Phänomen in der Wirtschaft diskutiert, wobei sich das Cluster zu einem festen Fachausdruck vor allem im Zusammenhang mit der positiven Wirkung der regionalen Wirtschaftsförderung entwickelt hat, bei der allerdings gesamtwirtschaftliche und unternehmenspolitische Gründe und Sichtweisen im Fokus wirtschaftlicher Überlegungen standen.[2] Als wohl eines der bekanntesten Cluster ist in diesem Zusammenhang das Cluster in Silicon Valley[3] zu nennen; dort haben sich nach dem Zweiten Weltkrieg besonders viele technologieorientierte Unternehmen angesiedelt. Das wissenschaftliche Interesse an Clustern wurde maßgeblich durch die wachsende Überzeugung der Regierungen und internationalen Organisationen wie die OECD sowie durch die EU beeinflusst, die der Überzeugung waren, dass internationale Wettbewerbsfähigkeit in „local things" verortet sei.[4] Neben dem angesprochenen gesamtwirtschaftlichen und unternehmenspolitischen Interesse gewinnt damit auch die Erzielung von strategischen Wettbewerbsvorteilen innerhalb von Clustern zunehmend an Bedeutung in der wirtschaftswissenschaftlichen Literatur, wobei nicht abschließend erklärt werden kann, welche Faktoren zu Vorteilen für die einzelnen Unternehmen im Cluster führen.[5] Dabei besteht das Forschungsinteresse nicht nur aufseiten der Ökonomie und des strategischen Managements, sondern auch in artverwandten Disziplinen wie bspw. der Wirtschaftsgeografie und Wirtschaftssoziologie. Der Ansatz eines Clusters als ein wirtschaftsförderndes, positives und lokal verankertes Instrument führte dazu, dass neben den verschiedenen Forschern der

---

[1] Vgl. bspw. Porter (1998a).
[2] Vgl. Zschiedrich (2006), S. 142.
[3] Geprägt wurde der Begriff „Silicon Valley" von Don Hoefler (Journalist), der im Jahre 1971 erstmals in einer Artikelserie für die Zeitschrift *Electronic News* über das Silicon Valley schrieb. Vgl. Winslow (1995), S. 3.
[4] Vgl. Hamdouch (2010), S. 21.
[5] Vgl. Zentes et al. (2005), S. 543 ff.

angesprochenen Disziplinen auch Politiker verstehen möchten, warum sich Akteure nach bestimmten Handlungsmustern in bestimmten Regionen ansiedeln.[6]

Die Einführung hebt hervor, welche vielseitigen Forschungsinteressen Cluster in den verschiedenen Disziplinen geweckt haben und dass ihnen unter ökonomischen Gesichtspunkten eine besondere Rolle eingeräumt wird. Ebenfalls wird deutlich, dass trotz des starken Interesses viele Aspekte des Clusters noch genauerer Untersuchungen bedürfen, gerade unter dem Aspekt ökonomischer Vorteile von Unternehmen. Aus diesem Grund wird in der vorliegenden Arbeit der Untersuchungsfokus auf die Generierung von clusterspezifischem Wissen gelegt, um einen weiteren ökonomischen Erklärungsansatz in Bezug auf die wirtschaftliche Relevanz für die Clusterakteure zu leisten.

1 Entwicklung und Relevanz der forschungsleitenden Frage

Nachfolgend wird eine Herleitung der forschungsleitenden Fragen der Arbeit sowie die Darstellung deren Bedeutung aus wirtschafts- und wissenstheoretischer Perspektive vorgenommen. Neben der Darstellung der theoretischen Relevanz wird ebenso die Signifikanz für die Unternehmenspraxis herausgestellt.

1.1 Problemstellung und Entwicklung der forschungsleitenden Frage

Seit Mitte der 90er-Jahre widmen sich die verschiedenen Wissenschaftsdisziplinen zunehmend der Untersuchung von Clustern. Dabei ergaben sich basierend auf theoretischen, konzeptionellen, methodologischen oder empirischen Arbeiten zwei zu analysierende Forschungsschwerpunkte. Der erste Forschungsschwerpunkt bezieht sich auf die Art und Intensität von Beziehungsnetzwerken, die an Innovationen beteiligt sind, wohingegen sich der zweite Schwerpunkt mit der Analyse von räumlichen und geografischen Skalierungen von Clustern beschäftig und analysiert, welche Dimensionen und Mechanismen zum Phänomen der Clusterbildung beitragen.[7]

---
[6] Vgl. Krafft (2006), S. 1.
[7] Vgl. Hamdouch (2010), S. 21 f.

Die Themen Cluster, Wissen, Wissenstransfer und Wissensgenerierung spielen in der heutigen ökonomischen Betrachtung eine entscheidende Rolle, vor allem unter dem Gesichtspunkt der Realisierung von Wettbewerbsvorteilen einzelner Unternehmen im Cluster, und bilden damit einen weiteren Forschungsschwerpunkt. Den Clustern werden unter Bezugnahme dieser Stichpunkte besondere Eigenschaften zugeschrieben wie die Erhöhung der Produktivität einzelner Unternehmen und der ganzen Branche sowie einer Erhöhung der Innovationsfähigkeit der fokalen Akteure im Cluster.[8] Eine Verbindung zum Wissen als Grundlage für Innovationen ist dabei unabdingbar. Schließlich wird davon ausgegangen, dass aufgrund der Wissenstransferprozesse zwischen den fokalen Unternehmen im Cluster neues Wissen im Allgemeinen und clusterspezifisches Wissen im Speziellen generiert wird, das zu Innovationen führen kann.[9] Dabei bietet das Cluster Rahmenbedingungen wie etwa die regionale Nähe, die Embeddedness und die kognitive Nähe, die den Wissenstransfer bzw. die Wissensspillover-Effekte und damit die Wissensgenerierung im Cluster begünstigen.[10]

Die ursprüngliche Relevanz der Wissensthematik – frei vom Clusterkontext – begründet sich in dem Umstand, dass die Sozioökonomie einen Wandel von der Industriegesellschaft hin zur Wissensgesellschaft erlebte, bei dem das Wissen zu einem der entscheidenden Faktoren bzw. Ressourcen in Politik und Wirtschaft wurde.[11] Der Ressource „Wissen" kommt hierbei vor allem aufgrund ihrer Ressourceneigenschaften ein hoher Stellenwert zu, denn im Gegensatz zu anderen Ressourcen ist sie akkumulierbar, mehrt sich durch Teilung, kann arbeitsteilig genutzt werden und besitzt Eigenschaften eines „freien Gutes".[12]

Die Eigenschaften der Ressource „Wissen" scheinen dabei eine besondere Relevanz in Verbindung mit dem Cluster zu haben, denn sowohl in öffentlichen als auch in fachlichen Diskussionen um die unternehmerische Wettbewerbsfähigkeit und die Entwicklung von Standorten (Clustern) stehen Wissen, Lernen und Kreativität an zentraler Stelle.[13] Dieser Umstand könnte

---

[8] Vgl. Festing et al. (2010b), S. 166 und Porter (2000), S. 18.
[9] Vgl. Manger (2009), S. 13.
[10] Vgl. Krafft (2006), S. 401 und Mitchell et al. (2009), S. 4.
[11] Vgl. Bamberger/Wrona (1996), S. 130 f. und Kujath (2005), S. 23 ff.
[12] Vgl. Rimkus (2008), S. 1.
[13] Vgl. Zademach/Rimkus (2009), S. 416.

durch die Struktur eines Clusters zu erklären sein, denn ein regionales Cluster umfasst nicht nur Produzenten für Endprodukte (horizontale Akteure), sondern auch Zulieferer und Abnehmer von Zwischenprodukten (vertikale Akteure) sowie unterstützende Institutionen wie Finanz- und Beratungsdienstleister, öffentliche Institutionen für den Bereich Bildung, Ausbildung sowie Forschung und Entwicklung (laterale Akteure). Diese Akteure bilden zusammen ein eng verflochtenes, untereinander verbundenes Netzwerk, das räumlich konzentriert ist und durch Kooperationen und Konkurrenz geprägt ist.[14] In diesem Netzwerk kommt es zu Relationen und Interdependenzen zwischen den fokalen Akteuren, die sich aus der gemeinsamen Leistungserstellung ergeben und den Transfer von Wissen bedingen können; denn in einer arbeitsteiligen Organisationsstruktur bzw. Netzwerkstruktur ist der Transfer von Wissen als Koordinationsmechanismus und als Garant für die effiziente sowie erfolgreiche Zusammenarbeit unbedingt erforderlich. Dabei gibt es ständige Spannungsbeziehungen zwischen den Akteuren, da sie einerseits in Kooperationen interagieren, im selben Moment allerdings in einem Konkurrenzverhältnis stehen.

Trotz dieses Umstands können Cluster sehr erfolgreich sein und werden als Knowledge Booster oder als Wissensfabriken beschrieben, in denen neues Wissen geschaffen wird – sei es durch Weiterentwicklung, gemeinsame Nutzung oder durch die Zuführung in den separaten Produktionsprozess eines fokalen Unternehmens. Dabei spielen neben den bereits genannten Faktoren die räumliche Agglomeration und der Pool von qualifizierten Arbeitskräften als Träger von Wissen eine wichtige Rolle.[15] Alles in allem ist es möglich, dass die Rahmenbedingungen im Cluster dazu beitragen, das „Informationssharing" zu begünstigen, sodass der Austausch bzw. Transfer von Wissen auf geeignete Weise stimuliert wird und ein exponentielles Wachstum entstehen kann, wodurch der Wert des geistigen Vermögens steigt.[16]

Ausgehend von diesen Gesichtspunkten ist zu klären, wie das angesprochene „Informations-sharing" im Cluster stattfindet, welche konkreten Wissensformen bzw. Informationen im Cluster ausgetauscht werden und ob sich aus dem Informationssharingprozess bzw. der Interaktion zwischen den Akteuren clusterspezifisches Wissen entwickelt. Falls es so etwas wie clusterspezifisches

---

[14] Vgl. Kunkel (2010), S. 2.
[15] Vgl. Laperche/Uzunidis (2010), S. 14 ff.
[16] Vgl. Quinn et al. (1999), S. 263.

Wissen gibt – und davon wird in der vorliegenden Arbeit ausgegangen –, resultiert daraus die Frage, was unter diesem Wissen zu verstehen ist und ob es sich bei diesem Wissen um eine strategische Ressource handelt, die für die fokalen Unternehmen im Cluster einen Mehrwert darstellen könnte.

1.2 Theoretische und praktische Relevanz der Fragestellung

Die in dieser Arbeit beabsichtigte Analyse clusterspezifischen Wissens hat sowohl auf theoretischer als auch auf praktischer Seite erhebliche Relevanz. Aufseiten der Theorie wird ein Beitrag sowohl aus wirtschaftswissenschaftlicher Perspektive als auch aus wissensökonomischer Perspektive geleistet, da die Analyse aufgrund ihrer Thematik beide Theoriebereiche tangiert. So wird zum einen aus der Perspektive des Wissensmanagements untersucht, wie clusterspezifisches Wissen entsteht und worum es sich bei dem Term „clusterspezifisches Wissen" handelt, während aus ökonomischer Perspektive betrachtet wird, welchen ökonomischen Wert clusterspezifisches Wissen bringen könnte. Dabei erfolgt die Analyse der Generierung und die Systematisierung von clusterspezifischem Wissen sowohl theoriegeleitet in Form einer ausführlichen Darstellung der Herleitung der Definition sowie durch die Analyse des Entstehungsprozesses anhand einer Konzeptualisierung in einem eigens für diesen Zweck entwickelten Modell. Weiterhin wird dieses Modell empirisch in Form einer qualitativen, eingebetteten Einzelfallstudie anhand des Luftfahrtclusters der Metropolregion Hamburg überprüft. Der zweite Analyseschritt – die Untersuchung, ob es sich beim clusterspezifischen Wissen um eine strategische Ressource handelt – wird ebenfalls theoriegeleitet und empirisch anhand von vorherrschenden Determinanten erfolgen, die eine strategische Ressource charakterisieren.

Für die Praxis ist die vorliegende Arbeit bedeutsam, weil sie Implikationen für die Unternehmen in Form von Ausgestaltungsmöglichkeiten für das Wissensmanagement im Cluster geben kann. Weiterhin fördert sie das Verständnis der Leser über die Wirkungszusammenhänge im Cluster, indem die Prozesse des Wissenstransfers und der Wissensentstehung analysiert werden. Unter Bezugnahme der theoriegeleiteten Annahme, dass clusterspezifisches Wissen eine strategische Ressource darstellt, stellt die Arbeit einen weiteren Mosaikstein zur Erklärung der Vorteilhaftigkeit der Partizipation in einem Cluster dar und kann damit zur Entscheidungsfindung der Unternehmen zur Partizipation in einem Cluster beitragen.

2 STAND DER FORSCHUNG UND FORSCHUNGSBEDARF

Die vorliegende Arbeit baut auf Erkenntnissen aus Forschungsfeldern unterschiedlicher Disziplinen auf, die sich mit Clustern beschäftigen. Von besonderer Bedeung sind allerdings die Wirtschaftswissenschaften und das Wissensmanagement, da mit ihrer Hilfe die Analyse von clusterspezifischem Wissen erfolgen soll. Nachfolgend wird ein Überblick über den Forschungsstand gegeben, der das Cluster sowie das „Wissen" im Cluster aus ökonomischer Sicht und/oder aus Sicht des Wissensmanagements betrachtet, um darauf aufbauend den Forschungsbedarf abzuleiten.

2.1 FORSCHUNGSSTAND

Nachdem Marschall 1890[17] bzw. 1920[18] eine wegweisende Abhandlung über stark lokalisierte Industrien einer Branche, in Großbritanniens Bezirke verfasst hat, entwickelte sich eine Perspektivenvielfalt von Ansätzen, die versuchen, die Phänomene des Clusters zu erklären.

Erste Studien fokussierten dabei vor allem auf die volkswirtschaftlichen Aspekte, die in Form von externen Effekten auftraten – wie etwa die pekuniären Externalitäten,[19] welche bspw. durch das Vorhandensein von spezialisierten Arbeitskräften, den Pool an Zulieferern und durch das Angebot von spezifischen Infrastrukturen im Ballungsgebiet verursacht wurden.[20] Den Untersuchungen gemein ist, dass sie stets auf die positiven Arbeitsmarkteffekte abstellen, die einen vorteilhaften Effekt auf das regionale Angebot haben.

Ein weiterer Aspekt, der untersucht wurde, sind die Wissensspillover-Effekte, die zufälligerweise bei fokalen Unternehmen auftraten und von de-

---

[17] Marshall (1890).
[18] Marshall (1920).
[19] Unter „pekuniären externen Effekten" werden im Allgemeinen die positiven oder negativen gewinnsteigernden oder gewinnmindernden Effekte verstanden, die indirekter Natur sind und eine Folge von Marktbeziehungen darstellen. Sie stellen die Veränderung von Knappheitsverhältnissen dar und determinieren die Ressourcenallokationen. Vgl. Maier/Tödtling (2006), S. 105, und Runge (2009), S. 16 ff.
[20] Vgl. Gorden/McCann (2000), S. 516 ff.

nen angenommen wurde, dass sie ein maßgeblicher Erklärungsfaktor für die Agglomeration von innovativen Unternehmen sind.[21] Seit einiger Zeit verlagerten Forscher in diesem Zusammenhang ihr Forschungsinteresse auf die mit Innovationen verbundenen Vorteile des Clusters[22], woraus die „knowledgebased theory of clusters" entstand.[23] Mit dem Eingang dieser Perspektive in die Theorie wurde die Existenz von Clustern mit der Erwirtschaftung von kollektiven und individuellen Wettbewerbsvorteilen erklärt, die auf günstigen Rahmenbedingungen für die Wissensgenerierung im Cluster beruhen.[24] Dabei fokussiert die wissensbasierte Theorie der Cluster auf den interorganisationalen Wissensaustausch zwischen den fokalen Unternehmen und leitet daraus einen Erklärungsansatz ab, der die verstärkte Wissensgenerierung im Cluster begründen soll.[25] Die darin entwickelte Argumentation stellt vor allem darauf ab, dass die Effektivität des Wissenstransfers durch Face-to-Face-Kontakte erhöht wird, was sich positiv auf die Vertrauensbildung auswirkt und woraus sich institutionelle Normen und Regeln der Kooperation entwickeln können.[26]

Wie diesen Ausführungen zu entnehmen ist, stellt das Wissen innerhalb von Clustern und dessen Transfer ein stetes Forschungsinteresse dar. Dabei wird vor allem auf die Wettbewerbsvorteile abgestellt, um erklären zu können, wieso es zu regionalen Agglomerationen bestimmter Branchen kommt. Ein weithin vernachlässigter Untersuchungsbereich ist allerdings die Analyse von clusterspezifischem Wissen. So hat die umfassende Literaturrecherche[27] lediglich einen Artikel zutage gebracht, der sich im Ansatz mit clusterspezifischem Wissen beschäftigt. Diese Studie bildet den Ansatzpunkt der vorliegenden Arbeit, in der die Denkansätze aufgegriffen werden und zu einer grundlegenden Definition von clusterspezifischem Wissen führen. Auf Basis dieser Definition wird anschließend ein Modell entwickelt, das dann anhand des Datenmaterials konfrontiert wird. Die entscheidenden Unterschiede zur Arbeit von Tallman et al. sind der gewählte Zugang zum Thema Wissen, die gewählte Konzeptuali-

---

[21] Vgl. Breschi/Malerba (2007), S. 2.
[22] Siehe hierzu u. a. Porter (2000) und Tallman et al. (2004).
[23] Vgl. Arikan (2009), S. 658, mit der Angabe weiterer Quellen.
[24] Vgl. Maskell (2001), S. 922.
[25] Vgl. Steiner/Hartmann (2006), S. 498; Bhandar (2008), S. 2.
[26] Arbeiten, die diese Faktoren hervorheben, sind bspw.: Hervás-Oliver/Albros-Garrigós (2008); Uzzi (1996) und Mesquita (2007).
[27] Die Suche wurde via EBSCO durchgeführt mit verschiedenen Begriffspaaren, wie etwa „cluster" und „knowledge", „cluster specific knowledge" etc.

sierung von Clustern als Value Adding Webs und die ausführliche Darstellung des Entstehungsprozesses von clusterspezifischem Wissen sowie die Herleitung einer Definition von clusterspezifischem Wissen.

2.2 FORSCHUNGSBEDARF

Wie in der obigen Ausarbeitung dargelegt wurde, ist der Erkenntnisstand bestimmter Teilaspekte auf dem Gebiet der Clusterforschung recht hoch. Es mangelt jedoch grundsätzlich bereits an einer einheitlichen Definition von Clustern, auf der die weitergehende Forschung aufbauen kann. So äußert sich Hamdouch in seiner Arbeit zum Cluster-Forschungsstand:

„When scanning the large amount of literature that has been written on „clusters" in recent years, to try to identify what could be the essence and the foundations of the notion, the result is quit frightening: there are as many different definitions of what a „cluster" might be as there are authors or publications [...]."[28]

Je nachdem, wie das Cluster konzeptualisiert wurde, kann sich daraus ein anderer Zugang für die Forschung ergeben. Brown et al. äußern sich dazu wie folgt:

„This has an impact on the state of the field since it makes it difficult to reach progress in research and to facilitate exchange between the researchers dealing with the topic."[29]

Um einen weiteren Beitrag für die Forschung zu leisten, wird deshalb in der vorliegenden Arbeit eine Clusterdefinition[30] zum Ausgangspunkt gewählt, die von mehreren Forschern auf dem Gebiet der Clusterforschung verwendet wird, um dadurch einen grundsätzlichen Konsens in der Ausgangslage der Untersuchung zu schaffen und damit die Vergleichbarkeit der Ergebnisse für nachfolgende Untersuchungen zu gewährleisten.[31]

---

[28] Hamdouch (2010), S. 23.
[29] Brown/Burgess/Festing/Royer/ et al. (2010), S. 11.
[30] Eine ausführliche Erörterung des gewählten Clusterkonzeptes wird im Verlauf der Arbeit erfolgen.
[31] Dies ist vor allem daher von Relevanz, da die vorliegende Arbeit in einem „German Australian Research Project on Clusters" (GAPCluster) eingebettet ist. Daran teilnehmende Universitäten sind die ESCP Europe Campus Berlin, die Universität Flensburg, die Southern Cross UNIVERSITY, The University of NEWCASTLE und die Queensland University of Technology.

Neben diesem ersten grundlegenden Forschungsbedarf mangelt es des Weiteren auch an empirischen Untersuchungen, die sich mit der Clusterthematik auseinandersetzen. Speziell in Bezug auf die Wissensgenerierung und den Wissenstransfer im Cluster gibt es zwar erste Abhandlungen, es wird jedoch stets auf den Bedarf nach weiteren empirischen Untersuchungen verwiesen.[32] Als Beispiel sei hierfür exemplarisch die Aussage von Hervás-Oliver und Albros-Garrigós angeführt:

„Further research is required in understanding [...] knowledge exchange in other types of clusters and industries in order to contribute to expanding the theory [...]."[33]

Dieses Forschungsdefizit soll ebenfalls ausgeräumt werden, und zwar in Form einer eingebetteten Einzelfallstudie. Es wurde bewusst ein qualitatives Forschungsdesign gewählt, das sich darin begründet, dass es bis dato keine tief gehenden Abhandlungen zum clusterspezifischen Wissen und zu seinem Entstehungsprozess gibt, was ein qualitatives Vorgehen indiziert.[34] Im Zuge der Untersuchung wird ebenfalls eine Datentriangulation in Form von vorher erhobenen Daten mithilfe eines Fragebogens und auf Basis von sekundären Daten wie Geschäftsberichte oder Internetseiten vorgenommen.[35] Weiterhin wird in der Arbeit ein Modell entwickelt, das anhand des Datenmaterials überprüft werden soll, was einen wesentlichen Zweck von Fallstudien darstellt.[36]

Mit der Modellentwicklung wird ebenfalls ein Forschungsbeitrag geleistet, denn

„a theoretical model that links interfirm knowledge exchanges to a cluster's ability to enhance member firm's knowledge creation efforts is still missing."[37]

Zusammenfassend kann aus den Ausführungen abgeleitet werden, dass es weiterhin Forschungsbedarf und Forschungsinteresse auf dem Gebiet der Clusterforschung gibt. Dieses hebt auch Hamdouch in seiner Arbeit hervor:

„However, despite a large amount of research effort and the yielding of some valuable results, all these issues are still hotly debated. In fact, when carefully examining the

---

[32] Vgl. bspw. Malmberg/Power (2005), S. 426, und Maskell (2001), S. 938.
[33] Hervás-Oliver/Albros-Garrigós (2008), S. 596.
[34] Eine ausführliche Abhandlung zur Thematik wird im Kapitel V vorgenommen.
[35] Siehe zur Thematik der Triangulation: Flick (2004).
[36] Vgl. Siggelkow (2007), S. 21.
[37] Arikan (2009), S. 659.

extensive literature that is available, one can only conclude that there are no consensual views among academics, as well as only a few well-documented „stylised facts", either at the conceptual/theoretical or methodological/empirical level."[38]

Unter Berücksichtigung dieses Aspekts wird in der vorliegenden Arbeit dem Forschungsbedarf Rechnung getragen, indem eine umfangreiche theoretische Ausarbeitung sowohl aus der wirtschaftswissenschaftlichen Perspektive als auch aus der wissensökonomischen Perspektive erfolgt, die die Basis für die Bearbeitung der forschungsleitenden Fragestellung bildet.

Die Relevanz des clusterspezifischen Wissens unter dem Gesichtspunkt der Vorteilserzielung von fokalen Unternehmen im Cluster wird anhand von zwei theoretischen Ansätzen, die in einer Synthese überführt werden, analysiert werden.

3 ZIEL UND AUFBAU DER ARBEIT

In diesem Abschnitt wird die Darstellung der verfolgten Zielsetzung der Arbeit erfolgen, welche sich aus dem identifizierten Forschungsbedarf und unter Bezugnahme der forschungsleitenden Fragestellung ergibt. Nachdem die Zielsetzung erörtert wurde, wird die theoretische Vorgehensweise und der Aufbau der Arbeit vorgestellt werden.

3.1 ZIELSETZUNG DER ARBEIT

Die Zielsetzung der Arbeit besteht darin zu definieren, *was unter dem Term clusterspezifisches Wissen zu verstehen ist*. Zu analysieren, *wie clusterspezifisches Wissen generiert wird* und zu untersuchen, *ob es sich bei dem Term clusterspezifisches Wissen um eine strategische Ressource handelt, die das Potenzial besitzt, Wettbewerbsvorteile für die fokalen Unternehmen zu erwirtschaften*. Hierfür ist die Definition von clusterspezifischem Wissen essenziell, denn nur wenn bekannt ist, über welche Spezifika das clusterspezifische Wissen verfügt, kann darauf basierend untersucht werden, ob die Spezifika der Ressource dazu beitragen können, Wettbewerbsvorteile zu realisieren.

Basierend auf den theoretischen Überlegungen wird davon ausgegangen, dass es aufgrund von formalen und informalen Interaktionen innerhalb sich überlappender Wertschöpfungsnetzwerke der horizontalen, vertikalen und lateralen Akteure im Cluster zur Generierung von clusterspezifischem Wissen

---

[38] Hamdouch (2010), S. 22.

kommen könnte. Weiterhin wird davon ausgegangen, dass dieses Wissen aufgrund seiner Eigenschaften das Potenzial besitzen könnte, Wettbewerbsvorteile zu generieren. Um diese theoretischen Überlegungen zu untersuchen, wird ein Modell bestehend aus zwei Segmenten entwickelt, welches dazu dient, den Entstehungsprozess von clusterspezifischem Wissen und dessen Potenzial, Wettbewerbsvorteile zu generieren, aus theoretischer und praktischer Perspektive zu analysieren. Hierzu werden im Modell Zusammenhangshypothesen postuliert, die im Verlauf der Arbeit mit dem erhobenen Datenmaterial der nomothetisch eingebetteten Einzelfallstudie konfrontiert werden, um so die entwickelten Hypothesen zu überprüfen. Das empirische Muster wird ebenfalls Verwendung finden, um das Modell ggf. zu konsolidieren oder zu erweitern.

Es ist erforderlich, die Wissensthematik inklusive des Wissenstransfers aufzuarbeiten, um basierend auf diesen theoretischen Grundlagen und unter Einbezug der clusterspezifischen Erkenntnisse die Zielsetzung erreichen zu können, eine Definition von clusterspezifischem Wissen zu geben sowie den möglichen Entstehungsprozess zu beschreiben. Diese theoretischen Überlegungen bilden die Basis für das erste Modellsegment zum clusterspezifischen Wissen und den darin postulierten Wirkungszusammenhängen.

Zur Analyse der Relevanz des clusterspezifischen Wissens für die fokalen Akteure, also zur Beantwortung der Fragestellung, ob es sich bei dem clusterspezifischen Wissen um eine strategische Ressource handeln könnte, die das Potenzial besitzt eine Rentengenerierung zu ermöglichen und für die im zweiten Modellsegment postulierten Zusammenhangshypothesen, ist es erforderlich eine integrative Verknüpfung des Resource-based View und des Relational View hin zum Cluster-based View of Knowledge vorzunehmen.

Die Verwendung der Theorie (Resource-based View) und des theoretischen Ansatzes (Relational View) sowie deren Synthese zum Cluster-based View of Knowledge[39] erscheinen als besonders geeignet, um Erklärungsansätze für die Fragestellung nach dem Potenzial des clusterspezifischen Wissens,

---

[39] Der Cluster-based View of Knowledge ist ein Ansatz, der die Betrachtung von clusterspezifischem Wissen, als eine strategische Ressource, in den Mittelpunkt stellt. Er fokussiert hierbei auf die Eigenschaften von clusterspezifischem Wissen, die auf der Netzwerk- und Unternehmensebene des Clusters, das Potenzial haben könnten, Wettbewerbsvorteile für die einzelnen Akteure zu generieren. Die theoretischen Annahmen fußen hierbei auf dem Resource-based View und dem Relational View.

Wettbewerbsvorteile zu erwirtschaften, zu geben. Grundlegend für diese Entscheidung sind der eingangs erläuterte Untersuchungsfokus und die Dominanz von ressourcenorientieren Ansätzen im Rahmen der Clusterforschung. So wurden ähnliche theoretische Ansätze zur Erklärung von Wettbewerbsvorteilen in Clustern bereits in vorherigen Studien unter ähnlichen Rahmenbedingungen und mit korrelierenden Forschungsschwerpunkten gewählt.[40]

Der Resource-based View erscheint dabei als besonders geeigneter Erklärungsansatz, um das Potenzial von clusterspezifischem Wissen, Wettbewerbsvorteile auf Unternehmensebene generieren zu können, einzuschätzen. Hierfür spricht vor allem die Tatsache, dass Barney bereits einen theoretischen Bezugsrahmen zur Beurteilung von Ressourcen in Hinsicht auf ihr Potenzial nachhaltige Wettbewerbsvorteile zu generieren gegeben hat.[41] (Siehe hierzu ausführlich Kapitel III. Theoretischer Bezugsrahmen, Absatz 1.4)

Der Relational View findet Zugang in die Arbeit, da er Erklärungsansätze liefert, welche Wirkungsmechanismen bzw. potenzielle Quellen zur Realisierung von interorganisationalen Wettbewerbsvorteilen benennt.[42] Damit bildet er die theoretische Grundlage für die Analyse des Potenzials von clusterspezifischem Wissen auf der Netzwerkebene des Clusters.

Eine integrative Verknüpfung des Resource-based View und des Relational View bleibt allerdings unerlässlich, denn nur so wird es ermöglicht zu beurteilen, ob das clusterspezifische Wissen das Potenzial besitzt, Wettbewerbsvorteile auf der Unternehmens- und/oder Netzwerkebene zu erwirtschaften.

Die Verwendung lediglich einer Theorie würde dazu führen, dass relevante Ebenen des Clusters unberücksichtigt bleiben und damit Forschungserkenntnisse verloren gehen. Durch die Synthese der Ansätze wird es hingegen ermöglicht, Erklärungslücken zu schließen, einen Erkenntnisgewinn zu erzielen und eine bessere vereinfachte Darstellung der Wirklichkeit vorzunehmen, die der Komplexität des Clusters gerechter wird.[43]

Nachdem die Zielsetzung der Arbeit dargelegt wurde, kann zusammenfassend gesagt werden, dass die Arbeit an den bisherigen Forschungsstand an-

---

[40] Vgl. Hervás-Oliver/Albors-Garrigós (2007); de Oliveira Wilk/Fensterseifer (2003); Brown/Burgess/Festing/Royer (2010) und Festing et al. (2010b).
[41] Vgl. Barney (1991), S 231.
[42] Vgl. Dyer/Singh (1998), S. 674.
[43] Zur weiteren Begründung der Theorieauswahl sei auf das Kapitel III. Theoretischer Bezugsrahmen verwiesen.

knüpfen wird und einen Beitrag zum Erschließen der zuvor identifizierten Forschungsdefizite leisten wird.

3.2 Verlauf der Arbeit

Nachdem in der vorliegenden Einführung ein erster Überblick zur Signifikanz des Themengebietes für die Forschung und die Praxis gegeben wurde, sowie dessen Forschungsstand und Defizite aufgezeigt wurden, wird die Behandlung der forschungsleitenden Fragestellung sukzessiv im Verlauf der nachfolgenden Kapitel erfolgen. Der Verlauf wird dabei überblicksweise in Abbildung 1 dargestellt.

Beginnend mit einer kurzen Erörterung des Clustermodells von Porter und einer darauf folgenden Abgrenzung eines Clusters von einem Netzwerk, wird das in dieser Arbeit verwendete Clusterkonzept expliziert; dabei wird das Cluster in der folgenden Ausarbeitung als sich überschneidende Wertschöpfungsnetzwerke verstanden und konzeptualisiert (Abschnitt II). Diese Ausarbeitung ist erforderlich, um für die Leser ein einheitliches Verständnis des Clusterbegriffs zu gewährleisten.

Nach der erfolgreichen Darstellung des Clusters wird auf diesem Verständnis aufbauend die Erörterung des konzeptionellen Bezugsrahmens erfolgen (Abschnitt III). In diesem Abschnitt wird als Erstes der Resource-based View ausführlich dargestellt. Im Anschluss daran wird der Relational View erörtert. Basierend auf den Ausführungen wird dann die Notwendigkeit und der Nutzen der Synthese beider theoretischer Ansätze dargestellt. Abschließen wird dieser Absatz mit der Inkommensurabilitätsprüfung für die Synthese des Resource-based View (RBV)[44] und des Relational View.

Die integrative Verknüpfung beider Ansätze wird unter Berücksichtigung der Erkenntnisse zum clusterspezifischen Wissen am Ende des Abschnitts 4 erfolgen. Der so entwickelte Cluster-based View of Knowledge bildet dann den Analyserahmen für die weitere Untersuchung. Dieser Analyserahmen ist erforderlich, um die Besonderheiten der Rentengenerierung innerhalb des Clusters berücksichtigen zu können und damit eine ganzheitliche Beurteilung des clusterspezifischen Wissens als strategische Ressource zu ermöglichen. Die vor-

---

[44] Der Begriff „Resource-based View" beinhaltet sämtliche Modelle und Ansätze, die zu erklären versuchen, dass eine Korrelation zwischen der Individualität und der Erfolgsposition aufgrund der Ressourcenausstattung besteht. Vgl. hierzu, Rasche/Wolfrum (1994), S. 105 ff.

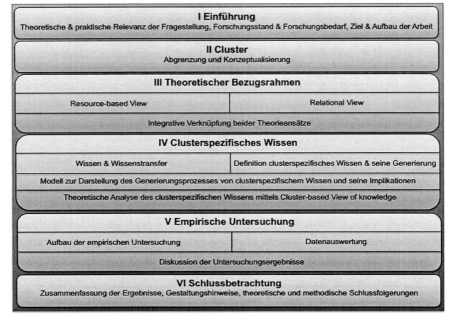

Abbildung 1: Überblick über den Aufbar der Arbeit[45]

herige Behandlung der Thematik „clusterspezifisches Wissen" ist erforderlich für die Erstellung des Analyserahmens und des Modells. So wird im Vorfeld theoriegeleitet die Definition von clusterspezifischem Wissen vorgenommen und der Entstehungsprozess von clusterspezifischem Wissen beschrieben, wobei der Zugang über das Wissensmanagement erfolgen wird. Dies ist erforderlich, um die Charakteristika von clusterspezifischem Wissen bestimmen zu können und den Entstehungsprozess entsprechend im Modell abzubilden.

Im nächsten Schritt erfolgt im Kapital 5 die empirische Untersuchung des Modells. Hierzu wird im ersten Abschnitt die Zielsetzung der empirischen Untersuchung dargelegt. Im Anschluss daran, erfolgt die Erörterung der methodischen Vorgehensweise und deren Apologie. Darauf aufbauend wird der Aufbau und Prozess der empirischen Untersuchung beschrieben, bevor explizit auf die Datenerhebung eingegangen wird. Abschließen wird das Kapitel V mit der Analyse und Diskussion der Untersuchungsergebnisse. Die Analyse erfolgt

---

[45] Quelle: Eigene Darstellung.

mit Hilfe der Pattern-Matching-Logik, indem die theoretisch fundierten Hypothesen (theoretisches Muster) mit dem Datenmaterial (empirisches Muster) konfrontiert werden. Hierfür bildet eine im Luft- und Raumfahrtcluster der Metropolregion Hamburg erhobene eingebettete Einzelfallanalyse die Basis.

Den Abschluss der Arbeit bildet das Kapitel VI (die Schlussbetrachtung), in der die Ergebnisse zusammenfassend dargestellt werden, praktische Implikationen für das Clustermanagement gegeben werden, Schlussfolgerungen für die Forschung gezogen werden, die Limitationen der Arbeit erörtert werden und ein Ausblick gegeben wird.

II Cluster

In fact, it is difficult even for specialised academics to swim in such troubled waters.
Abdelillah Hamdouch[46]

In diesem Kapitel erfolgt eine kurze Darstellung des Clusterbegriffs, der die Grundlage für den weiteren Verlauf der Abhandlung bildet. Dadurch soll eine terminologische Basis für die Untersuchung geschaffen und ein besseres Verständnis der Thematik ermöglicht werden. Im Anschluss daran wird eine Abgrenzung zwischen Clustern und Netzwerken erfolgen, um den Unterschied zum Cluster zu verdeutlichen und die Forschungsrelevanz der Arbeit hervorzuheben. Abschließen wird dieses Kapitel mit der Darstellung des Diamanten-Modells nach Michael Porter und einer kurzen kritischen Würdigung des Modells, um anhand dessen einen ersten Erklärungsansatz zum Entstehen von Clustern zu liefern und um aufzuzeigen weshalb Cluster Wettbewerbsvorteile generieren können. Im weiteren Verlauf der Arbeit wird dann ein eigenständiger Erklärungsansatz erarbeitet, der allerdings auf das clusterspezifische Wissen als Erklärungsgrundlage abstellt.

1 Der Begriff „Cluster"

Wie bereits in der Einführung dargestellt wurde, handelt es sich bei dem Begriff „Cluster" um einen Term, der vielfach definiert wurde und der sich in verschiedenen wissenschaftlichen Disziplinen wiederfindet. Geprägt wurde er von den Arbeiten des Ökonomen Michael Porter, der Ende der 1980er sein Konzept zur internationalen Wettbewerbsfähigkeit von Nationen entwickelt hat.[47] Sein Clusterkonzept war ein analytischer Ansatz, der ebenfalls in der Politik- und in der Managementforschung Bedeutung erlangte. Aufbauend auf

---

[46] Diese Aussage formulierte Abdellah Hamdouch in seinem Werk „Conceptualising Innovation Networks and Clusters", als er seine Erörterung über die vielfältigen Ansätze und Definitionen von Clustern verfasste. Quelle: Hamdouch (2010), S. 24.
[47] Vgl. Porter (1998b); Porter (1998a); Porter (2000).

seiner Definition entwickelten sich vielfältige Variationen des Begriffs „Cluster", aber auch neue Denkansätze. Nachfolgend wird ein kurzer Ausschnitt dieser Definition in Tabelle 1 gegeben, um die Vielfalt zu verdeutlichen

Tabelle 1: Auswahl von Clusterdefinitionen[48]

Autor	Begriff	Definition
Swann/Prevezer (1998), S. 1	Cluster	„A cluster means a large group of firms in related industries at a particular location."
OECD (1999), S. 5	Cluster	„Clusters are characterized as networks of production of strongly interdependent firms (including specialized suppliers), knowledge producing agents pendent firms (including, research institutes, engineering companies), bridging institutions (brokers, consultants) and customers, linked to each other in a value-adding production chain."
Berg et al. (2001), S. 186.	Cluster	„[…] clusters as localized networks of specialized organisations, whose production processes are closely linked through the exchange of goods, services and / or knowledge."
Porter (2003), S. 254	Cluster	„A cluster is a geographically proximate group of interconnected companies and associated institutions in a particular field, linked by commonalities and complementarities."
Sautter (2004), S. 66	Cluster	„Der Begriff Cluster bezeichnet zunächst lediglich eine Häufung bzw. Zusammenballung von homogenen Einzelteilchen, die durch ihr konzentriertes Auftreten als ein aus dem Umfeld herausragendes Ganzes wahrgenommen werden."

Trotz der vielfältigen Definitionen des Terms „Cluster" kann doch eine grundlegende Einordnung in zwei Konzepte vorgenommen werden.[49] Das erste Konzept spiegelt dabei die Grundannahmen von Michael Porter wider und

---

[48] Quelle: Eigene Darstellung.
[49] Diese Eingrenzung erfolgt auf Basis der Tatsache, dass es sich hierbei um zwei der Konzepte mit der größten Bedeutung handelt und viele andere Konzepte auf ihnen basieren.

die vieler Autoren, die sich an sein Konzept anlehnen. Das zweite Konzept, das sich durch mehr Heterogenität auszeichnet, basiert hingegen auf den Annahmen des OECD-Ansatzes, das Cluster als netzartige Gebilde konzeptualisiert.[50] Dieses Konzept wurde von den Hertog und Roeland weiterentwickelt, indem sie die Möglichkeit zu strategischen Allianzen innerhalb des Clusters zwischen fokalen Unternehmen mit aufnahmen, genauso wie die Verbindung zu Universitäten und Forschungseinrichtungen.[51]

Aufgrund der Popularität – gemessen an der Zitierhäufigkeit – wird an dieser Stelle der Arbeit vertieft auf die Definitionen und den Ansatz von Michael Porter eingegangen.[52] Hierbei ist anzumerken, dass auch Porter nicht nur die vorgestellte Definition verwendete, um Cluster zu konzeptualisieren, sondern seine Definitionen mehrfach weiterentwickelte, mit teilweise substanziellen Änderungen.[53] Grundsätzlich ging Porter in seinem Clusterkonzept davon aus, dass Unternehmen Kostennachteile für Produktionsfaktoren durch globalen Einkauf kompensieren können, weshalb die Generierung von nachhaltigen Wettbewerbsvorteilen nur dann möglich wäre, wenn die Unternehmen in der Lage sind, ihre Inputs effizienter zu nutzen als andere.[54] Er ging davon aus, dass diese effizientere Nutzung ihren Ausdruck vor allen in kontinuierlichen Innovationen finden wird, die vor allem in Clustern entstehen. Porter ging dabei davon aus, dass in einem Cluster das Verhältnis zwischen den Unternehmen von Kooperation und Konkurrenz geprägt ist, wodurch der Wettbewerb auf drei Arten beeinflusst wird. Erstens wird die Produktivität der Unternehmen gesteigert, zweitens bestimmen sie die Innovationsrichtung sowie das Tempo von Innovationen und drittens wird ein Anreiz zur Gründung neuer Unternehmen geschaffen, der das Cluster stärkt.[55] Er definierte 1998 dabei ein Cluster wie folgt:

„Clusters are geographic concentrations of interconnected companies and institutions in a particular field. Clusters encompass an array of linked industries and other en-

---

[50] Vgl. Hamdouch (2010), S. 25.
[51] Vgl. den Hertog/Roelandt (1999), S. 414. Unter Berücksichtigung dieser Information ist auch die in der vorliegenden Arbeit verwendete Definition eines Clusters in die Ansatzgruppe der OECD einzuordnen.
[52] Vgl. Steffen (2011), S. 5 ff.
[53] Vgl. Halder (2005), S. 33.
[54] Vgl. Scheideler (2010), S. 6.
[55] Vgl. Porter (1998b), S. 55.

tities important to competition. They include, for example, suppliers of speeialized inputs such as components, machinery, and services, and providers of specialized infrastructure. Clusters also often extend downstream to channels and customers and laterally to manufacturers of complementary products and to companies in industries related by skills, technologies, or common inputs. Finally, many clusters include governmental and other institutions – such as universities, standards-setting agencies, think tanks, vocational training providers, and trade associations – that provide specialized training, education, information, research, and technical support."[56]

In dieser Definition von Clustern nahm Porter bereits die geografische Konzentration von vernetzten Unternehmen und Institutionen eines bestimmten Feldes mit in die Betrachtung auf, während er 1990 basierend auf seinem Diamanten-Modell, das im Verlauf der Arbeit erklärt werden wird, noch von Industrien sprach.[57] So definierte er ein Cluster als „consisting of industries related by links of various kinds."[58] Unter Berücksichtigung dieser beiden Definitionen und den Definitionen der folgenden Jahre lassen sich vier Aspekte identifizieren, die er verwendet, um ein Cluster zu beschreiben. Erstens die geografische Konzentration, zweitens die Vernetzung zwischen Unternehmen und Institutionen, drittens das Vorhandensein von Wettbewerb und Kooperation und viertens die Spezialisierung.[59]

Bei genauer Auseinandersetzung mit den Definitionen und dem Ansatz von Porter wird eines sehr schnell deutlich: Seine Definitionen geben viel Freiraum für Interpretation und verfügen nicht über die nötige Abgrenzung zu anderen Konzepten, weshalb auch in diesem Punkt Raum für Diskussionen bleibt.[60] Kritisiert wurde sein Ansatz des Clusters vor allem aus dem wissenschaftlichen Bereich der Wirtschaftsgeografie. Dabei wurden vor allem die Kritikpunkte der mangelnden empirischen und analytischen Basis der Untersuchung sowie die scheinbar frei gewählte räumliche Determination angeführt.[61] Porter selbst gibt für diesen Faktor eine ziemlich breite Spanne an, die von ei-

---

[56] Porter (1998a), S. 78.
[57] Die Verwendung der Begrifflichkeit „Industrie" ist damit zu erklären, dass Porter mit Hilfe des Diamanten-Modells primär die Wettbewerbsfähigkeit von Nationen im Sinne von Nationalstaaten erklären wollte, wenngleich die Übertragbarkeit des Analyseinstrumentes bereits auf kleinere räumliche Maßstäbe ausgelegt war. Vgl. Halder (2005), S. 33
[58] Porter (1990), S. 131 und S. 148 f.
[59] Vgl. Brown et al. (2007), S. 8.
[60] Vgl. Alting (2006), S. 42.
[61] Vgl. Kaminski (2009), S. 13 f. und Martin/Sunley (2003), S. 19.

ner Region, einem Staat oder auch einer einzelnen Stadt bis hin zu benachbarten Ländern reicht.[62] Die Grenzen eines Clusters sind entsprechend nicht klar definiert. Weitere Kritik wurde zudem auf Basis der beschränkten Sichtweise ausgeübt. Dabei wurde kritisiert, dass die Produktivität und Wettbewerbsfähigkeit von Clustern im Fokus der Untersuchung standen, und aufgrund dessen soziokulturelle Aspekte der Entstehung von Clustern sowie deren Entwicklung vernachlässigt wurden.[63] Nichtsdestotrotz ist sein Konzept weiterhin von Bedeutung und wird deshalb Eingang in diese Arbeit finden.

Aufbauend auf diesen Schwächen fertigten Brown et al. (2007) eine Literaturübersicht an, um weitere Forschungsdefizite in den verschiedenen Ansätzen zu identifizieren und darauf aufbauend einen eigenen Ansatz mit dazugehöriger Definition zu entwickeln. Als Ergebnis der Literaturrecherche hoben sie in ihrer Arbeit bspw. hervor, dass die Rolle von Einzelunternehmungen oft nicht in die Analyse von Clustern mit einbezogen wird. Die Einbeziehung von einzelnen Unternehmen war für die Forschung von Brown et al. (2007) jedoch von besonderer Wichtigkeit, um einen Erklärungsansatz für die Vorteilhaftigkeit der Partizipation in einem Cluster aus Sicht von Einzelunternehmen geben zu können. Auch dem Prinzip der willkürlichen räumlichen Abgrenzung kann mithilfe ihrer Definition entgegengewirkt werden, da die räumliche Nähe durch einen weiteren Faktor, nämlich den der relationalen Interdependenzen ergänzt wird.[64]

Aufgrund der Tatsache, dass essenzielle Schwächen der Clustertheorie in ihrem Ansatz beseitigt wurden, und aufgrund der gemeinsamen Relevanz der Einbeziehung von Einzelunternehmungen in die Analyse von Clustern, wird nachfolgend die Definition eines Clusters von Brown et al. (2007) erfolgen.

In der vorliegenden Arbeit wird dementsprechend das Cluster

„als sich überlappende Wertschöpfungsnetzwerke[65] einzelner Clusterakteure verstan-

---

[62] Vgl. Porter (2000), S. 16.
[63] Vgl. Kunkel (2010), S. 15.
[64] Vgl. Brown et al. (2007), S. 19.
[65] „Wertschöpfungsnetzwerke sind ihrer Struktur nach dezentrale polyzentrische Netzwerke, die gekennzeichnet sind durch komplex-reziproke Beziehungen auf der Grundlage von Verknüpfungen zwischen autonomen, rechtlich selbstständigen Einheiten oder Akteuren. Sie bilden einen Pool von potentiziellen Wertschöpfungspartnern, die fallweise zur Wertschöpfungsprozessen konfiguriert werden. Die Entstehung ist ökonomisch motiviert und auf die nachhaltige Erzielung von ökonomischem Mehrwert ausgerichtet. Rückgrat der Kommu-

den. Die Wertschöpfungsnetzwerke bestehen jeweils aus Verbindungen zwischen horizontalen, vertikalen und lateralen Wertschöpfungsaktivitäten. Diese werden von unterschiedlichen Akteuren erbracht, welche in räumlicher Nähe zueinander innerhalb eines spezifischen Branchenkontexts agieren. Die Verbindungen der Akteure zueinander sind durch Abhängigkeiten unterschiedlicher Stärke und Qualität charakterisiert und definieren die Grenzen eines Wertschöpfungsnetzwerkes."[66]

Ein weiterer Grund, warum die Wahl auf ihre Explikation fiel ist die Tatsache, dass die verschiedenen Ebenen eines Clusters berücksichtigt werden und die Verbindungen zwischen den einzelnen Akteuren klar dargestellt werden. So kann ihre Definition im Verlauf der Arbeit verwendet werden, um Konzeptionalisierungsansätze für den späteren Analyserahmen des Entstehungsprozesses von clusterspezifischem Wissen zu geben.

Nachdem die theoretische Einordnung der Definition und die Begründung der Definitionsauswahl erfolgt sind, wird im Folgenden darauf aufbauend das Modell eines Clusters dargelegt.

Ein Cluster wird nachfolgend also als ein sich überlappendes Wertschöpfungsnetzwerk verstanden, das sich aus einer Reihe von einzelnen Akteuren zusammensetzt, die in einer definierten Umgebung miteinander in Verbindung stehen.[67] Die Umgebung wird dabei durch die Stärke und Qualität der Abhängigkeiten der Akteure einer Branche definiert (siehe hierzu Abbildung 2).

Dabei wird in Anlehnung an Thompson (1967) grundsätzlich zwischen

---

nikation und Interaktion bildet ein verteiltes Informationssystem." Quelle: Benger (2007), S. 96 f.

[66] Festing et al. (2010b), S. 166. Die Autorinnen definieren ihrerseits Cluster in Anlehnung an die Arbeit von Brown et al., die Cluster wie folgt definieren: „A cluster is a value adding web constituted by a connection of horizontal, vertical and lateral value adding activities contributed by different actors in proximity to one another which all act in relation to a specific industry sector. The actors have relationships characterised by interdependencies of different strength and quality that define the boundaries." Brown et al. (2007), S. 20; Siehe hierzu auch Brown et al. (2008), S. 159 f.

[67] Die Verbindung der Akteure untereinander ist dabei von entscheidender Bedeutung; denn nur wenn ein Akteur (nachweisbar) in einer Relation zu mindestens einem anderen Akteur steht, die nachfolgend durch Interdependenzen beschrieben wird, wird seine Zugehörigkeit zum Cluster angenommen.

II CLUSTER 23

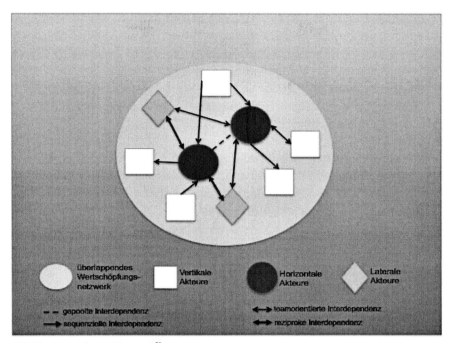

Abbildung 2: Value Adding Web[68]

gepoolten, sequenziellen und *reziproken Interdependenzen* differenziert.[69] Für die Untersuchung des Clusters wird diese Konzeptualisierung als Basis genommen und durch die *teamorientierte Interdependenz* ergänzt, sodass sich daraus ebenfalls eine etwas andere Systematisierung ergibt.[70]

– *Gepoolte Interdependenzen* entstehen, wenn verschiedene Akteure um die gleichen Ressourcen im Wettbewerb stehen oder ihre Erfahrungen (Wissen) und Aktivitäten poolen.[71] Beim Pooling besteht das Hauptinteresse in Bezug auf die vorliegende Arbeit darin, Spezialisierungsvorteile zu schaffen, indem die einzelnen Akteure des Clusters auf die Erfahrungen und das Wissen anderer Akteure für die Leistungserbringung zurückgreifen

---

[68] Eigene Darstellung in Anlehnung an Brown et al. (2008), S. 162, und Brown et al. (2007), S. 21
[69] Vgl. Thompson (1967), S. 54 f.
[70] Vgl. Brown et al. (2007), S. 20.
[71] Vgl. Grandori (2000), S. 244.

können.[72]

– *Sequenzielle Interdependenzen* entstehen immer dann, wenn der Output eines Akteurs den Input für einen anderen Akteur darstellt.[73]

– *Reziproke Interdependenzen* beschreiben den gegenseitigen Austausch von In- und Outputs zwischen den Akteuren des Clusters.[74]

– *Teamorientierte Interdependenzen* liegen dann vor, wenn die Akteure des Clusters die Erstellung eines spezifischen Outputs nur zusammen vornehmen können.[75] Es kann sich aber ebenfalls um die gemeinsame Nutzung von Wissen handeln, die durch eine hohe Informations- und Wissenskomplexität charakterisiert ist (bspw. bei der Herstellung von hochkomplexen Produkten, wie es ein Flugzeug darstellt).[76]

Die schwächste Form der Abhängigkeit stellt die gepoolte Interdependenz dar, danach kommt die sequenzielle, dann die reziproke und schließlich die teamorientierte Interdependenz, die damit die stärkste Form der Abhängigkeit bildet. Diese Interdependenzen spielen sich zwischen den Akteuren eines Clusters auf horizontaler, vertikaler und lateraler Wertschöpfungsebene ab. Die so gewählte Kategorisierung stellt gleichzeitig die Benennung der Akteure dar; so gibt es horizontale, vertikale und laterale Akteure in einem Cluster.[77] Im Zentrum der Wertschöpfung stehen dabei die horizontalen Akteure, die durch ihre Wertschöpfung die Hauptprodukte der Branche bzw. des Clusters erstellen. Diese Hauptprodukte können sich unterscheiden, haben allerdings einen gemeinsamen branchenspezifischen Hintergrund.[78] Grundsätzlich stehen sie in gewissem Maße in direkter sowie indirekter Konkurrenz zueinander, interagieren aber auch untereinander, sei es formal oder informal. Hierbei handelt es sich um die horizontale Wertschöpfungsebene eines Clusters. Die vertikalen

---

[72] Vgl. Frost (2005), S. 304.
[73] Vgl. Karrer (2006), S. 66.
[74] Vgl. Bagban (2010), S. 138.
[75] Vgl. Festing et al. (2010b), S. 167.
[76] Vgl. Frost (2005), S. 305.
[77] Vgl. Brown et al. (2008), S. 160.
[78] Vgl. Brown et al. (2007), S. 20.

Akteure können im Cluster sowohl Zulieferer für die Produkte der horizontalen Akteure sein als auch deren Abnehmer. Sie bedienen die horizontalen Akteure mit Wissen, Teilprodukten oder Dienstleistungen. Die vertikalen Akteure befinden sich dementsprechend auf der vertikalen Wertschöpfungsebene. Die lateralen Akteure tragen zur Wertschöpfung im Cluster bei, indem sie Ressourcen wie bspw. Fördergelder oder Wissen zur Verfügung stellen. Diese Leistungen erbringen sie sowohl für die horizontalen als auch für die vertikalen Akteure.[79] In diesem Fall handelt es sich um die laterale Wertschöpfungsebene in einem Cluster.

Bei der Betrachtung des Clusters als ein sich überlappendes Wertschöpfungsnetzwerk wird deutlich, dass die einzelnen Unternehmen nicht nur für sich wertschöpfend tätig sind, sondern auch einen Mehrwert für das gesamte Cluster schaffen. Dieser Mehrwert würde nicht generiert werden können, wenn die Unternehmen voneinander isoliert arbeiten würden, was wiederum einen Effekt auf die Wettbewerbsfähigkeit für das gesamte Cluster hätte.[80]

Neben der Unterscheidung zwischen den Wertschöpfungsebenen und Interdependenzen der Akteure findet ebenfalls eine Differenzierung zwischen den Analyseebenen des Clusters statt. Anhand der nachfolgenden Konzeptualisierung der Ebenen erfolgt eine spätere Analyse der Ressourcen im Cluster hinsichtlich ihres Potenzials Renten zu generieren.[81] Der Betrachtungsschwerpunkt dieser Arbeit wird dabei auf der Ressource „clusterspezifisches Wissen" liegen. Eine ausführliche Herleitung und Darstellung dieses Vorgehens wird im Kapitel IV erfolgen. Der Übersicht halber und zur Förderung des Verständnisses wird aber schon an dieser Stelle der Arbeit auf die verschiedenen Analyseebenen Bezug genommen. Die Separierung der einzelnen Ebenen erfolgt, um die Analyse eines Clusters zu vereinfachen. Dabei darf allerdings nicht außer Acht gelassen werden, dass die Ebenen sich wechselseitig beeinflussen.[82]

Es wird demnach für die spätere Untersuchung zwischen der *Kontextebene* (context-level), der *Netzwerkebene* (web-level) und der *Unternehmensebene* (firm-level) differenziert.

---

[79] Vgl. Brown/Burgess/Festing/Royer/ et al. (2010), S. 15 f.
[80] Vgl. Brown et al. (2007), S. 21.
[81] Vgl. Brown et al. (2007), S. 22 ff.; Brown/Burgess/Festing/Royer/ et al. (2010), S. 12 ff.; Festing et al. (2010b), S. 166 ff.
[82] Vgl. Festing et al. (2010b), S. 173.

Dabei werden auf der *Kontextebene* die Standortfaktoren dargestellt, die sich zur Charakterisierung eines Clusterstandortes eignen. Eine Gruppierung der Standortfaktoren kann bspw. nach quantitativen und qualitativen Standortfaktoren erfolgen (Tabelle 2). In einer bereits durchgeführten Studie wurden dabei folgende relevante Faktoren identifiziert: regionale Förderprogramme, bestimmte Markennamen, die mit einer Region verbunden sind – bspw. Parma für Schinken, Chardonnay für Wein oder Glashütte für Uhren –, ebenso wie natürliche Ressourcen wie Mineralien, Gas oder Öl und Besonderheiten in der Infrastruktur, bspw. die Anbindung des Standortes durch Schienen, Straßen, Luft- oder Wasserwege.[83] Neben diesen Faktoren lassen sich weitere vielfältige Faktoren aus der Literatur ableiten. Eine exemplarische Auswahl wird in Abbildung 26 auf Seite 195 gegeben.[84]

Tabelle 2: Standortfaktoren[85]

Quantitative Standortfaktoren	*Qualitative Standortfaktoren*
Transportkosten der Produkte vom Standort zu den Absatzmärkten	Grundstück (Lage, Bodenbeschaffenheit, Bebauungsvorschriften, Umgebungseinflüsse etc.)
Personalkosten	Beschaffung von Humanressourcen
Regionale Förderungsmaßnahmen	Transportsektor (Speditionen oder Seehäfen in der Nähe)
Grund- und Gewerbesteuer	Infrastruktur des Standorts
Regionale Differenzierung der Absatzpreise	Absatzbereich (Branchengoodwill, Kaufkraft etc.)

Die *Netzwerkebene* ist gekennzeichnet durch die Relationen der Akteure im Cluster. Diese Beziehungen können die Quelle zur Schaffung von beziehungsspezifischen Ressourcen sein und werden durch die bereits dargestellten Interdependenzen in Bezug auf ihre Qualität und Stärke beschrieben.[86] Auf der *Unternehmensebene* wird hingegen auf die Ressourcenausstattung einzelner Unternehmen abgestellt, die als Quelle für die Realisierung von Knappheitsrenten gelten.[87]

---

[83] Vgl. Festing et al. (2010b), S. 169 f.
[84] Vgl. hierzu exemplarisch Tesch (1980).
[85] Quelle: Eigene Darstellung in Anlehnung an Hansmann (2006), S. 108 f.
[86] Vgl. Brown/Burgess/Festing/Royer/ et al. (2010), S. 21.
[87] Vgl. Peteraf (1993), S. 186.

Nach der Einführung in die Clusterthematik und nachdem die in dieser Arbeit verwendete Definition hergeleitet wurde, wird nachfolgend eine Abgrenzung zwischen den verschiedenen Netzwerktypen und einem Cluster erfolgen. Dem schließt sich die Darstellung von Clustertypen an, bevor ein erster Erklärungsansatz für die Entstehung von Clustern beschrieben wird.

1.1 Netzwerke vs. Cluster

Um zu verdeutlichen, wo die Unterschiede zwischen Netzwerken und Clustern liegen, wird nachfolgend zuerst der Begriff des Netzwerks erörtert, um diesen darauf aufbauend von einem Cluster abzugrenzen. Dabei beschränkt sich die Darstellung prinzipiell auf intraorganisationale[88] und interorganisationale Netzwerke[89] mit der Ausnahme eines virtuellen Unternehmensnetzwerks.

Grundsätzlich besteht ein Netzwerk aus Knoten und Kanten. Als Knoten werden die Akteure eines Netzwerks bezeichnet, während als Kanten Relationen, Aktivitäten oder Interaktionen zu verstehen sind.[90] Nachfolgend wird abweichend von diesem Netzwerkverständnis[91] der Netzwerkbegriff enger gefasst und lediglich Organisationen und Unternehmen sowie deren Relationen betrachtet, wobei die Relationen weiterhin alle Aspekte darstellen können wie bspw. Transaktionsbeziehungen, Informations- und Kommunikationsbeziehungen, Vertrauensbeziehungen sowie Macht- und Einflussbeziehungen.[92] Davon unabhängig ist bereits an dieser Stelle der Differenzierung festzuhalten, dass es grundlegende Unterschiede zwischen einem Cluster und einem

---

[88] Diese Begriffswahl ist teilweise etwas verwirrend, wenn berücksichtigt wird, dass Netzwerke eigene Ziele, eine eigene Identität und Kultur entwickeln können und damit selbst eine Organisation darstellen. Vgl. Kröll (2003), S. 105.

[89] In der nachfolgenden Darstellung werden lediglich die Grundprinzipen eines intraorganisationalen und interorganisationalen Netzwerks dargestellt. Es wird dabei nicht auf die einzelnen Netzwerkmodelle der intraorganisationalen Netzwerke eingegangen. Lediglich das Konzept von Bartlett und Ghoshal findet aufgrund seiner Verbreitung exemplarisch Eingang in diese Arbeit. Zur weitern Vertiefung der Thematik siehe: Berghoff/Sydow (2007), S. 36 f. Ebenso werden die Kooperationsformen (Abnehmer-Zulieferer-Kooperation, Wertschöpfungspartnerschaft, Franchisesystem, Joint Venture, strategische Allianz etc.) im interorganisationalen Netzwerk nicht behandelt. Zur ausführlichen Darstellung der Thematik siehe: Kutschker/Schmid (2008).

[90] Vgl. Sydow (2005), S. 89.

[91] Ein Netzwerk ist im Grundsatz ein beliebig zu deutendes soziales Konstrukt. Die Analyseebene kann dabei beginnend vom Individuum bis hin zu ganzen Populationen von Organisationen erfolgen. Vgl. Breisig (2006), S. 235.

[92] Vgl. Kutschker/Schmid (1995), S. 4.

Unternehmensnetzwerk gibt, unabhängig davon, um welche Netzwerkform es sich handelt. Ein wesentliches Differenzierungsmerkmal ist darin zu sehen, dass innerhalb des Clusters nicht alle Unternehmen zusammenarbeiten müssen und dennoch von Clustervorteilen[93] profitieren können.[94] In einem Netzwerk ist dies anders, hier muss das Unternehmen mit anderen Unternehmen zusammenarbeiten, um Netzwerkvorteile nutzen zu können. Als Beispiel sei hier die Reputation genannt: So können Unternehmen Reputationsvorteile des Clusters für sich nutzen, ohne sich aktiv an der Zusammenarbeit im Cluster zu beteiligen. Entscheidend für die Ausnutzung dieser Vorteile ist allein die geografische Lage des Unternehmens.[95] Darüber hinaus wird im Cluster im gleichen Maße der Kooperations- und Wettbewerbsgedanke betont,[96] während in Netzwerken die kooperative Beziehungen dominieren.[97] Der mitunter wichtigste Differenzierungsfaktor könnte in der räumlichen Agglomeration zu sehen sein. So können Netzwerke eine räumliche Determination haben, sie können im Gegensatz zu Clustern aber auch über die räumliche Dimension hinweg bestehen.[98]

1.1.1 Intraorganisationales Netzwerk

Neben der Bezeichnung intraorganisationales Netzwerk findet ebenfalls der Begriff integriertes Netzwerk oder Netzwerkunternehmung Verwendung. Alle Bezeichnungen charakterisieren jedoch den gleichen Netzwerktyp. Hierbei handelt es sich um Organisationen, die sich aus einzelnen Einheiten zusammensetzen, die die unterschiedlichsten Aufgaben wahrnehmen und durch Interdependenzbeziehungen gekennzeichnet sind.[99] Die beschriebene Erscheinungsform ist typisch für die Beziehungen zwischen einer Muttergesellschaft

---

[93] Clustervorteile sind bspw. Entwicklungsvorteile, die sich aus der Wissenskonzentration und dem Wissensspillover im Cluster ergeben.
[94] Vgl. Tichy (2001), S. 184.
[95] Beispiele hierfür sind das Uhrencluster Glashütte oder das Optikcluster Jena. Produkte aus diesen Clustern werden allgemeinhin als Markenprodukte bezeichnet, welche eng mit dem Namen der Region einhergehen. Ähnliches beschreiben auch Brown et al. in dem sie schreiben: „The reputation for high-class and prize winning wines spills over from one winery to another and the whole region and all the wineries profit from those achievements." Quelle: Brown et al. (2008), S. 170.
[96] Vgl. Stockinger (2010), S. 19.
[97] Vgl. Engelhard (2000), S. 1613.
[98] Vgl. Kiese (2008a), S. 3 ff.
[99] Vgl. Engelhard (2000), S. 1613.

und ihren Tochtergesellschaften. Die Muttergesellschaft und die einzelnen Tochtergesellschaften bilden dabei die Knoten des Netzwerks und die Relationen zwischen den Akteuren die entsprechenden Kanten (siehe hierzu Abbildung 3).[100] Innerhalb dieses Netzwerks werden beispielsweise Mitarbeiter, Technologien und Materialien ausgetauscht.

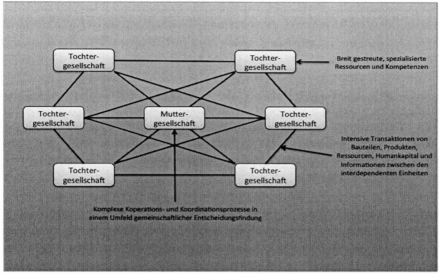

Abbildung 3: Integriertes Netzwerk[101]

Im Gegensatz zu einem Cluster ist ein intraorganisationales Netzwerk dadurch gekennzeichnet, dass es mit hoher Wahrscheinlichkeit nicht in einer bestimmten Region verortet ist, sondern dass die einzelnen Mutter- und Tochtergesellschaften regional, wenn nicht gar global zerstreut sind.[102] Weiterhin zeichnet sich ein integriertes Netzwerk durch seine Abhängigkeitsverhältnisse aus; so ist die interdependente Stellung der einzelnen Akteure gegenüber der Muttergesellschaft gegeben. Dies begründet sich allein durch die Beteiligung der Muttergesellschaft an den Tochtergesellschaften. So führt das Aktiengesetz § 18 Abs. 1 aus, dass es sich bei Konzernen und Zusammenschlüssen um

---

[100] Vgl. Festing et al. (2011), S. 153 f.
[101] Eigene Darstellung in Anlehnung an Bartlett/Ghoshal (1990), S. 119, zitiert nach Kutschker/Schmid (2008), S. 535
[102] Vgl. Kutschker/Schmid (2008), S. 296.

„ein herrschendes und ein oder mehrere abhängige Unternehmen handelt, die unter der einheitlichen Leitung des herrschenden Unternehmens zusammengefasst" sind. Im Gegensatz dazu handelt es sich bei den Akteuren im Cluster um rechtlich selbstständige Unternehmen.

1.1.2 Interorganisationale Netzwerke

Bei einem interorganisationalen Netzwerk handelt es sich um langfristige Relationen, die zwischen zwei oder mehreren selbstständigen, zumeist auch rechtlich selbstständigen und unabhängigen Unternehmen bestehen. Im Zuge der koordinierten Kooperation mit anderen Unternehmen verlieren die Unternehmen jedoch einen Teil ihrer Unabhängigkeit.[103] Dabei bestehen die Beziehungsgeflechte und Interdependenzen der kooperierenden Unternehmen mehr oder weniger stark und können sich im Laufe der Zeit verändern.[104] Bei den interorganisationalen Netzwerken handelt es sich demnach um eine intermediäre Organisationsform zwischen Markt und Hierarchie, die durch reziproke Beziehungen mit eher kooperativem Charakter gekennzeichnet sind.[105]

Die Entstehung eines Unternehmensnetzwerks ist dabei in der Quasi-Externalisierung und Quasi-Internalisierung begründet. Während die Quasi-Externalisierung die Verringerung von Leistungstiefe und Leistungsbreite in Form einer Art des Outsourcings vorsieht, wird bei der Quasi-Internalisierung zwar keine vertikale oder horizontale Integration wie bei einer vollständigen Internalisierung vorgenommen, jedoch eine neue Zusammenarbeit initialisiert, die dazu beiträgt, die Marktrisiken zu mindern.[106] Dabei kommen vielfältige Kooperationsformen zustande, die oftmals dazu führen, dass das Unternehmensnetzwerk von einem fokalen Unternehmen strategisch geleitet wird.[107]

Beim Korrelat zwischen dieser Netzwerkform und einem Cluster ergeben sich einige Differenzierungsmöglichkeiten. Zum einen ist wieder die räumliche Nähe der Unternehmen in einem Cluster anzuführen, die bei den meisten interorganisationalen Netzwerken nicht vorzufinden ist, denn interorganisationale Netzwerke lassen sich zumeist nicht durch Regionen oder andere

---

[103] Vgl. Gulati/Gargiulo (1999), S. 1398; Kutschker/Schmid (2008), S. 536.
[104] Vgl. Heußler (2011), S. 11.
[105] Vgl. Siebert (2006), S. 9.
[106] Vgl. Sydow (2006), S. 403.
[107] Vgl. Kutschker/Schmid (2008), S. 537.

räumliche Faktoren eingrenzen.[108] Darüber hinaus ist das interorganisationale Netzwerk zumeist durch reziproke Interdependenzen gekennzeichnet,[109] während in einem Cluster alle vier vorgestellten Interdependenzformen vorzufinden sein können.[110] Ein Unternehmensnetzwerk wird häufig dadurch ausgezeichnet, dass lediglich ein horizontaler Akteur in diesem Netzwerk als fokales Unternehmen auftritt, das dann die strategische Führung übernimmt und woraus sich eine Abhängigkeit für die weiteren im Netzwerk agierenden Akteure ergeben kann.[111] Dies ist vor allem in der Automobilbranche ein häufig vorzufindender Sachverhalt. Bei einem Cluster ist dagegen häufig mehr als nur ein horizontaler Akteur in das Netzwerk eingebunden, woraus sich die Abhängigkeitsbeziehung der vertikalen Akteure reduzieren kann.

1.1.3 VIRTUELLES UNTERNEHMENSNETZWERK

Eine Sonderform des interorganisationalen Netzwerks stellt die virtuelle Unternehmung dar. Ein virtuelles Unternehmen stellt dabei eine Unternehmenskooperation von rechtlich selbstständigen Unternehmen dar, die auf begrenzte Zeit eine gemeinsame Wertschöpfung vollziehen.[112] Ein Unternehmen übernimmt dabei die Koordination der Leistungsgenerierung und führt damit gleichzeitig die anderen Unternehmen an. Durch die Arbeitsteilung und Spezialisierung wird ermöglicht, dass jedes teilnehmende Unternehmen sich auf seine Kernkompetenzen konzentrieren kann.[113] Dritten gegenüber wird das virtuelle Unternehmen als ein einheitliches Unternehmen wahrgenommen. Ein letzter Faktor, der das virtuelle Unternehmen charakterisiert, ist die Nutzung hoch entwickelter Informations- und Kommunikationstechnologien.[114]

In Abgrenzung zum virtuellen Unternehmen zeichnet sich das Cluster durch eine langfristige kooperierende Leistungserstellung aus und wird zumeist nicht durch ein einzelnes horizontales Unternehmen koordiniert. Für die Kommunikation in einem Cluster werden darüber hinaus vielfältige Transfermedien verwendet, wobei die persönlichen Beziehungen eine Besonderheit im Cluster darstellen.

---

[108] Vgl. Sydow (2005), S. 76 f.
[109] Vgl. Sydow (1992), S. 79.
[110] Vgl. Brown et al. (2007), S. 20.
[111] Vgl. Völker/Neu (2008), S. 63.
[112] Vgl. Hegewald (2003), S. 10.
[113] Vgl. Mertens et al. (1998), S. 3.
[114] Vgl. Kutschker/Schmid (2008), S. 539.

Wie aus der kurzen Abhandlung zur Abgrenzung von Netzwerken und Clustern ersichtlich geworden sein sollte, gibt es vielfältige Faktoren, die zur Differenzierung der beiden Netzwerkformen herangezogen werden können. Eine abschließende Betrachtung kann aber im Rahmen der Arbeit aus Gründen des Umfangs nicht geleistet werden. Ziel der kurzen Ausführung war es vielmehr darzulegen, dass es sich beim Term „Cluster" um eine spezielle Form des interorganisationalen Netzwerks handelt, die z. B. aufgrund der regionalen und kognitiven Nähe sowie der Embeddedness ganz eigenen Bedingungen unterliegt, die eine Untersuchung der Generierung von clusterspezifischem Wissen erfordert.

1.2 Differenzierung zwischen den verschiedenen Clustertypen

Die Differenzierung zwischen den einzelnen Clustertypen kann durch die Anzahl der Akteure sowie deren Größe, ihre Branchenzugehörigkeit,[115] die technologische Zugehörigkeit,[116] die Art der Interaktion zwischen den Akteuren und durch die Struktur des Clusters bestimmt werden.[117] In dieser Arbeit wird die grundsätzliche Kategorisierung des Clusters nach den Verflechtungen der Akteure vorgenommen. Diese Typologie erscheint in Bezug auf die Arbeit als besonders passend, wenn die gewählte Definition eines Clusters berücksichtigt wird und im Hinblick auf die spätere Untersuchung des Entstehungsprozesses von clusterspezifischem Wissen, bei der vor allem auf die Interaktionen der Akteure abgestellt wird.

Die Abbildung 4 veranschaulicht hierbei die drei primären Typologien, das *Netzwerkcluster*, das *Sterncluster* und das *Pseudocluster*, gemäß der Klassifizierung von Tichy.[118]

Unter *Netzwerkcluster* werden Cluster verstanden, die durch eine größere Anzahl von miteinander verflochtenen Unternehmen bzw. Institutionen charakterisiert sind. Auf Basis der horizontalen, vertikalen und lateralen Verflechtungen zwischen den Akteuren können am wahrscheinlichsten Clustervortei-

---

[115] Vgl. Jacobs/de Man (1996), S. 427.
[116] Vgl. Bergeron et al. (1998), S. 748.
[117] Vgl. Kunkel (2010), S. 26.
[118] Vgl. Tichy (1997), S. 251.

II CLUSTER 33

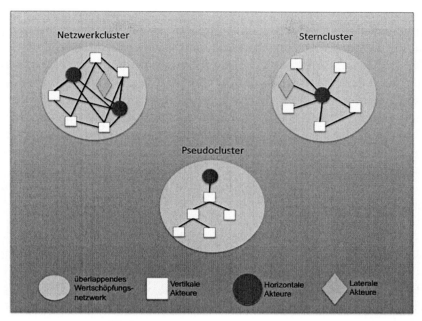

Abbildung 4: Clustertypen[119]

le[120] realisiert werden. Eine Differenzierung findet in Bezug auf die Clustervorteile vor allem dahin gehend statt, ob es sich um Unternehmen eines Spezialisierungsfeldes handelt, die vor allem Lokalisationsvorteile[121] nutzen, oder ob es sich um Unternehmen artverwandter Branchen handelt, die Urbanisationsvorteile[122] nutzen. Das Netzwerkcluster zeichnet sich vor allem dadurch

---

[119] Quelle: Eigene Darstellung in Anlehnung an Tichy (2001), S. 192; Kunkel (2010), S. 27.

[120] Unter Clustervorteilen werden verschiedene Vorteile zusammengefasst, wie etwa Lokalisationsvorteile und Urbanisationsvorteile. Eine Differenzierung der verschiedenen vorteilhaften Faktoren ergibt sich bei Betrachtung der grundlegenden Differenzierung.

[121] Lokalisationsvorteile, also Vorteile durch Spezialisierung, sind bspw. Faktoren, die das Wachstum und die Neugründung von Unternehmen begünstigen, wie etwa die Nähe zu Universitäten und Forschungseinrichtungen oder die Nähe zu Unternehmen ähnlicher Ausrichtung. Vgl. Heineberg (2007), S. 166 f.

[122] Urbanisationsvorteile sind „die positiven Effekte, die sich bei räumlicher Konzentration verschiedener Produktionszweige an einem Standort für die einzelnen Betriebe an diesem Ort bei weiter Vergrößerung des Standortzentrums und Differenzierung seiner Wirtschaftsstruktur ergeben". Lauschmann (1976), S. 45. Entscheidene Faktoren sind u. a. die Nähe zu hervorragender Infrastruktur oder die Nähe zu Kapitalgebern. Vgl. Danielli et al. (2009),

aus, dass die Verflechtungen zwischen den Akteuren auch auf gleicher Wertschöpfungsebene stattfinden.[123]

Ein *Stemcluster* ist dadurch gekennzeichnet, dass sich vertikale Unternehmen um ein oder mehrere fokale bzw. horizontale dominierende Unternehmen (den Clusterkern) ansiedeln. Das Clusterumfeld wird neben den vertikalen Akteuren durch Konsumenten, FuE-Einrichtungen etc. determiniert. Dabei kann es ebenfalls zu Querverbindungen auf gleicher Wertschöpfungsebene kommen, die die Realisierung von Clustervorteilen ermöglichen. Grundsätzlich treten diese Querverbindungen allerdings seltener auf als im Netzwerkcluster.[124]

Unter einem *Pseudocluster* wird ein Cluster verstanden, das kein Cluster im eigentlichen Sinne darstellt. Es besteht lediglich aus Zulieferketten, die allerdings keine Relation zu Sublieferanten haben. Durch die fehlende Vernetzung gerade zwischen den Akteuren der verschiedenen Wertschöpfungsebenen lassen sich Clustervorteile kaum realisieren.[125]

Nachdem die wesentlichen Kenntnisse über ein Cluster dargestellt und verdeutlicht wurde, welche Clustertypen besonders zur Realisierung von Clustervorteilen veranlagt werden, erfolgt nun ein erster Erklärungsansatz, der dazu beitragen soll, zu verstehen, warum Cluster entstehen.

2 DAS DIAMANTEN-MODELL ALS ERKLÄRUNGSANSATZ VON CLUSTERN

Als ein Erklärungsansatz zur Clusterbildung und zur Beurteilung der Wettbewerbsvorteile von Clustern wird nachfolgend das Diamanten-Modell von Michael Porter vorgestellt.[126] Den Ausgangspunkt für die Modellerstellung bildete die Fragestellung: „Why do some social groups, economic institutions, and nations advance and prosper?"[127] In seinem ursprünglichen Modell argumentierte Porter zur Beantwortung dieser Frage aus nationalstaatlicher Sicht, dass der große Wettbewerbsdruck sowie die günstigen Bedingungen der Un-

---

S. 279.
[123] Vgl. Hohenstein (2010), S. 21.
[124] Vgl. Stockinger (2010), S. 19.
[125] Vgl. Tichy (2001), S. 191.
[126] Porter (1990); Porter (1993).
[127] Porter (1990), xi.

ternehmensumwelt eines Landes dazu beitragen, dass bestimmte Branchen[128] Wettbewerbsvorteile realisieren und darauf aufbauend internationale Märkte erschließen können. In seinen späteren Arbeiten öffnet Porter seinen Ansatz zugunsten einer regionalen Perspektive und setzt damit auf einer anderen Agglomerationsebene an.[129]

Die Generierung von Wettbewerbsvorteilen wird in seinem Modell durch das reziproke Zusammenwirken der nachfolgenden Kerneinflussfaktoren und ergänzenden Faktoren bestimmt (siehe hierzu Abbildung 5). Die Pfeile im Modell stellen dabei die Wechselwirkungen dar. Zu den Kernfaktoren zählen die *Faktorbedingungen, Nachfragebedingungen, verwandte* und *unterstützende Branchen* sowie die *Unternehmensstrategie*, die *Struktur* und der *Wettbewerb*.[130] Ergänzt werden diese Faktoren durch die Rolle des Staates und des Zufalls.[131] Diese Faktoren bzw. Faktorenbündel stellen die Basis für industrielle Clusterprozesse dar und werden nachfolgend erörtert.[132]

Die *Faktorbedingungen* beschreiben die quantitative Ausstattung eines Landes an generischen Produktionsfaktoren wie Arbeit, Kapital und Boden. Für Porter hat allerdings die qualitative Ausstattung mehr Relevanz, denn die reine Existenz der Faktorausstattung begründet noch keine Wettbewerbsvorteile; vielmehr ist der produktive Einsatz dieser Faktoren entscheidend. Er stellt dabei auf fortschrittliche Faktoren ab, die die Fähigkeit beinhalten, durch Allokation und Kombination der Produktionsfaktoren Innovationen zu generieren, die sich durch stete Weiterentwicklung den Anforderungen des Marktes anpassen. In diesem Zusammenhang führt Porter an, dass Faktornachteile eine positive Wirkung haben können, da die Branchen versuchen werden, die Schlechterstellung zu kompensieren, woraus schwer imitierbare und lang anhaltende Wettbewerbsvorteile entstehen können.[133]

Als zweiter Bestandteil des Diamanten-Modells sind die *Nachfragebedingungen* zu nennen. Sie beschreiben alle Faktoren, die die Nachfrage beeinflussen. Die Nachfragebedingungen sind von entscheidender Bedeutung, da

---

[128] In diesem Zusammenhang wird darauf verwiesen, dass Porter die Wettbewerbsfähigkeit *einer Branche* in einem Land analysiert und nicht die Wettbewerbsfähigkeit *eines Landes*.
[129] Vgl. Bathelt/Glücker (2003), S. 148.
[130] Vgl. Kornmeier (2007), S. 86 f.
[131] Vgl. Kutschker/Schmid (2008), S. 446.
[132] Vgl. Schneider/Breid (2006), S. 121.
[133] Vgl. Porter (1990), S. 256 f. sowie Grant (2004), S. 500.

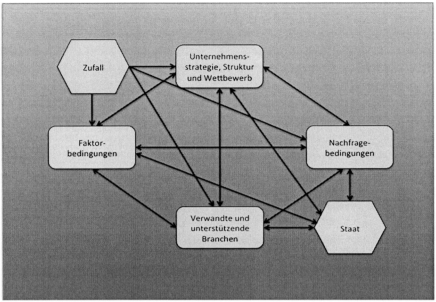

Abbildung 5: Diamanten-Modell nach Porter[134]

durch sie Investitionen und Innovationen gesteuert werden. Dabei ist zwischen zwei Aspekten zu differenzieren: zum einen der Zusammensetzung der Inlandsnachfrage und zum anderen der Art und Qualität der Inlandsnachfrage. Die Zusammensetzung bzw. die Größe der Inlandsnachfrage kann als Grundlage für Wettbewerbsvorteile genannt werden, denn durch sie können die fokalen Unternehmen frühzeitig Bedürfnisse der Kunden identifizieren und damit Ausgangspunkt für Spezialisierungsprozesse sein. Die Inlandsnachfrage könnte dementsprechend dazu dienen, frühzeitig Trends zu identifizieren. Die Nachfrage der Kunden würde dann als „Frühwarnindikator" fungieren. Dem zweiten qualitativen Aspekt, der Art und Qualität der Inlandsnachfrage, wird hierbei ebenso wie bei den Faktorbedingungen mehr Bedeutung beigemessen, denn der Binnenmarkt bildet die Voraussetzung für die Internationalisierung einer Branche.[135]

---

[134] Eigene Darstellung in Anlehnung an Porter (1991a), S. 151; Porter/Kramer (2002), S. 8, und Kutschker/Schmid (2008), S. 447.
[135] Vgl. Porter (1990), S. 86 f. sowie Bathelt/Glücker (2003), S. 149.

Als drittes Element des Diamanten-Modells werden die *verwandten und unterstützenden Branchen* verstanden. Ihr Zusammenspiel mit den Unternehmungen beeinflusst die Wettbewerbsfähigkeit vieler Geschäftszweige.[136] Die Hauptaussage kann darin gesehen werden, dass die Sektoren einer Wirtschaft, in denen ein Land besonders stark ist, dazu beitragen, dass sich in ihrem Umfeld weitere artverwandte Wirtschaftsbereiche ansiedeln.[137] Dabei siedeln sich vor allem vertikale Akteure in dieser Region an. Ebenso sind aber auch laterale Akteure zu finden. Diese Agglomeration ist damit zu erklären, dass vor allem Zulieferer eine zeitpunktgenaue und effiziente Zulieferung des Inputs für den Hauptakteur gewährleisten müssen. Darüber hinaus stehen die Zulieferer im stetigen Kontakt mit den horizontalen Akteuren, um zu Produkt- und Prozessoptimierungen sowie Innovationen beitragen zu können.[138]

Als vierten und damit letzten Kerneinflussfaktor beschreibt Porter die *Unternehmensstrategie*, die *Struktur* und den *Wettbewerb*. Das Vorhandensein eines starken Inlandwettbewerbs stellt Porter dabei als besonders wichtig dar, um die Generierung von nationalen Wettbewerbsvorteilen einer Branche zu begründen. Dabei trägt der starke Wettbewerb zur ständigen Verbesserung und Innovationsschaffung von Unternehmen bei, da diese ihre Marktposition behaupten möchten.[139] Neben dem Wettbewerb sind die Unternehmensstrategie und die Unternehmensstruktur entscheidend. Es gibt nach Porter nämlich landesspezifische bzw. branchenspezifische Einflüsse, die die Unternehmensstruktur und -strategie bestimmen. Dazu zählen u. a. die Größe, die Kultur, die Systeme und die Verfassung eines Landes. Daraus resultiert, dass bestimmte Management- und Unternehmensmodelle besonders für bestimmte Branchen geeignet sind.[140]

Neben diesen vier Kernfaktoren spielen auch der Staat und der Zufall eine Rolle als Einflussfaktoren, sie werden aber nicht im gleichen Maße berücksichtigt, wie die zuvor genannten Faktoren und Faktorenbündel.[141]

Der *Staat* kann bspw. durch seine wirtschaftspolitischen Elemente wie der Fiskal- und Monetärpolitik die zuvor genannten Kerneinflussfaktoren begüns-

---

[136] Vgl. Porter (1990), S. 142.
[137] Vgl. Albrecht et al. (2003), S. 1185.
[138] Vgl. Lüdke (2005), S. 50.
[139] Vgl. Söllner (2003), S. 179 f.
[140] Vgl. Kutschker/Schmid (2008), S. 449.
[141] Vgl. Söllner (2008), S. 221.

tigen oder benachteiligen. Darüber hinaus gestaltet der Staat die Rahmenbedingungen durch seine Legislatur, Förderpolitik, Bildungspolitik, Forschungspolitik oder durch sein eigenes Auftreten am Markt. Durch diese Maßnahmen wird es ihm möglich, die Bildung nationaler Wettbewerbsvorteile zu beeinflussen. Der *Zufall* findet Eingang in den Analyserahmen von Porter, da zufällige Entdeckungen größere technologische Durchbrüche einleiten können – ebenso wie Kriege, Naturkatastrophen und andere historische Ereignisse einen direkten Einfluss auf eine Branche ausüben können, wie bspw. durch Nachfragegenerierung oder die Veränderung von Faktorbedingungen.[142]

Unter Berücksichtigung der genannten Faktoren haben die Branchen eines Landes den größten Erfolg, bei denen die Bestimmungsfaktoren des „Diamanten" am günstigsten sind. Unter den genannten Strukturbedingungen entwickeln sich deshalb Cluster.[143]

Die Leistung des Modells besteht darin, die Generierung von Wettbewerbsvorteilen in einem geografischen Zusammenhang zu sehen und dabei einen Erklärungsversuch durch die Faktorenbündel zu liefern. Das Diamanten-Modell stellt damit einen pragmatischen Ansatz zur Analyse von Wertschöpfungssystemen dar und gibt einen Orientierungsrahmen über entsprechende Instrumente zur Analyse, die die dynamische Perspektive zur Analyse der Generierung von Wettbewerbsvorteilen mit aufnehmen. Der dynamische Interaktionsprozess zwischen den Akteuren eines Clusters bleibt aber weitestgehend unberücksichtigt,[144] ebenso wie die Betrachtung der einzelnen fokalen Unternehmen des Clusters, weshalb nachfolgend ein eigener Analyseansatz erarbeitet wird, der diesen Umständen gerecht wird.

Weitere Kritikpunkte wurden bereits im zweiten Abschnitt über den Begriff „Cluster" angesprochen, finden der Vollständigkeit halber aber erneut Berücksichtigung in diesem Abschnitt.

So wurde angeführt, dass die Faktordominanz zu hoch sei, weil die Analyse eher deskriptiven Charakter aufwies und auf erkennbare Strukturfaktoren abstellte. Darüber hinaus wurde keine einheitliche nationalstaatliche Ebene definiert, sondern wurde oftmals teils willkürlich bestimmt. Institutionelle Aspekte wurden nicht ausreichend konzeptualisiert; so wurde bspw. das Zusammenwirken zwischen Institutionen und den Unternehmenssektor kaum

---

[142] Vgl. Fuchs/Apfelthaler (2009), S. 111.
[143] Vgl. Kirsten (2007), S. 94; Bathelt/Glücker (2003), S. 150.
[144] Vgl. Fischer (2009), S. 98.

berücksichtigt. Und abschließend blieben die sozialen Prozesse, im Besonderen die soziokulturellen Prozesse, unberücksichtigt.[145]

Nachdem die Schwachpunkte des grundlegenden Erklärungsmodells dargelegt wurden, wird im nächsten Abschnitt, durch die Synthese des Resource-based View und des Relational View, die Basis für ein eigenes Analysemodell erarbeitet, das die in der Definition beschriebenen Analyseebenen des Clusters berücksichtigt, die Einzelunternehmung in den Fokus der Untersuchung stellt und ebenfalls den Interaktionsprozess zwischen den Clusterakteuren mit in die Untersuchung einbezieht. Diese Anforderung an das Analysemodell verlangt neben der Synthese der Ansätze ebenfalls die Berücksichtigung der Erkenntnisse zum clusterspezifischen Wissen, weshalb der Analyserahmen in Form des Cluster-based View of Knowledge erst am Ende des Kapitels 4 gesetzt werden kann.

---

[145] Vgl. Bathelt/Glücker (2003), S. 150 f.

III Theoretischer Bezugsrahmen

Innerhalb dieses Abschnitts wird der theoretische Grundstein für die Arbeit gesetzt. Es werden erstens die im Mittelpunkt stehenden theoretischen Ansätze des Resource-based View sowie des Relational View diskutiert; zweitens werden beide Ansätze auf das Themengebiet angewendet. Mit ihrer Hilfe soll untersucht werden, ob es sich beim clusterspezifischen Wissen um eine strategische Ressource handelt. Basierend auf dieser Erkenntnis soll dann auf das Potenzial zur Rentengenerierung von clusterspezifischem Wissen innerhalb eines Clusters abgestellt werden. Dazu wird der theoretische Bezugsrahmen des ressourcenbasierten Ansatzes und des Relational View in einem modifizierten Rahmen gewählt. Nach der Synthese beider Ansätze wird der daraus resultierende Ansatz auf das Cluster angewendet, um die verschiedenen relevanten Ebenen des Clusters (Unternehmens- und Netzwerkebene) mit in die Betrachtung einbeziehen zu können. Die Zielsetzung ist, die Forschungslücke im Verständnis von clusterspezifischem Wissen als Ressource auf den verschiedenen Clusterebenen zu schließen und dessen Auswirkung auf den Nutzen für das Cluster bzw. den Nutzen für Unternehmen im Cluster herauszuarbeiten.

Dieses Vorgehen und der dazugehörige Analyserahmen werden in Anlehnung an Brown et al. hergeleitet.[146] Grundlegend für diese Entscheidung sind der eingangs erläuterte Forschungsschwerpunkt und die Dominanz von ressourcenorientieren Ansätzen im Rahmen von Analysen von Clustern. So wurden ähnliche Ansätze in vorherigen Studien unter ähnlichen Rahmenbedingungen und mit korrelierenden Forschungsschwerpunkten gewählt. Die Untersuchungen bezogen sich hierbei bspw. auf Cluster bzw. auf die Netzwerkebene eines Clusters und auf die Generierung von Wettbewerbsvorteilen.[147] Der Resource-based View ist recht breit gefasst und schafft damit eine gute Ausgangsbasis, um mehrere Perspektiven zusammenführen zu können und einen integrativen Ansatz zu bilden.[148] Darüber hinaus überzeugt der Resource-based

---

[146] Vgl. Brown/Burgess/Festing/Royer/ et al. (2010), S. 12 ff., und Brown et al. (2007), S. 22 ff.
[147] Vgl. Hervás-Oliver/Albors-Garrigós (2007); de Oliveira Wilk/Fensterseifer (2003); Brown/Burgess/Festing/Royer (2010) und Festing et al. (2010b).
[148] Vgl. Foss (1997), S. 4.

View durch eine klare Vorteilhaftigkeit seines Erklärungspotenzials im Gegensatz zu anderen Ansätzen, die nicht ressourcenbasiert sind.[149] Dadurch, dass der Relational View eine Weiterentwicklung des Resource-based View ist,[150] sollte die Vereinbarkeit beider Ansätze als geben betrachtet werden – dieses Postulat wird aber während der Synthese theoretisch untermauert. Damit würde es ermöglicht werden, das Potenzial des clusterspezifischen Wissens auf Unternehmens- und Netzwerkebene zu beurteilen. Nachdem die Relevanz der Ansätze dargestellt und die Auswahl hinreichend begründet wurden, erfolgt nachfolgend die Abhandlung und Synthese.

1 RESOURCE-BASED VIEW

Der Resource-based View[151] baut auf den Überlegungen von Penrose auf, die im Jahre 1957 den Resource-based View in ihrem Buch „Theory of the Firm"[152] konzeptualisierte. Darin beschreibt sie das Unternehmen als ein Konglomerat von Ressourcen. Penrose schreibt in ihrem Werk: „[A] firm is more than an administrative unit; it is also a collection of productive resources the disposal of which between different uses and over time is determined by administrative decision."[153] Sie sieht dabei den einzigartigen Charakter eines Unternehmens in den mit seiner Ressourcenausstattung erbrachten Leistungen[154] und stellt damit die Ressourcenheterogenität als erste Vorbedingung für die Rentengenerierung von Einzelunternehmen dar.[155] Basierend auf ihren Überlegungen wird nun der Resource-based View in seiner notwendigen Ausführlichkeit dargestellt, wobei vor allem die grundlegenden Aussagen des Ansatzes und eine kritische Würdigung Berücksichtigung finden. Im Anschluss daran wird der Resource-based View in Bezug auf das Cluster angewendet. Beginnen wird die Abhandlung des Resource-based View mit der Erörterung seiner historischen Entwicklung.

---

[149] Vgl. Altiparmak (2002), S. 276.
[150] Vgl. Karrer (2006), S. 156.
[151] Die Begriffe „Resource-based View", „Competence-based View", „Ressourcenorientierter Ansatz", „Ressourcentheorie", „Ressourcenansatz" etc. werden in der vorliegenden Arbeit synonym verwendet.
[152] Penrose (1957).
[153] Penrose, 1959, S. 24.
[154] Sinngemäß nach Penrose, 1959, S. 75.
[155] Vgl. Brown/Burgess/Festing/Royer/ et al. (2010), S. 12.

1.1 Historische Entwicklung des Resource-based View

Nachfolgend wird der Versuch unternommen, die historischen Grundlagen des Resource-based View und seiner Weiterentwicklung anhand von Entstehungsabschnitten zu verdeutlichen. Die dargestellten Abschnitte wurden dabei in Anlehnung an Freiling[156] gegliedert, wobei die Übergänge nicht als strikte Trennung zu betrachten sind, da bekannt ist, dass eine reine Phasentrennung nicht zu gewährleisten ist. Ziel der Abbildung 6 und der darauf basierenden Ausführungen ist es vielmehr, die theoretischen Schwerpunkte und differierenden Argumentationen im Entwicklungsablauf darzustellen.

Ende 50er bis Anfang 80er	Anfang 80er bis Anfang 90er	Anfang 90er bis Ende 90er	Ende 90er bis Anfang 2000	Ende 90er bis Anfang 2010
Konstituierungsphase	Orientierungsphase	Phase des Competence-based View	Phase des Competence-based Strategic Management	Sonstige Strömungen & Entwicklungen
• Penrose: Hetrogenität und Fähigkeiten • Rumelt; Hofer & Schendel; Lenz: strategisches Geschäftsfeld & Kompetenzen, Kompetenzen & Erfolg • Wernerfeld: Resource-based View	Ziel: • Basispositionierung Schwerpunkte: • Abgrenzung von der Industrieökonomik • Terminologie, Typologie, Prämissen • empirische Belege • kausale Ketten Perspektive: • breite Ressourcenperspektive • Fokus auf Gegenwart	Ziel: • Entwicklung einer Kompetenzperspektive Schwerpunkt: • „asset flows" • Kernkompetenzen • Pfadabhängigkeit • Integration Innen- und Außenperspektive Offenes Problem: • Anbindung an das strategische Management	Ziel: • ganzheitlicher Managementrahmen auf Basis des Competence-based View Schwerpunkte: • Open System View • Firm-addressable resources • Competence building & leveraging	• Spender, Grant: **Knowledge-based View**, Betonung dauerhafter Wettbewerbsvorteile in Abhängigkeit vom Wissen einer Unternehmung • Dyer und Singh: **Relational View**, Hervorhebung von Beziehungen zwischen Unternehmen als Wettbewerbsfaktor • Brown et al. **Resource-based View of clusters** Berücksichtigung der Akteure und verschiedener Ebenen im Cluster

Abbildung 6: Die Phasen ressourcenorientierter Forschung[157]

Wie oben erörtert wurde, kann Edith Penrose als Begründerin des Resource-based View aufgefasst werden, weshalb sie in die *Konstituierungsphase*

---
[156] Vgl. Freiling (2001), S. 28 ff.
[157] Eigene Darstellung in Anlehnung an Freiling (2001), S. 29.

des Ansatzes einzuordnen ist.[158] Als ein weiterer wichtiger Begründer der frühen Epoche des ressourcenorientierten Ansatzes ist auch Wernerfelt[159] zu nennen, dem 1994 der Best Paper Price des Strategic Management Journals verliehen wurde.[160] Wernerfelt brachte den ressourcenorientierten Ansatz als Gegenentwurf zum industrieökonomischen Ansatz ins strategische Management ein.[161] Der Erklärungsansatz von Erfolgsunterschieden anhand von unternehmensinternen Faktoren stellte dabei eine Rückkehr zu den frühen Ansätzen des strategischen Managements dar, welche unter dem Begriff „Business Policy" subsumiert wurden.[162] Zwischen den Anfängen der Konstituierungsphase mit Penrose und ihrem Ende, das durch Wernerfelts Arbeit markiert wird, gab es weitere Wissenschaftler wie bspw. Rumelt,[163] Hofer und Schendel[164] sowie Lenz,[165] die an der Gestaltung des Resource-based View mitwirkten, allerdings weniger Beachtung fanden.[166] Zum Ende der Konstituierungsphase fand ein nahtloser Übergang zur Orientierungsphase des Resource-based View statt. Die weitere Entwicklung des Resource-based View ab 1984 bis hin zum heutigen Forschungsstand ist allerdings nicht mehr einhellig nachvollziehbar, da es eine Vielzahl von Autoren gab bzw. gibt, die sich mit dem genannten Ansatz und mit seinen Variationen beschäftigten oder es nach wie vor tun. Es sei deshalb an dieser Stelle darauf verwiesen, dass lediglich wichtige Entwicklungsschritte und in diesem Zusammenhang populäre[167] Autoren Eingang in die Abhandlung finden.

Die *Orientierungsphase* des Resource-based View kann als die Phase der Grundlagenschaffung des ressourcenorientierten Ansatzes verstanden werden.[168] Sie beschäftigte sich erstens mit der Hervorhebung der Argumentati-

---

[158] Neben Penrose wird in einigen Werken, wie in dem Werk vom Freiling, auf dem die Abbildung beruht, auch Selznick (1957) als Mitbegründer dieser Theorie angeführt.
[159] Vgl. Wernerfelt (1984), S. 272 ff.
[160] Vgl. Zajac (1994), S. 169 f.
[161] Als Beleg hierfür wird folgender Satz von ihm zitiert: „For the firm, resources and products are two sides oft he sam coin." Wernerfelt (1984), S. 171.
[162] Vgl. Reinhardt (2007), S. 44 f.
[163] Siehe hierzu Rumelt (1974).
[164] Siehe hierzu Hofer/Schendel (1978).
[165] Siehe hierzu Lenz (1980).
[166] Siehe hierzu auch: Klein et al. (1978) sowie Nelson/Winter (1982).
[167] Die Popularität wurde anhand der Zitierhäufigkeit der Autoren bestimmt.
[168] Vgl. Freiling (2001), S. 33.

onsschwerpunkte im Konnex zur industrieökonomischen Forschung.[169] Zweitens: mit dem Versuch der empirischen Überprüfung des Einflusses der unternehmerischen Ressourcen auf den Erfolg der Unternehmung.[170] Drittens: mit der Erarbeitung einer terminologischen Basis.[171] Viertens: mit der Erstellung von Ressourcenklassifikationen und -typologien.[172] Fünftens: mit der Ansatzgenerierung zur Schaffung eines Prämissensystems[173] und sechstens: mit der Aufarbeitung von Kausalketten.[174]

Weitere Fachartikel bzw. Autoren, die zu diesem Zeitpunkt wichtige Beiträge zum Resource-based View leisteten und damit ihre Bekanntheit förderten, sind u. a. Barney, der 1986 sein Werk „*Organizational Culture: Can it Be a Source of Sustained Competitive Advantage*" im Acadamy of Management Review publizierte,[175] als auch Prahalad und Hamel, die 1991 eine Analyse über die Ursachen des Erfolgs oder Misserfolgs fernöstlicher und amerikanischer Unternehmen publizierten.[176]

Als nächster zeithistorischer Abschnitt folgt die Phase des Competence-based View.[177] Dieser Ansatz stellt wie der Dynamic Capability-based View (Competence-based Strategic View), der Knowledge-based View und der Relational View eine Weiterentwicklung des Resource-based View dar, weshalb sie nachfolgend nur in einer kurzen Darstellung gewürdigt werden, mit Ausnahme des Relational View, der im Verlauf der Arbeit in den Analyserahmen überführt wird und aus diesem Grund im nächsten Abschnitt ausführlich betrachtet wird.

Der Capability-based View wurde maßgeblich durch das bereits angesprochene Werk von Parhalad und Hamel beeinflusst. Der Unterschied zum Resource-based View besteht darin, dass neben der unterschiedlichen Ressourcenausstattung der Unternehmen jetzt die unternehmensspezifischen Kompe-

---

[169] Folgende Autoren leisten bspw. Beiträge zu diesem Bereich der Grundlagenforschung: Wernerfelt (1984) und Conner (1991).
[170] Autoren die sich mit der empirischen Überprüfung beschäftigen sind bspw. Chatterjee/Wernerfelt (1991) und Barney (1991).
[171] Hier sei bspw. auf Grant (1991) verwiesen.
[172] Siehe hierzu Itami (1987) und Dierickx/Cool (1989).
[173] Siehe hierzu. Barney (1988).
[174] Siehe hierzu stellvertretend Lippmann/Rumel (1982).
[175] Vgl. Barney (1986a).
[176] Vgl. Prahalad/Hamel (1991); Hamel/Prahalad (1993); Hamel/Prahalad (1997).
[177] Vgl. Freiling (2004), S. 5; Blinda (2007), S. 52.

tenzen mit in die Betrachtung einbezogen werden, um dadurch die Erklärung nachhaltiger Wettbewerbsvorteile zu ermöglichen. Dabei wird davon ausgegangen, dass Unternehmen nicht nur Ressourcenbündel sind, sondern Kompetenzbündel, wobei die Handlungsmöglichkeiten und die Erzielung langfristiger Erfolge durch die Kompetenzausstattung determiniert werden.[178] Demnach ist es nicht mehr ausreichend, nur Ressourcen vorzuhalten. Diese Ressourcen müssen im Zuge der Prozessgestaltung bestimmten Verwendungen zugeführt werden, welche unter Berücksichtigung der Marktnachfrage ihrer bestmöglichen Allokation zugeführt werden sollen.[179] Dierickx und Cool fokussieren in diesem Zusammenhang auf die „assets flows", während ihr Interesse an den „asset stocks" in den Hintergrund rückt.[180] Die Capability-based View vereint die Innen- und Außenperspektive der Unternehmensführung. Freiling stellt diesen Sachverhalt wie folgt dar:

„Die Möglichkeiten, derartige Herausforderungen durch den Einsatz verfügbarer Ressourcen möglichst in besserer Weise als aktuelle und potenzielle zu lösen, steht im Mittelpunkt und deutet an, daß [sic] spätestens in dieser Phase des Resource-based View eine Integration von innen- und außenorientierten Aspekten der Unternehmensführung vollzogen wurde."[181]

Basierend auf den Mängeln des Capability-based View bzw. durch die Kombination dieses Ansatzes mit den Grundsätzen des strategischen Managements entwickelte sich ab 1996 der *Competence-based Strategic Management View*, der vor allem auf Arbeiten von Sanchez und Heene zurückzuführen ist, die versucht haben, ein integratives Konzept der Unternehmensführung zu schaffen.[182] Die Grundausrichtung dieses Ansatzes kennzeichnet eine dynamische, systematische, kognitive und holistische Grundausrichtung.[183] Die Schwerpunktsetzung innerhalb dieses Ansatzes liegt auf der kognitiven Ebene, woraus sich eine Vernachlässigung der ökonomisch-theoretischen Argumentation zur Erklärung von Wettbewerbsvorteilen ergibt.[184] Als weitere Kennzeichen

---

[178] Vgl. Sammerl (2006), S. 160; Collis (1991), S. 49 f.
[179] Siehe hierzu Krogh/Roos (1992).
[180] Vgl. Dierickx/Cool (1989), S. 1504.
[181] Freiling (2001), S. 35.
[182] Siehe hierzu: Sanchez/Heene (1996), Sanchez et al. (1996); Sanchez/Heene (1997a); Sanchez (1999); Sanchez (2004).
[183] Vgl. Sanchez/Heene (1997b), S. 305 ff.
[184] Vgl. Heusler (2004), S. 207.

des Dynamic Capability-based View sind die stete Interaktion mit der Umwelt zu nennen, weshalb das Unternehmen als offenes System verstanden wird und die Unterscheidung zwischen unternehmensspezifischen Ressourcen und unternehmenszugehörigen Ressourcen erfolgt. Ebenso eröffnet der Ansatz die Möglichkeit der Neu- bzw. Weiterentwicklung von Kompetenzen sowie die Übertragbarkeit von Kompetenzen auf neue Anwendungsbereiche[185], worin erste Grundlagen hin zum Knowledge-based View gesehen werden können.

Der *Knowledge-based View* fokussiert auf die Ressource Wissen, um anhand derer dauerhafte Wettbewerbsvorteile zu erklären. Es erscheint fraglich, warum dieser Ansatz nicht zur Erklärung von clusterspezifischem Wissen als strategische Ressource herangezogen wird. Dies ist damit zu begründen, dass der Knowledge-based View of the Firm ein relativ junger Ansatz ist, der noch nicht den Status einer Theorie beanspruchen kann und dementsprechend noch kein gesichertes Fundament für die nachfolgende Analyse bietet.[186] Darüber hinaus berücksichtig auch der Resource-based View das Wissen als Ressource und wurde bereits in vorherigen Studien als zweckdienlicher Ansatz zur Analyse von Clustern identifiziert und angewendet.[187]

Als Begründer des Knowledge-based View kann Demsetz betrachtet werden.[188] Zu mehr Popularität verhalf diesem Ansatz aber erst Grant und kann in diesem Zusammenhang als Mitbegründer dieses Ansatzes betrachtet werden. Weitere Autoren, die maßgeblichen Einfluss auf den Ansatz ausgeübt haben, sind bspw. Spender[189], Kogut und Zander[190] sowie Baden-Fuller,[191] der zusammen mit Grant[192] zum Thema forschte.

Genauer betrachtet wird im Knowledge-based View angenommen, dass das Wissen die zentrale Ressource im Unternehmen darstellt.[193] Dabei eröffnet das Wissen in einer dynamischen Umwelt die Möglichkeit zur Erzielung von beständigen Wettbewerbsvorteilen, da die Produkte ein immer höheres

---

[185] Vgl. Freiling (2001), S. 39.
[186] Vgl. Grant (1996b), S. 110.
[187] Vgl. Hervás-Oliver/Albors-Garrigós (2007); de Oliveira Wilk/Fensterseifer (2003); Brown et al. (2007); Brown/Burgess/Festing/Royer/ et al. (2010); Festing et al. (2010b).
[188] Siehe hierzu Demsetz (1988).
[189] Vgl. Spender (1996), S. 45.
[190] Siehe hierzu Kogut/Zander (1992); Kogut/Zander (1993); Zander/Kogut (1995)
[191] Siehe hierzu Grant/Baden-Fuller (1995).
[192] Siehe hierzu Grant (1996a).
[193] Vgl. Schreyögg/Conrad (2006), S. 204.

Maß an Intelligenz enthalten, die nur mittels eines umfangreichen Wissen erzeugt werden kann. Damit spielt das Wissen bei der Relevanz des Ansatzes eine entschiedene Rolle.[194]

Wie die Ausführungen zur Entwicklung des Resource-based View und seiner Strömungen gezeigt haben,[195] handelt es sich teilweise um Erklärungsansätze, deren Entwicklung noch nicht abgeschlossen ist.[196] Es gibt immer wieder neue Situationen, die eine Modifikation und Weiterentwicklung des Resource-based View erfordern, um die Wirklichkeit möglichst effektiv analysieren zu können. Dies ist auch das Erfordernis dieser Arbeit, weshalb der Resource-based View einer Synthese mit dem Relational View unterzogen wird, um in Anlehnung an den von Brown et al. konzeptualisierten Ansatz des Resource-based View of Clusters einen Analyserahmen zu schaffen, der es zu analysieren ermöglicht, ob es sich beim Term „clusterspezifisches Wissen" um eine strategische Ressource auf der Netzwerk- und Unternehmensebene des Clusters handelt.

In den nächsten Abschnitten werden deshalb der Resource-based View und der Relational View ausführlich betrachtet, bevor im nächsten Schritt die Synthese vollzogen und der daraus resultierende Ansatz auf das Cluster angewendet wird.

1.2 CHARAKTERISTIKA DES RESOURCE-BASED VIEW

Der Resource-based View wird als positive Theorie betrachtet, da durch sie die Existenz und Nachhaltigkeit von Wettbewerbsvorteilen auf der Grundlage von spezifischen Ressourcenausstattungen von Einzelunternehmungen erklärt werden kann.[197] Hierbei gründet der Resource-based View auf zwei Annahmen. Erstens, dass Unternehmen sich hinsichtlich ihrer Ressourcenausstattung unterscheiden, was auf die historische Entwicklung der Einzelunternehmung zurückzuführen ist; zweitens, dass die Mobilität der Ressourcen eingeschränkt ist, was zur Folge hat, dass die Ressourcenausstattung über einen strategischen

---

[194] Vgl. Bea/Haas (2005), S. 31.
[195] Für eine andere Art der Darstellung der historischen Entwicklung der Resouce-based View ohne die Berücksichtigung seiner Weiterentwicklung sei an dieser Stelle auf Newbert (2007), S. 122 ff., verwiesen, der ebenfalls einen umfassenden Literaturüberblick erarbeitet hat.
[196] Vgl. Brahma/Chakraborty (2011), S. 7.
[197] Vgl. Brühl et al. (2008), S. 1.

Zeitraum konstant ist.[198] Jedes Unternehmen ist folgerichtig einzigartig. Der Schlüssel seines Erfolges bzw. seiner Rentabilität liegt in der Ausnutzung dieser Unterschiede, womit die Fähigkeiten und Kompetenzen einer Unternehmung Einzug in den ressourcenbasierten Ansatz erhalten.[199]

Diese Sichtweise gründet darin, dass die Selektion einer Wachstumsbranche und ein späterer Eintritt in diese, per se nicht mehr zur Erklärung des Erfolges und der Entwicklung von Unternehmungen herangezogen werden kann. Dementsprechend wurde die Fokussierung auf endogene Faktoren der Unternehmungen vorgenommen. Dabei spielen die Charakteristika von Ressourcen und Kompetenzen einer Unternehmung in Relation zu den imperfekten Märkten[200] eine wichtige Rolle bei der Erklärung von empirisch belegbaren Unterschieden in der Performance von Unternehmen.[201] Die Ressourceneigenschaften, die dabei im Interesse des Ansatzes stehen, sind bspw. ihre Heterogenität, Immobilität, Einzigartigkeit, Spezifität, kausale Ambiguität, Historizität, imperfekte Imitierbarkeit und Substituierbarkeit, da sie zur Beurteilung von Ressourcen auf ihre strategische Bedeutung hin herangezogen werden können.[202] Der ressourcenorientierte Ansatz begründet damit die Entstehung von Renten bzw. Wettbewerbsvorteilen dadurch, dass Unternehmen in der Lage sind, durch ihre einzigartigen Fähigkeiten die vorhandenen unternehmensspezifischen Ressourcen auszumachen, auszubauen und effizient zu nutzen.

Mit Einnahme der theoretischen Sichtweise des Resource-based View erfolgt demnach eine Neuorientierung zur „Inside-out Orientierung" mit der „Resource-Conduct-Performance"-Wirkungskette. Im Gegensatz dazu

---

[198] Vgl. Foss (1998), S. 135.
[199] Vgl. Grant/Nippa (2006), S. 180.
[200] Die zentrale Grundlage der strategischen Faktormärkte ist auf Barney (1986a) zurückzuführen, der in seiner Arbeit argumentiert, dass Unternehmungen ihre Ressourcen auf Faktormärkten erwerben müssen, bevor sie in das Unternehmen einfließen können. Hierbei unterstellt er, dass sich auf Absatzmärkten mit Wettbewerbsbeschränkung keine ökonomischen Renten erzielen lassen würden, wenn der Erwerb der vorher benötigten Ressourcen auf vollkommenen Märkten erfolgen würde. Vgl. Barney (1986b), S. 1233 ff. Er folgert daraus, dass eine ökonomische Rentenerzielung nur dann erfolgen kann, wenn es sich um unvollkommene Faktormärkte handelt, womit er der industrieökonomischen Perspektive, in der Faktormärkte keine Berücksichtigung finden, entgegnet. Vgl. Reinhardt (2007), S. 50 f.
[201] Vgl. Bürki (1996), S. 24 f.
[202] Vgl. Kutschker/Schmid (2008), S. 839 f.

steht der industrieökonomische Ansatz, mit seiner „Structure-Conduct-Performance-Hypothese" und seiner Marktorientierung. Nach Rühli handelt es sich hierbei sogar um ein Paradigma. Er spricht in diesem Zusammenhang von dem Resource-Conduct-Paradigma, das dem Structure-Conduct-Performance-Paradigma gegenübergestellt wird.[203] Siehe zur Gegenüberstellung beider Ansätze auch Abbildung 7.[204]

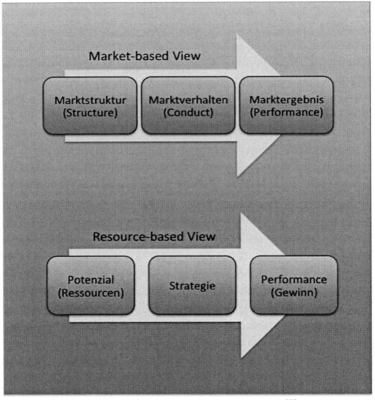

Abbildung 7: Marktorientierter vs. ressourcenorientierter Ansatz[205]

---

[203] Vgl. Rühli (1995), S. 94.
[204] Vgl. Lüdecke (2008), S. 26; Bea/Haas (2005), S. 27.
[205] Eigene Darstellung in Anlehnung an Corsten (1998), S. 17.

Der Wandel zu dieser Sichtweise ist sicherlich auch in den empirischen Ergebnissen begründet,[206] die die Relevanz der unternehmensinternen Faktoren zur Erklärung des Erfolges von Unternehmungen hervorheben.[207]

Auch wenn der Market-based View und der Resource-based View in der Abbildung gegenübergestellt werden, so schließen sich beide Erklärungsansätze nicht gegenseitig aus, denn strategische Erfolge sind am Markt nur dann realisierbar, wenn die Ressourcen den Kundenbedürfnissen, die durch den Markt beeinflusst werden, entsprechen. Auf der anderen Seite stellen die fertigen Produkte lediglich einen Wert dar, wenn es sich um marktfähige Produkte handelt.[208]

Als Zwischenfazit zum ressourcenorientierten Ansatz lässt sich festhalten, dass er trotz seiner Vielzahl von Strömungen im Kern auf die besonderen Merkmale der Unternehmung abstellt, die als Quelle langfristiger Wettbewerbsvorteile bzw. für die Erzielung von ökonomischen Renten genannt wird. Abweichend von dieser Kernaussage ist allerdings hervorzuheben, dass eine einheitliche Begriffsdefinition im Resource-based View als nicht gegeben betrachtet werden kann. Daher ist eine terminologische Positionierung erforderlich, die im nächsten Abschnitt erfolgt.

1.3 TERMINOLOGISCHE GRUNDLAGEN DES RESOURCE-BASED VIEW

Im ressourcenorientierten Ansatz war die Auseinandersetzung mit den konzeptionellen Rahmenbedingungen, den Grundannahmen und den terminologischen Grundlagen ausführlicher als im industrieökonomischen Ansatz. Als Grund hierfür ist anführen, dass er aus der Kritik am industrieökonomischen Ansatz entstanden ist, bei dem die Annahmen stark vereinfacht wurden und eher impliziter Natur waren.[209] Durch die schnelle Verbreitung des Resource-based View gibt es innerhalb dieser Strömung grundsätzliche terminologische Differenzen in den Definitionen zentraler Begriffe. Eine eindeutige Terminologie ist allerdings unerlässlich, weshalb sie in diesem Abschnitt entwickelt werden soll, um zumindest für die vorliegende Arbeit ein einheitliches Verständnis zu gewährleisten.

---

[206] Vgl. Bamberger/Wrona (1996), S. 386 ff; Rumelt (1974), S. 167 ff.
[207] Vgl. Petkau (2008), S. 40.
[208] Vgl. Bea/Haas (2005), S. 31.
[209] Vgl. zur Kritik bspw. Barney (1991), S. 100.

In diesem Abschnitt steht vor allem der Term „*Ressource*" im Mittelpunkt der Auseinandersetzung, da anhand des ressourcenorientierten Ansatzes versucht wird, „die Individualität einer jeden Unternehmung nachzuweisen sowie sie und die unternehmensspezifische Erfolgsposition auf die Verfügbarkeit und Nutzung bestimmter Ressourcen zurückzuführen."[210]

Um eine solche Analyse zu ermöglichen, ist es allerdings unbedingt erforderlich zu definieren, was unter einer Ressource zu verstehen ist. Hierbei kann es sich dementsprechend nicht um alle Inputgüter handeln, die einer Unternehmung zur Verfügung stehen. Als Ressourcen im Kontext des ressourcenorientierten Ansatzes sind nur die Inputgüter als Ressource zu bezeichnen, die den Unternehmenserfolg sichern, sei es durch die Kombination mehrerer Inputgüter oder dadurch, dass einzelne Inputgüter einen signifikanten Einfluss auf den Erfolg der Unternehmung haben. Um der Problemstellung einer adäquaten Definition gerecht zu werden, wird eine Orientierung anhand der Definitionen der wichtigsten Texte zum Thema erfolgen.[211] Aufgrund des starken Einflusses von Barney bei der Entwicklung des Resource-based View wurden bei der exemplarischen Übersicht von Definitionen des Ressourcenbegriffs gezielt Autoren ausgewählt, die Barneys konzeptionelle Arbeit zur Basis hatten.

Tabelle 3: Ressourcen unter dem Bezugsrahmen des Resource-Based View[212]

Beitrag	Definition des Ressourcenbegriffs
Caves (1980), S. 65.	„The firm rests on contractual relations that unite and coordinate various fixed assets or factors, some of them physical, others consisting of human skills, knowledge, and experience – some of them shared collectively by the managerial hierarchy. These factors are assumed to be semipermanently tied to the firm by recontracting costs and, perhaps, market imperfections."

---

[210] Freiling (2001), S. 12.
[211] Vgl. Priem/Butler (2001), S. 23 ff.
[212] Quelle: Eigene Darstellung.

Beitrag	Definition des Ressourcenbegriffs
Wernerfelt (1984), S. 172.	„By a resource is meant anything which could be thought of as a strength or weakness of a given firm. More formally, a firm's resources at a given time could be defined as those (tangible and intangible) assets which are tied semipermanently to the firm (see Caves (1980)). Examples of re- sources are: brand names, in-house knowledge of technology, employment of skilled personnel, trade contracts, machinery, efficient procedures, capital, etc."d
Barney (1991), S. 101.	„[...] firm resources include all assets, capabilities, organizational processes, firm attributes, information, knowledge, etc. controlled by a firm that enable the firm to conceive of and implement strategies that improve is efficiency and effectiveness."
Amit/Schoemaker (1993), S. 35.	„The firm's resources will be defined as stocks of available factors that are owned."
Grant (1996b), S. 118 f.	„Resources are inputs into the production process – they are the basic units of analysis. The individual resources of the firm include items of capital equipment, skills of individual employees, patents, brand names, finance, and so on."
Barney/Arikan (2001), S. 138.	Resources are the tangible and intangible assets firms use to conceive of and implement their strategies.
Grant/Nippa (2006), S. 183.	„Ressourcen sind produktive Vermögensbestandteile, die das Unternehmen besitzt [...]."

Bei der Betrachtung des Ausschnitts an Ressourcendefinitionen in Tabelle 3 wird schnell ersichtlich, dass es eine Vielzahl von Definitionen gibt, wobei es noch eine größere Vielfalt von Parallelbegriffen gibt, die teilweise synonym oder in anderer Bedeutung verwendet werden. Daraus resultiert, dass es eine Mehrfachbelegung des Begriffs „Ressource" gibt mit unterschiedlichen Inhalten bzw. eine Verwendung differierender Begriffe mit gleichem Inhalt, was zur Folge hat, dass es eine unzweckmäßige Belegung des Begriffs gibt und damit die Schaffung einer terminologischen Grundlage innerhalb des Ansatzes völliger Beliebigkeit der Interpreten unterliegt.[213] Gemeinsam ist der Vielzahl von Definitionen allerdings, dass sie in einen von der Neoklassik differierenden Kontext Verwendung finden.[214] Damit ist gemeint, dass nicht mehr die

---
[213] Vgl. Freiling (2001), S. 15.
[214] Vgl. Castanias/Helfat (1991), S. 158 f.

Relation von Input und Output analysiert wird, sondern die Ressourcen, um festzustellen, ob sie aufgrund ihrer Eigenschaften als Quelle von Wettbewerbsvorteilen dienen können.

So ist ein Teil der Ressourcendefinition von Wernerfelt, Barney sowie von Barney und Arikan der Aspekt, dass alles eine Ressource sein kann, was der Unternehmung dabei hilft, ihre Strategie zu verwirklichen bzw. eine Stärke oder Schwäche darstellt. Andere Autoren differenzieren hingegen zwischen Ressourcen, Fähigkeiten (capabilities) und Kernkompetenzen (core competencies).[215] Ein Erweiterungsansatz dieser Differenzierung lässt sich in den Kategorien dynamische Fähigkeiten (dynamic capability) und Wissen (knowledge) sehen,[216] was dazu führte, dass sich innerhalb des Resource-based View, wie bereits erörtert wurde, unterschiedliche Strömungen und Weiterentwicklungen ergaben. Da in dieser Arbeit allerdings auf die Humanressourcen und die Ressource Wissen abgestellt wird, soll eine Differenzierung zwischen diesen Begriffen nicht Gegenstand der Arbeit sein. Eine Vielzahl von Definitionen weist erhebliche Mängel auf und ist deshalb als Basis für die spätere Analyse zu verwerfen.[217] Der von *Wernerfelt*[218] definierte Term beinhaltet bspw. keine Eingrenzung in Bezug auf die Ressource, weshalb diese Definition als zu weit gefasst gelten sollte, wodurch sie für die spätere Betrachtung nicht geeignet ist. Der gleiche Mangel ist in der von *Grant* und *Nippa*[219] verwendeten Definition zu finden, auch wenn sie in ihrer Definition auf Verfügungsrechte von Unternehmen und die Produktivität der Ressource schließen lassen, ist diese Definition als zu breit und als von geringer Tiefe zu bewerten. Die Definition von *Caves*[220] ist abzulehnen, da der Ressourcenstatus besagt, dass die Ressource lediglich „semi-permanent" von der Unternehmung verfügbar ist. Es wird aber nicht darauf abgestellt, welche Eigenschaften die Ressource aufweisen muss, um als Ressource zu gelten, und ebenso ist unklar, was unter „semi-permanenter" Verfügbarkeit zu verstehen ist.[221] Die Definition von *Grant*[222] versteht die Ressource wie in der Neoklassik als Inputfaktor, die in

---

[215] Vgl. Reinhardt (2007), S. 53 f.
[216] Vgl. Barney/Arikan (2001), S. 139.
[217] Vgl. Freiling (2001), S. 14 f.
[218] Wernerfelt (1984).
[219] Grant/Nippa (2006).
[220] Caves (1980).
[221] Vgl. Freiling (2001), S. 15.
[222] Grant (1996b).

den Produktionsprozess eingeht. Unberücksichtigt bleibt allerdings, welche Charakteristika die Ressourcen aufweisen müssen, damit sich basierend auf ihnen Erfolge für das Unternehmen realisieren lassen. Auch die Definition von *Barney*[223] weist Mängel auf: bspw. wird angeführt, dass Barney in seiner Definition nicht genügend auf die Erklärung von Wettbewerbsvorteilen bzw. von Rentabilität abstellen würde, da seine Definition lediglich auf die Steigerung von Effektivität und Effizienz abstellt, was als Vorbedingung für die Realisierung von Wettbewerbsvorteilen zu sehen sei.[224] Sie soll aber trotzdem als Basis für die weitere Betrachtung in die vorliegende Arbeit mit einfließen, da sie eine Weiterentwicklung des Ressourcenverständnisses von Wernerfelt darstellt und sowohl eine inhaltliche Beschreibung des Ressourcenbegriffs vornimmt als auch Eigenschaften von Ressourcen determiniert, die als Indikatoren für ihre Erfolgswirksamkeit zu verstehen sein können. Ein weiter Grund für das Einfließen in diese Arbeit stellt sein VRIN-Bezugsrahmen dar, der für die spätere Beurteilung der Ressource „clusterspezifisches Wissen" herangezogen wird, um zu untersuchen, ob es sich beim clusterspezifischen Wissen um eine strategische Ressource handelt, die das Potenzial hat, Wettbewerbsvorteile zu generieren.

Nachfolgend soll auf die Ressourcenkategorien eingegangen werden. Dabei wird in der Literatur, wie beim Ressourcenbegriff, eine Vielzahl von Typologien zu finden sein.[225] Hier wird deshalb lediglich eine übergeordnete Kategorisierung vorgenommen, wie sie häufig in der Literatur vorzufinden ist.[226] Es wird dabei eine Einteilung in drei Cluster von Unternehmensressourcen vorgenommen (siehe Abbildung 8), zum einen in „materielle Ressourcen", welche finanzieller und physischer Art sind, dann in „immaterielle Ressourcen", wie technologisches Wissen, Ruf/Image und Kultur und letztlich in „Human- bzw. Mitarbeiterressourcen",[227] welche sich in spezielle Fertigkeiten, Fähigkeiten, Kommunikations- und Kooperationskompetenz sowie Motivation aufgliedern.[228]

---

[223] Barney (1991).
[224] Vgl. Freiling (2001), S. 19.
[225] Vgl. Bürki (1996), S. 49 ff.
[226] Für eine tiefergehende Kategorisierung von Ressourcen vgl. Weiss et al. (2010), S. 8 ff.
[227] Im Weiteren als Humanressourcen oder Humankapital benannt.
[228] Vgl. Bea/Haas (2005), S. 29.
[229] Eigene Darstellung in Anlehnung an Grant/Nippa (2006)

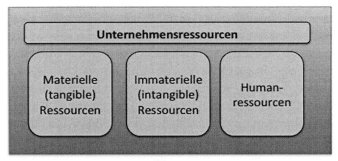

Abbildung 8: Ressourcentypologie[229]

Aufgrund des späteren Gangs der Untersuchung sollen an dieser Stelle zwei Ressourcen einer ausführlicheren Würdigung unterzogen werden. Dabei handelt es sich um die Ressource Wissen und um die Humanressourcen.

Die Ressource *Wissen* wird im Zusammenhang mit dem Ressource-based View besonders hervorgehoben.[230] Dabei steht vor allem das implizite Wissen im Fokus der Betrachtung,[231] das im Englischen als „tacit knowledge" bezeichnet wird.[232] Dieses Wissen ist nicht immer artikulierbar und kann vollständig taziter Natur sein und sich in den Fähigkeiten einer Humanressource widerspiegeln, weshalb das Wissen zwangsläufig mit den Humanressourcen als Wissensspeicher verbunden ist.[233] Von daher ist auch eine Trennung zwischen der Humanressource auf der einen Seite und der immateriellen Ressource auf der anderen Seite nicht immer sinnvoll, da Wissen sehr wohl verbalisiert existieren kann und damit zu den immateriellen Ressourcen zählen könnte, während das implizite Wissen der Externalisierung bedarf.

Die *Humanressourcen* mit ihrem Wissen bilden damit einen Schwerpunkt dieser Arbeit, weshalb sie einer etwas ausführlicheren Betrachtung bedürfen. Einführend können sie als Ressourcen verstanden werden, die produktive Dienstleistungen erbringen, wobei sich ihre relevanten Merkmale grundsätzlich aus vier Bereichen ergeben. Erstens aus den verfügbaren Fertigkeiten der Mitarbeiter, die sich aus Bildung bzw. Ausbildung, Training und Erfahrung

---

[230] Vgl. Kogut/Zander (1992), S. 387.
[231] Vgl. zu Knyphausen (1993), S. 776; Habann (1999), S. 19 ff.; Choo (1998), S. 114 ff.
[232] Eine ausführliche Darstellung dieses Begriffs wird im Kaptiel über das clusterspezifische Wissen erfolgen.
[233] Vgl. Freiling (2001), S. 116 ff.

ergeben, zweitens aus ihrer Anpassungsfähigkeit, die entscheidend für die strategische Flexibilität für das Unternehmen ist, sich an die ständig wandelnde Unternehmensumwelt anzupassen. Drittens dem Einsatzwillen und der Loyalität der Mitarbeiter, die bestimmend für die Erlangung und Erhaltung der Wettbewerbsfähigkeit der Unternehmung ist. Viertens aus der sozialen und kooperativen Fähigkeit der Mitarbeiter, da sie einen Einflussfaktor auf die unternehmerischen Möglichkeiten darstellt und beeinflusst, wie Humanressourcen ihre organisatorischen Fähigkeiten umsetzen sowie in der Lage sind, sich neues Wissen durch Interaktion zu erschließen.[234] Damit nehmen die sozialen und kooperativen Fähigkeiten einen besonderen Fokus in diesem Beitrag ein, da unterstellt wird, dass gerade diese Eigenschaften von Mitarbeitern im Cluster zu clusterspezifischem Wissen führen. Da in dieser Arbeit eine konstruktivistische Sichtweise eingenommen wird, ist ferner davon auszugehen, dass lediglich Informationen zwischen den Individuen ausgetauscht werden können und die eigentliche Wissensgenerierung im Menschen stattfindet.

Nachdem die einzelnen Ressourcen dargestellt wurden, soll nachfolgend erörtert werden, welche Eigenschaften die Ressourcen erfüllen müssen, um eine Grundlage zum Erzielen von Wettbewerbsvorteilen auf der Unternehmensebene zu schaffen. Anschließend wird dargelegt, warum beim Resource-based View die Rede von Renten ist und nicht vom Terminus „Gewinn". Des Weiteren werden die verschiedenen Rentenarten erörtert, die ein Unternehmen erzielen kann.

1.4 IDENTIFIKATION VON RESSOURCEN MIT DEM POTENZIAL ZUR REALISIERUNG VON WETTBEWERBSVORTEILEN AUS SICHT DER EINZELUNTERNEHMUNG

Das Konzept des Wettbewerbsvorteils bildet einen weiteren Schwerpunkt bei der Betrachtung des konzeptionellen Rahmens des Resource-based View. Dabei definiert Barney den nachhaltigen Wettbewerbsvorteil wie folgt:

„[A] firm is said to have a competitive advantage when it is implementing a value creating strategy not simultaneously being implemented by any current or potential competitors. A firm is said to have a sustainable competitive advantage when it is implementing a value creating strategy not simultaneously being implemented by any

---

[234] Vgl. Grant/Nippa (2006), S. 184.

current or potential competitors and when these other firms are unable to duplicate the benefits of this strategy."[235]

Nachfolgend soll das VRIO-Konzept[236] von Barney in die Arbeit aufgenommen werden, um anhand dieses Konzeptes Rückschlüsse auf Wettbewerbsvorteile für Unternehmen ziehen zu können. Es dient grundsätzlich dazu, die zuvor beschriebenen Ressourcen einer Evaluation zu unterziehen, um darauf basierend eine Wettbewerbsstrategie ableiten zu können.[237] Dabei werden die Ressourcen auf ihre Eigenschaften hin untersucht, um festzustellen, ob sie wertvoll (*valuable*), selten (*rare*), schwer imitierbar (*imitable*) sind, und ob das Unternehmen die organisationalen Voraussetzungen erfüllt, um die Wettbewerbsvorteile zu realisieren (*organization*). Erst wenn alle diese Eigenschaften erfüllt sind, besteht das Potenzial, um Wettbewerbsvorteile realisieren zu können. Da in dieser Arbeit lediglich auf das Potenzial der Ressourcen Bezug genommen werden soll, ohne die organisationalen Voraussetzungen der Realisierbarkeit zu berücksichtigen, wird für die spätere Analyse das VRIN-Konzept verwendet. Das N steht in diesem Fall für „not substitutable", also nicht substituierbar. Es wird dementsprechend davon ausgegangen, dass die Ressource, die diese Eigenschaften erfüllt, bei richtiger Einbettung in das Unternehmen, die über die organisationalen Voraussetzungen verfügt, zur Realisierung von Wettbewerbsvorteilen beiträgt.[238] Dabei kommt den Ressourcen, die unternehmensintern entwickelt werden, eine höhere Relevanz zu als den frei am Markt gehandelten Ressourcen.[239] Ob auf Basis der Ressourcen jedoch ein Wettbewerbsvorteil entsteht, hängt von weiteren Faktoren ab, wie etwa der Unternehmensstrategie und den unternehmerischen Fähigkeiten, diese Res-

---

[235] Barney (1991), S. 102.
[236] Die Abkürzung VRIO setzt sich aus den Anfangsbuchstaben der Ressourceneigenschaften zusammen, die bei Vorhandensein zu Wettbewerbsvorteilen führen können (Value, Rareness, Imperfect Imitability/Substitutability und Organizational Specificity). Ein etwas abgewandeltes Konzept (VRIN) ist ebenfalls in der Literatur zu finden. Das N bezeichnet in diesem Fall die Eigenschaft *not substitutable*. Vgl. hierzu Kuschinsky (2008), S. 71 f. Einen vergleichbaren Ansatz, der keinen Zugang in diese Arbeit findet, entwickelte Grant. Dieser Ansatz wird als DTTR-Ansatz bezeichnet, und steht für *Durability, Transparency, Transferability* und *Replicability*. Vgl. Grant (1991), S. 124 ff.
[237] Vgl. Haertsch (2000), S. 100.
[238] Vgl. Braun (2009), S. 36.
[239] Vgl. Dietrich (2007), S. 182; Bamberger/Wrona (1996), S. 131.

sourcen zu nutzen.[240] Erst wenn alle Faktoren vorliegen und integrativ genutzt werden, kann ein Wettbewerbsvorteil am Markt entstehen, der den Erfolg eines Unternehmens steigert.[241] Diese Faktoren sollen jedoch nicht in die Betrachtung der Arbeit mit einfließen, da die Fragestellung der Arbeit darauf abzielt, zu analysieren, ob es sich beim Term „clusterspezifisches Wissen" um eine strategisch relevante Ressource handeln könnte, die das Potenzial besitzt, zur Rentengenerierung beizutragen.

Abbildung 9 gibt den Bezugsrahmen in Anlehnung an Barney in vereinfachter Form wider. Ausgehend von den Annahmen, dass es sich um imperfekte bzw. unvollkommene Faktormärkte handelt,[242] in denen eine heterogene Ressourcenausstattung vorherrscht und die Ressourcen immobil sind, analysiert Barney,[243] welche Ressourcen auf Basis der bereits genannten vier Charakteristika das Potenzial haben, Wettbewerbsvorteile zu realisieren.

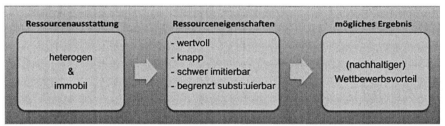

Abbildung 9: Theoretischer Bezugsrahmen nach Barney[244]

Ein Ressourcenmerkmal ist in diesem Zusammenhang der Wertgehalt der Ressource. Es wird davon gesprochen, dass eine Ressource *wertvoll* ist, wenn sie es dem Unternehmen ermöglicht, seine Effizienz oder Effektivität zu erhöhen. Das bedeutet, dass eine Unternehmung durch die Ressource in die Lage versetzt werden muss, in einer bestimmten Branche eine mindestens äquivalente Leistung wie die der Wettbewerber bei einer gleichzeitigen Kostenersparnis durchzuführen oder eine Leistung auf den Markt zu bringen, bei der aus Kundenperspektive der Nutzen dieser Leistung dem der anderen Wettbewerber

---

[240] Vgl. Wolf (2010), S. 39.
[241] Vgl. Haedrich/Jenner (1996), S. 16.
[242] Vgl. Welge/Al-Laham (2003), S. 262.
[243] Vgl. Barney (1991, S. 112 ff.
[244] Eigene Darstellung in Anlehnung an Barney (1991), S. 112.

überlegen ist.[245] Ebenso sollen wertvolle Ressourcen die Möglichkeit schaffen, Chancen zu realisieren und Gefahren zu begegnen. Dabei bezieht sich Barney auf die SWOT-Analyse und vereint die interne Analyse mit der Unternehmensumwelt.[246]

Knapp ist eine Ressource dann, wenn sie nicht frei über die Faktormärkte in beliebiger Menge erworben werden kann, was bedeutet, dass die Knappheit in Abhängigkeit von Heterogenität des Angebots abhängt. Gerade Ressourcen, die nicht durch Transaktionen erworben werden können, sondern unternehmensintern entwickelt werden müssen, unterliegen einer besonders hohen Knappheit.[247] Die Unternehmung, die solche Ressourcen generieren kann bzw. an sich binden und sie nutzen kann, erfährt einen Vorteil gegenüber anderen Unternehmungen.[248]

Die *Nichtimitierbarkeit* liegt bei einer Ressource dann vor, wenn Wettbewerber nicht fähig sind, die Ressource nachzuahmen.[249] Dabei wird im Wesentlichen auf drei Erklärungsfaktoren abgestellt, auf denen die Nichtimitierbarkeit basiert: erstens auf die *geschichtliche Explikation (Pfadabhängigkeit)* der Ressource bzw. der Entstehungsgeschichte von Unternehmen, zweitens auf die *soziale Komplexität* von Ressourcen bzw. der Ressourceninterdependenz und drittens auf die *kausale Ambiguität* zwischen den Ressourcen der Unternehmung und den daraus resultierenden Wettbewerbsvorteilen.[250] Die kausale Ambiguität liegt dann vor, wenn Kausalbeziehungen zwischen Ressourcen und Wettbewerbsvorteilen nicht klar hergestellt werden können. Ist dies der Fall, kann eine Imitation nur schwer erfolgen, da nicht ersichtlich ist, was imitiert werden soll.[251] Die *Pfadabhängigkeit* der Ressource kann dann als gegeben betrachtet werden, wenn die Unternehmung basierend auf ihrer geschichtlichen Entwicklung über diese Ressource verfügt.[252] Von *sozialer Komplexität* ist dann die Rede, wenn komplexe soziale Interdependenzen zur Ressourcengenerierung führen, da diese Relationen spezifischer Natur sind, latent und

---

[245] Vgl. Linhard (2001), S. 61.
[246] Vgl. Reinhardt (2007), S. 59 f.
[247] Vgl. Freiling/Reckenfelderbäumer (2010), S. 80.
[248] Vgl. Festing (2004), S. 208.
[249] Vgl. Seifert (2002), S. 123.
[250] Vgl. Kutschker/Schmid (2008), S. 840.
[251] Vgl. Mikus (2003), S. 231.
[252] Vgl. Barney (1991), S. 107 f.

undurchsichtig.[253] Die *Nichtsubstituierbarkeit* ist gegeben, wenn die Ressource nicht gegen etwas Gleichartiges ausgetauscht werden kann.[254]

Liegen die genannten VRIN-Kriterien bei einer Ressource vor, kann davon ausgegangen werden, dass sie ein hohes Potenzial zur Realisierung von Renten hat und damit zur Erzielung von Wettbewerbsvorteilen beitragen kann.[255] In diesem Fall kann von einer strategischen Ressource gesprochen werden.

Im nächsten Abschnitt wird genauer auf den Begriff „Renten" eingegangen werden und erörtert, wie Renten vom Gewinn abgegrenzt werden.

1.5 Begriffliche Abgrenzung der Rentenarten

Das Konzept der ökonomischen Renten gründet auf der Kapitaltheorie (Theorie der Preisbildung) und steht in Relation zum Preis eines immobilen Produktionsfaktors mit unelastischer Nachfragekurve.[256] Bei der Betrachtung der Rentenerzielung, unabhängig von den eingesetzten Ressourcen, wird im ursprünglichen Ansatz ausgehend von einer Einzelunternehmung eine Differenzierung zwischen Ricardo-Renten, Pareto-Renten, monopolistischen und Schumpeter-Renten vorgenommen.[257] Dabei wird angenommen, dass Unterschiede im Erfolg zwischen den Unternehmungen durch Differenzen in der Ressourcenausstattung der einzelnen Unternehmungen zu erklären sind bzw. durch die Ausnutzung von Effizienzunterschieden zwischen den Ressourcen der einzelnen Unternehmen. Der unternehmerische Erfolg ist dann gegeben, wenn die Unternehmen über einen längeren Zeitraum Renten erwirtschaften.[258] Renten bezeichnen dabei die Erträge,

„[…] die die Opportunitätskosten des Ressourceneinsatzes in einem Industriezweig überschreiten, ohne neue Wettbewerber anzuziehen. Dabei sind sie für eine bestimmte Zeit dauerhaft und sichern einem Unternehmen überdurchschnittliche Erträge."[259]

---

[253] Vgl. Rasche/Wolfrum (1994), S. 73 ff.
[254] Vgl. Dierickx/Cool (1989), S. 1509.
[255] Vgl. Johnson et al. (2011), S. 143.
[256] Vgl. Bürki (1996), S. 33.
[257] Die Rentenarten differieren je nach Autor. Die hier dargestellte Differenzierung entspricht aber der herrschenden Lehre. Andere Differenzierungen spiegeln lediglich Mindermeinungen wider.
[258] Vgl. Fischer (2009), S. 20.
[259] Müller-Stewens/Lechner (2005), S. 357; Für eine praktische Darstellung siehe auch Ricardo (1994), S. 57 f.

Nachdem eine Verdeutlichung des Begriffs der Renten vorgenommen wurde, erscheint es als sinnvoll, eine Differenzierung zwischen Rente und Gewinn vorzunehmen, gerade unter dem Gesichtspunkt, dass eine solche Unterscheidung in der aktuellen Literatur nur rudimentär vorgenommen wird. Renten differieren von Gewinnen in der Form, dass die Erzielung von Gewinn weiteren Wettbewerb impliziert, ein Eintreten in den Markt wird so lange erfolgen, bis es nicht mehr sinnvoll ist, was bedeutet, dass der Gewinn bei vollständiger Konkurrenz gleich null ist.[260] Dahingegen ist es möglich, Renten auch über einen längeren Zeitraum abzuschöpfen.[261] Wenn eine strikte Differenzierung nicht erfolgt, können drei Problembereiche entstehen.

Erstens besteht die Gefahr der *versteckten Quersubventionierung*, wenn eine adäquate Bewertung von Kosten „superiorer" Ressourcen in die Performancemessung nicht einfließt. Infolgedessen kann es zu einer Fehleinschätzung der Performance zwischen superioren und inferioren Ressourcen kommen. Die „superioren" Ressourcen erbringen hierbei verdeckt mehr Leistung und subventionieren die inferioren Ressourcen, was zu einer Verzerrung des Performanceausweises führen könnte, was wiederum eine suboptimale Pareto-Allokation zur Folge haben könnte.[262] Weiterhin besteht die Gefahr, dass *superiore Ressourcen nicht identifiziert* werden, was zur Folge hat, dass sie einerseits einer „einseitigen Verwendung" zugeführt werden, weil das Ressourcenpotenzial nicht erkannt wurde, und anderseits auch nicht als schutzwürdig erkannt werden, was zur Folge hat, dass zukünftige Akkumulationen und deren nachhaltige Abschöpfung nicht gewährleistet sind.[263] Abgesehen von den vorgenannten Gründen ist eine Differenzierung dieser Begrifflichkeiten auch unter den Gesichtspunkten ihres *Erklärungspotenzials* im ressourcenorientierten Ansatz von Bedeutung, denn durch das Konstrukt der Renten wird eine Relation zwischen Performance und Attributen von Ressourcen hergestellt. Dadurch werden Wettbewerbsvorteile ersichtlich.[264]

Nach dieser kurzen Einführung zum Thema „Renten" wird nachfolgend auf die verschiedenen Rentenarten eingegangen.

---

[260] Vgl. Hamiltion/Suslow (2009), S. 190 f.
[261] Vgl. Szeless (2001), S. 13.
[262] Vgl. Dierickx/Cool (1988), S. 3 f.
[263] Vgl. Dierickx/Cool (1988), S. 3 f.
[264] Vgl. Bürki (1996), S. 41.

1.5.1 RICARDO-RENTEN

Die Ricardo-Renten basieren auf der gegebenen Ressourcenheterogenität[265], also darauf, dass lediglich ein restriktives Angebot an „superioren" Ressourcen vorliegt.[266] Hierbei wird angenommen, dass eine Imitation bzw. eine Substitution der Ressourcen nicht möglich ist, was bewirkt, dass Unternehmen mit einer besonders guten Ausstattung mit diesen Ressourcen – bspw. durch geringere Produktionskosten oder durch neue Innovationen[267] – in der Lage sind, einen höheren Gewinn zu erzielen. Die Ricardo-Renten basieren hierbei auf Standortvorteilen, Unternehmensführungsfähigkeiten, exklusiven Property Rights und ähnlichen Faktoren.

1.5.2 QUASI-RENTEN BZW. PARETO-RENTEN

Die Pareto-Renten sind ein ähnliches Konstrukt wie die Ricardo-Renten, begründen ihr Dasein aber auf der Grundlage der Spezifität von Ressourcen (unternehmensspezifischen Ressourcen) und ebenfalls auf ihrer Immobilität.[268] Die genannte Spezifität liegt immer dann vor, wenn eine Ressource lediglich durch ein Unternehmen genutzt werden kann.[269] Die Renten ergeben sich bei den Quasi-Renten aus der Differenz zwischen dem pareto-optimalen Einsatz und der nächstbesten Verwendung der Ressource.[270] Bei dieser Rentenform handelt es sich um ein Rechenkonstrukt; es ist nämlich indiziert, dass Ressourcen grundsätzlich verschiedene negative und positive Quasi-Renten generieren können, da es immer Verwendungsalternativen geben wird.[271]

„Die Existenz von Quasi-Renten ist somit stets dann denkbar, wenn eine Ressource

---

[265] Vgl. Tsang (2000), S. 223.
[266] „This concept of relative scarcity is tied tot he idea of resource superiority. If a resource produces a product or service superior to that provided by similar resources, such a resource commands a premium (i. e. rent). Almost by definition, superior resources have a limited supply relative to less superior and more widely available resources and therefore yield Ricardian rents." Castanias/Helfat (1991), 161.
[267] Vgl. Barney (1991), S. 117.
[268] Vgl. Geißler (2009), S. 24; Caballero/Hammour (1996), S. 181.
[269] Vgl. Doz/Hamel (1991), S. 6.
[270] „Assume an asset is owned by one individual and rented to another individual. The quasi-rent value of the asset is the excess of ist value over ist salvage value, that is, ist value in ist next best use to another renter." Klein et al. (1978), S. 298.
[271] Vgl. Robins (1994), 47 f.

mehrere Verwendungszwecke, mit jeweils unterschiedlichen Produktivitäts- und/oder ökonomischen Wertniveau hat."[272]

Der Erklärungsansatz der Pareto-Renten ist zentral für den ressourcenorientierten Ansatz, da durch ihn eine Relation zwischen Ressourcen und Performance hergestellt wird.

1.5.3 Monopolistische Renten

Monopolistische Renten resultieren aus der Marktmacht eines Unternehmens und sind das Ergebnis der Veränderung von Menge und Preis, welche durch den Monopolisten bestimmt werden. Voraussetzung für die Erzielung dieser Renten ist, dass die Preis-/Absatzfunktion gleich der akkumulierten Nachfragefunktion des Marktes ist. Die monopolitischen Renten sind das Ergebnis aus dem Ertrag des Gesamterlöses. Dabei ergibt sich der Ertrag aus der Differenz zwischen Gesamterlös und Gesamtkosten, die der Monopolist aufgrund seiner Marktposition erwirtschaftet.[273] Grant argumentiert, dass auch monopolitische Renten auf Ressourcen beruhen. Er führt hierzu an, dass Marktmacht, neben staatlichen Regulierungen, Kartellabsprachen und Pioniervorteilen auch auf Eintrittsbarrieren beruhen kann, die durch Ressourcen entstehen wie etwa Patente und Markennamen. Ebenso führt er die Macht der Preisvorgabe auf Ressourcen zurück, wie spezifisches Marketing-Know-how und Finanzstärke.[274]

1.5.4 Schumpeter-Renten

Schumpeter-Renten oder Entrepreneurial Rents, wie sie auch genannt werden, werden realisiert, wenn Unternehmen bereit sind, in einer komplexen und unsicheren Umwelt ein Risiko einzugehen, um bspw. eine Innovation umzusetzen. Es wird dabei davon ausgegangen, dass diese Unternehmen einen besseren Überblick über den Markt als andere Unternehmen haben.[275] Zeitlich begrenzt können diese Renten mit den Monopolrenten gleichgesetzt werden, da die Innovationen eine Preisdiskriminierung und eine gewisse Marktmacht erlauben.[276] Daraus resultiert, dass die Rentengenerierung wahrscheinlich zeitlich begrenzt ist, da die Monopolstellung durch die Innovation bedingt

---

[272] Bürki (1996), S. 37.
[273] Vgl. Schneider (2008), S. 10; Mahoney/Pandian (1992), S. 364.
[274] Vgl. Grant (1991), S. 117 f.
[275] Vgl. Evanschitzky (2003), S. 85; Voigt (2011), S. 74.
[276] Vgl. Fallgatter (2007), S. 19.

wird, die möglicherweise einem raschen Wandel unterzogen ist. Dennoch ist es den Unternehmen möglich, zumindest für einen determinierten Zeitraum aufgrund der Alleinstellungsmerkmale Preise zu erzielen, die über den Marginalkosten liegen. Es ist an dieser Stelle aber auch darauf zu verweisen, dass die Schumpeter-Renten grundsätzlich dem Dynamic Capabilities View zuzuzählen sind, die sich als Weiterentwicklung aus dem Resource-based View ergibt.[277]

Nachdem die verschiedenen Rentenarten dargestellt wurden, die auf Basis der Ressourcenheterogenität, der Ressourcenallokation und der Weiterentwicklung realisiert werden können, wird dieses Kapitel mit einer kritischen Würdigung des Resource-based View abschließen. Die bisherige Darlegung des ressourcenorientierten Ansatzes erfolgte, um in die spätere Analyse von clusterspezifischem Wissen einfließen zu können und ggf. erste Implikationen über mögliche zu realisierende Renten machen zu können.

1.6 DEFIZITE DES RESOURCE-BASED VIEW

Allgemein wird der ressourcenorientierte Ansatz aufgrund seines Erklärungspotenzials als ein zentraler Ansatz des Strategischen Managements dargestellt. Ihm wird dabei zugetegehalten, dass er dazu beiträgt, die Blackbox der Unternehmen zu durchleuchten.[278] Die Kernaufgabe des Resource-based View ist es dabei,

„ein gleichermaßen theoretisch fundiertes und hochgradig praxisrelevantes Argumentationsgerüst zu schaffen, mit dem vor allem der Zielsetzung nachgegangen werden soll, die Ursachen nachhaltigen Erfolgs von Unternehmungen zu klären."[279]

Die häufigsten Kritikpunkte des Resource-based View lassen sich in drei Gruppen clustern. Erstens werden *inhaltliche Erklärungsdefizite* angeführt, zweitens wird der *Stand der Theorieentwicklung* kritisiert und drittens die *Schwierigkeit, strategische Empfehlungen* aus dem Ansatz für Unternehmen abzuleiten.[280] Dem ersten Kritikpunkt (*Stand der Theorieentwicklung*) soll in seinen Grundsätzen in dieser Arbeit nicht weiter nachgegangen werden, da davon auszugehen ist, dass er nicht mehr dem aktuellen Forschungsstand entspricht. Mit-

---

[277] Vgl. Lütje (2009), S. 69.
[278] Vgl. Bamberger/Wrona (1996), S. 147; Becker (2005), S. 187.
[279] Freiling (2001), S. 1.
[280] Vgl. Engel (2011), S. 152 ff; Becker (2005), S. 187 ff; Freiling (2001), S. 41 ff.

lerweile gibt es einige Abhandlungen zum Theoriestatus des Resource-based View, die darlegen, dass es sich beim Resource-based View um eine Theorie handelt.[281] Sehr wohl kann die terminologische Inkonsistenz aber ebenfalls unter der Theorieentwicklung subsumiert werden, da im Zuge der Theorieentwicklung eine konzeptionelle und begriffliche Stringenz gegeben sein muss, um eine exakte Umsetzung in der empirischen Untersuchung gewährleisten zu können.[282] Dass in diesem Punkt ein Defizit zu sehen ist, wurde bereits im Abschnitt 1.3 Terminologische Grundlagen des Resource-based View dargestellt. Mit Bezug auf die fehlende Stringenz der Termini ergibt sich für die empirische Überprüfung von Aussagen ein Problembereich, weil verschiedene Definitionen zu Fehlern in der Messtheorie führen können.[283] Daraus resultieren sehr heterogene Abbildungen der verschiedenen Studien des ressourcenorientierten Ansatzes.[284] Weiterhin sind die differierenden Postulate zu den grundlegenden Annahmen des Resource-based View anzuführen. Es wird hier der Terminus „Postulat" verwendet, weil die Annahmen in den Studien zum Resource-based View oftmals empirisch nicht bestätigt sind.[285] Die *inhaltlichen Erklärungsdefizite* wurzeln in der Zirkularitätsthese von Porter, die besagt:

„Successful firms are successful because they have unique resources. They should nurture these resources to be successful."[286]

Porter kritisiert damit vor allem die starke Innenorientierung des Resource-based View und führt als Beispiel die Arbeit „*The Core Competence of the Corporation*" von Prahalad/Hamel (1990) an. Dabei führt Porter weiter aus, dass der Ressourcenwert im Zeitverlauf durch die Änderung der Kundenbedürfnisse variieren könnte. Weiterhin führt Porter als externe Einflussgröße des Marktes auf den Ressourcenwert an, dass auch Veränderungen im Wettbewerberumfeld zu einer Beeinflussung des Wertes führen können.[287] In Bezug auf die Defizite für *strategische Empfehlungen* wird abermals angeführt, dass die

---

[281] Vgl. bspw. Newbert (2007), S. 121 und Lockett et al. (2009), S. 9.
[282] Vgl. Brühl et al. (2008), S. 26.
[283] Als besonders kritisch wird in diesem Zusammenhang aufgeführt, dass nicht eindeutig definiert ist, was unter einem Wettbewerbsvorteil zu verstehen ist. Vgl. Priem/Butler (2001), S. 27 ff.
[284] Vgl. Engel (2011), S. 153.
[285] Vgl. Rasche/Wolfrum (1994), S. 93.
[286] Porter (1994), S. 445.
[287] Vgl. Porter (1991b), S. 108.

Innenorientierung zu stark im Ansatz vorliegen würde, wodurch sich Fehlentscheidungen der Unternehmensführung ergeben könnten.[288] In diesem Zusammenhang wird ebenfalls die Fokussierung des Resource-based View auf Ressourcen und Kompetenzen infrage gestellt, da sich hierdurch ein „Tunnelblick" entwickeln könnte, der neue Prozesstechnologien und Produkttechnologien nicht in die Betrachtung mit einbeziehen würde.[289]

Es gibt sicherlich noch weitergehende Kritik am Resource-based View, die berechtigterweise ihren Eingang in die Literatur gefunden hat; fraglich ist in diesem Zusammenhang nur, ob alle Kritikpunkte noch ihre Begründung haben, wenn der Stand der Forschung im Bereich des Resource-based View und seiner Weiterentwicklung betrachtet wird. So wurde seit den frühen Anfängen des ressourcenorientierten Ansatzes, viel über seine Sichtweisen diskutiert, geschrieben und einer Validierung unterzogen. Durch diese stetige Entwicklung kann der Resource-based View inzwischen einen Theoriestatus für sich beanspruchen.[290] Für eine noch ausführlichere Kritik am Resource-based View soll aus Gründen des Umfangs auf Priem und Butler[291] verwiesen werden sowie auf Reinhardt.[292]

Zusammenfassend lässt sich feststellen, dass der ressourcenorientierte Ansatz zwar einigen Limitationen unterliegt, aber dennoch für die Analyse mit Bezug auf das Forschungsvorhaben als entscheidend eingeordnet werden kann, da er den Analyserahmen bietet, aus Sicht der Einzelunternehmung bzw. des sozialen Gebildes, das Potenzial von Ressourcen in Bezug auf die Fähigkeit zur Rentengenerierung zu untersuchen. Dabei wird in Anlehnung an Barneys VRIN-Ansatz untersucht werden, ob es sich beim clusterspezifischen Wissen um eine strategische Ressource handelt. Der VRIN-Ansatz berücksichtigt dabei jedoch nicht die Möglichkeit der Rentengenerierung aus netzwerktheoretischer Sicht, weshalb ein weiterer Ansatz, der Relational View, mit in den Analyserahmen aufgenommen werden sollte, um die theoretische Lücke zwischen Einzelunternehmung im Cluster und der Netzwerkebene des Clusters schließen zu können. Dies ist von entscheidender Bedeutung, da auch die spä-

---

[288] Vgl. Zimmer/Ortmann (1996), S. 101.
[289] Vgl. Wiegand (1996), S. 468.
[290] Vgl. Brahma/Chakraborty (2011), S. 7.
[291] Priem/Butler (2001), S. 22 ff.
[292] Reinhardt (2007), S. 133 ff.

tere Definition von clusterspezifischem Wissen beide Ebenen berücksichtigen wird.

2 RELATIONAL VIEW

Beim Relational View[293] handelt es sich um eine Weiterentwicklung, die auf dem Resource-based View basiert. Dieser Ansatz findet Eingang in die Arbeit, da der Resource-based View für sich allein bei der Analyse von Clustern zu kurz greifen würde, da hier per se keine Rentenerzielung basierend auf den Netzwerkeffekten vorgesehen ist. Ebenso werden beim ressourcenorientierten Ansatz keine Netzwerkressourcen in die Betrachtung aufgenommen. Genau an dieser Stelle setzt der Relational View an, der untersucht, wie sich Renten aus Beziehungen zwischen Unternehmen und geteilten Ressourcen generieren lassen.[294]

2.1 GRUNDLEGENDE KENNZEICHNUNG DES RELATIONAL VIEW

Wie bereits dargestellt wurde, handelt es sich beim Relational View um einen jungen Ansatz,[295] der wie der Resource-based View die Zielsetzung verfolgt, dauerhafte Wettbewerbsvorteile zu erklären und zu konzeptualisieren.[296] Geprägt wurde der Ansatz 1998 maßgeblich durch das Werk *„The relational view: cooperative strategy and sources of interorganizational competitive advantage"* von Dyer und Singh.[297] In der deutschsprachigen Literatur zählen Duschek[298] sowie Duschek und Sydow[299] zu den wichtigsten Vertretern dieses Ansatzes. Anders als der ressourcenorientierte Ansatz werden hier die kooperativen Beziehungen zwischen den Unternehmen als eigene Ressource spezifiziert.[300] Weiterhin wird angenommen, dass die Ressourcen, die die Rentengenerierung

---

[293] Weitere Begrifflichkeiten wie „Relationaler Ansatz" oder „Relationale Perspektive" finden ebenfalls in der Literatur Verwendung.
[294] Sinngemäß nach Schmidt (2009), S. 129.
[295] Vgl. Küpper/Homp (2000), S. 358.
[296] Vgl. Dietel et al. (2008), S. 333.
[297] Vgl. Dyer/Singh (1998).
[298] Duschek (2002)
[299] Duschek/Sydow (2002)
[300] Vgl. Schmidt (2009), S. 129.

ermöglichen,[301] die Grenzen von Unternehmungen überlagern und in interorganisationale Prozesse und Routinen eingebettet sind.[302] Diese Ressourcen werden im Kontext des Relational View als Netzwerkressourcen bezeichnet.[303] Es wird damit deutlich, dass die idiosynkratischen Relationen im Fokus als Quelle für die Rentengenerierung stehen und als wesentlicher Faktor zur Erreichung von Wettbewerbsvorteilen betrachtet werden können.[304] Hieraus ergibt sich auch die Analyseebene des Relational View. Im Gegensatz zum Resource-based View, wo die einzelne Unternehmung im Fokus der Betrachtung steht, wird bei diesem Ansatz primär auf die Netzwerkebene abgestellt.[305] Mit Einnahme dieser Sichtweise bzw. Fokussierung der Analyseebene des Netzwerks werden Unternehmensnetzwerke als Organisationsform institutionalisiert und stellen die primäre Quelle von rentenbasierten Wettbewerbsvorteilen dar.[306] Neben der Analyseebene des Netzwerks stellt auch der Relational View auf die Ressourcen als Untersuchungseinheit ab und weist ebenfalls wie der ressourcenbasierte Ansatz, eine systemische Grundstruktur auf.[307] Für eine etwas ausführlichere Darstellung sei auf die Tabelle 4 dieses Kapitels verwiesen, in der der Resource-based View und der Relational View gegenübergestellt werden. In der Tabelle werden die wichtigsten Unterscheidungsmerkmale der beiden Ansätze dargestellt. Beginnend mit den differierenden Analysebenen der Ansätze, über die verschiedenen Ressourcen, die zu supernormalen Gewinnen führen können, die unterschiedlichen Sicherungsmechanismen die zum Erhalt der supernormalen Gewinne dienen und die differierenden Besitz- bzw. Eigentumsverhältnisse der Ressourcen.

---

[301] Ein Autor, der in diesem Zusammenhang auch zu den Vertretern dieses Ansatzes gezählt werden könnte, ist Gulati (1995). Er beschäftigt sich in seiner Arbeit ebenfalls mit Wettbewerbsvorteilen, die sich aus Kooperationen ergeben.
[302] Vgl. Eisenhardt/Shoonhoven (1996), S. 136.
[303] Vgl. McEvily/Zaheer (1999), S. 1152.
[304] Vgl. Fischer (2009), S. 27.
[305] Vgl. Dyer/Singh (1998), S. 661 f.
[306] Vgl. Schöne (2009), S. 31 f; Duschek (2002), S. 258.
[307] Vgl. Duschek (2002), S. 256.

Tabelle 4: Vergleich Resource-Based View und Relational View[308]

Dimension	Resource-based View	Relational View
Analyseeinheit	– Unternehmen	– Paar bzw. Netzwerk von Unternehmen
Primäre Quelle zur Generierung supernormaler Gewinne	– knappe physische Ressourcen – Humanressourcen/Know-how – Technologische Ressourcen – monetäre Ressourcen – immaterielle Ressourcen	– beziehungsspezifische überbetriebliche Vermögenswerte – interorganisationale Routinen zum Wissensaustausch – komplementäre Ressourcenausstattungen und Fähigkeiten – effektive Steuerung
Mechanismen zur Sicherung supernormaler Gewinne	– Schutzbarrieren gegen Nachahmung auf Unternehmensebene – Ressourcenknappheit und Verfügungsrechte – kausale Ambiguität – Pfadabhängigkeit – soziale Komplexität	– dyadische-/Netzwerkbarrieren gegen Nachahmung – kausale Ambiguität – Knappheit an Kooperationspartnern – Nichtteilbarkeit der Ressourcen – institutionelle Umgebung
Besitzverhältnis der rentengenerierenden Ressource bzw. Kontrolle des rentengenerierenden Prozesses	– einzelne Unternehmung	– Kollektiv (mit Handelspartnern)

Nachdem die Grundlagen des Relational View dargestellt wurden, wird im nächsten Abschnitt dargelegt, welche Faktoren als Quellen von Wettbewerbsvorteilen bzw. als Basis für die Rentengenerierung angenommen werden können, bevor daran anschließend auf die einzelnen Rentenarten eingegangen wird.

---

[308] Eigene Darstellung in Anlehnung an Dyer/Singh (1998), S. 674.

2.2 Grundlagen für Wettbewerbsvorteile

In Anlehnung an Dyer und Singh lassen sich vier Wirkungsmechanismen bzw. potenzielle Quellen für die Realisierung von interorganisationalen Wettbewerbsvorteilen benennen. Hierzu zählen die *Investitionen in interorganisationale beziehungsspezifische Ressourcen* (Investments in relation-specific Assets), die *interorganisationalen Routinen zum Wissensaustausch* (Interfirm knowledge-sharing Routines), die *komplementäre/n Ressourcen bzw. Kompetenzausstattungen* (Complementary Resource Endowments) sowie die *effektiven Führungs- bzw. Koordinatonsmechanismen* (Effective Governance).[309] Eine Beschreibung dieser Quellen ist nachfolgend der Gegenstand des Abschnitts.

Als Erstes sind die Investitionen in überbetriebliche bzw. *interorganisationale beziehungsspezifische Ressourcen* als Quelle von Wettbewerbsvorteilen zu nennen. Diese Investitionen sind erforderlich, um einzigartige spezifische Vermögenswerte des Netzwerks zu schaffen, die eine notwendige Bedingung zur Realisierung von Wettbewerbsvorteilen darstellen.[310] So ist die Ausbildung spezifischer, also kooperationsspezifischer, d. h. auf den jeweiligen Kooperationspartner angepasster Vermögenswerte erforderlich, um auf Basis von Spezialisierung Effizienzvorteile erwirtschaften zu können.[311] Die Spezifität der Ressourcen wird hierbei in Anlehnung an die Transaktionskostentheorie durch drei zentrale Spezifitätstypen bestimmt.

Nach Williamson handelt es sich hierbei um die „*site specificity*" (Spezifität des Standortes), „*physical asset specificity*" (Spezifität physischer Werte) und „*human asset specificity*" (Humankapitalspezifität).[312] Die *Humankapitalspezität* spielt eine übergeordnete Rolle für den späteren Analysrahmen, da sie ein integraler Bestandteil von clusterspezifischem Wissen ist und somit Eingang in die spätere Definition finden wird. Sie entsteht, wenn kooperierende Akteure gemeinsame Erfahrungen in spezifischen Produktionsstufen machen und sich daraus eine gemeinsame Sprache, ein gemeinsames Wissen, gemeinsame Routinen oder Ähnliches herausbilden.[313] Die *Spezifität des Standortes* kann sich bspw. durch die Agglomeration von Unternehmen einer bestimmten Branche in einer Region ergeben. Erstellen diese Akteure eine gemeinsame Wertschöp-

---

[309] Vgl. Dyer/Singh (1998), S. 661 ff. und 672 ff.
[310] Vgl. Colombo et al. (2006), S. 1169 ff.
[311] Vgl. Pfohl et al. (2010), S. 532.
[312] Vgl. Williamson (1985), S. 52 ff.
[313] Vgl. Festing (1999), S. 80 ff.

fung, so können sich daraus einzigartige „economies of scope" entwickeln, deren Ursprung in der interorganisationalen beziehungsspezifischen Ressourcennutzung zu sehen ist.[314] Kann die Leistungserstellung der horizontalen Akteure nicht ohne die Zwischenprodukte der Zulieferer erfolgen, so besteht zwischen den einzelnen Akteuren eine Abhängigkeit, die durch die räumliche Determinante mit beeinflusst werden kann, weshalb von einer räumlichen Abhängigkeit gesprochen wird, wenn bspw. direkte bzw. kurze Transport- und Kommunikationswege erforderlich sind.[315] Die *Spezifität der physischen Werte* determiniert die Eigenschaften von Ressourcen und gibt an, bis zu welchem Grad sie einzigartig und speziell für einen bestimmten Wertschöpfungsprozess erstellt werden.[316]

Die nächste Quelle von Wettbewerbsvorteilen sind die interorganisionalen Routinen zum Wissensaustausch. Grundsätzlich werden hierunter alle regelmäßig angelegten Interaktionsprozesse verstanden, die über die Unternehmensgrenzen hinweg stattfinden und den Austausch, die Reallokation oder die Generierung von spezifischem Wissen zum Ziel haben, bzw. dieses Ziel fördern.[317] In diesen Prozessen wird vor allem auf die Realisierung von Problemlösungen im Netzwerk abgestellt. Das Ziel hierbei ist es, Innovationen im Netzwerk zu erzeugen. Die Akteure im Netzwerk werden dabei als potenzielle Quelle von neuem Wissen angesehen.[318] Für eine ausführliche Darstellung dieser Thematik sei an dieser Stelle auf das Kapitel IV zum clusterspezifischen Wissen verwiesen.

Weiterhin können die *komplementären Ressourcen- und Kompetenzausstattungen* als Grundlage zur Generierung von Wettbewerbsvorteilen betrachtet werden. Es wird angenommen, dass durch die komplementäre gemeinsame Verwendung der Ressourcen höhere Renten generiert werden können, als dass es durch die singuläre Verwendung einer Unternehmung der Fall wäre.[319] Hierbei wird auf Synergieeffekte abgestellt, die durch die spezifische Allokation der jeweiligen Ressourcenbestände ermöglicht wird. Voraussetzungen für die Erzielung von Renten auf Basis dieser Grundlage sind zum einen, dass die Ak-

---

[314] Vgl. Duschek (2002), S. 259.
[315] Vgl. Weimer (2009), S. 34.
[316] Vgl. Yalcinkaya/Griffith (2006), S. 273.
[317] Vgl. Grant (1996a), S. 377 f.
[318] Vgl. Hippel (1988), S. 76 ff.
[319] Vgl. Oliver (1997), S. 700.

teure im Netzwerk nicht auf Ressourcen außerhalb des Netzwerks zugreifen können und zum anderen, dass eine grundsätzliche strategische Vereinbarkeit der Ressourcen vorliegt sowie ein Fit in kultureller bzw. organisationaler Hinsicht der Unternehmen besteht.[320]

Als vierte und letzte Quelle von Wettbewerbsvorteilen im Relational View wird eine *effektive Steuerung* im Netzwerk genannt. Sie stellt einen Parameter dar, der maßgeblichen Einfluss auf die Reduzierung der Transaktionskosten hat und gleichzeitig das kooperierende Unternehmen bestärkt, sich an einer kooperativen Wertschöpfung zu beteiligen. Als mögliche Einflussfaktoren auf die Beteiligung an der Wertschöpfung sind bspw. das Vertrauen, die Reputation eines Unternehmens und die soziale Verankerung zu nennen.[321] Diese Einflussfaktoren begründen sich darin, dass innerhalb des Netzwerks Mechanismen und Institutionen zu etablieren sind, die Anreize schaffen, den Transaktionswert zu maximieren, was eine Spezialisierung der einzelnen Unternehmungen erfordert, wodurch wiederum sich die Möglichkeit zum opportunistischen Handeln ergibt; denn durch die Spezialisierung und Anpassung des Produkts oder der Dienstleistung auf das Partnerunternehmen wird die sekundäre Verwendung minimiert.[322]

Nachdem die potenziellen Quellen zur Realisierung von Wettbewerbsvorteilen bzw. Renten genannt wurden, wird nachfolgend auf die sich daraus resultierenden Rentenarten eingegangen.

2.3 Relationale Renten

Die sich aus den Beziehungen ergebenen Renten werden im Allgemeinen als Relationale Renten bezeichnet, die im Relational View auch supranormale Gewinne genannt werden.[323] Diese Renten werden durch mehrere Faktoren determiniert. So ist die Höhe der Rente, ausgehend von spezifischen Vermögenswerten, abhängig vom zeitlichen Faktor des Exklusivabkommens.[324] Der zeitliche Faktor beeinflusst wiederum die Bereitschaft zu beziehungsspezifischen Investitionen, die ihrerseits die Rentenhöhe beeinflussen können. Als ein weiterer Einflussfaktor wird in der Literatur ebenfalls das Transaktionsvo-

---

[320] Vgl. Duschek (1998), S. 260.
[321] Vgl. Pfohl et al. (2010), S. 532.
[322] Vgl. Duschek (2002), S. 260 f.
[323] Vgl. Rathenow (2011), S. 13.
[324] Vgl. Klein et al. (1978), S. 280 ff.

lumen genannt, das Einfluss auf die Renten haben kann, wodurch das steigende Transaktionsvolumen die spezifischen Investitionen erst rentabel werden lässt.[325] Relationale Renten sind unter Bezugnahme dieser Einflussfaktoren also:

„a supernormal profit jointly generated in an exchange relationship that cannot be generated by either firm in isolation and can only be created through the joint idiosyncratic contributions of the specific alliance partners."[326]

Wie ersichtlich wird, handelt es sich hierbei um eine grundsätzliche Definition von relationalen Renten. Dyer und Singh haben in ihrem Artikel bereits vermerkt, dass weitere Forschung indiziert ist, vor allem um die Frage zu klären, wie die Verteilung der überdurchschnittlichen Renten erfolgt.[327] Unter Bezugnahme dieser Anmerkung sei auf zwei besondere Arten von relationalen Renten verwiesen, die die Verteilungsproblematik unter Berücksichtigung von opportunistischem Verhalten aufgreifen. So kann eine Unternehmung unter Ausnutzung des opportunistischen Verhaltens und egoistischer Optimierung eine *„Burt-Rente"* internalisieren.[328] Dies setzt voraus, dass strukturelle Löcher an zentralen, nicht redundanten Positionen im Netzwerk bestehen, die durch eine Unternehmung bspw. durch Kooperationen außerhalb des Netzwerks überbrückt werden können.[329] Als zweite Sonderform der relationalen Rente ist die *„Coleman-Rente"* zu nennen. Diese Rente resultiert aus stabilen und auf Vertrauen basierenden Interaktionen zwischen den Akteuren des Netzwerks und stellt einen Vorteil für alle Akteure dar.[330] Dabei wird die höhere Anreizeffizienz aus dem sozialen Kapital des Kollektivs abgeleitet.[331]

Nachdem die relationale Rente etwas ausführlicher behandelt wurde, wird nun darauf eingegangen, welche Mechanismen zur Verfügung stehen, um nachhaltige Wettbewerbsvorteile zu sichern. Hierzu ist es erforderlich, die erzielten Renten vor Imitation und Substitution von Konkurrenten zu bewahren.

---

[325] Vgl. Pfohl et al. (2010), S. 533.
[326] Dyer/Singh (1998), S. 662.
[327] Vgl. Dyer/Singh (1998), S. 676.
[328] Vgl. Duschek (2002), S. 265.
[329] Vgl. Fischer (2009), S. 112.
[330] Vgl. Zobolski (2008), S. 276.
[331] Vgl. Schmid (2010), S. 70.

2.4 Schutzmechanismen der Renten

Im Relational View gibt es vier grundlegende Mechanismen bzw. Imitationsbarrieren, die speziell auf den Schutz der relationalen Renten ausgelegt sind.[332] In der herrschenden Lehre ist hierbei die Rede von: *„institutional enviroment"* (institutionelle Umgebung), *„resource indivisibility"* (Nichtteilbarkeit der Ressourcen), *„partner scarcity"* (Knappheit an Kooperationspartnern) und *„interorganizational asset interconnectedness"* (reziproke interorganisationale Verflechtungen von Ressourcen). Die *institutionellen Rahmenbedingungen* beziehen sich auf die Verhaltensregeln, die formaler oder informaler sowie landesspezifischer oder regionaler Natur sein können. Die Institutionen können sich aus kooperativen Relationen ergeben und erzeugen wechselseitig Verhaltenserwartungen, die dazu beitragen, die Gefahr von opportunistischem Handeln zu reduzieren und Vertrauen zu generieren. Sie stellen eine Imitationsbarriere dar, die nur im begrenzten Maße zu imitieren ist, was sich bereits in der Komplexität sozialer Gebilde begründet.[333] Eine weitere Imitationsbarriere stellt die *Nichtteilbarkeit* bzw. *begrenzte Teilbarkeit von Ressourcen* dar. Wie bereits dargestellt wurde, existieren in einem Netzwerk Ressourcen und Routinen mit einer hohen Spezifität, die in der Kombination mit anderen spezifischen Ressourcen zu einem Ressourcenvorteil führen können: dieser Vorteil ist jedoch nur bei spezieller Kombination gegeben. Würde es zu einer Separierung der spezifischen Ressourcen kommen, könnte der Vorteil nicht weiter aufrechterhalten werden,[334] da die Ressourcen im spezifischem Netzwerkzusammenhang verortet sind. Ebenfalls wird aufgrund der Pfadabhängigkeit des Netzwerks eine Nachahmung der Ressourcen nicht möglich sein.[335] Als nächster Schutzfaktor vor Imitationen ist die *Knappheit hinsichtlich der Kooperationspartner* zu nennen. Auf dem Markt gibt es nur eine begrenzte Anzahl von Kooperationspartnern, die geeignet sind, sich durch komplementäre Ressourcen und relationale Fähigkeiten mit in die Leistungserstellung einzubringen. Dementsprechend sind „first mover" und Unternehmen mit der Fähigkeit zum schnellen

---

[332] Neben den nachfolgend erörterten Schutzmechanismen werden ebenfalls die historische Entwicklung der Ressource und die kausale Ambiguität angeführt, die aus dem Resource-based View bekannt sind.
[333] Vgl. Frunzke (2004), S. 36; Dyer/Singh (1998), S. 673 f.
[334] Vgl. Duschek (1998), S. 235; Heusler (2004), S. 217.
[335] Vgl. Duschek (2002), S. 263.

identifizieren von Kooperationspartnern im Vorteil.[336] Als letzte Imitationsbarriere ist die *reziproke Verknüpfung* von interorganisationalen Ressourcen zu nennen, die sich auf der Basis des Zuwachses von kumulativen interorganisationalen Ressourcenbeständen und deren Imitationsbarrieren ergibt. Wie bereits dargestellt wurde, gibt es im Netzwerk interorganisationale Relationen,[337] die spezifische Investitionen erfordern, was Ausdruck von Ko-Spezialisierung sein kann. Diese Spezialisierung nimmt im Verlauf der Beziehung zwischen den Akteuren stetig zu, da angenommen wird, dass aufgrund der Erfahrungen die Geschäftsbeziehungen intensiviert werden und deshalb weitere spezifische Investitionen nach sich ziehen. Aufgrund der kontinuierlichen Spezialisierung und der steigenden gegenseitigen Interdependenz kommt es zu einer Stabilisierung der Relation, die einen Imitationsschutz darstellt; denn für Nichtmitglieder des Netzwerks ist der Zugang ausgeschlossen. Eine Begründung ist wieder in der sozialen Komplexität zu sehen, aber auch mit der wahrscheinlich mangelnden Erfahrungen des potenziellen Akteurs sowie der im Netzwerk nicht vorhandenen vertrauensschaffenden Reputation des „Neulings".[338]

2.5 Defizite des Relational View

Die zentralen Defizite des Relational View ergeben sich vor allem durch ihre Anknüpfung an den Resource-based View. Als zentraler Schwachpunkt wird bei diesem Ansatz ebenfalls der Mangel einer adäquaten konzeptionellen Darlegung der Rentengenerierungsprozesse aufgeführt. Es wird dem Relational View also der Mangel vorgeworfen, unternehmensinterne und unternehmensübergreifende Prozesse nicht hinreichend zu identifizieren und ausführlich zu explantieren. Ebenso wird angeführt, dass der Relational View nicht in der Lage ist, strategisch relevante Ressourcen zu identifizieren.[339] So führt Duschek in seiner Arbeit aus:

„Wie genau der Prozeß [sic] der Generierung von Renten abläuft, welche Akkumulations-, Kombinations- und Transformationsprinzipien und -mechanismen in diesem Prozeß [sic] ressourcenorientierter Ansätze, die Entstehung von (ressourcenbasierten) Wettbewerbsvorteilen, nun tatsächlich beeinflussen, bleibt opak."[340]

---

[336] Vgl. Zobolski (2008), S. 274.
[337] Vgl. Dyer/Singh (1998), S. 672.
[338] Vgl. Duschek (2004), S. 65; Duschek (2002), S. 261 f.
[339] Vgl. Moran/Ghoshal (1999), S. 409; Zobolski (2008), S. 276 f.
[340] Duschek (2002), S. 266.

Neben diesen aus dem ressourcenorientierten Ansatz resultierenden Defiziten ergibt sich aus der Analyseebene des Relational View ebenfalls Kritik. Denn auch wenn die Grundlage der Rentengenerierung auf der Ebene des Netzwerks zu sehen ist, dürfen die intraorganisationalen Ressourcen nicht außer Acht gelassen werden, da die organisationalen Ressourcen die Basis für die relationalen Renten bilden. Eine Gewinnerzielung ist nämlich nur durch rekursive Relationen zwischen den intra- und interorganisationalen Ebenen möglich.[341]

Resümierend kann festgestellt werden, dass der Relational View gerade für die Anwendung auf das Cluster entscheidendes Potenzial hat, da in diesem Ansatz die relationale Rentengenerierung, also die Analyseebene des Netzwerks mit in die Betrachtung einbezogen wird und Imitationsschutzmechanismen aufgezeigt werden, die ebenfalls Relevanz für das Cluster haben. Als alleinige theoretische Basis würde der Relational View allerdings zu kurz greifen, da er bis dato nicht als eigenständige Theorie angesehen wird und seine Analyseebene auf das Netzwerk fokussiert, was zur Folge hat, dass die Analyse von Einzelunternehmen vernachlässigt würde. Eine Kombination des Resource-based View in Verbindung mit dem Relational View erscheint daher als eine geeignete Basis für die Clusteranalyse, da so beide relevanten Analyseebenen für die Untersuchung des clusterspezifischen Wissens Berücksichtigung finden werden.[342] In den nachfolgenden Abschnitten wird deshalb in Anlehnung an Lavie[343] sowie Brown et al.[344] die Überführung beider Ansätze in ein eigenes Konzept vorgenommen.

3 SYNTHESE DES RESOURCE-BASED VIEW UND DES RELATIONAL VIEW

Nachdem die einzelnen theoretischen Grundlagen des Resource-based View und des Relational View in den vorangegangenen Abschnitten dargestellt wurden, wird in diesem Abschnitt eine Zusammenführung der beiden theoretischen Ansätze angestrebt. Hierzu wird zuerst die Vereinbarkeit einer integrativen Verknüpfung einer Überprüfung unterzogen. Anschießend werden in

---

[341] Vgl. Duschek/Sydow (2002), S. 428 f.
[342] Eine vertiefende Darstellung der Notwendigkeit und des Nutzens der Synthese beider theoretischer Ansätze wird im Abschnitt 3.1 vorgenommen.
[343] Lavie (2006b).
[344] Brown/Burgess/Festing/Royer (2010); Brown et al. (2007).

Anlehnung an die vorangegangenen Abschnitte die Notwendigkeit und der Nutzen der Synthese erörtert, um später die Synthese durchzuführen.

3.1 Notwendigkeit und Nutzen der Synthese beider theoretischer Ansätze

Basierend auf der Definition eines Clusters als Value Adding Web lässt sich ableiten, dass die alleinige Analyse auf Basis eines der genannten Ansätze zu kurz greifen würde und zu einer monodimensionalen und damit unbefriedigenden Sichtweise führen würde. Nur die kombinierte (integrative) Anwendung des Resource-based View und des Relational View erscheinen zielführend, da durch die integrative Verknüpfung eine Analyse auf den zwei relevanten Ebenen der sich überlappenden Wertschöpfungsnetzwerke ermöglicht wird (Netzwerk- und Unternehmensebene). Womit das primäre Ziel einer Theorie, nämlich der Erkenntnisgewinn[345] und eine vereinfachte Darstellung der Wirklichkeit[346] ermöglicht werden. Gerade durch die Synthese des Resource-based View als Theorie mit dem Relational View als wissenschaftlicher Ansatz wird es ermöglicht, der Komplexität des Clusters gerechter zu werden und die Analyse von Ressourcen auf ihr Potenzial zur Realisierung von Renten auf der Netzwerk- und Unternehmensebenen des Clusters zu systematisieren. Darin ist eine wesentliche Begründung in der Erfordernis der Theorieintegration zu sehen, denn

„dieses Vorgehen ist notwendig, wenn eine oder mehrere Theorien bzw. Theorierichtungen Erklärungslücken aufweisen und diese durch eine andere Theorie geschlossen werden können."[347]

In der vorliegenden Arbeit würden sich die Erklärungslücken wie folgt charakterisieren: So würde der Resource-based View of the Firm die Netzwerkebene vernachlässigen und damit nur einen unzureichenden Erklärungsansatz zum Rentengenerierungspotenzial basierend auf dem Netzwerk, der Interaktionen im Netzwerk und dessen Ressourcen geben, während der Relational View die Unternehmensebene zu stark vernachlässigen würde, wodurch sich ein Erklärungsdefizit in Bezug auf die Einschätzung des Potenzials zur Rentengenerierung auf Basis von unternehmensspezifischen Ressourcen ergeben würde. Um

---

[345] Vgl. Seiffert/Radnitzky (1992), S. 368.
[346] Vgl. Mamaradshvili/Ritter (2010), S. 3; Kromrey (2002), S. 50 f.
[347] Süß (2004b), S. 240.

alle Ebenen des Cluster analysieren zu können, müsste neben dem Resource-based View of the Firm und dem Relational View ebenfalls die Standortfaktorenanalyse in den theoretischen Rahmen aufgenommen werden, um die Kontextebene des Clusters berücksichtigen zu können, da hier vor allem auf die Ressourcenausstattung einer Region abgestellt wird. Da die Kontextebene das clusterspezifische Wissen aber nur in Bezug auf den Entstehungsprozess tangiert, wird nachfolgend auf die Integration der Standortfaktorenanalyse in den theoretischen Ansatz verzichtet.[348]

Zur Anwendung der beiden ressourcenorientierten Ansätze lässt sich sagen, dass bereits de Oliveira Wilk und Fensterschleifer[349] einen ressourcenbasierten Ansatz im Jahre 2003 anwendeten, um von Akteuren geteilte Ressourcen in einem Weincluster zu identifizieren und zu analysieren. Sie differenzierten hierbei aber nicht zwischen den verschiedenen Ebenen eines Clusters, sondern beschränkten sich auf die „Cluster-Ebene". Würden die von ihnen identifizierten Ressourcen den verschiedenen Ebenen des Clusters zugeordnet werden, so würde sich für die Unternehmensebene bspw. die Ressource *„expertiese in exploitation of multiple topographies"* ergeben, auf der Netzwerkebene wäre es die Ressource *„long-term contracts between wineries and grape-growers"* und auf dem Location-Level bzw. auf der Kontextebene die Ressource *„distinct climatic characteristics"*.[350]

Diese Systematisierung wäre von Vorteil, da die Ressourcen den einzelnen Ebenen des Clusters zugeordnet werden könnten, was eine Erhöhung des Verständnisses eines Clusters und seiner Eigenschaften zur Folge haben könnte, genau so, wie eine bessere Strategieformulierung ermöglicht würde und ebenfalls Implikationen für die Wirtschaftsförderungen geben könnte.[351]

Weiterhin muss in die Berücksichtigung einfließen, dass es sich beim Relational View – wie bereits erwähnt – um einen *Ansatz* handelt, der dementsprechend weiterer Überprüfungen (Falsifizierung) bedarf, um den Status einer Theorie für sich beanspruchen zu können.[352] Ziel dieser Arbeit ist es, ba-

---

[348] In der Arbeit von Lavie (2006b), wird einer ähnlichen Argumentation gefolgt. Auch er nimmt eine Synthese bzw. Integration beider genannten Ansätze vor. Vgl. Lavie (2006b), S. 639.
[349] de Oliveira Wilk/Fensterseifer (2003)
[350] Vgl. de Oliveira Wilk/Fensterseifer (2003), S. 1007.
[351] Vgl. Brown/Burgess/Festing/Royer/ et al. (2010), S. 13.
[352] Hierfür ist es erforderlich, dass der Ansatz wahr, konsistent, möglichst stark, nicht zirkulär,

sierend auf fundierten theoretischen Annahmen die Generierung von clusterspezifischem Wissen zu erklären, weshalb eine theoretische Basis in Form des Resource-based View für die Untersuchung von Vorteil ist, da die in diesem Ansatz getroffenen Annahmen bereits vielfach adaptiert und validiert wurden. Durch die Kombination mit dem Relational View gewinnt dieser Ansatz dann ebenfalls an Erklärungspotenzial.

Nachdem die Relevanz und der Nutzen für die Synthese der Ansätze herausgearbeitet wurden, wird im nächsten Schritt die Vereinbarkeit der integrativen Verknüpfung analysiert. Da die beiden Ansätze unterschiedliche Analyseebenen fokussieren und auf andere Rentenarten abstellen, ist zu überprüfen, ob eine Synthese möglich ist.

3.2 ÜBERPRÜFUNG AUF VEREINBARKEIT DER THEORIEVERKNÜPFUNG

Wie bereits im vorangegangenen Abschnitt aufgezeigt wurde, ist die Synthese der beiden theoretischen Ansätze vom Gesichtspunkt des Erkenntnisinteresses her sinnvoll und notwendig, um die forschungsleitenden Fragestellungen zu beantworten.

Eine Überprüfung der Vereinbarkeit beider Ansätze ist dennoch notwendig, denn falls differierende Theorien in einem Modell zusammengeführt werden und dazu dienen, einen Gegenstand bzw. ein Problem zu analysieren, ist eine Überprüfung unerlässlich.[353] Aus diesem Grund wird nachfolgend die Möglichkeit zur Synthese einer Überprüfung unterzogen, bevor die integrative Verknüpfung auf der analytischen Ebene erfolgt.

Hierfür ist es erforderlich, eine Inkommensurabilitätsprüfung durchzuführen,[354] wobei die Nichtvereinbarkeit (Inkommensurabilität)[355] dann vorliegen würde, wenn die Theorien oder theoretischen Ansätze in ihren Grundannah-

---

    falsifizierbar und im Einklang mit Ockhams Messer ist. Vgl. Schuster (2004), S. 14 f; mit den dazugehörigen Ausführungen S. 5 ff.

[353] Vgl. Süß (2004a), S. 57.
[354] Vgl. Süß (2004b), S. 234; Müller (2010a), S. 132 f.
[355] Hierbei handelt es sich um einen Begriff aus der Mathematik, der in diesem Zusammenhang von Kuhn Verwendung fand; vgl. Kuhn (1970). Kirsch beschreibt den Begriff der Inkommensurabilität wie folgt: „Das heißt: Die verschiedenen Wissenskontexte sind nicht ohne weiteres 1:1 ineinander zu überführen; man kann nur versuchen, sie ineinander zu übersetzen. Die ‚Qual des Übersetzens' ist normalerweise ein Hinweis auf die Unvereinbarkeit, auf die Inkommensurabilität." Kirsch (2009), S. 181.

men und Traditionen in ihren universellen Prinzipien differieren.[356] Nachfolgend wird daher die Inkommensurabilitätsprüfung des Resource-based View mit dem Relational View anhand von drei Bedingungen vorgenommen. Sollte eine der Bedingungen vorliegen, ist eine Inkommensurabilität als gegeben zu betrachten.[357]

1. Die Orientierungssysteme der Theorieansätze differieren grundlegend in ihren Erklärungsprämissen.
2. In Bezug auf die Problemlösung konkurrieren die Orientierungssysteme zwischen den Theorieansätzen.
3. Es liegen keine objektiv anerkannten Kriterien zur Entscheidung zwischen den Orientierungssystemen der Theorieansätze vor, womit gleichzeitig eine Entscheidung zwischen ihnen nicht möglich ist.

3.2.1 ÜBERPRÜFUNG DER THEORETISCHEN ANSÄTZE AUF INKOMMENSURABILITÄT

(1) Eine radikale Verschiedenheit zwischen dem Relational View und dem ressourcenorientierten Ansatz ist nicht zu erkennen. Dieser Umstand ist wohl vor allem in der Tatsache zu sehen, dass der Relational View eine Weiterentwicklung des Resource-based View darstellt. Beide Orientierungssysteme verwenden als Erklärungsprämissen für den Unternehmenserfolg die Generierung von Wettbewerbsvorteilen basierend auf Ressourcen.[358] Dabei sind die verschiedenen Ressourceneigenschaften, die zum Wettbewerbsvorteil führen, zu vernachlässigen. Weiterhin beruhen beide Ansätze auf den Annahmen begrenzter Rationalität bei der Entscheidungsfindung, auf der Grundannahme der Ressourcenheterogenität, auf der Annahme imperfekter Mobilität von Ressourcen und auf der Annahme von unvollkommenen Märkten.

Differenzen sind lediglich in den Eigentumsverhältnissen der Ressourcen und in den Analyseebenen der Ansätze zu sehen. Während der Resource-based View die Einzelunternehmung in den Fokus der Betrachtung stellt, fokussiert der Relational View auf das Netzwerk. Daraus ergeben sich, wie bereits dargestellt wurde, unterschiedliche Ressourcen, die als Quelle von Wettbewerbsvorteilen gelten können.[359] Alle Ressourcenarten, seien es die sich aus dem

---

[356] Vgl. Feyerabend (1976), S. 368.
[357] Vgl. Scherer/Steinmann (1999), S. 520 f.; Scherer (1998), S. 149.
[358] Vgl. Mesquita et al. (2008), S. 913.
[359] Vgl. Weissenberger-Eibl/Schwenk (2010), S. 257.

Resource-based View oder aus dem Relational View ergebenen Ressourcen, lassen sich allerdings unproblematisch in die bestehende Ressourcentypologie, wie sie in der vorliegenden Arbeit gewählt wurde, einordnen.

Bezug nehmend auf die Eigentumsverhältnisse ist anzumerken, dass im Relational View davon ausgegangen wird, dass die Ressourcen, die die Generierung von Wettbewerbsvorteilen ermöglichen, grundsätzlich dem Kollektiv gehören werden, während der Resource-based View davon ausgeht, dass die Eigentumsrechte an den einzelnen rentenschaffenden Ressourcen an die Einzelunternehmung gebunden sind.[360] Darin ist aber zwangsläufig keine radikale Verschiedenheit zwischen den Ansätzen zu sehen, denn die Ressourcen im Allgemeinen bleiben auch bei der Betrachtung des Relational View im Eigentumsverhältnis der jeweiligen Unternehmen. Es wird lediglich davon ausgegangen, dass durch (unternehmensübergreifende) Ressourcenkombination, höhere Renten generiert werden können. Lediglich durch den wertschöpfenden Prozess, also das Einbringen von Ressourcen von verschiedenen Akteuren in ein gemeinsames Produkt oder in eine gemeinsam erbrachte Dienstleistung führt dazu, dass die Ressource dem Kollektiv zuzuordnen ist. Grundsätzlich handelt es sich lediglich um die gemeinschaftliche Nutzung von Ressourcen im Zusammenhang einer kooperativen Zusammenarbeit, um im Vergleich zu anderen Unternehmen durch die interorganisationale Verknüpfung Wettbewerbsvorteile und (höhere) relationale Renten generieren zu können.[361]

(2) Ebenso ist ein Konkurrenzverhältnis zwischen den Ansätzen im Hinblick auf die Problemlösung nicht gegeben. Der Resource-based View stellt in seiner Analyse auf Einzelunternehmung ab, während der Relational View primär auf die Netzwerkebene abgestellt. Es werden somit zwei unterschiedliche Analyseebenen betrachtet, wodurch sich ein direktes Konkurrenzverhältnis ausschließt. Dementsprechend liegt bei der Betrachtung der Metaebene der Ansätze keine Rivalität im Hinblick auf die Problemlösung vor. Beide Ansätze stellen darauf ab, dass durch den Aufbau sowie die Ausschöpfung von einzigartigen Ressourcen bzw. von Ressourcenbündeln, Kompetenzen und Fähigkeiten die Erlangung von Wettbewerbsvorteilen ermöglicht wird, wenngleich un-

---

[360] Vgl. Potzner (2008), S. 119.
[361] Vgl. Dyer/Singh (1998), S. 661.

terschiedliche Ressourcen als Quelle für die Rentengenerierung gesehen werden.[362]

(3) Bezüglich der Kriterien zur Entscheidung zwischen den Orientierungssystemen kann festgehalten werden, dass auch hier keine Inkommensurabilität anzunehmen ist. Während der Resource-based View vor allem dann Anwendung findet, wenn es darum geht, die Erfolgsursachen von Einzelunternehmen auf Basis von Ressourcen der Einzelunternehmung zu erforschen und Aussagen abzuleiten, welche Maßnahmen Unternehmen zur Erfolgserzielung ergreifen sollten,[363] betrachtet der Relational View die Beziehungsnetzwerke von Unternehmen sowie die oftmals daran geknüpften distinktiven Ressourcen zur Erklärung von Wettbewerbsvorteilen.[364]

3.2.2 Fazit der Synthese

Mithilfe der vorangegangenen Ausführungen wurde dargestellt, dass der integrativen Verknüpfung keine Inkommensurabilität im Wege steht. Nachdem also aufgezeigt wurde, dass neben der Notwendigkeit und dem Nutzen der Synthese der beiden Theorieansätze auch keine Inkommensurabilität dagegen spricht, wird an dieser Stelle mit der Herleitung des ressourcenorientierten Ansatzes begonnen.

3.2.3 Synthese von Resource-based View und Relational View

Ziel der Synthese ist es, einen theoretischen Ansatz zu erschaffen, der sowohl die Unternehmensebene, als auch die Netzwerkebene des zu untersuchenden Analyseobjekts, in diesem Fall ein Cluster, berücksichtigt. Im vorliegenden Fall soll bei der späteren empirischen Untersuchung anhand des theoretischen Rahmens analysiert werden, welches Potenzial clusterspezifisches Wissen besitzt, um Renten bzw. Wettbewerbsvorteile auf den verschiedenen Ebenen des Clusters zu generieren. Hierzu wird sich an Lavie[365] angelehnt, der ein ähnliches Modell zur Analyse von kooperativen Allianzen entwickelt hat.

Auf der Grundlage der Annahmen des Resource-based View, wie etwa der Ressourcenheterogenität und imperfekten Mobilität, sowie auf einer gemäßig-

---

[362] Vgl. im Bezug auf den Resource-based View: Sammerl (2006), S. 132 f., und in Bezug auf den Relational View: Fischer (2009), S. 27 f.
[363] Vgl. Becker (2005), S. 150 f.
[364] Vgl. Dyer/Singh (1998), S. 661 f., und Duschek (2002), S. 257 f.
[365] Lavie (2006b).

ten Sichtweise in Bezug auf die Eigentumsverhältnisse von Ressourcen, wird es fokalen Unternehmen ermöglicht, auf Basis der Partnerressourcen eine Beeinflussung ihrer Wettbewerbsvorteile herbeizuführen.[366] Dabei wird zugrunde gelegt, dass die fokalen Unternehmen im Cluster durch ihre Netzwerkbeziehungen über nicht geteilte und geteilte Ressourcen verfügen. Die Bereitstellung der geteilten Ressourcen erfolgt aufgrund der Erwartung, einen höheren gemeinsamen Nutzen in Form von Renten erzielen zu können.

Nach Lavie können die Renten in vier Arten unterschieden werden. Erstens in interne Renten, unter die die Ricardo-Renten, Quasi-Renten und Schumpeter-Renten zu subsumieren sind, zweitens die relationalen Renten, die aus den Netzwerkbeziehungen resultieren, drittens den Outbound-spillover-Renten und schließlich den Inbound-spillover-Renten.[367]

Sowohl die In- als auch die Outbound-spillover-Renten sind eine Form von Renten, die durch die restriktive Betrachtung der Analyseebenen des Resource-based View (Unternehmensebene) und des Relational View (Netzwerkbeziehungen) in dieser Form nicht bekannt sind. Erst durch die integrative Verknüpfung beider Ansätze wird die Berücksichtigung opportunistischen Verhaltens einer Partei möglich. Die Abbildung 10 veranschaulicht dabei in vereinfachter Weise sehr gut, welche Renten ein fokaler Akteur insgesamt realisieren kann.

So können die internen Renten durch die nicht geteilten und geteilten Ressourcen des fokalen Akteurs entstehen. Während der Resource-based View in seinem Erklärungsansatz lediglich auf den Beitrag der nicht geteilten Ressourcen abstellt und der Relational View auf den Beitrag der komplementären Ressourcen, wird nach der Synthese die Berücksichtigung beider Ressourcen ermöglicht. Die kombinierte Sichtweise ermöglicht ebenfalls die Berücksichtigung der Beiträge, die die komplementären Ressourcen der Clusterpartner zur Rentenerzielung des fokalen Akteurs leisten. So könnte die positive Reputation eines Clusterpartners dazu beitragen, dass die Reputation des fokalen Akteurs aufgrund der Kooperation ansteigt und deshalb eine Realisierung höherer Renten möglich wäre.[369] Damit würde es durch den einseitigen Vorteil zu einem Anstieg der internen Renten des fokalen Akteurs kommen.

---

[366] Vgl. Lavie (2006b), Wratschko (2009), S. 14 f.
[367] Vgl. Lavie (2006a), S. 132.
[368] Eigene Darstellung in Anlehnung an Lavie (2006b), S. 644.
[369] Vgl. Lavie (2006b), S. 645, und Schneider (2008), S. 201.

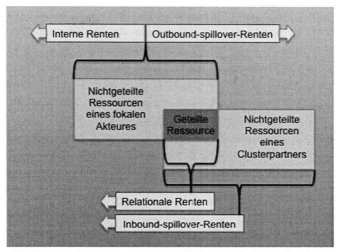

Abbildung 10: Rentenarten unter Berücksichtigung der integrativen Verknüpfung[368]

Während es zur Realisierung von relationalen Renten erforderlich ist, dass die Clusterakteure ihre Ressourcen kombinieren, austauschen oder gemeinsam entwickeln, um überproportionale Renten zu generieren, die höher als die Renten sind, die der jeweilige Akteur für sich generiert hätte,[370] hat der fokale Akteur oder der Clusterpartner die Möglichkeit, die geteilte Ressource zu internalisieren, sei es durch die freiwillige Zurverfügungstellung der Ressource durch den Partner oder durch opportunistisches Verhalten, weil der Netzwerkpartner die Nutzung im Rahmen der Beziehung nicht ausschließen kann. Dies kann zu In- oder Outbound-spillover-Renten führen.[371] Diese Renten können im Gegensatz zu den relationalen Renten lediglich von einem Akteur realisiert werden. Es kann demnach von Inbound-spillover-Renten gesprochen werden, wenn der fokale Akteur im Cluster Renten aufgrund einer kritischen Partnerressource generiert, ohne dass der Clusterpartner seinerseits einen Nutzen dadurch erfährt. Dies kann bspw. durch eine Zusammenlegung der F&E-Tätigkeiten erfolgen.[372] Dabei wird angenommen, dass ein Akteur durch opportunistisches Verhalten zumindest kurzeitig seine eigenen Inter-

---

[370] Vgl. Duschek (2002), S. 258, und Lavie (2006b), S. 645.
[371] Vgl. Krogh et al. (2003), S. 196, und Arndt (2008), S. 31 f.
[372] Vgl. Zobolski (2008), S. 267.

essen in Form von Gewinn zu realisieren versucht. Dabei liegt dem Ansatz zugrunde, dass je opportunistischer sich ein Akteur gegenüber seinem Kooperationspartner verhält, desto höher werden seine relationalen Renten sein.[373] Auf der anderen Seite kann der Clusterpartner ebenso verfahren, was zu einem Rentenzuwachs für den Clusterpartner auf Kosten des fokalen Akteurs führen würde. Dem fokalen Akteur kann damit ein Verlust von Wettbewerbsvorteilen entstehen. Dieser Verlust wird als Outbound-spillover-Renten bezeichnet.[374]

In diesem Zusammenhang ist zu klären, welche Schutzmechanismen zum Erhalt der Renten weiterhin Bestand haben. Während die im ressourcenorientierten Ansatz und im Relational View aufgezeigten Schutzmechanismen vor allem auf den Schutz vor „externen" Wettbewerbern abstellten, muss nachfolgend ebenfalls der Schutz von Renten zwischen kooperierenden Akteuren in die Betrachtung aufgenommen werden. Hierzu ist anzumerken, dass die Isolationsmechanismen in Form von Eigentumsrechten, kausaler Ambiguität sowie sozialer Komplexität kaum einen ausreichenden Schutzmechanismus haben werden, denn durch die direkte Interaktion mit den Netzwerkpartnern und deren Einbindung in die Unternehmensprozesse sowie durch die Bereitstellung von Ressourcen für das Netzwerk kann es zur Aufgabe von Eigentumsrechten in Form von exklusiver Nutzung kommen, denn es wird den Akteuren ermöglicht, im Rahmen der Kooperation auf die Ressource zuzugreifen. Weiterhin wird es dem Kooperationspartner durch die Interaktion ermöglicht, an Lernprozessen teilzuhaben, was eine Reduzierung der sozialen Komplexität und kausalen Ambiguität zur Folge haben kann. Durch die Einbindung könnte es dem Partner ermöglicht werden, sich Zusammenhänge zu erschließen und interne Abläufe zu verstehen. In Bezug auf die imperfekte Substituierbarkeit von Ressourcen kann angenommen werden, dass auch diese Bedingung an Relevanz verliert, da die Akteure in der Lage sein werden, sich die benötigten Ressourcen durch Kooperationen zu erschließen.[375]

Damit Unternehmen trotz der fehlenden Schutzmechanismen weiterhin in der Lage sind, Renten zu generieren, sollten die Akteure sich so organisieren, dass sie in Lage sind, ihre Wettbewerbsvorteile zu nutzen. Damit ist aber nicht lediglich die interne Organisation gemeint, sondern ebenfalls die Konfiguration von Clusteraktivitäten, die es ermöglichen, Kontakt zu potenziellen

---
[373] Vgl. Lavie (2006b), S. 646.
[374] Vgl. Festing et al. (2010b), S. 174.
[375] Vgl. Lavie (2006b), S. 649.

Netzwerkpartnern mit komplementären Ressourcen herzustellen und auf Basis der Interaktion neue Wissenszuflüsse zu ermöglichen.[376]

Wie den Ausführungen zu entnehmen ist, kann es durch die integrative Verknüpfung des Resource-based View und des Relational View ermöglicht werden, die Realität eines Clusters mit seinen unterschiedlichen Ebenen besser darzustellen, da eine differenziertere Betrachtung sowohl der individuellen als auch gemeinschaftlichen Handlungen von Akteuren ermöglicht wird. Darauf basierend werden ebenfalls neue Rentenarten in die Betrachtung aufgenommen und die Schutzmechanismen zur Rentengenerierung kritisch hinterfragt, wodurch das Verständnis für Wettbewerbsvorteile verbessert werden kann.

Nachdem die integrative Verknüpfung beider Ansätze erfolgt ist, könnte an dieser Stelle mit der Herleitung des ressourcenorientierten Analyserahmens für das clusterspezifische Wissen bzw. für Ressourcen im Cluster begonnen werden. Da der Analyserahmen jedoch vor allem für die Untersuchung von clusterspezifischem Wissen auf den unterschiedlichen Ebenen des Clusters herangezogen werden soll, ist es erforderlich, an dieser Stelle eine Ausarbeitung zum Thema „Wissen" vorzunehmen. Es ist nämlich notwendig, ein Grundverständnis zu schaffen, das es dem Leser ermöglicht, die Komplexität der Wissensthematik zu durchdringen, um die spätere Definition sowie die Entstehung von clusterspezifischem Wissen zu verstehen. Die Ausführungen zum Themenkomplex „Wissen" sind ebenfalls notwendig, damit die späteren ressourcenbasierten Implikationen nachvollzogen werden können. Bevor also mit der Herleitung eines ressourcenbasierten Analyserahmens für das clusterspezifische Wissen begonnen wird, wird an dieser Stelle die Ausarbeitung zum Thema „Wissen" erfolgen.

---

[376] Vgl. Lavie (2006b), S. 649.

IV CLUSTERSPEZIFISCHES WISSEN

„Wissen ist das einzige Gut, das sich vermehrt, wenn man es teilt."
Marie von Ebner-Eschenbach, Schriftstellerin
(1830-1916)

In diesem Abschnitt wird eine Begriffserklärung des Terms *„clusterspezifisches Wissen"* vorgenommen, da es bis dato keine Definition zum clusterspezifischen Wissen gibt.[377] Für die nächsten Untersuchungsschritte ist eine solche Definition unerlässlich, um zu einem Forschungsergebnis zu gelangen. Für die Herleitung wird zuerst eine Abgrenzung des Terminus „Wissen" vorgenommen, da es auch hier keine einheitliche Definition gibt, die als Grundlage für eine vertiefende Betrachtung genutzt werden könnte.[378] Die Deskription, Explikation und Interpretation des Begriffs „Wissen" beschäftigt seit jeher Epistemologen wie bspw. Platon, Aristoteles, Kant und Popper, was die Definitionsvarianten und Fülle der Abhandlungen zum Thema erklärt.[379] Aufbauend auf diesem grundlegenden Wissensverständnis wird der Begriff „Wissenstransfer" definiert, da der Transfer von Wissen der Untersuchungsgegenstand der Arbeit ist und als Grundlage für das Entstehen von clusterspezifischem Wissen betrachtet wird. Die Darstellung des Wissenstransfers wird hierbei auf der Basis der Wissensspirale von Nonaka und Takeuchi[380] erfolgen und anschließend einer kritischen Würdigung unterzogen. Nachdem die Definitionen erfolgt sind, wird die strategische und ökonomische Bedeutung von clusterspezifischem Wissen analysiert, die sich aus den Beziehungen von Akteuren im Cluster ergibt.

---

[377] Eine ausführliche Literaturrecherche via EBSCO ergab 131 Treffer zum oben genannten Themenbereich. Nach der Analyse der Quellen ergaben sich lediglich 12 relevante Artikel wovon drei den Term „clusterspezifisches Wissen" erwähnten, aber nicht weiter definierten.
[378] Vgl. Wittmann (1979), Sp. 2261; Schmidle (2004), S. 41; Zaunmüller (2005), S. 11.
[379] Siehe hierzu: Spender (1996), S. 47.
[380] Vgl. Nonaka/Takeuchi (1997).

1 WISSEN

Der erste Schritt zur Untersuchung von clusterspezifischem Wissen befasst sich mit der Fragestellung, was unter dem Term „Wissen" zu verstehen ist. Da eine einheitliche Definition nicht vorliegt, wird zuerst ein Kontinuum des Wissensverständnisses herausgearbeitet, der seinen Ursprung in der Wissenschaftstheorie hat, die sich durch drei Grundpositionen, dem *Konstruktivismus*[381], der *kognitivistischen Perspektive*[382] und dem *behavioristischen Ansatz* auszeichnet. Der behavioristische Ansatz ist bei dieser Gliederung der älteste Ansatz gefolgt von kognitivistischem Ansatz; er schließt mit dem Konstruktivismus ab.

Abbildung 11: Zeitstrahl der Wissenschaftstheorien[383]

Wie in Abbildung 11 dargestellt wurde, ist allen Ansätzen gemein, dass sie eine chronologische Entwicklung widerspiegeln und im Grunde Lerntheorien[384] sind, die von verschiedenen wissenschaftlichen Disziplinen übernommen und optimiert wurden.[385] Der *Behaviorismus* ist die Ausprägung der empirisch-analytischen Wissenschaftsauffassung und hat seinen Ursprung in der Psychologie bzw. Sozialpsychologie,[386] wobei seine grundlegende Positionierung dem Objektivismus[387] zuzuordnen ist. Wie beim Objektivismus wird auch beim Be-

---

[381] Zu berücksichtigen ist hierbei, dass es im Konstruktivismus unterschiedliche Strömungen gibt, wie etwas den radikalen Konstruktivismus und einer gemäßigte Variante, weshalb nicht von einer einheitlichen Positionierung ausgegangen werden kann. Für das Grundlagenverständnis ist diese Differenzierung nicht zwingend erforderlich, weshalb eine tiefergehende Differenzierung unterbleibt. Die wesentlichen Merkmale, welche für ein Verständnis von Wichtigkeit erscheinen werden in der nachfolgenden Abgrenzung dargestellt. Zur ausführlichen Darstellung der verschiedenen Ansätze siehe Gerstenmaier/Mandl (1995) und Siebert (2002).
[382] Vgl. Krogh/Köhne (1998), S. 134.
[383] Quelle: Eigene Darstellung.
[384] „Lerntheorien sind Versuche, die Kenntnisse über menschliches Lernen zu systematisieren und zusammenzufassen." Quelle: Lefrancois (2003), S. 11.
[385] Vgl. Wilkesmann (2009), S. 78.
[386] Vgl. Seiffert (2006), S. 27.
[387] Der Objektivismus betrachtet Wissen als unabhängig und nicht mit dem Individuum ver-

haviorismus davon ausgegangen, dass Wissen als extern und unabhängig vom Individuum existent ist, wobei das Menschenbild als ein fremdgesteuertes passives Wesen aufgefasst wird, dass durch äußere Stimuli lernt.[388] Dadurch, dass die internen Prozessabläufe des menschlichen Gehirns, die zum Lernen führen, nicht nachvollzogen werden können, wird der Mensch bzw. sein Gehirn als „black box" aufgefasst. Das Wissen, welches durch Lernen entsteht, ist bei diesem Ansatz nichts anderes als das externe Wissen, welches durch eine interne mentale Vorstellung der Außenwelt wiedergegeben wird und den externen Strukturen möglichst ähnelt.[389] Eo ipso wird deutlich, dass es nur eine richtige objektive Form des Wissens geben kann. Kritisch am behavioristischen Ansatz zu sehen ist das Außerbetrachtlassen des Bewusstseins und der Gefühle sowie das Projizieren von Ergebnissen von Laborversuchen mit Tieren auf das komplexe menschliche Verhalten.[390]

Der *Kognitivismus*, der auf dem *Empirismus*[391] gründet, vertritt ebenfalls die Ansicht, dass es nur eine objektive Realität gibt, die per se gegeben ist.[392] Wissen wird bei dieser wissenschaftstheoretischen Strömung ebenso wie beim Behaviorismus als ein Abbild der Realität beschrieben, das durch informationsverarbeitende Prozesse des Gehirns objektiv gespiegelt wird.[393] Der Theorie entsprechend ist nur eine „richtige" Abbildung der Realität möglich, da angenommen wird, dass die Selbige nur einmal vorherrscht.[394] Das Wissen wird demnach als universell, explizit vorliegend, kodifizierbar[395] sowie leicht

---

bunden. Weiterhin ist das Wissen für alle Individuen identisch und independent vom Bewusstsein des Individuums, womit es in der externen Welt vorherrscht. Vgl. Kern (2003), S. 27 f.

[388] Vgl. Euler (1992), S. 45.
[389] Vgl. Bäppler (2008), S. 29 f.
[390] Vgl. Al-Laham (2003), S. 52.
[391] Unter Empirismus wird die erkenntnistheoretische Lehre verstanden, die den Ursprung aller Erkenntnis in Beobachtungen bzw. Sinneswahrnehmungen erblickt. Quelle: Gabler (2010), S. 905.
[392] Vgl. Thiel (2002), S. 19.
[393] Vgl. Krogh/Köhne (1998), S. 9.
[394] Vgl. Thiel (2002), S. 10.
[395] Unter der Kodifizierung wird allgemein die Speicherung von Wissen auf externen materiellen Datenträgern verstanden. Bevor das Wissen dort gespeichert werden kann, ist es notwendig, es von der personalisierten Form in die kodifizierte Form zu überführen, also zu explizieren. Vgl. Busch (2008) S. 93. Nachfolgend wird der Begriff der Kodifizierung und Explizierung synonym verwendet; dies gilt ebenfalls für die Begriffe kodifiziertes und

personen- und kontextunabhängig transferierbar betrachtet.[396] Ebenso wird angenommen, dass lediglich eine begrenzte Informationsaufnahmekapazität und Informationsverarbeitungskapazität gegeben ist[397] und alle informationsverarbeitenden Systeme kognitivistische Systeme sind.[398]

Der *Konstruktivismus* geht hingegen davon aus, dass die Umweltwahrnehmung eine individuelle Erfindung ist.[399] Die Problematik, die sich aus dieser Sichtweise ergibt, ist die Frage, wie verhalten sich Wissen und Wirklichkeit zueinander? Aus dem Blickwinkel des Konstruktivismus entsteht das Wissen im erkennenden Subjekt.[400] Demnach ist der Konstruktivismus eine Theorie des Wissens und nicht des Seins, da er sich nicht mit der Fragestellung auseinandersetzt, ob etwas existent ist oder nicht.[401] Nach von Glasersfeld beruht

„der [...] Konstruktivismus [...] auf der Annahme, dass alles Wissen, wie immer man es auch definieren mag, nur in den Köpfen von Menschen existiert und dass das denkende Subjekt sein Wissen nur auf der Grundlage eigener Erfahrung konstruieren kann."[402]

Das bedeutet, dass das Wissen nicht direkt aus der Umwelt ins Gehirn transferiert werden kann, sondern vom Gehirn selbst verarbeitet und geschaffen wird.[403] Demnach ist das Wissen ein Konstrukt oder Modell der Wirklichkeit, welches nur etwas über etwas oder jemanden aussagen kann und stets unvollständig ist.[404] Anders ausgedrückt ist das Wissen eines Individuums die Summe seiner Vorstellungsinhalte über seine Umwelt und sich selbst.[405] Und

---

    explizites Wissen. Diese Annahme gründet in der Aussage von Cowan, Paul und Foray, die in ihrem Werk ausführen: „If it is (not) possible to articulate a thought so that it may be expressed in terms that another can understand, then it is (not) possible to codify" Cowan et al. (2000), S. 228. Aus dieser Aussage kann folgerichtig abgeleitet werden, dass die Kodifizierbarkeit von Wissen für die Artikulierbarkeit vorausgesetzt wird.

[396] Vgl. Burmann (2002), S. 190.
[397] Vgl. Gabler (2010), S. 279.
[398] Vgl. Heppner (1997), S. 42 ff.
[399] Vgl. Foerster (1973), S. 42.
[400] Vgl. Mendel (2005), S. 12.
[401] Vgl. Eberl (2001), S. 43.
[402] Glasersfeld (1996), S. 22.
[403] Vgl. Maturana/Varela (1987), S. 212.
[404] Vgl. Steinmüller (1993), S. 236 f.
[405] Vgl. Schäuble (1998), S. 19.

weil sich die Vorstellungsinhalte weiterentwickeln, ist diese Summe immer ad interim.

Unter Berücksichtigung der obigen Eigenschaften lässt sich Wissen unter den Prämissen des konstruktivistischen Bezugsrahmens zusammenfassend, als personengebunden, schwer zu verbalisieren und schwierig zu transferieren charakterisieren.

Die Perspektive des Konstruktivismus wird auch in dieser Arbeit eingenommen, auch wenn sie nicht in ihrer radikalen bzw. konservativen Form vertreten wird.

Nachdem zumindest aus wissenschaftstheoretischer Sicht Grundannahmen des Wissensverständnisses herausgearbeitet werden konnte, erfolgt nun eine definitorische Abgrenzung des Begriffs „Wissen", wobei ein Fokus auf den ökonomischen Kontext gelegt wird. Andere wissenschaftliche Disziplinen und ihre Kontexte, wie etwa die Philosophie, Psychologie oder Soziologie werden nur im zweckdienlichen Rahmen bzw. zu Erklärungszwecken herangezogen.[406]

1.1 DEMARKATION UND DEFINITION DES TERMS WISSEN

Wie die nachfolgende Tabelle 5 illustriert, wird der Begriff „*Wissen* in der Literatur vielfach definiert,[407] was eine große Heterogenität zur Folge hat womit einhergeht, dass keine einheitliche Definition zu gewährleisten ist. Um jedoch eine gemeinsame Wissensbasis für die weitere Betrachtung der Thematik zu gewährleisten, wird eine Differenzierung zwischen den Schlüsselbegriffen Zeichen, Daten, Information und Wissen vorgenommen. Die Abbildung 12 zeigt hierbei das Kontinuum von Daten und Informationen hin zum Wissen.

Diese Untergliederung der Schlüsselbegriffe ist von besonderer Relevanz, da in der Theorie und in der Praxis eine Abgrenzung nicht immer exakt er-

---

[406] Zu berücksichtigen ist hierbei, dass es sich nicht um eine abschließende oder vollständige Abgrenzung handelt. Vielmehr wird der Versuch unternommen, eine für die vorliegende Arbeit zweckdienliche Definition zu selektieren. Dieser Umstand sollte in Anbetracht der vielen tausend wissenschaftlichen und praxisorientierten Werken zum Thema Wissen als verständlich erscheinen.

[407] Grundsätzlich ist jedoch zwischen zwei Varianten zu unterscheiden, und zwar zwischen dem informationstheoretisch inspirierten Wissensverständnis und dem kompilativ-pragmatischen Wissensverständnis. Die erste Variante rekurriert im Wesentlichen auf die Wurzeln der Informationstheorie während bei der zweiten Variante das Wissen kompilativ als Summe denkbarer Bestimmungsgründe des Handelns gesehen wird. Vgl. Schreyögg/Geiger (2003), S. 8.

[408] Quelle: Probst et al. (1999), S. 38.

```
Daten ................... Information .................... Wissen
Unstrukturiert ....................................... strukturiert
Isoliert .............................................. verankert
kontextunabhängig ............................... kontextabhängig
geringe Verhaltenssteuerung ............... hohe Verhaltenssteuerung
Zeichen .............................. kognitive Handlungsmuster
destinction ...................................... master/capability
```

Abbildung 12: Das Kontinuum von Daten und Informationen zum Wissen[408]

folgt[409] und sich daraus Probleme ergeben können.[410] Die nachfolgende Konzeptualisierung erfolgt, wie in der Literatur häufig vorgenommen, in Form von Hierarchieebenen bzw. sich aufbauenden Hierarchiestufen.[411]

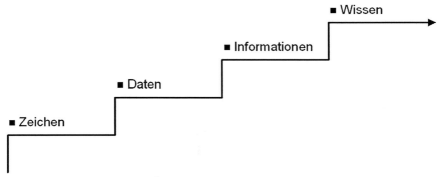

Abbildung 13: Die Wissenstreppe[412]

Die Konnexität zwischen den in der Abbildung 13 dargestellten Stufen wird hierbei oftmals als Anreicherungsprozess verstanden. Durch *Syntax*regeln (und deren Anwendung) entwickeln sich Zeichen zu Daten. North definiert Daten hierbei als: „... Symbole, die noch nicht interpretiert sind",[413] die je-

---

[409] Vgl. Ahlers (2001), S. 7.
[410] Vgl. Probst et al. (1999), S. 38.
[411] Vgl. Rehäuser/Krcmar (1996), S. 3.
[412] Eigene Darstellung in Anlehnung an North (2005), S. 32.
[413] North (2005), S. 32.

doch durch die *kontextbezogene Interpretation* für den Empfänger zu Informationen[414] werden. Glazer definiert Informationen in seinem Beitrag wie folgt: „‚Information' can be defined as data that have been organized or given structure – that is, placed in context – and thus endowed with meaning."[415] Eine *Vernetzung* der Informationen und deren Nutzung in einem bestimmten Handlungsfeld führen dann schließlich zum Wissen.[416] Dementsprechend ist Wissen das Resultat der Verwendung von Informationen durch das Bewusstsein.[417] Weitere Wissensdefinitionen ergeben sich aus der dargestellten Tabelle 5.

Tabelle 5: Exemplarische Definitionen des Terminus „Wissen"[418]

Autor	Begriff	Definition
Nonaka (1994), S. 15	Knowledge	„justified true belief."
Kerssens-Van Drongelen et al. (1995), S. 2	Knowledge	„… knowledge is information internalized by means of research, study or experience, that has value for organization."
Reyes (1996), S. 43	Wissen	„Wissen können wir als ein angeeignetes geistiges Gut betrachten, das in Abhängigkeit zu Zeit, Aufgabe und Organisation steht."
Schneider (1997), S. 71	Wissen	„persönliche Wahrnehmung von Sachverhalten."
Brooking (1998), S. 5	Knowledge	„Knowledge is information in context, together with an understanding of how to use it."
Davenport/ Prusak (1998), S. 5.	Knowledge	„Knowledge is a fluid mix of framed experience, values, contextual information, and expert insight that provides a framework for evaluating and incorporationg new experiences and informations."

---

[414] Eine einheitliche Abgrenzung des Terms Information ist ebenfalls nicht gegeben. Vgl. hierzu Bick (2004), S. 13.
[415] Glazer (1991), S. 2, Hervorheb. i. O.
[416] Vgl. Probst et al. (1999), S. 39.
[417] Albrecht (1993), S. 228.
[418] Quelle: Eigene Darstellung.

Autor	Begriff	Definition
Krogh/Köhne (1998), S. 236	Wissen	„Wissen umfasst sämtliche Kenntnisse und Fähigkeiten, die Individuen zur Lösung von Aufgaben einsetzen und welche Handlungen sowie Interpretation u. a. von Informationen ermöglichen; Wissen beinhaltet einen Sinngebungsprozess sowie normative und emotionale Elemente und ist sowohl kontext- als auch zeitabhängig."
Zack (1999), S. 199	Knowledge	„... information whose validity has been established through tests of proof."
Schindler (2002), S. 32	Wissen	„Wissen ist die in einem bestimmten Kontext eingebettete Information, die im Individuum wirksam ist und potenziellen Einfluss auf zukünftige Entscheidungen hat."
Amelingmeyer (2002), S. 42	Wissen	„Wissen ist jede Form der Repräsentation von Teilen der realen oder gedachten Welt in einem körperlichen Trägermedium."
Schütz (2003), S. 149	Wissen (Wissensvorrat)	„Der lebensweltliche Wissensvorrat [...] baut sich auf das Sedimentierungen ehemals aktueller, situationsgebundener Erfahrungen. Umgekehrt fügt sich jede aktuelle Erfahrung je nach ihrer im Wissensvorrat angelegten Typik und Relevanz in den Erlebnisablauf und in die Biographie ein."
Meinsen (2003), S. 54	Wissen	„Wissen ist eine von Individuen geschaffene mögliche Erklärung der Wirklichkeit. Es ist im Blick auf bestimmte Ziele entwickelt und damit grundsätzlich nicht allgemeingültig oder überdauernd. Der Wert von Wissen wird nicht an seiner Übereinstimmung mit der Wirklichkeit gemessen, sondern am Erfolg bzw. Misserfolg für das Handeln."
Ahlert et al. (2006), S. 43.	Wissen	„Wissen entsteht aus der individuellen Verknüpfung von Informationen und wird zur Lösung von Problemen eingesetzt. Wissen stützt sich auf Daten und Informationen, ist im Gegensatz zu Daten jedoch immer an Personen gebunden (Erfahrungshintergrund). Wissen besteht aus impliziten und expliziten Bestandteilen."

Autor	Begriff	Definition
Probst et al. (2006), S. 22	Wissen	„Wissen bezeichnet die Gesamtheit der Kenntnisse und Fähigkeiten, die Individuen zur Lösung von Problemen einsetzen. Dies umfasst sowohl theoretische Erkenntnisse als auch praktische Alltagsregeln und Handlungsanweisungen. Wissen stützt sich auf Daten und Informationen, ist im Gegensatz zu diesen jedoch immer an Personen gebunden. Es wird von Individuen konstruiert und repräsentiert deren Erwartungen über Ursache-Wirkungs-Zusammenhänge."
Rimkus (2008), S. 4	Wissen	„Wissen entsteht durch die Vernetzung von Informationen" anhand bestehender Erfahrungen, wobei diese Erfahrungen im Gedächtnis von Mitarbeitern oder in Datenbanken, Regeln etc. hinterlegt sind."
Bagban (2010), Stichwort Wissen	Wissen	„Wissen, die Gesamtheit der Kenntnisse und Fähigkeiten, die Individuen zur Lösung von Problemen einsetzen. Wissen basiert auf Daten und Informationen, ist im Gegensatz zu diesen aber immer an eine Person gebunden."

Wie die oben aufgeführte Auswahl an Definitionen von Wissen zeigt, gibt es eine Vielzahl von Wissensarten und -klassifikationen.[419] Zu beachten ist hierbei der Umstand, dass die Klassifikationen stets kontextabhängig erfolgen.[420] In Anlehnung an die herrschende Lehre und mit Blick auf den Gang der späteren Untersuchung soll deshalb zuerst eine Klassifikation der Wissensarten erfolgen, bevor eine Definition gegeben wird. Hierzu wird eine Unterscheidung zwischen individuellem und kollektivem sowie explizitem und implizitem Wissen vorgenommen.[421]

Grundsätzlich kann festgehalten werden, dass unter Bezugnahme des ökonomischen Kontexts die etwas weiter oben dargestellte konstruktivistische Sichtweise als gegeben betrachtet werden kann. Eine Differenzierung zwischen Wissen und Informationen liegt im ökonomischen Kontext ebenfalls vor, wobei die Informationen die Basis von Wissen bilden und das Wissen immer mit

---

[419] Siehe hierzu Berster (2003), S. 10; Becker (2005), S. 202; Maier (2002), S. 93.
[420] Vgl. Kelemis/Guenzel (1997), S. 51.
[421] Vgl. North (2005), S. 43; Probst et al. (1999), S. 39f.; Kreitel (2008), S. 16f.

Handlungen verknüpft ist sowie mit einer Nutzengenerierung für die Organisation einhergeht.[422]

1.2 IMPLIZITES, TAZITES UND EXPLIZITES WISSEN

Nach der oben dargelegten Übersicht über das Wissen soll nachfolgend auf drei Wissensarten eingegangen werden, die im späteren Verlauf von besonderem Interesse für die Beurteilung von clusterspezifischem Wissen sein werden.

Die Betrachtung der Wissensart von explizitem und implizitem Wissen weist eine direkte Korrelation zu den späteren Differenzierungen, vor allem bei der Unterscheidung zwischen den Wissensträgern[423] auf, denn damit eine Umwandlung von individuellem Wissen zu kollektivem Wissen möglich ist, muss implizites Wissen in explizites Wissen transformiert werden.[424]

Polanyi beschäftigte sich bereits im Jahre 1966 mit der Unterscheidung zwischen diesen beiden Wissensarten. Er schloss aufgrund des Faktes, dass Menschen mehr wissen, als sie kommunizieren können, darauf, dass sowohl implizites als auch explizites Wissen existieren muss. Seine Aussage hierzu lautet wie folgt: „We know more than we can tell."[425] Er versteht hierbei unter *implizitem Wissen* bzw. tacit Knowledge oder stillem Wissen diejenigen Gegebenheiten, die nicht artikuliert werden können, weil sich das Individuum dieses Wissens nicht explizit bewusst ist.[426] Dabei resultiert das implizite Wissen aus der subjektiven Wahrnehmung von Sachverhalten, Zielsetzungen oder Normen.[427] Dieses subjektive Wissen ist nur schwer formalisierbar und transferierbar. Eine Verbalisierung und damit eine Mitteilung sind daher kaum

---

[422] Vgl. Ahlert et al. (2006), S. 42.
[423] Ebenfalls die Differenzierung nach Wissensträgern ist in der Literatur stark von der grundlegenden wissenschaftstheoretischen Positionierung abhängig. Nach Amelingmeyer werden „unter den Begriff Wissensträger [...] diejenigen körperlichen Trägermedien subsumiert, in denen sich Wissen manifestieren kann." Amelingmeyer (2004), S. 53. In der vorliegenden Arbeit wird prinzipiell zwischen materiellen und personellen Wissensträgern unterschieden, wobei unter Berücksichtigung der konstruktivistischen Positionierung, die Sichtweise eingenommen wird, dass materielle Wissensträger lediglich in der Lage sind, Informationen zu speichern, die vom Individuum zu interpretieren sind und erst dann zu Wissen führen. Zur Thematik siehe auch: Güldenberg (2003), S. 274 ff.
[424] Vgl. Bick (2004), S. 16.
[425] Polanyi (1966), S. 4; Polanyi (1985), S. 14.
[426] Vgl. Polanyi (1985), S. 10.
[427] Vgl. Jänig (2004), S. 241.

möglich.[428] Eine Besonderheit des impliziten Wissens stellt das *tazite Wissen*[429] dar, auf das der Vollständigkeit halber hier kurz eingegangen werden soll. Verallgemeinert dargestellt ist hierunter das Hintergrundwissen eines Menschen zu verstehen.[430] Dieses Wissen ist jeweils nur einem Individuum vorbehalten und ist nicht zu artikulieren bzw. zu kodifizieren, was bedeutet, dass es keine Möglichkeit gibt, tazites Wissen durch Regelungen und Verknüpfungen in eine Ordnung zu überführen.[431] Eine Transferierbarkeit des taziten Wissens ist demnach nur durch Personaltransaktionen möglich, da das tazite Wissen nicht vom Individuum trennbar ist.[432] Dagegen zeichnet sich *explizites Wissen* dadurch aus, dass es sich in Zahlen und Worten artikulieren lässt und mit der Hilfe von Daten, Formeln, definierten Verfahrensweisen oder allgemeingültigen Prinzipien kommuniziert werden kann.[433] Es ist damit von Individuum trennbar und auf andere Personen übertragbar.

Zusammenfassend ist aber anzumerken, dass keine ständige Divergenz zwischen implizitem und explizitem Wissen gegeben ist. Nonaka und Takeuschi verstehen implizites und explizites Wissen als sich ergänzend und beschreiben in ihrem Werk „Die Organisation des Wissens" vier Formen der Wissensumwandlung. Sie verstehen die Externalisierung von implizitem zu expliziten Konzepten dabei als Schlüssel zur Wissensgenerierung.[434] Eine ausführliche Würdigung dieser Thematik wird in Abschnitt *3 Prozesse des Wissensmanagements nach Nonaka und Takeuchi erfolgen, in dem der Wissenstransfer und damit einhergehend die Wissensgenerierung beschrieben werden.*

Nachfolgend erfolgt die etwas weiter oben angesprochene Differenzierung des Wissens nach ihren Wissensträgern und den damit verbundenen Spezifika.

---

[428] Vgl. Meinsen (2003), S. 64; Foss (1993), S. 133; zu Knyphausen (1993), S. 776.
[429] Es ist anzumerken, dass das tatzite Wissen nicht dem „tacit knowledge" entspricht. Wann immer die Rede von „tacit knowledge" ist, so ist damit das implizite Wissen gemeint. In der Literatur wird das tazite Wissen auch wie folgt benannt: encoded Knowledge, embrained Knowledge, embodied Knowledge, embedded Knowledge etc.
[430] Vgl. Freiling (2001), S. 117 f.
[431] Vgl. Kogut/Zander (1992), S. 387.
[432] Bei engerer Differenzierung wird das tatzite Wissen als Teilmenge des impliziten Wissens verstanden, das subjektives unbewusstes Wissen beinhaltet, das nicht effizient artikuliert werden kann. Vgl. Rüdiger/Vanini (1998), S. 472.
[433] Vgl. Nonaka/Takeuchi (1997), S. 8
[434] Vgl. Nonaka/Takeuchi (1997), S. 79.

1.3 INDIVIDUELLES VS. KOLLEKTIVES WISSEN

Dem traditionellen Wissensverständnis nach, bei dem der Mensch im Mittelpunkt der Betrachtung steht, ist Wissen an einzelne Individuen gebunden.[435] Es ist demnach personengebunden und eine Einheit mit dem Bewusstsein des Individuums. Basierend auf diesem Wissensverständnis und der grundlegenden Annahme, dass die formalen und informalen Beziehungen zwischen den Humanressourcen der verschiedenen Akteure des Clusters zu clusterspezifischem Wissen führen, wird die Relevanz von individuellem und kollektivem Wissen hervorgehoben, denn „new knowledge always begins with the individual"[436]. Dies stellt die Wichtigkeit des individuellen Wissens in Form von Humanressourcen dar, denn *individuelles Wissen* ist an den einzelnen natürlichen Wissensträger gebunden und nur ihm vorbehalten bzw. zugänglich.[437] Da nach der oben getroffenen Annahme clusterspezifisches Wissen durch formale bzw. informale Beziehungen gebildet wird, hat das *kollektive Wissen* einen besonderen Stellenwert, denn „kollektives Wissen entsteht, wenn Individuen ihr Wissen teilen und kombinieren [...]."[438] Anders ausgedrückt stellt das kollektive Wissen Wissensinhalte dar, die von einer Mehrzahl von Individuen gemeinschaftlich in ihrer Tätigkeit genutzt werden.[439] Hierdurch kann es zu einer Vermehrung der Wissensbasis im Cluster kommen, z. B. in Form von clusterspezifischem Wissen. Dabei kann der Aufbau neuen Wissens auf der Unternehmensebene als strategische Ressource verstanden werden, sofern das Wissen wertvoll, knapp, nicht imitierbar und nicht substituierbar ist.[440] Verallgemeinert bedeutet dies, dass kollektives Wissen die Organisation befähigen kann auf Basis ihres Wissens Wettbewerbsvorteile zu generieren.[441] In der Literatur wird daher neben den generischen Produktionsfaktoren, wie Arbeit, Boden und Kapital, Wissen als vierter Produktionsfaktor bezeichnet.[442] Ducker beschreibt dieses wie folgt:

„The basic economic resource – ‚the means of production', to use the economist's

---

[435] Vgl. Al-Laham (2003), S. 34.
[436] Nonaka/Takeuchi (1997), S. 97.
[437] Vgl. Berres (1998), S. 59.
[438] Bick (2004), S. S. 16.
[439] Vgl. Alisch et al. (2000), S. 39.
[440] Vgl. Reinhardt (2007), S. 101 f.
[441] Vgl. Schneider (1996), S. 21.
[442] Vgl. hierzu Bendt (2000), S. 1; Picot et al. (2003), S. 79.

term – is no longer capital, nor natural resources (the economist's ‚land'), nor ‚labor'. It is and will be knowledge."[443]

Nach dieser kurzen ökonomischen Würdigung wird nachfolgend das kollektive Wissen anhand seiner Wissensträger weiter spezifiziert. So stellen kollektive Wissensträger eine Einheit personeller Wissensträger dar,

„die in ihrer Gesamtheit über ein originäres kollektives Wissen verfügt, das über die Summe des Wissens der einzelnen Mitglieder hinausgeht".[444]

Nachfolgend wird der Zugang zum kollektiven Wissen unter Berücksichtigung der schwerpunktmäßigen Diskussion in der Literatur weiter ausgeführt. Es erfolgt demnach eine Differenzierung zwischen dem kollektiven Wissen als *Gruppenwissen, Wissensgemeinschafts*wissen, *organisationalen* Wissen und *Netzwerk*wissen. Das kollektive Wissen wird in der Literatur häufig als Synonym für *Gruppenwissen* verwendet.[445] Diese Sichtweise ergibt sich aus den Spezifika einer Gruppe, die sich bspw. in Unternehmen bildet. Die in der Gruppe integrierten Mitglieder bilden nämlich eine Gruppenidentität bzw. ein „Wir-Gefühl" aus, was zur Folge hat, dass durch die Identifizierung mit der Gruppe eine emotionale „embeddedness" und ein Sicherheitsgefühl erzeugt wird, was dazu führt, dass die Gruppe sich nach außen hin abgrenzen und stabilisieren kann. Das Sicherheitsgefühl und die emotionale Eingebundenheit können als Basis für eine stark ausgeprägte Kommunikation innerhalb der Gruppe betrachtet werden, welche „face-to-face" erfolgt und sich durch einen direkten Kommunikationsstil auszeichnet. Durch das gemeinsame Durchlaufen von originären Lernprozessen bildet sich ein spezifisches Gruppenwissen, das sowohl explizite als auch implizite Bestandteile aufweist.[446] Während das explizite Wissen von allen Gruppenmitgliedern auf Basis ihres Arbeitskontextes und den damit verbundenen Aufgaben erworben wurde, wird das implizite Gruppenwissen hingegen durch die Geschichte der Gruppe gebildet. Das implizite Wissen zeichnet sich dabei bspw. durch gemeinsame Regeln zur Interpretation von Symbolen aus oder durch eine gemeinsame Sprache – genau so, wie

---

[443] Drucker (1994), S. 8, Hervorheb. i. O.
[444] Amelingmeyer (2002), S. 65
[445] Vgl. Zboralski (2007), S. 16.
[446] Vgl. Al-Laham (2003), S. 40.

durch die Differenzierung der Rollen die Intensität der Gruppenkohäsion und des Gruppendrucks.[447]

Das kollektive Wissen als *Wissensgemeinschaftswissen* wurde konzeptualisiert, da zwar formal die Mitgliedschaft in bestimmten Gruppen der Unternehmung als hinreichende Bedingung gesehen werden kann, um kollektives Wissen zu erzeugen, nicht aber als notwendige Bedingung, die die Generation von Wissensstrukturen in Unternehmen ermöglicht, die das individuelle Wissen übersteigen. Vielmehr wird deutlich, dass soziale Systeme über gemeinsam geteiltes Wissen verfügen können, das nicht einer Gruppe oder der organisationalen Gesamtebene zurechenbar ist.[448] Unter Bezugnahme auf diese Erkenntnis wird davon ausgegangen, dass Subsysteme in Form von Wissensgemeinschaften, „die über äquivalentes Wissen verfügen, welches für andere Organisationsmitglieder nicht unmittelbar verständlich ist"[449], ebenfalls über gemeinsam geteiltes Wissen verfügen.[450] Die Entstehung dieses Wissens basiert demnach auf der Basis des äquivalenten Wissens. Die Spezifika der Wissensgemeinschaft sind im Gegensatz zur Gruppe, dass sie sich nicht durch eine starke Rollenverteilung auszeichnen und nicht über implizite Normen sowie Sanktionsmaßnahmen verfügen.[451]

Das kollektive Wissen im Sinne einer *organisationalen Wissensbasis* ist die nächste kollektive Wissensform, die erläutert wird. Gerade bei dieser Abgrenzung sind abermals stark unterschiedliche Auffassungen vertreten, als Kontinuum wird aber der Fakt gesehen, dass alle Mitglieder einer Organisation dieses Wissen teilen. Dieses Wissen steht zur Handlungskoordination in der Organisation zur Verfügung und ist unabhängig von einzelnen Individuen. Es ist ein nicht personalisiertes, institutionalisiertes Wissen, das sich durch eine geteilte Wirklichkeitsinterpretation ausdrückt, sowie durch gemeinsame Routinen, Handlungstheorien und überlappendes Wissen gekennzeichnet ist.[452]

Ziel und Kernfähigkeit einer Organisation ist es demnach, sich das individuelle Wissen der Humanressourcen zu erschließen, um die gesetzte Zielerreichung zu ermöglichen. Entscheidend ist hierbei die Koordination in der Orga-

---

[447] Vgl. Wiegand (1996) S. 416 f.
[448] Vgl. Güldenberg (2003), S. 280 ff.
[449] Wiegand (1996), S. 451.
[450] Vgl. Al-Laham (2003), S. 41.
[451] Vgl. Wiegand (1996), S. 452.
[452] Vgl. Al-Laham (2003), S. 42.

nisation. Sie stellt eine Grunddimension der organisationalen Strukturierung dar, die erforderlich ist, um die hoch spezialisierten Teilaktivitäten der Humanressourcen zu koordinieren.[453] Hieraus ergibt sich das Erfordernis, die Verknüpfungen und Interdependenzen zwischen den einzelnen Wissensträgern zu organisieren, um die Abstimmung bei der Arbeitsteilung zu gewährleisten. Die Fähigkeit der Organisation, Probleme zu lösen, gründet damit auf einer organisationalen Wissensbasis. Die Organisationen bilden hierzu einen Wissensspeicher, der unabhängig von seinen Mitgliedern ist und seine Konstitution in Normen, Regeln, Prozessen sowie der Unternehmenskultur findet.[454] Daraus ergibt sich, dass es neben dem individuellen Wissen ein organisationales Wissen geben muss, das nötig ist, um die Koordination der Mitglieder der Organisation zu gewährleisten. Hedberg beschreibt das Wissen in Organisationen wie folgt:

„Organizations do not have brains, but they have cognitive systems and memories. As individuals develop their personalities, personal habits, and beliefs over time, organizations develop world views and ideologies. Members come and go, and leadership changes, but organizations' memories preserve certain behaviours mental maps, norms, and values over time."[455]

Wie im Abschnitt 4 1 Wissen dargestellt wurde, wird bei der Betrachtung von Wissen im ökonomischen Kontext zumeist, wie auch in der vorliegenden Arbeit, eine konstruktivistische Grundposition eingenommen, womit der Mensch als Wissensträger einhergeht, da bei der Verarbeitung von Informationen eine Interaktion mit dem vorhandenen Wissen aus dem „Wissensspeicher" (Gedächtnis) erforderlich ist, um neues Wissen zu schaffen.[456] Die Frage an dieser Stelle ist deshalb, ob es ein organisationales Wissen geben kann. Basierend auf der in dieser Arbeit eingenommenen konstruktivistischen Sichtweise wird davon ausgegangen, dass die Organisation selbst nicht über Wissen verfügt. Sie stellt lediglich Daten und Informationen zur Verfügung, die durch die Interpretation und kontextgebundene Vernetzung von Individuen zu Wissen werden kann.[457]

---

[453] Vgl. Breisig (2006), S. 80.
[454] Vgl. March (1991), S. 73, und Hansen (2010), S. 44.
[455] Hedberg (1981), S. 6.
[456] Vgl. Wolff (1999), S 158.
[457] Vgl. Al-Laham (2003), S. 34.

Das kollektive Wissen in *Netzwerken* entsteht durch interorganisationale Praktiken und wird darin reproduziert oder wirksam.[458] Es beschreibt die Kenntnisse von Regeln der Legitimation und der Signifikation, die von den Akteuren des Netzwerks in ihrem Bewusstsein gespeichert werden.[459] Diese kollektive Wissensbasis ist ein Element der Netzwerkkultur und ermöglicht die Interpretation und Legitimation der Handlungen der Netzwerkakteure durch die kollektive Anwendung im jeweiligen Kontext. Durch diese gemeinsame Anwendung, Umsetzung, Generierung, Kombination und dauerhafte Reproduktion des Wissens wird eine kooperative Kompetenz erstellt, die einen direkten Einfluss auf die Handlungsmöglichkeiten im Netzwerk hat. Diese Handlungsmöglichkeiten bestehen in der Ausweitung oder Beschränkung des Netzwerks. Das kollektive Netzwerkwissen ist in diesem Fall eine autoritative Ressource, die bspw. Wissen über gemeinsame Qualitätsstandards oder Produktionsprozesse beinhaltet.[460]

Nachdem das individuelle-, kollektive-, organisationelle- und das Netzwerkwissen dargestellt wurden, müsste als nächster Schritt die Darstellung von clusterspezifischem Wissen erfolgen, da dieses Wissen aber eines tiefer gehenden Vorverständnisses bedarf, wird die Konzeptualisierung in Abschnitt 4.6.5 erfolgen.

Nachdem ein grundsätzliches, wenn auch nicht vollständiges Verständnis über den Begriff „Wissen" anhand der Ausführungen als gegeben betrachtet werden kann, wird im Folgenden auf die Spezifität von Wissen eingegangen, die ebenfalls ein integrativer Bestandteil von clusterspezifischem Wissen ist und daher einer Erörterung bedarf.

1.4 WISSENSSPEZIFITÄT (GENERELLES VS. SPEZIFISCHES WISSEN)

Eine Gegenüberstellung von generellem und spezifischem Wissen bzw. eine Erläuterung der Wissensspezifität wird in dieser Arbeit vorgenommen, um ein Basisverständnis für die sich ergebene Problematik im Wissenstransfer zu schaffen, die Relevanz von clusterspezifischem Wissen als strategische Ressource zu erörtern und um eine möglichst vollständige Sichtweise der verschiedenen Wissensarten bzw. Wissenskategorien zu gewährleisten.

---

[458] Vgl. Sydow/van Well (2010), S 159.
[459] Vgl. Hanft (1998), S. 142 ff.
[460] Vgl. Gilbert (2003), S. 289.

Eine Differenzierung zwischen allgemeinem und spezifischem Wissen wird bspw. von Jensen und Meckling[461] aus Sicht der neuen Institutionenökonomik vorgenommen. Die Autoren berufen sich hierbei auf von Hayek, der unter spezifischem Wissen das an die besonderen Umstände von Raum und Zeit gebundene idiosynkratrische[462] Wissen versteht.[463] Eine weitere viel zitierte Arbeit zur Spezifität aus Sicht der Transaktionskostentheorie stammt von Williamson, der anhand der Dimension „Faktorspezifität" bzw. „asset specifity" Transaktionen beschreibt.[464] Er definiert Spezifität dabei als den

„[...] Grad der Wiederverwendbarkeit eines bestimmten Vermögensobjektes in alternativen Verwendungsrichtungen und bei unterschiedlichen Nutzern ohne Verlust an Produktionswert"[465].

Die Spezifität des Wissens kann dabei Ausdruck in der Human Asset Specificity bzw. Humankapitalspezifität finden. Ein Aufbau der Humankapitalspezifität findet nämlich durch die Aneignung von Wissen und Fertigkeiten im Rahmen von Transaktionsbeziehungen statt.[466] Dabei ist die Spezifität des Wissens der Mitarbeiter umso höher, je weniger es in einem anderen Unternehmensbereich angewendet werden kann. Anders ausgedrückt: Wissen ist dann spezifisch, wenn es nur in einem bestimmten Kontext bzw. in einem bestimmten Aufgabenbereich angewendet werden kann und bei anderweitiger Nutzung an Wert bzw. Nutzen verliert[467].

Aus ökonomischer Sicht wird die Spezifität des Wissens bzw. einer Ressource mithilfe des Indikators der Quasi-Renten ermittelt. Anhand dieses Indikators wird beschrieben, welchen Wertverlust eine Ressource erfährt, wenn sie nicht ihrer originären Verwendung zugeführt wird, sondern nur der nächstbes-

---

[461] Vgl. Jensen/Meckling (2002).
[462] „Idiosynkratisches Wissen ist Wissen, über das ein Individuum in aktiver, passiver oder intuitiver Weise verfügt. Es ist keine unveränderliche und feststehende Größe, sondern beruht auf dynamischen Strukturen, die als kognitive Strukturen bezeichnet werden." Reinmann/Seiler (2004), S. 19. „Personales oder idiosynkratisches Wissen kommt in verschiedenen Ausprägungen vor: Handlungswissen, intuitives Wissen und begriffliches Wissen bilden zusammen das zunächst einmal nur subjektiv zugängliche Wissen einer Person." Reinmann (2005), S. 7.
[463] Vgl. Hayek (1945), S. 526.
[464] Vgl. Williamson (1979), S. 255 ff., und Williamson (1985), S. 30 f.
[465] Williamson (1996), S. 13, zitiert nach Geyer/Venn (2001), S. 35.
[466] Vgl. Bandulet (2005), S. 133.
[467] In Anlehnung an Bühner (2004), S. 118.

ten Alternativlösung. Mit anderen Worten nimmt der Nutzen, den das Wissen stiftet, mit steigender Spezifität bei der Alternativnutzung ab. Demgegenüber steigt aber die Quasi-Rente, die die Nutzendifferenz beschreibt, die bei der originären Verwendung des spezifischen Wissens entsteht. Aufbauend auf dieser Annahme steigt ebenfalls die Abhängigkeit des spezifischen Wissens von seiner erstbesten Verwendungsmöglichkeit.[468]

Für ein besseres Verständnis zur Unterscheidung von generellem und spezifischem Wissen erfolgt an dieser Stelle eine Illustration aus der Praxis.

Es ist immer dann von generellem bzw. unspezifischem Wissen die Rede, wenn seine Verwendung frei steht. Als Beispiel hierfür kann Fließbandarbeit genannt werden, die auf einer starken Arbeitsteilung beruht und der Humanressource lediglich einzelne Handgriffe abfordert. Bei diesen Handgriffen kann davon ausgegangen werden, dass eine geringe Wissensspezifität vorliegt, wohingegen das Wissen über bestimmte Reparaturverfahren bestimmter Fahrzeugtypen einer bestimmten Marke sehr spezifisch sein kann. Dies findet darin Ausdruck, dass ein Defekt der gleichen Art an einem anderen Fahrzeugtyp nicht identifiziert geschweige denn behoben werden kann.[469] Dementsprechend stiftet das entsprechende Wissen nur im Anwendungskontext einen Nutzen, weshalb es sich um spezifisches Wissen handelt.

Etwas allgemeiner beschreibt Prange die Wissensspezifität, indem er die Spezifität des Wissens als den Fit zwischen dem Wissensangebot in Bezug auf einen determinierten Nutzerkreis versteht.[470] Die Spezifität kennzeichnet damit das Ausmaß, mit dem das Wissen speziell auf einen bestimmten Kontext zugeschnitten ist.[471] Dementsprechend wird davon ausgegangen, dass es sich beim clusterspezifischen Wissen um eine Wissensart mit hoher Spezifität handeln könnte, die damit das Potenzial besitzen könnte, ökonomische Renten zu generieren.

1.5 ZUSAMMENFASSUNG ZUM WISSEN

Aufbauend auf der bisher erfolgten Betrachtung von Wissen ergeben sich folgende Merkmale mit Relevanz für das Wissen im Kontext des Clusters. Wissen wird im weiteren Verlauf der Arbeit als Summe von impliziten, taziten und ex-

---

[468] Vgl. Söllner (2008), S. 46.
[469] Vgl. Fischer (1993), S. 230.
[470] Vgl. Prange (2002), S. 23.
[471] Vgl. de Luca/Atuahene-Gima (2007), S. 92.

pliziten Fragmenten verstanden, wobei sich das Wissen von Daten, Zeichen und Informationen unterscheidet, da es nicht vollständig einer Explikation unterzogen werden kann. Weiterhin ist es kontext- und subjektgebunden, was zur Folge hat, dass das Wissen nicht wie Daten oder Informationen transferiert werden kann.[472] Abgesehen davon ist Wissen nur dann von Relevanz für das Cluster bzw. für die Akteure im Cluster, wenn durch seine Verwendung ein Beitrag zur Zielerreichung ermöglicht wird, was bedeutet, dass Wissen die Grundlage für Handlungen ist, die zur Erreichung der Problemlösung und damit zur Erreichung der Ziele im Cluster bzw. der einzelnen Akteure beitragen. Es ist daher davon auszugehen, dass Wissen gemäß einem handlungsorientierten Verständnis interpretiert wird.[473] Das Individuum bzw. die Humanressource wird in Bezug auf das Cluster als Wissensspeicher[474] und als Basis für neues Wissen, im Speziellen für clusterspezifisches Wissen verstanden, da sie gemäß der konstruktivistischen Grundpositionierung, durch ihre kognitiven Fähigkeiten Informationen zu Wissen verarbeiten kann und somit in der Lage ist, neues Wissen zu generieren. Mit der Einnahme der konstruktivistischen Positionierung gehen ebenfalls die in Abschnitt 4.1 angesprochenen Merkmale der Personengebundenheit des Wissens, die nur schwer mögliche Verbalisierbarkeit und die begrenzte Möglichkeit der Transferfähigkeit, als Charakteristika des Wissens für diese Arbeit einher. Damit ist auch die Fähigkeit zur Problemlösung direkt mit dem Individuum verknüpft, da nur das Individuum allein oder im Team über die Möglichkeit verfügt, eine Problemlösung herbeizuführen.[475] Unter Bezugnahme der aufgeführten Charakteristika des Begriffs „Wissen" wird in dieser Arbeit die folgende Definition als Basis für die weitere Untersuchung zugrunde gelegt:

Wissen entsteht aus der individuellen Vernetzung von Informationen anhand bestehender Erfahrungen und wird zur Lösung von Problemen eingesetzt. Dabei stützt sich das Wissen auf Daten und Informationen. Im Gegensatz zu diesen ist das Wissen jedoch immer an Individuen gebunden und besteht aus expliziten und impliziten Bestandteilen. Es setzt sich demnach aus Faktenwissen (Know-that), Wissen über Ursache-Wirkung-Zusammenhänge (Know-why), Grundsatzwissen (Know-how) und Wissen über Schlüsselpersonen (Know-who) zusammen.

---

[472] Vgl. Lo (2003), S. 22.
[473] Vgl. Ahlert et al. (2006), S. 42.
[474] Vgl. Dittmar (2004), S. 216.
[475] Vgl. Süllwold (1959), S. 273.

Dieses Konstrukt der Wissensdefinition wurde an Probst et al.[476] angelehnt, um ein grundlegendes Verständnis von Wissen zu schaffen. Hierbei fand vor allem die hierarchische Abgrenzung zwischen Daten, Informationen und Wissen Berücksichtigung sowie der Ansatz, dass Wissen von Individuen genutzt wird, um Probleme zu lösen. Aufbauend auf der Definition von Probst et al. fanden ebenfalls die Gedanken von Rimkus[477] Eingang in die Definition, der den Entstehungsprozess von Wissen durch die Vernetzung von Informationen und bestehenden Erfahrungen hervorhebt. Dieser Ansatz wird in der vorliegenden Arbeit ebenfalls als der Grundstein bzw. als ein wesentlicher Faktor im Entstehungsprozess von clusterspezifischem Wissen betrachtet. Es wurde des Weiteren der Ansatz von Ahlert et al.[478] berücksichtigt, da sie in ihrer Definition eine grobe Differenzierung zwischen den Wissensarten vornehmen und ebenfalls die konstruktivistische Sichtweise einnehmen.[479]

Bei der Wissensdefinition wurde zuerst die Unterscheidung der Wissensarten gemäß der vorgeschlagenen Taxonomie von Ahlert et al. vorgenommen. Ebenso von Bedeutung ist die Differenzierung zwischen *Know-how, Know-what, Know-who* und *Know-why* mit aufzugreifen, da sie für die spätere Definition des clusterspezifischen Wissens einen hohen Stellenwert hat. Anhand dieser Einteilung ist es nämlich möglich, einen ökonomischen Bezug in die bis jetzt vorherrschende Wissenstheorie mit aufzunehmen, um in späterem Verlauf der Arbeit auf die Bedeutung von clusterspezifischem Wissen als strategische Ressource abstellen zu können.

Bei den genannten vier Begrifflichkeiten handelt es sich um eine Taxonomie der Wissensarten, die von Lundvall und Johnson[480] eingeführt wurden und die eine Erweiterung zur Differenzierung zwischen implizitem und explizitem Wissen darstellt. Dabei wird das Know-how in der Literatur oft-

---

[476] Vgl. Probst et al. (2010), S. 23.
[477] Vgl. Rimkus (2008), S. 4.
[478] Vgl. Ahlert et al. (2006)
[479] Die Auswahl dieser Autoren erfolgte, um einerseits die grundlegenden populären Prägungen von Wissen zu berücksichtigen, die ihren Ursprung im Werk vom Probst et al. haben, aber ebenso die Spezifika mit aufgreifen, die erforderlich sind, um clusterspezifisches Wissen und seine Generierung zu erklären. Dieser Faktor fand Eingang in die Definition durch den Einfluss von Ahlert et al., die sich mit der Thematik des „Vernetzten Wissen" beschäftigt haben, ebenso wie durch den Einfluss von Rimkus, der sich in seinem Werk mit dem „Wissenstransfer im Clustern" auseinandergesetzt hat.
[480] Lundvall/Johnson (1994).

mals unter dem Begriff „implizites Wissen" bzw. „stillschweigendes Wissen" subsumiert[481] und das Know-what als explizites Wissen.[482] *Know-how* wird in der Literatur als implizites Wissen dargestellt, weil es durch seine Charakteristika diesem am ähnlichsten ist.[483] Dabei beschreibt das Know-how, das Handlungswissen der einzelnen Individuen,[484] dementsprechend also die Fähigkeiten, von Individuen bestimmte Tätigkeiten auszuführen und Routinen zu entwickeln. Die Fähigkeiten stehen dabei im direkten Zusammenhang mit ihrem Wissen über Ursachen-Wirkungs-Zusammenhänge,[485] die in der Regel über das Tun und Lernen während bzw. durch die Arbeitsausübung entwickelt wurden.[486] Das *Know-what* stellt dabei das Wissen über Fakten dar und ist dementsprechend explizit, kodifiziert und dokumentiert. Normalerweise könnte der Term „Know-what" auch mit Informationen gleichgesetzt werden, da es sich in Daten zerlegen lässt. Dieses Wissen ist aufgrund seines Grades der Kodifizierung von relativ geringer ökonomischer Relevanz und dient hauptsächlich bestimmten Experten, wie etwa Ärzten oder Juristen zum Erfüllen ihrer Aufgaben.[487] Das *Know-why* bezieht sich auf wissenschaftliche Erkenntnisse, die sich aus Regeln, Normen, Prinzipien und Naturgesetzen ergeben.[488] Diese Wissensart ist extrem wichtig in Bezug auf die technische Entwicklung in den verschiedenen Industriezweigen. Der Zugang zu diesem Wissen ermöglicht es nämlich, Innovationsprozesse zu verkürzen und die Anzahl von Testreihen zu reduzieren. Die Wissensbasis des „Know-why" findet sich vor allem in Universitäten und Forschungseinrichtungen[489] und stellt auch für das Cluster in Form von lateralen Akteuren einen wichtigen Bezugspunkt von Wissen dar. Das *Know-who* beschreibt das Quellenwissen[490] und ist ähnlich wie das Know-how stark implizit und dementsprechend nur schwer zu kodifizieren. Es ist in sozialen Relationen eingebettet und kann von daher nur schwer von Akteuren verstanden werden, die nicht aus dem gleichen sozialen

---

[481] Vgl. Renzel (2003), S. 28 f.
[482] Vgl. Ernst (2004), S. 152.
[483] Vgl. Scherngell (2007), S. 10.
[484] Vgl. Landwehr (2005), S. 79.
[485] Vgl. Klabunde (2003), S. 88.
[486] Vgl. Hasler Roumois (2007), S. 46.
[487] Vgl. Lundvall/Johnson (1994), S. 27.
[488] Vgl. Koschatzky (2001), S. 50.
[489] Vgl. Scherngell (2007), S. 10 f.
[490] Vgl. Petzold (2005), S. 47.

Kontext kommen.[491] Eine Differenzierung zum Faktenwissen ist dahin gehend gegeben, dass es nicht darum geht, zu wissen, welche Personen in welchem Unternehmen tätig sind und welche Position sie dort ausüben, sondern darum, zu wissen, über welches spezielle Wissen diese Personen verfügen, was ihre Handlungsmöglichkeiten sind und über welche Fähigkeiten sie verfügen.[492] Dieses Wissen kann in Bezug auf das Cluster von entscheidender Relevanz sein, da aufgrund der vielen Relationen im Wissensgenerierungsprozess im Cluster es sehr wichtig ist, die Key-Personen zu identifizieren.

Nachdem eine umfassende, wenn auch nicht abschließende Würdigung zum Wissen im Allgemein erfolgt ist, wird im nächsten Abschnitt auf das Wissensmanagement eingegangen, um eine Überleitung zum Wissenstransfer und zur Generierung von clusterspezifischem Wissen zu ermöglichen.

2 WISSENSMANAGEMENT

Das Wissensmanagement[493] beinhaltet eine Reihe von Techniken und Praktiken, mit Relevanz für den Transfer von Wissen in und zwischen Organisationen.[494] Diese Techniken und Praktiken sind auch für den Untersuchungsschwerpunkt der vorliegenden Arbeit relevant, weshalb die Thematik an dieser Stelle Eingang in das vorliegende Kapitel findet.

Weiterhin beschäftigt sich das Wissensmanagement mit der Entstehung von Wissen und dessen Anwendung für die Herstellung von neuen Produkten und Dienstleistungen. Diese beiden Punkte sind besonders wichtig, um auf Basis des Wissens Wettbewerbsvorteile realisieren zu können.[495] Da sich die Arbeit mit genau dieser Thematik in Bezug auf Cluster beschäftigt, werden die Techniken und Praktiken sowie die theoretischen Ansätze das Wissensmanagement auf das Cluster Anwendung finden. Da im weiteren Verlauf der Arbeit auf die Lehren von Nonaka und Takeuchi[496] in Form ihrer Wissensspi-

---

[491] Vgl. Lo (2003), S. 34 f.
[492] Vgl. Kunkel (2010), S. 39.
[493] Eine Abgrenzung der verschiedenen Definitionen von Wissensmanagement ist nicht Gegenstand dieser Arbeit; zur Thematik siehe Schauer/Frank (2002).
[494] Vgl. Birkenshaw (2001), S. 13.
[495] Vgl. Bick (2004), S. 9.
[496] Ikujiro Nonaka und Hirotaka Tekeuchi können mit ihrem Werk „The Knowledge Creating Company" als Mitbegründer des Wissensmanagements bzw. ganzheitlichen Wissensmanagements verstanden werden. Siehe hierzu: Nonaka/Takeuchi (1995).

rale⁴⁹⁷ bzw. des SECI-Modells⁴⁹⁸ eingegangen wird und diese als grundlegendes Erklärungsmodell verstanden werden, wird sich auch bei der Definition von Wissensmanagement an Nonaka und Takeuchi angelehnt. Im Sinne beider Autoren ist

„Knowledge management [...] defined as the process of continuously creating new knowledge, disseminating it widely through the organization, and embodying it quickly in new products/services, technologies and systems [...]".⁴⁹⁹

Grundlegend kann beim Wissensmanagement zwischen zwei theoretischen Strömungen differenziert werden,⁵⁰⁰ zum einen zwischen dem *konstruktivistischem bzw. humanistisch-konstruktivistischem Ansatz*⁵⁰¹ und dem *instrumentelltechnischem Ansatz* zum anderen.⁵⁰² Beide Ansätze werden durch bekannte Theoretiker des Wissensmanagements vertreten. So nimmt bspw. Heppner⁵⁰³ die konstruktivistische Sichtweise ein, während Probst, Raub und Romhardt⁵⁰⁴ Vertreter des instrumentell-technischen Ansatzes sind.

Während im konstruktivistischen Ansatz der Lernprozess den Mittelpunkt der Theorie bildet, stellt die Logistik von Wissen das Zentrum des instrumentell-technischen Ansatzes dar. Der Ursprung des konstruktivistischen Ansatzes ist im organisationalen Lernen zu sehen, wobei die Zielsetzung des Wissensmanagements darin zu sehen ist, dass der Adressat ein ähnliches Verständnis entwickelt wie der Informationsgeber.⁵⁰⁵ Die ursprünglichen Gedanken der instrumentell-technischen Perspektive sind in der Informatik zu sehen,⁵⁰⁶ in dieser theoretischen Strömung wird angenommen, dass das Wissen bereits gegeben ist und lediglich zu distribuieren ist. Entsprechend ist eine Be-

---

[497] Siehe hierzu Abschnitt *3 Prozesse des Wissensmanagements nach Nonaka und Takeuchi.*
[498] Siehe hierzu ebenfalls 3 Prozesse des Wissensmanagements nach Nonaka und Takeuchi.
[499] Takeuchi/Nonaka (2004), S. ix f.
[500] Diese Verschiedenheit begründet sich in den differierenden Sichtweisen des Wissensbegriffs. Vgl hierzu Schneider (1996), S. 17 ff.
[501] Beide Begrifflichkeiten werden in der vorliegenden Arbeit synonym verwendet.
[502] Vgl. Schneider (1996) S. 17 ff. und S. 23.
[503] Vgl. Heppner (1997).
[504] Vgl. Probst et al. (2010).
[505] Hærem, von Krogh und Roos definieren hierbei den Wissenstransfer wie folgt: „We say that knowledge of a matter is transferred, when the receiver of information has gained a principally similar understanding of the matter as the transmitter." Hærem et al. (1996), S. 119.
[506] Vgl. Enkel (2005), S. 58.

rücksichtigung von Wissensgenerierung und von Lernprozessen in diesem Ansatz nicht gegeben. Aufgrund der Tatsache, dass beide Ansätze ihre Schwächen bzw. Kritikpunkte haben, sollte eine Synthese zu einem ganzheitlichen bzw. integrativen[507] Wissensmanagementansatz erfolgen. Durch die Zusammenführung resultieren dann verbesserte Wissens- und Informationstechniken, wobei der Wissensträger Mensch im Fokus steht.[508] Um den allgemeingültigen Trend des ganzheitlichen Wissensmanagement zu folgen, wird nachfolgend das etwas weiter oben angesprochene Managementmodell der Wissensspirale bzw. des SECI-Modells vorgestellt.

3 PROZESSE DES WISSENSMANAGEMENTS NACH NONAKA UND TAKEUCHI

Basierend auf den Arbeiten von Nonaka und Takeuchi wird eine Prozessbeschreibung vorgenommen[509], die die Generierung bzw. den Transfer von (neuem) Wissen in der Organisation zum Gegenstand haben.[510]

Die grundlegende Voraussetzung für den Wissenstransfer besteht darin, dass das Wissen in einer vermittelbaren Form vorherrscht.[511] North äußert sich wie folgt zu dieser Voraussetzung: „Informationen sind sozusagen der Rohstoff, aus dem Wissen generiert wird und die Form, in der Wissen kommuniziert und gespeichert wird."[512]

---

[507] Beide Begriffe werden nachfolgend synonym verwendet.
[508] Vgl. Albrecht (1993), S. 97.
[509] Ein weiteres sehr bekanntes Konzept des Wissensmanagements ist das 1997 vorgestellte Modell von Probst et al. (1997). Das Modell setzt sich aus isolierten Bausteinen zusammen, die herangezogen werden, um einen Teilaspekt des Wissensmanagements zu beschreiben. Bei der Kombination dieser Bausteine ergibt sich dann ein umfassender Ansatz zur Realisierung des Wissensmanagements. Die Generierung dieses Modells fand sehr praxisorientiert im „Forum für Organisationales Lernen und Wissensmanagement" statt. Die Konzeption des Modells erfolgte weiterhin so, dass es dem klassischen Managementkreislauf entspricht, von der Zielsetzung, über die Planung und Umsetzung bis hin zur Kontrolle. Zur allgemeinen Übersicht vgl. Lehner (2009), S. 73 ff.
[510] In anderen Werken zum Wissensmanagement ist auch von Wissensprozessen die Rede, die die Entstehung, die Nutzung und die Pflege des Wissens im organisationalem Kontext beschreiben. Vgl. hierzu Enkel (2005), S. 53.
[511] Vgl. Fuchs (2006), S. 229.
[512] North (2005), S. 32.

Beim expliziten Wissen stellt diese Bedingung kein Problem dar. Es ist jedoch fraglich, wie implizites Wissen vermittelt werden kann. Nach Nonaka und Takeuschi gibt es vier Möglichkeiten, Wissen zu transformieren und zu transferieren, um dadurch neues Wissen zu generieren. Sie beschreiben diese Möglichkeiten in ihrem SECI-Modell[513] in Abbildung 14. Der Ansatz taxiert dabei die Generierung und Verbreitung von Wissen in Organisationen, mit Fokussierung auf das implizite Wissen von Individuen, das den Mitgliedern der Organisation zugänglich gemacht werden soll.

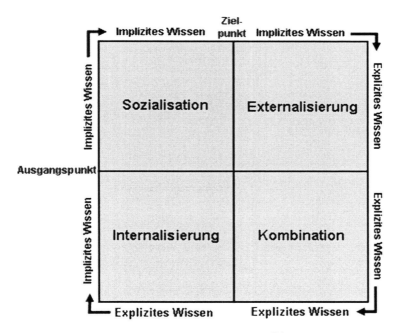

Abbildung 14: Die vier Formen der Wissenstransformation[514]

---

[513] 1998 wurde dieses Modell durch das Konzept „Ba" erweitert. Nonaka und Konno verstehen „Ba" als Ort, an dem Informationen interpretiert werden. De facto geht es aber nicht um den Ort in physischem Sinne, sondern um eine gewisse Zeit, einen bestimmten Rahmen und eine bestimmte Art der Kommunikation, aus der Beziehungen entstehen und Wissensgenerierung sowie -verwertung. Siehe hierzu: Nonaka/Konno (1998) und Nonaka et al. (2000).

[514] Quelle: Nonaka/Takeuchi (1997), S. 75.

Dieses Modell beschreibt die Prozesse der „Sozialisation" (Socialization) von implizitem Wissen zu implizitem Wissen, der „Externalisierung" (Externalization) von implizitem Wissen zu explizitem Wissen, der „Kombination" (Combination) von explizitem Wissen zu explizitem Wissen und der Internalisierung (Internalization) von explizitem Wissen zu implizitem Wissen. Das System ermöglicht es, das implizite individuelle Wissen zu transferieren,[515] indem zwei Dimensionen der Wissensgenerierung berücksichtigt werden. Zum einen die epistemologische Ebene, also die Wissenslehre bzw. Erkenntnistheorie, die das Erkennen des Wissens, dessen Strukturen und dessen Erlangung beschreibt[516] und zum anderen die ontologische Ebene, die die Lehre vom Sein ist und das Wissen mit Bezug auf die unterschiedlichen Wissensebenen unterscheidet.[517]

Dabei bezieht sich die ontologische Dimension im Modell darauf, dass der Ursprung des Wissens im Individuum ist bzw. das Wissen dort entsteht und erst danach eine Streuung stattfinden kann. Für die Streuung des Wissens wird zwischen verschiedenen Ebenen differenziert. Beginnend beim Individuum über die Gruppe bis hin zur gesamten Organisation. Die epistemologische Dimension differenziert zwischen implizitem und explizitem Wissen und der daraus resultierenden Transformationsprozesse. Es ergeben sich dabei die etwas weiter oben angesprochenen vier Transformationsmöglichkeiten, die nachfolgend etwas ausführlicher dargestellt werden.

1. *Sozialisation: Austausch von implizitem Wissen*
   Hierunter wird der Prozess der Eingliederung verstanden, wobei das Individuum implizites Wissen durch gemeinsame Erfahrungen, Beobachtungen, Nachahmung und Übungen auf nonverbaler Basis transferiert bekommt.[518] Diese Form des Transfers ist aber aufgrund der Begrenztheit von Einsicht und Erfahrung limitiert.[519] Die Zielsetzung dabei ist, erlebtes Wissen zu erzeugen.
2. *Externalisierung: Implizites Wissen wird zu explizitem Wissen*
   Losgelöst von kollektiver Reflexion oder konstruktiven Dialog, können in begrenztem Umfang, über Analogien oder Metaphern implizite Kenntnis-

---

[515] Vgl. Nonaka/Takeuchi (1997), S. 82 ff.
[516] Vgl. Riempp (2004), S. 58.
[517] Vgl. Enkel (2005), S. 49.
[518] Vgl. Wrede (2007), S. 45.
[519] Vgl. Ridder et al. (2001), S. 152.

se zu bekannten Sachverhalten kommuniziert werden.[520] Als Output soll konzeptuelles Wissen entstehen.

3. *Kombination: Austausch von explizitem Wissen*
Durch die Allokation von bestehendem und neu generiertem Wissen entsteht die Kombination. Hierbei wird mittels Kommunikation bereits explizites Wissen von einem Individuum zum anderem übertragen.[521] Als Folge entsteht systematisches Wissen.

4. *Internalisierung: Explizites Wissen wird zu implizitem Wissen*
Bei der Internalisierung resultiert der Transfer von explizitem Wissen durch Dokumente, Handbücher oder mündliche Geschichten. Dabei wird dieses Wissen durch Anwendung und kontextspezifischer Verarbeitung zu implizitem Wissen verinnerlicht. Wird das Wissen des Individuums nun wieder weitergegeben, so bildet es einen weiteren Bogen in der Wissensspirale.[522] Generiert wird in dieser Phase das operationale Wissen.

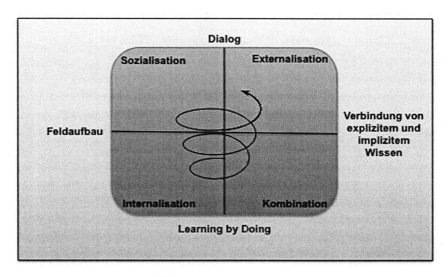

Abbildung 15: Die Wissensspirale[523]

---

[520] Vgl. Bierbauer (2000), S. 6.
[521] Vgl. Hüsemann (2002), S. 104.
[522] Vgl. Nonaka et al. (2000), S. 10.
[523] Quelle: Eigene Darstellung in Anlehnung an Nonaka/Takeuchi (1997), S. 84.

Bei der Wissensspirale (siehe Abbildung 15) kann es zum mehrmaligen Durchlaufen der vier Formen kommen, um Wissen zu schaffen. Dabei werden die Phasen einzeln abgearbeitet und die erreichten Ziele in Worte gefasst und reflektiert, um zu kontrollieren, ob die Schritte zielführend sind. Diese Ergebnisse werden dann in jeder Phase wieder mit aufgenommen. Aus diesem Vorgehen ergeben sich dann fünf Phasen:[524]

1. Austausch von implizitem Wissen (ähnlich der Sozialisation)
2. Schaffung von Konzepten (ähnlich der Externalisierung)
3. Erklärung der Konzepte (ähnlich der Kombinationsphase)
4. Bildung von Archetypen (ähnlich der Internalisierung)
5. Transferieren des Wissens (evtl. erneuter Beginn des Prozesses)

Das individuelle implizite Wissen bildet somit die Basis für die Generierung von neuem Wissen. Durch die Interaktion der Individuen findet ein Austausch von implizitem und explizitem Wissen in der Wissensspirale statt, der eine Mehrung des Wissens ermöglicht.[525] Diese Mehrung ist als ein kontinuierlicher Transformationsprozess innerhalb der Organisation zu verstehen, bei dem das individuelle Wissen auf eine höhere Organisationsstufe gehoben werden kann. Grundsätzlich bezieht sich das Konzept der Wissensspirale auf die Wissensgenerierung in Organisationen; anhand der Darstellung ist es aber möglich, nachzuvollziehen, wie die Wissensgenerierung abläuft, weshalb sie hier Eingang in die Arbeit gefunden hat.

3.1 Kritik an der Wissensspirale von Nonaka

Die im vorherigen Abschnitt beschrieben Transformations- bzw. Transferprozesse von Nonaka und Takeuchi in Form der Wissensspirale sind viel zitiert, aber auch starker Kritik unterzogen worden.[526] Als zwei der Hauptkritiker können Schreyögg und Geiger verstanden werden, die bspw. in ihrer Arbeit „Zur Konvertierbarkeit von Wissen – Wege und Irrwege im Wissensmanagement"[527] kritisch über den Ansatz von Nonaka und Takeuchi reflektieren.

Vor allem die Externalisierung von implizitem Wissen blieb nicht ohne Kritik, beginnend mit der Fragestellung, ob eine Externalisierung von implizi-

---

[524] Vgl. Bierbauer (2000), S. 6.
[525] Sinngemäß Rehäuser/Krcmar (1996), S. 37.
[526] Siehe hierzu auch die kritische Würdigung von Gourlay (2006), S. 142 ff.
[527] Vgl. Schreyögg/Geiger (2005).

tem Wissen überhaupt möglich ist und wenn ja, dann bis zu welchem Grad.[528] Weiterhin würden bei der Anwendung der Externalisierung organisationale Hemmnisse außer Betracht gelassen werden, wie etwa die Strukturen oder Prozesse in der Organisation oder die Bereitschaft der Mitglieder einer Organisation zum Wissenstransfer, was zu Barrieren des Konvertierungsprozess führen könnte. Diese Hemmnisse nehmen die Kritiker als Basis für eine Forderung nach Steuerungsmechanismen, die auf den Unternehmensebenen die Effizienz des Konvertierungsprozesses steigern sollen.[529] Weiterhin kritisieren Schreyögg und Geiger den möglichen Transfer von implizitem Wissen auf eine höhere ontologische Ebene und die damit verbundene Generierung von Wissen, da sie den Transfer von implizitem Wissen auf die Organisation infrage stellen.[530]

Generell kann festgehalten werden, dass ein Teil der Kritik an der Wissensspirale auf den Definitionen und Prämissen der Wissensarten basiert. Trotz der kurzen kritischen Würdigung des Ansatzes der Wissensspirale von Nonaka und Takeuchi wird in dieser Arbeit weiter an ihrem Konzept festgehalten, da der beschriebene Transformationsprozess des Wissens und der Transferprozess gute Ansätze für die Anwendung im Cluster geben. Zu einem späteren Punkt der Arbeit wird sie ebenfalls hilfreich sein, um die Entstehung von clusterspezifischem Wissen zu erklären.

3.2 Die Wissensspirale nach Nonaka und Takeuchi auf Clusterebene (mit Hypothesengenerierung)

Nachdem die Transformation, der Transfer und die Generierung von organisationalen Wissen[531] durch die Wissensspirale von Nonaka und Takeuchi erklärt wurden, wobei hierbei der Schwerpunkt der Betrachtung auf den Transformationsprozess von implizitem zu explizitem Wissen lag, wird im nächsten Schritt die Netzwerkebene des Clusters betrachtet. Hierbei steht der Wissenstransfer als Basis der Wissensgenerierung zwischen Akteuren eines Clusters (interorganisationaler Austausch) im Fokus der Betrachtung. Der oben darge-

---

[528] Vgl. Molzberger (2007), S. 99.
[529] In Anlehnung an Schreyögg/Geiger (2005), S. 444 ff.
[530] Vgl. Schreyögg/Geiger (2004), S. 284.
[531] Organisationales Wissen ist „die Menge jeglicher Kenntnisse, die der Organisation momentan zur Lösung von Fragestellungen zur Verfügung [steht, Anm. d. Verf.]." Oberschulte (1996), S. 51.

stellte Ansatz der Wissensspirale ist auch in diesem Zusammenhang als Erklärungsansatz heranzuziehen.[532]

Die *„Kombination"* stellt bei den interorganisationalen Beziehungen bzw. beim Wissenstransfer auf der Netzwerkebene des Clusters, die Mehrung des expliziten Wissens dar, das auf der Interaktion zwischen rechtlich selbstständigen Unternehmungen beruht.[533] Diese Interaktion der Unternehmen könnte bspw. durch gemeinsame Workshops oder Projekte erfolgen. Die *„Sozialisation"* im Cluster stellt den Austausch von implizitem Wissen dar, der sich jedoch ebenfalls im interorganisationalen Kontext abspielt und mitunter durch gezielte Mitarbeiterentsendung in kooperierende Unternehmen, durch Mitarbeiterfluktuation oder durch die Beobachtung im Cluster ansässiger Akteure stattfinden könnte. Die *„Externalisierung"* in diesem Zusammenhang könnte bspw. durch die Erstellung gemeinsamer Handbücher, Richtlinien und Zeichnungen/Baupläne erfolgen. Die *„Internalisierung"* entspricht im Netzwerkkontext exakt der Beschreibung von Nonaka und Takeuschi. Arikan beschreibt diesen Vorgang wie folgt:

„[...] internalization – involves the conversion of the explicit knowledge through action and, in the process, developing new tacit knowledge."[534]

Damit es zum Wissenstransfer kommt, muss im Vorfeld jedoch der Wissenstransferbedarf festgestellt werden. Der Wissenstransferbedarf im Cluster ergibt sich aus den verschiedenen Spezifikationen der Clusterakteure, die identifiziert haben, dass zur unternehmerischen Zielerreichung Bedarf an Wissenstransfer besteht.[535] Wie in der Literatur schon häufig verdeutlicht wurde, unterstützen Netzwerke den Transfer von Wissen.[536] Spezifisch für jedes Netzwerk ist hierbei die Ausbildung bestimmter Beziehungsmuster, die im Rahmen des Clusters als *horizontale, vertikale* und *laterale* Beziehungen bezeichnet werden. Unter Beziehungen wird in diesem Kontext der Kontakt zu einem oder mehreren Akteur(en) verstanden, wobei zwischen informalen und formalen

---

[532] Helmstädter beschreibt den Prozess der Wissensspirale anhand von arbeitsteiligen Gesellschaftssystemen. Da die Spaltung der Wertschöpfungskette ebenfalls eine Arbeitsteilung darstellt, wir impliziert, dass eine Anwendung auf Netzwerke ebenfalls möglich ist. Vgl. hierzu Helmstädter (2003), S. 149 f.
[533] Vgl. Rimkus (2008), S. 30.
[534] Arikan (2009), S. 660.
[535] Vgl. Rimkus (2008), S. 29.
[536] Vgl. Alexopoulos/Monks (2004), S. 6.

Beziehungen unterschieden wird. Die Beziehungen basieren auf Kommunikation und haben den Austausch von Informationen zum Ziel.[537]

Der alleinige Austausch von Informationen ist im Generierungsprozess von clusterspezifischem Wissen aber nicht hinreichend, vielmehr müssen es Informationen von geeigneten Wissensinhabern (Experten) sein, die damit über das nötige Fachwissen verfügen und bereit sind, dieses Wissen zu vermitteln. Dementsprechend führen nur relevante und qualitativ hochwertige Informationen zu clusterspezifischem Wissen. Unter qualitativ hochwertigen Informationen können diesbezüglich Informationen gemeint sein, die zu strategisch relevantem Wissen führen.[538]

Die *informalen Beziehungen* sind im Gegensatz zu *formalen Beziehungen* nicht Gegenstand geplanter organisatorischer Regelungen und basieren auf informaler Kommunikation. Informale Beziehungen können bspw. freiwillige Hilfeleistungen oder persönliche Gespräche zwischen Mitarbeitern verschiedener Unternehmen sein.[539] Formale Beziehungen sind hingegen geplante Arbeitsgruppen oder Kooperationen.[540] Grundsätzlich kann gesagt werden, dass alle Akteure bzw. Unternehmen im Cluster ein Netzwerk bzw. Umfeldbeziehungen unterhalten, um bestimmte Ziele zu erreichen.[541] Das Besondere am Cluster ist hierbei die Überlappung dieser Netzwerke bzw. Wertschöpfungsnetzwerke, auf deren Basis ein Cluster entsteht.[542]

Basierend auf den Annahmen von Malmberg und Power[543] und aufgrund der erarbeiteten Clusterdefinition werden in der späteren Analyse vor allem die zwischenbetrieblichen Beziehungen analysiert, die sich in drei Bereiche untergliedern lassen. Erstens die zwischenbetriebliche Ebene der horizontalen Akteure: Darunter werden Unternehmen auf der gleichen Wertschöpfungs-

---

[537] Vgl. Anderson/Narus (1990), S. 44, und Arikan (2009), S. 660.
[538] Vgl. Thiel (2002), S. 75 ff.
[539] Vgl. Østergaard (2009), S. 198.
[540] Vgl. Fuchs (2006), S. 153.
[541] In Anlehnung an Weber (1996), S. 93.
[542] Vgl. hierzu die Definition von Cluster. „Cluster werden als sich überlappende Wertschöpfungsnetzwerke einzelner Clusterakteure verstanden. Die Wertschöpfungsnetzwerke bestehen jeweils aus Verbindungen zwischen horizontalen, vertikalen und lateralen Wertschöpfungsaktivitäten. Diese werden von unterschiedlichen Akteuren erbracht, welche in räumlicher Nähe zueinander innerhalb eines spezifischen Branchenkontexts agieren." Festing et al. (2010b), S. 166.
[543] Vgl. Malmberg/Power (2005).

ebene verstanden, die bspw. durch gemeinschaftliche Kooperationen oder Entwicklungsprojekte in Verbindung stehen. Zweitens die vertikalen Beziehungen, die sich durch Käufer-Verkäufer-Beziehungen widerspiegeln und auf der vor- bzw. nachgelagerten Wertschöpfungsebene stattfinden und letztlich durch die lateralen Beziehungen, die Beziehungen zu Universitäten und R&D-Unternehmen oder ähnlichen Institutionen darstellen. Die Verbindungen zwischen den Akteuren sind hierbei, wie bereits weiter oben angesprochen wurde, durch Abhängigkeiten verschiedener Stärke und Qualität determiniert und stellen damit die Grenzen des Wertschöpfungsnetzwerks dar.[544]

Unter Bezugnahme der vorangegangenen theoretischen Überlegungen können die Hypothesen H1 bis H12 hergeleitet werden, in denen postuliert wird, dass in formalen und informalen Beziehungen der horizontalen, vertikalen und lateralen Akteure, Informationen über das Cluster und/oder fachlich relevante Informationen transferiert werden. Die Anzahl der Hypothesen ergibt sich, da alle möglichen Variablenallokationen Berücksichtigung finden sollen. Die Differenzierung zwischen informalen und formalen Beziehungen ist Bestandteil der Hypothesen, da sie in der Literatur als eminente Einflussfaktoren beim Wissenstransfer in Netzwerken identifiziert wurden.[545] Aus der Konzeptualisierung eines Clusters ergeben sich die zu unterscheidenden Verbindungen im Cluster (horizontal, vertikal und lateral), da die Wertschöpfungsnetzwerke in einem Cluster aus Verbindungen zwischen horizontalen, vertikalen und lateralen Wertschöpfungsaktivitäten bestehen.[546] Die zwei Informationsarten (Informationen über das Cluster und fachlich relevante Informationen) werden in die Hypothesen mit aufgenommen, da aus ihnen idiosynkratische Kenntnisse und Fähigkeiten entstehen können, die Bestandteile der späteren Definition von clusterspezifischem Wissen sind.[547] Die Informationen über das Cluster können in diesem Zusammenhang Process Idiosyncracies, Know-how, Responsibility Idiosyncracies und Communication Idiosyncracies darstellen, während die fachlich relevanten Informationen grundsätzlich Informationen darstellen, die zur Realisierung von Unternehmenszielen dienlich sind, wiederverwendet werden und sich auf ein spezielles Arbeits-

---

[544] Vgl. Burgess et al. (2008), S. 159 f.
[545] Vgl. Beerheide/Katenkamp (2011), S. 76.
[546] Vgl. Brown et al. (2008), S. 159 f.
[547] Siehe hierzu 4 Clusterspezifisches Wissen, S. 131 f.

oder Wissensgebiet beziehen. Diese können sich zu Know-how, Know-what und Equipment Idiosyncracies entwickeln.[548]

H1: *Informale horizontale* Beziehungen zwischen den Humanressourcen verschiedener Akteure eines Clusters führen zum Transfer von *Informationen über das Cluster*.

H2: *Formale horizontale* Beziehungen zwischen den Humanressourcen verschiedener Akteure eines Clusters führen zum Transfer von *Informationen über das Cluster*.

H3: *Informale horizontale* Beziehungen zwischen den Humanressourcen verschiedener Akteure eines Clusters führen zum Transfer von *fachlich relevanten Informationen*.

H4: *Formale horizontale* Beziehungen zwischen den Humanressourcen verschiedener Akteure eines Clusters führen zum Transfer von *fachlich relevanten Informationen*.

H5: *Informale vertikale* Beziehungen zwischen den Humanressourcen verschiedener Akteure eines Clusters führen zum Transfer von *Informationen über das Cluster*.

H6: *Formale vertikale* Beziehungen zwischen den Humanressourcen verschiedener Akteure eines Clusters führen zum Transfer von *Informationen über das Cluster*.

H7: *Informale vertikale* Beziehungen zwischen den Humanressourcen verschiedener Akteure eines Clusters führen zum Transfer von *fachlich relevanten Informationen*.

H8: *Formale vertikale* Beziehungen zwischen den Humanressourcen verschiedener Akteure eines Clusters führen zum Transfer von *fachlich relevanten Informationen*.

H9: *Informale laterale* Beziehungen zwischen den Humanressourcen verschiedener Akteure eines Clusters führen zum Transfer von *Informationen über das Cluster*.

---

[548] Siehe hierzu V Empirische Untersuchung, S. 190 ff.

H10: *Formale laterale* Beziehungen zwischen den Humanressourcen verschiedener Akteure eines Clusters führen zum Transfer von *Informationen über das Cluster.*

H11: *Informale laterale* Beziehungen zwischen den Humanressourcen verschiedener Akteure eines Clusters führen zum Transfer von *fachlich relevanten Informationen.*

H12: *Formale laterale* Beziehungen zwischen den Humanressourcen verschiedener Akteure eines Clusters führen zum Transfer von *fachlich relevanten Informationen.*

Nach der Generierung der ersten Hypothesen wird nachfolgend intensiv auf den Wissenstransfer eingegangen, der maßgeblich für das Entstehen von neuem Wissen ist.

4 Der Wissenstransfer

Wie bereits mehrfach erwähnt, wird der Wissenstransfer in dieser Arbeit als wesentlicher Bestandteil für die erfolgreiche Generierung von clusterspezifischem Wissen betrachtet. Weiterhin ist der Wissenstransfer erforderlich, um Wettbewerbsvorteile zu entwickeln bzw. aufrechtzuerhalten.[549] Diese Sichtweise geht mit der Bedeutungseinschätzung von Inkpen einher, der dem Prozess des Wissenstransfers innerhalb des Wissensmanagements folgenden Stellenwert zukommen lässt:

„[...] the ability to create knowledge and move it from one part of the organization to another is the basis for competitive advantage."[550]

Im SECI-Modell bzw. bei der Beschreibung der Wissensspirale wurde der Transfer von Wissen im organisationalen Kontext und in der Erweiterung im Clusterkontext angesprochen; eine tiefer gehende Betrachtung blieb allerdings aus. Um der etwas weiter oben angesprochenen Wichtigkeit des Wissenstransfers gerecht zu werden, erfolgt deshalb an dieser Stelle eine Abhandlung der Thematik. Für den Wissenstransfer ist, wie bereits in der Wissensspirale dargestellt wurde, die Unterscheidung von implizitem Wissen und explizitem Wissen entscheidend, wobei in der vorliegenden Arbeit nicht von einer strikten

---
[549] Vgl. Festing et al. (2011), S. 350.
[550] Inkpen (1996), S. 139.

Trennung der Idealtypen nach Polany (siehe hierzu Abschnitt 1.2 Implizites, tazites und explizites Wissen) ausgegangen wird,[551] sondern wie bereits im Abschnitt über die Prozesse im Wissensmanagement dargelegt wurde, von einem fließenden Übergang beider Wissensformen.[552] Demnach können beide Formen des Wissens zumindest teilweise transformiert und transferiert werden. Dabei ist es für einen erfolgreichen Wissenstransfer erforderlich, dass eine gemeinsame Wissensbasis bzw. ein vergleichbares Verständnis des Sachverhalts aufseiten des Senders und des Empfängers gegeben ist.[553]

Nachdem diese grundsätzlichen Annahmen für den Wissenstransfer erörtert wurden, wird nachfolgend die Abgrenzung und Erörterung der verschiedenen Ansätze zum Wissenstransfer vorgenommen.[554]

Grundsätzlich gibt es wie beim Wissensmanagement zwei theoretische Ansätze des Wissenstransfers. Erstens den instrumentell-technischen Ansatz [siehe hierzu: Probst et al. (1999)] und zweitens den konstruktivistischen Ansatz [siehe hierzu: Heppner (1997)]. Probst, Raub und Romhardt beschreiben den Wissenstransfer aus einer eher instrumentell-technischen Sichtweise dabei wie folgt:

„Die (Ver)teilung von Erfahrungen in der Organisation ist eine zwingende Voraussetzung, um isoliert vorhandene Informationen oder Erfahrungen für die gesamte Organisation nutzbar zu machen."[555]

Diese Definition greift die im Abschnitt 2 über das Wissensmanagement beschriebenen Charakteristika auf, wonach der Wissenstransfer durch simple strukturierte Sender-Empfänger-Beziehungen dargestellt wird, die auf dem Transfer von Informationen und Erfahrungen beruhen und durch die Verwendung von Hard- und Softwaremanagement erreicht werden kann.[556] Hærem, von Krogh und Ross definieren den Wissenstransfer hingegen aus einer eher konstruktivistischen Perspektive:

---

[551] Vgl. Polanyi (1966), S. 6.
[552] Vgl. Nonaka/Takeuchi (1997), S. 61.
[553] Vgl. Hullmann (2001), S. 23.
[554] Weitere Bedienungen finden im nächsten Abschnitt über die Phasen des Wissenstransfers Berücksichtigung.
[555] Probst (2002), S. 44.
[556] Vgl. Enkel (2005), S. 58 f.

„We say that knowledge of a matter is transferred, when the receiver of information has gained a principally similar understanding of the matter as the transmitter."[557]
Bei Verwendung dieser Definition wird deutlich, dass der Wissenstransfer nicht als ein rein mechanischer Vorgang einer Transferbeziehung vom Sender zum Empfänger gesehen wird, sondern dem Individuum eine zentrale Bedeutung beigemessen wird, da der Wissenstransfer als eine soziale Interaktion verstanden wird, was zur Folge hat, dass der Wissenstransfer nicht mehr als planbar und steuerbar angesehen wird, sondern als personen- und kontextgebunden, was ihn nicht mehr direkt beeinflussbar macht.[558]

Mit Bezug auf die Ausführungen im Abschnitt zum Wissensmanagement wird auch im Kontext des Wissenstransfers die Sichtweise vertreten, dass eine ausschließliche Einnahme einer dieser beiden Perspektiven zu kurz greifen würde, da sie nicht den Anforderungen der Wirklichkeit gerecht werden würde. In dieser Arbeit wird von daher eine integrative Verknüpfung der Ansätze als theoretische Basis herangezogen.

Thiel erarbeitete ein solches integratives Modell, das erste Ansätze für den Gang der späteren Untersuchung in sich vereint und erste Erklärungsansätze bietet, die für die Erklärung der Entstehung von clusterspezifischem Wissen herangezogen werden können. Nach Thiel ist

„unter Wissenstransfer [...] die zielgerichtete Wiederverwendung des Wissens eines Transferpartners durch (einen) andere(n) Transferpartner zu verstehen. [...] Wissen kann dabei unverändert oder angepasst wieder verwendet werden oder als Input für die Generierung neuen Wissens dienen. Die Wiederverwendung setzt das Verstehen des transferierten Wissens sowie seine Anwendung durch den Empfänger voraus."[559]

Es ist hervorzuheben, dass in den meisten Arbeiten zum Wissenstransfer bzw. zum Wissensmanagement keine stringente Differenzierung zwischen dem Transfer von Wissen und Informationen bzw. Daten vorgenommen wird.[560] Nachfolgend wird in dieser Arbeit, abweichend von der obigen Definition von Wissenstransfer, die Ansicht vertreten, dass nur Informationen bzw. Da-

---
[557] Hærem et al. (1996), S. 119.
[558] Vgl. Enkel (2005), S. 59.
[559] Thiel (2002), S. 32 f.
[560] Eine strikte Differenzierung kann daher auch in der vorliegenden Arbeit nicht gewährleistet werden, da eine Anlehnung an andere Autoren zur Darstellung der theoretischen Grundlagen und wissenschaftlicher Strömungen unvermeidbar ist.

ten transferiert werden können und dass auf dieser Basis Wissen entsteht.[561] Im Prinzip wird damit die Humanressource in den Fokus der Betrachtung gestellt, denn nur sie ist fähig aus Daten und Informationen Wissen zu generieren.[562] Vereinfacht ausgedrückt kann das Wissen einer Humanressource nur transferiert werden, wenn es durch den Sender in Informationen und Daten heruntergebrochen wird, also eine Reduzierung der Komplexität vorgenommen wird (vgl. hierzu Abschnitt 1.1 in diesem Kapitel). Darüber hinaus, muss der Empfänger der Informationen und Daten in der Lage sein, diese durch seine kognitiven Fähigkeiten zu interpretieren und in Kontext zum vorhanden Wissen zu setzen. Erfolgt dieser Prozess, kann der Empfänger eine möglichst genaue Rekonstruktion des Wissens des Senders generieren.

Mit Einnahme der Ansicht, dass nur Daten und Informationen transferiert werden können, wird im Grundsatz eine konstruktivistische Perspektive eingenommen, die allerdings von den aktuellen Strömungen des Wissensmanagements tangiert wird und sich diesen auch nicht verschließt. Damit wird ermöglicht, dass die nachfolgende integrative Definition von Wissenstransfer in Anlehnung an Thiel und Blaich in der Arbeit Anwendung finden kann.[563]

Unter Wissenstransfer ist demnach der Transfer von Daten und Informationen zu verstehen, die vom Empfänger interpretiert werden und als Ergebnis eine möglichst genaue Rekonstruktion des Wissens des Senders darstellen. Dabei ist nicht nur die Rekonstruktion entscheidend, sondern die zielgerichtete Wiederverwendung des Wissens des Transferpartners durch einen anderen Transferpartner. Das so generierte Wissen kann dabei unverändert oder angepasst wieder verwendet werden oder als Basis für die Generierung von neuem Wissen dienen. Die Wiederverwendung setzt das Verstehen des transferierten Wissens sowie seine Anwendung durch den Empfänger voraus.

Prinzipiell wird der Wissenstransfer also als die Übermittlung von Daten und Informationen verstanden, die vom Empfänger interpretiert werden und als Ergebnis eine möglichst genaue Rekonstruktion des Wissens des Senders wiedergeben. Die Elemente der Wissenstransferdefinition von Thiel fanden dabei Eingang in die Definition, um darzulegen, wie der Wissenstransfer im Clus-

---

561 Diese Sichtweise wird allerdings bei der Darstellung allgemeiner Modelle und Theorien nicht berücksichtigt, da sie durch die Strömungen der Autoren determiniert werden.
562 Vgl. Burger (2011) S. 102 ff.
563 Vgl. Thiel (2002), S. 32 f., und Blaich (2004), S. 74.

ter zur Generierung von clusterspezifischem Wissen führt. Hierbei sind die folgenden Elemente der soeben erfolgten Definition von besonderer Relevanz. Erstens, dass das Wissen nicht lediglich transferiert, also vom Empfänger rekonstruiert wird, sondern das Erfordernis besteht, dass das Wissen auch zielgerichtet angewendet werden kann, was zur Folge hat, dass es durch den Empfänger kontextbedingt interpretiert und implementiert wird. Dieser Sachverhalt wurde im ersten Abschnitt der Definition in Anlehnung an Blaich aufgegriffen, indem dargelegt wurde, dass die übertragenen Daten und Informationen interpretiert werden müssen, um eine möglichst genaue Rekonstruktion des Wissens des Senders zu geben. In diesem Zusammenhang ist ebenfalls die spätere Anwendung im Unternehmenskontext von Bedeutung, da davon ausgegangen wird, dass durch die Anwendung des neuen (clusterspezifischen) Wissens im Organisationskontext weiteres clusterspezifisches Wissen entstehen kann. Gerade die in der Definition gebrauchte Formulierung von der Verwendung des Wissens könnte in angepasster Form als eine Wissensgenerierung verstanden werden. Eine ausführliche Würdigung dieser Teilaspekte wird im Kontext der Herleitung der Definition des clusterspezifischen Wissens im Abschnitt 4.6.5 erfolgen.

Nachdem die allgemeine Darstellung des Wissenstransfers unter theoretischen Gesichtspunkten erfolgt ist, wird im nachfolgenden Abschnitt explizit erörtert, welche Phasen es beim Wissenstransfer gibt, um daran die Entwicklung von neuem Wissen nachvollziehbar zu machen.

4.1 Die Phasen des Wissenstransfers

„Transfer = Transmission + Absorption (and Use)"
Davenport, T. H. & Prusak, L.[564]

Die Phasen des Wissenstransfers unterliegen ebenfalls derselben Voraussetzungen, die bereits im vorangegangen Abschnitt erklärt wurden. In Abhängigkeit von den verschiedenen Wissensarten können sich aber weitere Bedingungen ergeben, die notwendigerweise erfüllt sein müssen. So erfordert die Vermittlung von explizitem Wissen bspw. andere Übertragungsmechanismen, als die Übertragung von implizitem Wissen. Die Auswahl der Mechanismen rich-

---

[564] Quelle: Davenport/Prusak (1998), S. 101.

tet sich somit nach dem Grad der „tacitness" des Wissens.[565] Basierend auf dieser Annahme kann zwischen unterschiedlichen Rahmenbedingungen bzw. Formen und Ausprägungen, in denen der Wissenstransfer vollzogen wird, differenziert werden: bspw. indirekt vs. direkt, formell vs. informell, intern vs. extern, beabsichtig und strukturiert vs. unerwartet und unsystematisch etc.[566]

Der indirekte Wissenstransfer erfolgt mittels eines Mediums, wie etwa den verfassten Fachartikel, Berichten oder E-Mails, wohingegen der direkte Wissenstransfer durch Face-to-Face Kommunikation ausgezeichnet ist. Es ist demzufolge eine zwischenmenschliche Kommunikation bzw. eine Interaktion von Individuen, die in Form von Gesprächen oder Beobachtungen erfolgt. Als Mittel der Kommunikation können hierbei ein Treffen vor Ort oder die Videokonferenz genannt werden.[567] Der informelle Wissenstransfer findet meistens spontan statt und ist nicht geplant. Zumeist ist er in Alltagssituationen eingebettet, das Wissen wird dabei wie beiläufig transferiert wie bspw. beim Golfspiel. Der formelle Wissenstransfer findet hingegen geplant statt und wird zumeist organisiert. Als Rahmen hierfür dienen Workshops, Meetings oder gemeinsame Seminare.[568]

Beim internen Wissenstransfer findet der Vorgang der Wissenstransferierung innerhalb der Organisationsgrenzen statt, bspw. zwischen verschiedenen Business Units oder zwischen Abteilungen.[569]

Eine abschließende Differenzierung der Ausprägungen und Formen des Wissenstransfers kann an dieser Stelle nicht geben werden, da diese zu umfangreich ausfallen würde. Es soll aber noch einmal Bezug genommen werden auf die ebenfalls angesprochene Unterscheidung zwischen dem beabsichtigen und strukturierten sowie dem unerwarteten und unsystematischen Wissenstransfer. Gemäß des im Folgenden vorzustellenden Modells der Phasen des Wissenstransfers nehmen von Krogh und Köhne an, dass es sich stets um einen bewussten Vorgang des Wissenstransfers handelt, da der Sender des Wissens sich im Denkprozess mit dem Transfer auseinandersetzt. Abweichend von

---

[565] Vgl. Sreckovic/Windsperger (2011b) S. 5. Eine Ausführliche Würdigung dieser Mechanismen wird im Abschnitt 6.3 erfolgen. Unter „Grad der tatcitness" soll allgemeingültig verstanden werden, wie implizit das Wissen ist. Dieser Grad ist u. a. davon abhängig, wie das Wissen zu kodifizieren und wie stark es in einem Wissenskontext eingebunden ist.
[566] In Anlehnung an Enkel (2005), S. 54.
[567] Vgl. Sveiby (1996), S. 379.
[568] Vgl. Hartlieb (2002), S. 98 ff.
[569] Vgl. Lehner (2009), S. 81.

diesem Verständnis kann aber ebenfalls ein unbewusster und zufälliger Wissenstransfer stattfinden und zwar in dem Moment, wo ein Individuum das Handeln eines anderen Individuums beobachtet. In diesem Sachverhalt kann implizites Wissen transferiert werden.[570] Unabhängig von diesen Rahmenbedingungen und Ausprägungsformen wird sich der Wissenstransfer idealtypisch in drei Phasen vollziehen. Siehe hierzu Abbildung 16.

Abbildung 16: Die Phasen des Wissenstransfers[571]

In dem dargestellten Phasenmodell von von Krogh und Köhne werden die avisierten internen Wissenstransferprozesse von individuellem bzw. organisatorischem Wissen beschrieben. Dabei wird einerseits eine Zusammenhangerklärung zwischen Sender- und Empfängerbeziehungen dargestellt und andererseits auf die beeinflussenden Faktoren und kontextbedingten Abhängigkeiten von Wissen eingegangen.[572]

In der ersten Phase, welche die *Initiierungsphase* ist, wird die Zielsetzung definiert, mit den Schwerpunkten, welche Art des Wissens transferiert werden soll und wie groß der Umfang des Transfers sein soll. Diese Zielsetzung begründet sich in der bereits identifizierten Lücke zwischen dem benötigten und dem aktuellen Wissen.[573] Daran anschließend wird eine „Wissensinventur" vorgenommen. Hierbei wird ermittelt, welche Wissensquellen und Ressourcen in der Organisation vorliegen, die im Wissensaustausch verwendet

---

[570] Vgl. Peters (2008), S. 54.
[571] Quelle: Krogh/Köhne (1998), S. 239.
[572] Vgl. Lehner (2009), S. 86.
[573] Vgl. Szulanski (1996), S. 109.

werden können. Eine derartige Bestandsaufnahme ist schwierig, da nur wenige Ansätze existieren, die das vorhandene Wissen in den Wissensbasen[574] (wenn überhaupt) messen können, da auch implizites Wissen in ihnen enthalten ist.[575] Ein Ansatz,[576] der sich mit dieser Thematik auseinandersetzt, ist die Wissensbilanz.[577] Mit ihrer Hilfe soll die Veränderung im Wissensbestand ermittelt werden, womit eine erste Bestandsaufnahme einhergeht.[578] Für die erfolgreiche Umsetzung dieser ersten Phase und für das spätere Wissensmanagement ist Vertrauen ebenso unabdingbar wie die Offenheit der Mitarbeiter und deren Unterstützung.[579]

Die zweite Phase, in der der *Wissensfluss* stattfindet, kann als kritische Phase betrachtet werden, da sie von zahlreichen Einflussfaktoren determiniert wird.[580] Beispielsweise nehmen folgende Faktoren Einfluss auf den Wissenstransfer: die Art des zu transferierenden Wissens, also ob es implizit oder explizit ist, die Transferart und deren Intensität[581] sowie die am Transfer beteiligten Individuen, die Einfluss durch ihre Einstellungen, Motive und persönlichen Momente ausüben und zuletzt die Organisationskultur, weil in ihr die Strukturen und Prozesse verankert sind.

---

[574] Die Wissensbasis ist eine Zusammensetzung aus individuellen und kollektiven Wissensbeständen einer Organisation, auf die bei der Lösung von Aufgaben zurückgreifen werden kann; vgl. Probst et al. (2010), S. 23. Es wird das Ziel verfolgt, diese Wissensbasis transparent zu gestalten, um das implizite Wissen zu identifizieren und damit den Prozess des Wissenstransfers zu beschleunigen.

[575] Vgl. Werner (2004), S. 73 ff.

[576] Neben dem vorgestellten Ansatz zur Ermittlung von Wissensbasen gibt es noch weitere Ansätze wie etwa Expertenverzeichnisse, Wissenskarten, Gelbe Seiten, Kompetenzkarten sowie Erfahrungsberichte. Vgl. Probst et al. (2010), S. 67 ff.

[577] Siehe hierzu bspw. Mertins et al. (2005) oder Bornemann/von Schmidt (2008).

[578] Die Wissensbilanz hat grundsätzlich zwei Ziele: erstens die Verbesserung der intraorganisationalen Kommunikation sowie zweitens die Kommunikation mit den Stakeholder und die systematische Management des intellektuellen Kapitals, was die Bestimmung der immateriellen Faktoren voraussetzt sowie dessen Wechselwirkungen. Vgl. Bornemann et al. (2004) S. 400.

[579] Vgl. Lehner (2009), S. 86.

[580] Vgl. Eckert (2009), S. 56.

[581] Eine Abhandlung der Einflussfaktoren „Wissensart", „Wissensintensität" und die daraus resultierende „Transferart" in Bezug auf Cluster wird im nächsten Abschnitt ausführlicher behandelt unter Berücksichtigung des Werkes von Sreckovic/Windsperger (2011b), die die oben genannten Einflussfaktoren aufgreifen und daraus einen Ansatz entwickeln, der auf dem Knowledge-based View und der Richness Theory beruht.

Die nachfolgende Abbildung 17 gibt im Ansatz einige der Transfermöglichkeiten wieder und stellt die Abhängigkeit der Transferart von der Art des Wissens dar. So ist der Austausch von implizitem Wissen aufgrund seiner Kontextgebundenheit und komplexen Kodifizierbarkeit komplizierter, als der Austausch von explizitem Wissen. Um Missverständnissen vorzubeugen, ist anzumerken, dass bis auf wenige Ausnahmen das implizite Wissen vor dem Transfer durch die Kodierung zu explizitem Wissen transformiert wird.[582] Diese Tatsache hat natürlich Auswirkung auf den zeitlichen Faktor der Transferierbarkeit. So sind die Geschwindigkeit und die Sicherheit, das implizite Wissen zu übertragen, eingeschränkt.[583]

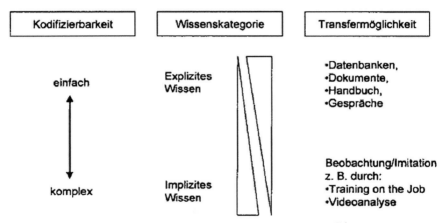

Abbildung 17: Der Wissenstransfer in Determiniertheit von der Wissensart[584]

Im dritten Prozessschritt, der *Integrationsphase*,[585] wird das transferierte Wissen vom Empfänger, auf der Grundlage seines bisherigen Wissens und seiner Erfahrungen, in seine Wissensbasis (Schemata) überführt und angewendet.[586] Ebenso erfolgt eine Institutionalisierung des Wissens in die organisa-

---

[582] Vgl. Rehäuser/Krcmar (1996), S. 7.
[583] Vgl. Lehner (2003), S. 310.
[584] Quelle: Ahlert et al. (2006), S. 124.
[585] Siehe hierzu auch Eisenhardt/Santos (2002), S. 156 ff.
[586] Davenprot und Prusakt merken an, dass das „knowledge that isn't absorbed hasn't really been transferred." Quelle: Davenport/Prusak (1998), S. 101.

tionale Wissensbasis[587], sofern für diese Aktivitäten die Bereitschaft des Rezipienten vorherrscht.[588] Restriktionen für die Aufnahme und Anwendung sind bspw. die zur Verfügung stehende Zeit des Rezipienten, seine Aufnahmefähigkeit und dessen Lernbereitschaft.[589]

Im nachfolgenden Abschnitt wird der Wissenstransfer im Cluster thematisiert und anhand einer allgemeinen theoretischen Darstellung sowie der daraus resultierenden Transfermöglichkeiten von Wissen im Cluster dargestellt.

4.2 DER WISSENSTRANSFER IM CLUSTER

In diesem Abschnitt wird der Wissenstransfer in Clustern auf theoretischer Grundlage untersucht, unter dem Gesichtspunkt, dass der Transfer von relevanten und qualitativ hochwertigen Informationen die Basis von clusterspezifischem Wissen ist und dass das clusterspezifische Wissen für die im Cluster angesiedelten fokalen Unternehmen eine strategische Ressource darstellt. Dieser Untersuchungsschritt ist von Bedeutung, da neben der Untersuchung von clusterspezifischem Wissen auch der interorganisationale Wissenstransferprozess in Clustern ein kaum erforschter Bereich ist.[590] Um dieser Problematik gerecht zu werden, wird zuerst eine allgemeine Darstellung der Einflussfaktoren auf die Interaktionen unter Berücksichtigung der interaktionstheoretischen Ansätze vorgenommen. Im Anschluss daran werden die relevanten Faktoren im Zusammenhang mit dem Informationsnetzwerk ausführlicher erläutert, um darauf aufbauend die besonderen Einflussfaktoren des Wissenstransfers und der Wissensgenerierung in einem Cluster aufzuzeigen.

4.2.1 DER INTERAKTIONSTHEORETISCHE EINFLUSS AUF DEN WISSENSTRANSFER

Die interaktionstheoretischen Überlegungen finden Eingang in diese Arbeit, da davon ausgegangen wird, dass clusterspezifisches Wissen durch formale und/oder informale horizontale, vertikale und/oder laterale Austauschbeziehungen von Informationen innerhalb des Clusters entsteht. Da es sich bei einer Austauschbeziehung um eine Interaktion handelt und die theoretischen

---

[587] Für die Nutzbarmachung des neu generierten Wissens für die Organisation vgl. Inpken/Crossan (1995).
[588] Vgl. Krogh/Köhne (1998), S. 241.
[589] Vgl. Gresse (2010), S. 37.
[590] Vgl. Zademach/Rimkus (2009), S. 417.

Ansätze[591] bereits weitergehende Erkenntnisse in Bezug auf die Einflussfaktoren auf Interaktionen sondieren konnten, erscheinen sie als geeignet, um grundsätzliche Einflussfaktoren auf den Austauschprozess von Wissen erklären zu können, weiterhin können die interaktionstheoretischen Ansätze dazu dienen, analytische Themenfelder zu identifizieren.

Bevor die Einflussfaktoren auf die Interaktion dargestellt werden, ist zu klären, was unter einer Interaktion zu verstehen ist. Prinzipiell werden zwei Hauptkriterien angeführt, anhand derer eine Interaktion festzumachen ist. Die erste Bedingung bezieht sich auf die Anzahl der teilnehmenden Akteure. So treten bei einer Interaktion mindestens zwei Individuen, Organisationen und/oder Gruppen zielgerichtet in Kontakt. Die zweite Bedingung bezieht sich auf die Eigenschaft der Interaktion. So kommt es bei einer Interaktion zu einer Aktion und zu einer Reaktion, die dadurch gekennzeichnet sind, dass es sich um eine interdependente und nicht lediglich um eine sequenzielle Handlung handelt.[592] Ausgehend von diesem Verständnis ergeben sich in Anlehnung an Schmid vier Untersuchungsfelder,[593] die von Relevanz für die Interaktion sind. Hierbei handelt es sich erstens um *(1) die Akteure eines Netzwerkes,* dabei wird sich mit der Fragestellung beschäftig, von welcher Art die Interaktionspartner sind und um wie viele Interaktionspartner es sich handelt. Der zweite Bereich beschäftigt sich mit dem *(2) Inhalt der Beziehungen* zwischen den Netzwerkakteuren. Der dritte Bereich analysiert die *(3) Eigenschaften der Beziehungen* zwischen den Akteuren und der vierte und somit letzte Bereich, untersucht die *(4) Struktur eines Netzwerks.*[594]

(1) Die *Art und Anzahl der Interaktionspartner* kann, wie später im Abschnitt 6.3 gezeigt werden wird, einen Einfluss auf die Interaktion bzw.

---

[591] Es wird von interaktionstheoretischen Ansätzen gesprochen, da es Ansätze aus verschiedenen Fachdisziplinen wie die Soziologie oder Betriebswirtschaftslehre gibt. Hieraus ergibt sich die Erkenntnis, dass es keinen in sich geschlossenen interaktionstheoretischen Ansatz gibt. Es handelt sich vielmehr um heterogene inhaltliche Aussagen und ein polylithisches Aussagengerüst. Vgl. Schmid (2005), S. 239 f.
[592] Vgl. Backhaus (2003), S. 140.
[593] Die Untersuchungsfelder stellen primär Bereiche dar, denen das Forschungsinteresse bei kooperativen Interaktionen zukommen sollte. In Rahmen dieser Arbeit werden die Untersuchungsfelder als Basis genommen, um anhand derer erste Faktoren zu bestimmen, die Einfluss auf den Transfer von Informationen haben könnten und diese unter die Hauptfelder zu subsumieren.
[594] Vgl. Schmid (2005), S. 240.

den Kommunikationsprozess zwischen den Akteuren eines Netzwerks bzw. Clusters haben. So differiert die Art der Interaktion zwischen den Akteuren bzw. Institutionen. Ein wesentlicher Einfluss kann sich aus den unterschiedlichen Wertschöpfungsebenen ergeben, so wird die Interaktion auf der Zulieferer-Abnehmer-Ebene von der zwischen horizontalen Akteuren differieren.[595] Ebenso kann die Interaktion bspw. durch die Größe der Unternehmen,[596] ihre Marktstellung[597] und Reputation[598] beeinflusst werden. Generell wird zwischen der Interaktion in intraorganisationalen, interorganisationalen und lokalen Netzwerken differenziert sowie zwischen der Anzahl der Akteure in einem Netzwerk und ihrem diversifizierten Charakter.[599]

(2) Ein weiterer Faktor, der die Interaktion bestimmen kann, ist der *Inhalt der Beziehungen zwischen den Interaktionspartnern*. Eine Differenzierung findet hierbei zwischen Informations- und Kommunikationsbeziehungen, Macht- und Einflussbeziehungen, Vertrauens- und Konsensbeziehungen sowie Transaktions- und Austauschbeziehungen statt.[600] Diese Beziehungen werden auch als Teilnetzwerke verstanden, die in ihrer Gesamtheit die Struktur des Unternehmensnetzwerks darstellen und sich reziprok bedingen.[601] Dabei bilden die genannten inhaltlichen Beziehungen lediglich eine grobe Übersicht. Eine vielfältige Differenzierung innerhalb der Inhaltseben ist möglich und erforderlich, soll an dieser Stelle aber lediglich exemplarisch Berücksichtigung finden. So kann bei der Transaktions- und Austauschbeziehung zwischen den Ressourceneigenschaften nach Kriterien wie „materiell" oder „immateriell" unterschieden werden, die ebenfalls differenzierter betrachtet werden können.[602] Ebenso kann bei den Informations- und Kommunikationsbeziehungen zwischen den Informationen differenziert werden, ob es sich um komplexe schwer zu kodifizierende Informationen oder generische Informationen handelt, die einfach zu kodifizieren sind.[603] Anhand dieser Beispiele soll lediglich

---

[595] Vgl. Maurer (2003), S. 16.
[596] Vgl. Mencke (2005), S. 379.
[597] Vgl. Hugenberg (2004), S. 100 f.
[598] Vgl. Muche (2007), S. 98 ff.
[599] Vgl. Schmid (2005), S. 241.
[600] Vgl. Kutschker/Schmid (1995), S. 4 f,
[601] Vgl. Renz (1998), S. 266.
[602] Vgl. Schmid (2005), S. 241.
[603] Vgl. Reger (1997), S. 28.

die Vielfalt von inhaltlichen Dimensionen aufgezeigt werden, die bei Interaktionen Berücksichtigung finden müssen.

(3) Auch die *Eigenschaften der Beziehungen zwischen den Interaktionspartnern* sind ein relevantes Untersuchungsfeld. So können die Eigenschaften der Beziehung einen Einfluss auf die Interaktion haben. Eine Unterscheidung der Beziehungen findet in der herrschenden Lehre nach dem Konfliktgrad, dem Formalisierungsgrad, der Zielkongruenz, der Kontakthäufigkeit, der Standardisierung, der Multiplexität, der Reziprozität, der Symmetrie und der Intensität statt.[604]

Als letzter Punkt (4) sind noch die *systemischen Eigenschaften des Beziehungsnetzwerks von Interaktionspartnern* zu nennen. Bei der Betrachtung des Netzwerks ergeben sich die Analysepunkte mit Bezug auf die Systemeigenschaften. Je nach Art des Netzwerks ergeben sich systemische Spezifika, die die Kommunikation und Interaktion zwischen den Akteuren beeinflussen können. Dabei können folgende Einflussfaktoren von Interesse sein: die Größe des Netzwerks, die Dichte, die Transitivität, die Stabilität, die Integration, die Zentralität, die Erreichbarkeit der Akteure sowie die netzinterne Cluster- oder Cliquenbildung.[605]

Bei der Betrachtung der Vielzahl von Faktoren, die einen Einfluss auf die Interaktion haben können, wird bereits an dieser Stelle deutlich, dass nicht alle Einflussgrößen in die Betrachtung aufgenommen werden können. Es wird deshalb im nächsten Schritt auf die relevanten Größen des Informationsnetzwerks abgestellt mit einem Fokus auf die Strukturvariablen. Diese Begrenzung findet statt, da ebenfalls im später zu untersuchenden Cluster vornehmlich Informationsbeziehungen im Vordergrund der Analyse stehen.

4.2.2 Die Strukturvariablen im Informationsnetzwerk

Das Informationsnetzwerk bzw. die Informationsbeziehungen werden oftmals als schwächste Form der Bindung dargestellt, die in Kommunikationsbeziehungen zwischen den Akteuren münden können.[606] Dementsprechend wurde in der Arbeit von Renz (1998) mit Schwerpunktsetzung auf die Kommunikation zwischen den Akteuren auf zwei Interessenschwerpunkte abgestellt: z um einen auf die *„Mittel der Kommunikation"* und zum anderen auf die *„Be-*

---

[604] Vgl. Renz (1998), S. 119.
[605] Vgl. Schmid (2005), S. 242.
[606] Vgl. Kutschker/Schmid (1995), S. 18.

einflussbarkeit der Kommunikation". Besonders der zweite Themenkomplex ist von Relevanz für diese Arbeit, da in diesem Teilgebiet die relevanten Einflussfaktoren auf die Informationsbeziehungen genannt werden könnten.[607]

Der erste Themenkomplex über die *Mittel der Kommunikation* wird aus Gründen der Redundanz nicht weiter erörtert. Eine ausführlichere Darstellung, die auf der Kommunikation in Clustern beruht, wird im Verlauf der Arbeit in Anlehnung an Sreckovic und Windsperger[608] vorgestellt, während die Darstellung der allgemeinen Mechanismen der Kommunikation in Anlehnung an Almeida und Grand[609] erfolgen wird.

Bezug nehmend auf die *Beeinflussbarkeit von Informationsbeziehungen*[610] sei angemerkt, dass die Beziehungen nur begrenzt beeinflussbar sind. Es wurden unter Berücksichtigung dieses Umstands vier relevante Dimensionen für das Informationsnetzwerk identifiziert: erstens die *„Direktheit der Informationsbeziehungen"*, zweitens die *„Manipulierbarkeit der Informationen"*, drittens die *„Dichte des Informationsnetzwerks"* und viertens die *„Zentralität und Meinungsführerschaft der Akteure im Informationsnetzwerk"*.[611]

Die Dimension *„Direktheit von Informationsbeziehungen"* analysiert den Transfer von Informationen. Hierbei wird zwischen einem direkten und indirekten Transfer von Informationen unterschieden. Der direkte Transfer kann nur begrenzt beeinflusst werden, da er von der kontextgebundenen Interpretation des Informationsempfängers abhängt. So ergeben sich als mögliche Einflussfaktoren auf die Direktheit der Informationsbeziehung die Kommunikationsmittel, die gewählt werden, der Ort der Kommunikation, der Sender der Information usw.[612] Bei den von Renz aufgeführten Faktoren wird nicht deutlich, dass die Direktheit der Informationsbeziehung per se durch die Art der Information selbst beeinflusst wird. So können bspw. beim Transfer von explizitem Wissen Methoden benutzt werden, die einfacher und weniger kontext-

---

[607] Vgl. Renz (1998), S. 277.
[608] Sreckovic/Windsperger (2011a).
[609] Almeida/Grant (1998).
[610] Diese Betrachtung und Konzeptualisierung zieht lediglich das Teilnetzwerk der Informationsbeziehungen in die Betrachtung ein. Bei der späteren Analyse des Clusters wird nicht zwischen einzelnen Beziehungsnetzwerken in der von Schmid (2005) und Renz (1998) gewählten Form differenziert, weshalb sich teilweise differierende und ergänzende Netzwerkfaktoren ergeben.
[611] Vgl. Renz (1998), S. 277.
[612] Vgl. Renz (1998), S. 277.

gebunden sind, während es beim impliziten Wissen erforderlich ist, aufwendigere visuelle und auditive Transfermechanismen zu verwenden.[613] Festzuhalten ist, dass weitere Aspekte mit in die Betrachtung der Informationsbeziehungen einfließen sollten.

Die Dimension „*Manipulierbarkeit von Informationen*" unterscheidet dahin gehend, ob Informationen vom Sender manipuliert werden können. In Anlehnung an Spence wird hierbei zwischen zwei Arten von Informationen unterschieden: erstens Signale (signal), die Informationen darstellen, die beeinflusst werden können, und zweitens Indizes (index), die nicht beeinflussbar sind.[614] Bei einem Unternehmensnetzwerk wird angenommen, dass die Indizes und Signale in Bezug auf die Akteure und deren Beziehungen vorliegen und die Informationsbeziehung beeinflussen können. Dabei werden als Signale bspw. der Ruf und die Referenzen eines Akteurs verstanden, die zur Erhöhung der Reputation und des Renommee des Akteurs führen können.[615] Diese Signale sind beeinflussbar, während Indizes, wie z. B. wann eine Unternehmung gegründet wurde, über wie viel Eigenkapital ein Unternehmen verfügt und wie viele Angestellte im Betrieb tätig sind, Informationen anhand von Fakten sind, die vom Akteur in der Regel kurzfristig nicht manipuliert werden können.[616]

Als weitere Dimension der Beeinflussbarkeit von Informationsbeziehungen wird die *Dichte des Informationsnetzwerks* aufgeführt. Eine erhöhte Dichte des Netzwerks führt dazu, dass ein direkter Austausch ohne Intermediäre ermöglicht wird,[617] was zur Folge hat, dass vor allem die Geschwindigkeit, mit der Signale und Indizes im Netzwerk verteilt werden, erhöht wird. Die Netzwerkdichte ist aber nicht allein von diesem Faktor abhängig, sondern wird ebenso von der *Zentralität und Meinungsführerschaft einzelner Akteure im Informationsnetzwerk* beeinflusst.[618] Eine hohe Zentralität von einzelnen Akteuren im Netzwerk begünstigt die Möglichkeit, viele Informationen zu akkumulieren; dies liegt vor allem an ihrer steten Einbindung aufgrund der zentralen Position. Ein zentraler Akteur ist aber ebenfalls ein Multiplikator bzw. Trans-

---

[613] Vgl. Eckert (2009), S. 53; Krogh/Köhne (1998), S. 240.
[614] Vgl. Spence (1974), S. 10.
[615] Vgl. Renz (1998), S. 278.
[616] Vgl. Deckow (2006), S. 275.
[617] Vgl. Gilbert (2003), S. 281.
[618] Vgl. Renz (1998), S. 278.

mitter von Informationen. Ob die Informationen von anderen Akteuren berücksichtigt werden, ist allerdings von seiner Rolle abhängig. Ist der Akteur im Netzwerk ein Meinungsführer, so werden andere fokale Akteure seine Informationen nutzen, und er kann seine Multiplikatorrolle wahrnehmen. Ist er unterdessen kein Meinungsführer, so wird die Relevanz seiner Informationen unter Umständen verkannt und die Informationen werden nicht weiter verarbeitet.[619]

Wie die Ausführungen zur Beeinflussbarkeit von Informationsbeziehungen gezeigt haben, gibt es keine einheitliche Konzeptualisierung von Einflussfaktoren auf Informationsbeziehungen. Vielmehr sind die gewählten Einflussfaktoren aus der bisherigen Forschung abzuleiten, zu adaptieren und zu komplementieren. Dabei ist der Untersuchungsgegenstand maßgebend für die Auswahl der Einflussfaktoren auf Informationsbeziehungen bzw. auf den Wissenstransfer und die Wissensgenerierung. Nachfolgend wird daher unter Bezugnahme auf die erörterten Einflussfaktoren und des Untersuchungsgegenstandes des Clusters eine Identifizierung von Einflussfaktoren vorgenommen.

4.2.3 THEORETISCHE DARSTELLUNG DER GRUNDLEGENDEN POSITIVEN EINFLUSSFAKTOREN AUF DEN WISSENSTRANSFER UND DIE WISSENSGENERIERUNG IM CLUSTER

Der Wissenstransfer im Cluster vollzieht sich wie im Abschnitt zum Prozess des Wissenstransfers beschrieben wurde (vgl. Abbildung 16). Im Cluster ergeben sich allerdings einige Besonderheiten, die nachfolgend dargestellt werden und als begünstigende Faktoren für den Transferprozess und die Entstehung von clusterspezifischem Wissen gesehen werden. Dabei erscheint es als sinnvoll, Bezug auf die morphologischen Dimensionen der Netzwerkbeschreibung und interaktionalen Kriterien im Cluster zu nehmen. Hierbei wird es ermöglicht, auf die Besonderheiten der Struktur eines Clusters einzugehen und die darin befindlichen Beziehungen zu berücksichtigen, um den Informationsfluss im Cluster zu analysieren. Ein ähnliches Vorgehen wählte auch Mitchell bei der Untersuchung von sozialen Netzwerken.[620]

Bei den nachfolgend dargestellten möglichen positiven Einflussfaktoren handelt es sich lediglich um eine Auswahl. Weitere Faktoren könnten sich durch die geführten Interviews ergeben und würden bei der späteren Daten-

---

[619] Vgl. Renz (1998), S. 279.
[620] Vgl. Mitchell (1969), S. 10 ff.

auswertung mit aufgeführt werden. Die hier als relevant bezeichneten Faktoren wurden nicht willkürlich gewählt, sondern begründen sich darin, dass sie in verschiedenen Arbeiten zum Thema Cluster thematisiert, identifiziert und systematisiert wurden. Als Ausgangspunkt[621] für die Effizienz steigernden Faktoren des Wissenstransfers und der Wissensgenerierung im Cluster werden die *räumliche Nähe*,[622] die *kognitive Nähe* und die *relationale Nähe* angeführt.[623] Eine hierarchische Differenzierung wird in dieser Arbeit nicht vorgenommen, da alle drei Faktoren als wichtig für die Generierung von clusterspezifischem Wissen angesehen werden.[624]

Die Relevanz der *räumlichen Nähe*[625] ist durch ihre Wichtigkeit bei der Realisierung von Wissensspillover-Effekten unter den Wissensträgern gegeben,[626] denn

„[...] while codified knowledge can be diffused globally, without reference to underlying connection structures, tacit knowledge has very different properties, because its diffusion depends heavily on the network of agents through which it spreads".[627]

Häufig erfolgt der Spillover-Effekt, also der Transfer bzw. Austausch von Wissen, beiläufig, da ein Spillover von Wissen nicht abhängig von Marktmechanismen ist und ohne einen monetären Anreiz erfolgen kann. Er wird allgemein als schwer zu steuern und als Nebeneffekt von Transaktionen bzw. Interaktionen zwischen Unternehmen beschrieben.[628] Gerade die regionale Nähe ist ein begünstigender Faktor für Spillover-Effekte, da die Möglichkeit von ungeplanten Kontakten zwischen den Akteuren recht hoch ist, aus denen sich Interaktionsbeziehungen ergeben können, die den Wissensaustausch zur Fol-

---

[621] In der wirtschaftsgeografischen Literatur werden neben den genannten Formen der Nähe, weitere Nähe-Begriffe angeführt, die ebenfalls einen positiven Einfluss auf den Wissenstauch haben sollen. Wie in etwa die kulturelle, organisationale, institutionelle, virtuelle, temporale und technologische Nähe.
[622] Vgl. Howells (2002), S. 873; Krafft (2006), S. 401; Oerlemans et al. (2001), S. 340.
[623] Vgl. Boschma (2004), S. 1006; Mitchell et al. (2009), S. 4; Boschma (2005), S. 62.
[624] Siehe hierzu auch Rallet/Torre (1999), S. 376, der das Zusammenspiel von geografischer und kognitiver Nähe hervorhebt.
[625] Weitere Werke, die die Relevanz der regionalen Nähe zur Generierung von Wissen hervorheben, sind bspw. Matthiesen/Reutter (2003) oder Scheff (2001).
[626] Vgl. Breschi/Malerba (2007), S. 2 f.
[627] Breschi/Malerba (2007), S. 6.
[628] Vgl. Kunkel (2010), S. 18.

ge haben könnten. Ebenso wird auch die Beobachtung von Akteuren aufgrund der regionalen Nähe vereinfacht, was zur Folge haben könnte, dass durch die Beobachtung der Akteure eine Nachahmung und damit ein Transfer von Wissen stattfinden könnten.[629] Mitunter kann die regionale Nähe auch die Vertrauensbildung, die aufgrund von persönlichen Beziehungen entsteht, begünstigten.[630] Durch die räumliche Nähe und durch die Dichte der Akteure sind nämlich, wie bereits aufgeführt wurde, zufällige Begegnungen auf vielfältige Art und Weise möglich. Diese zufälligen Begegnungen sind bedeutend für das Zustandekommen von Erstkontakten, die den Schlüssel für spätere persönliche Beziehungen bilden können. Auf Basis dieser persönlichen Beziehungen kann es dann zur Vertrauensbildung kommen, was die Bereitschaft zum Austausch von Wissen erleichtern kann.[631] Dementsprechend kann sich aus den zufälligen Erstkontakten ein Geflecht von Netzwerken mit informellen Beziehungen bilden.[632] Das gegenseitige Vertrauen, das in diesem Fall durch persönliche Kontakte aufgebaut werden kann, trägt dabei zu einem informell-direkten Kommunikationsstil bei[633] und ist zusammen mit dem gebildeten Beziehungsnetzwerk von besonderer Relevanz für den ständigen Zugang zum grundlegenden Know-how lateraler Akteure.[634] Ebenso ist davon auszugehen, dass durch die genannten Einflussfaktoren der Zugang zum Know-how von vertikalen und horizontalen Akteuren ermöglicht werden könnte.

Eine gemeinsame Lokation hat darüber hinaus den Vorteil der gemeinsamen Sprache sowie kultureller Ähnlichkeiten, die die Kommunikation zwischen den Akteuren unterstützen kann, wodurch eine Beschleunigung der Kommunikationsgeschwindigkeit bzw. des Wissenstransferprozesses und eine Streuungsvergrößerung der Informationen möglich sind. Diese Vorteile sind besonders bei schwer zu kodifizierendem Wissen von besonderer Relevanz, da

---

[629] Vgl. Hullmann (2001), S. 13.
[630] Vgl. Raschke (2009), S. 82; Patti (2006), S. 267.
[631] Vgl. Rimkus (2008), S. 67.
[632] Die Kommunikationsstrukturen bzw. Netzwerke und informellen Relationen werden von Bathelt, Malmber und Maskell als „local buzz" bezeichnet. Sie charakterisieren den local buzz dabei als eine Kommunikationsstruktur, welche sich ungesteuert, unstrukturiert und breit entwickelt. Vgl. Bathelt et al. (2004), S. 36 ff.
[633] Vgl. Probst et al. (2006), S. 83.
[634] Vgl. Reiß/Koschatzky (1997), S. 49.

eine gemeinsame Wissensbasis geben ist, auf die der Wissensaustausch aufsetzen kann.[635]

Bei der Betrachtung der Transfermechanismen mit Bezug auf die Wissensart ist die geografische Nähe von Vorteil, da die Annahme zugrunde gelegt wird, dass der Grad an „tatcitness" die Auswahl der Transfermechanismen bestimmt. Sreckovic und Windsperger beschreiben diesen Sachverhalt in ihrer Arbeit wie folgt:

„If the knowledge is explicit and hence codifiable, knowledge can be efficiently transferred by using knowledge transfer mechanisms with a lower degree of information richness (IR). If the knowledge is tacit and hence difficult to codify, higher-IR-transfer mechanisms are needed to process and transfer the less codifiable component of knowledge."[636]

Da das implizite Wissen nur beschränkt zu verbalisieren und zu kodifizieren ist,[637] sind Face-to-Face-Praktiken anzuwenden,[638] die es ermöglichen, bspw. durch *„direkte Beobachtung"*, *„direkte Beobachtung und Erzählungen"* sowie *„Nachahmung und gemeinsame Anwendung"* das Wissen zu übermitteln.[639] Dies beschreibt auch Teece, indem er darlegt, dass implizites Wissen ohne die Möglichkeit der Demonstration, des Lernens und der Teilnahme nur sehr schwer zu übertragen ist.[640] Weitere Mechanismen des Wissenstransfers werden unter Berücksichtigung dieses Ansatzes, in der nachfolgenden Grafik (Abbildung 18) dargestellt. Dabei wird die Reichweite bzw. die zu erreichende Menge von Wissensempfängern (Y-Achse) in Relation zur Kodifizierungsmöglichkeit des Wissens gesetzt (X-Achse) und die möglichen Transfermechanismen unter Berücksichtigung dieser Relation in das Koordinatensystem eingearbeitet.

Wie aus Abbildung 18 ersichtlich wird, erfordern die Transfermechanismen von implizitem Wissen die Anwesenheit der Humanressource, weshalb

---

[635] Vgl. Lagendijk (2001), S. 86; Malmberg/Maskell (1997), S. 31 f.
[636] Sreckovic/Windsperger (2011b) S. 5. Eine ausführlichere Würdigung dieser Mechanismen wird im Abschnitt 6.5 erfolgen.
[637] Vgl. Pfeifer (2001), S. 136.
[638] Vgl. in diesem Zusammenhang zum Thema „learning-by-using" Dosi (1988); zum Thema „learning by doing" Arrow (1962) sowie zum Thema „learning by interactiong" Lundvall (1988).
[639] Vgl. Krogh et al. (2000), S. 83;
[640] Vgl. Teece (1985), S. 229.

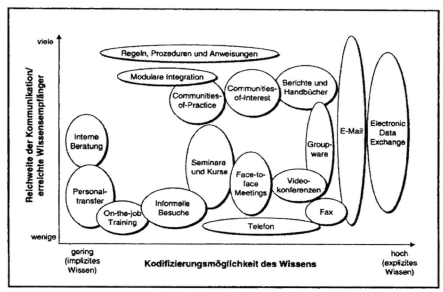

Abbildung 18: Mechanismen des Wissenstransfers[641]

regionale Nähe vorteilhaft ist.[642] Währenddessen hoch explizites Wissen durch Medien wie bspw. E-Mails oder per Telefon, transferiert werden kann.

Die *kognitive Nähe* als ein weiterer positiver Einflussfaktor auf den Wissenstransfer im Cluster kann aus der regionalen Nähe resultieren,[643] da Individuen in einem gemeinsamen System eine gemeinsame Sprache sprechen, gemeinsame Kommunikationswege nutzen und gemeinsame Interpretationsregeln anwenden.[644] Es gibt jedoch einen Trade-off zwischen kognitiver Distanz und

---

[641] Quelle: Almeida/Grant (1998), Abschnitt 6.
[642] Gründe für diese Annahme sind bspw. kostenökonomischer Natur (Ersparnis von Reisekosten), aber auch zeitlicher Natur, da sich alle relevanten Akteure bereits vor Ort befinden. Ebenfalls ist es möglich, an einem Tag mehrere Produktionsstätten zu besuchen, um dort Demonstrationen vorzuführen, vgl. Malmberg/Maskell (1997), S. 31 f. Nach neueren Ansätzen sind die Gründe für die Agglomeration aber vor allem in der kontinuierlichen, dynamischen Verbesserung der Wettbewerbsfähigkeit zu sehen (vgl. Malmberg (1996), S. 395 ff.) Sowie in der gemeinsamen Wissensbasis, vgl. Malmberg (1996), S. 397.
[643] Die kognitive Nähe, die auf Basis der kulturellen Nähe entsteht, kann nicht direkt aus der geografischen Nähe abgeleitet werden. Es wird aber angenommen, dass die Entstehung durch die geografische Nähe gefördert wird. Vgl. Blanc/Sierra (1999), S. 198 f.
[644] Vgl. Lo (2003), S. 119; „A location in which many agents are working on related issues

kognitiver Nähe, also zwischen der Betriebsblindheit auf der einen Seite und der fehlenden Verständigungsmöglichkeit auf der anderen Seite;[645] denn während die kognitive Distanz einen Beitrag zur Herleitung individueller Lösungsansätze der fokalen Unternehmen im Cluster leistet, trägt die kognitive Nähe dazu bei, dass die gefunden Lösungsansätze von anderen Akteuren verstanden werden und auf das eigene Unternehmen übertragen werden können.[646] Damit besteht ein ständiges Spannungsfeld zwischen der Autonomie des fokalen Unternehmens (kognitive Distanz), mit der Zielsetzung der möglichst eigenständigen Interpretation von Sachverhalten und der Erarbeitung eigener Lösungsansätze sowie der gemeinsamen Kooperation zwischen den Akteuren zur Schaffung einer gemeinsamen Wissensbasis (kognitive Nähe).

Nach Nooteboom dominiert jedoch die Wichtigkeit der kognitiven Nähe, um das Verständnis der Akteure im Cluster zu verbessern und damit zur Nutzung der komplementären Fähigkeiten beizutragen, um die gemeinsame Zielerreichung zu ermöglichen.[647] Ein anderer Ansatz beschreibt hingegen, dass das Besondere an einem Cluster ist, dass es aufgrund seiner Struktur den fokalen Unternehmen ermöglicht, eine Kombination aus kognitiver Nähe und Distanz zu schaffen und damit beide Vorteile zu vereinen.[648] Die kognitive Nähe hat entsprechend der obigen Ausführungen jedoch einen stärkeren positiven Einfluss auf den Wissenstransfer[649] und kann daher als Voraussetzung für eine erfolgreiche Kommunikation und Wissensteilung verstanden werden und damit als entscheidender Faktor für die Initiierung von Lern- und Innovationsprozessen.[650]

Als nächster entscheidender Faktor im Bezug auf den Wissenstransfer und die Wissensgenerierung im Cluster kann die *relationale Nähe* angeführt werden. Die relationale Nähe wird unter den Oberbegriff der „Embeddedness" (Einbettung) subsumiert, weshalb an dieser Stelle auf die „Embeddedness" im Allgemeinen eingegangen wird. Daran anschließend werden die Begriffe „rela-

---

creates a critical mass of knowledge workers so that they become an epistemic community in which a common language emerges, problem definitions become standardized, and problem-solving heuristics emerge and are developed." Cowan (2007), S. 35.

[645] Vgl. Frost (2005) S. 291.
[646] Vgl. Nooteboom (2009), S. 96.
[647] Vgl. Nooteboom (2000), S. 71.
[648] Vgl. Lo (2003), S. 107.
[649] Vgl. Simonin (1999), S. 603; Bagban (2010), S. 236.
[650] Vgl. Henckel et al. (2010) S. 565.

tionale Nähe" bzw. „relationale Embeddedness" und „strukturelle Nähe" bzw. „strukturelle Embeddedness" erörtert.[651]

Der Ursprung des Begriffs „Embeddedness"[652] ist im Wesentlichen in einem Konzept von Granovetter[653] zu sehen.[654] In diesem Konzept beschreibt er, wie es durch gemeinsame Werte, Kultur, Institutionen, Wirtschaftsstrukturen und historisches Erbe zur Einbettung, „Embeddedness", von Akteuren in Form von Individuen, Organisationen und sozialen Gruppen in ein politisches, wirtschaftliches oder soziales Umfeld kommt und zur Steigerung der Wettbewerbsfähigkeit der eingebunden Akteure führt. Diese Wettbewerbsvorteile lassen sich darauf begründen, dass durch das Umfeld der Dialog zwischen den Akteuren erleichtert wird, Vertrauen aufgebaut, und damit die Zusammenarbeit gefördert wird.[655] Gerade die Einbettung der Akteure in ein soziales Netzwerk ist von Relevanz für den Wissenstransfer und die Generierung von clusterspezifischem Wissen, da es zum einen eine wichtige Quelle für die Informationsbeschaffung sein kann[656] und gleichzeitig Vertrauen aufbaut, was den Wissenstransfer begünstigen kann. Die Embeddedness stellt dementsprechend den Einfluss auf die Akteure dar, der durch Relationen und Relationsstrukturen entsteht. Hierbei wird, wie etwas weiter oben angesprochen wurde, zwischen der relationalen Nähe und strukturellen Nähe differenziert.

Die relationale Nähe fokussiert dabei die Interaktion zwischen zwei Akteuren und beschreibt, wie dieses Handeln durch die soziale Beziehung bzw. durch den sozialen Zusammenhalt beeinflusst wird. Dabei wird betont, dass auf Basis des Zusammenhalts beruhende Verbindungen Vertrauen aufbauen und Unsicherheiten in Bezug auf künftige Interaktionen reduzieren.[657] Die re-

---

[651] Weiterhin gibt es die positionale Embeddedness, die hier jedoch keine Berücksichtigung findet.
[652] „By ‚embeddedness' I mean that economic action, outcomes, and institutions are affected by actors' personal relations, and by the structure of the overall network of relations. I refer to these respectively as the relational and the structural aspects of embeddedness." Granovetter (1990), S. 98.
[653] Granovetter (1973).
[654] Es handelt sich hierbei um einen Ansatz der Soziologie zur Erklärung der Entstehung von Kooperationen. Dieser Ansatz ist auch unter der Bezeichnung Netzwerktheorie oder Embeddedness View bekannt. Vgl. Wolff (2005), S. 23.
[655] Vgl. Dannenberg (2007), 20 f.
[656] Vgl. Wolff (2005), S. 23.
[657] Vgl. Gynawali/Madhavan (2001), S. 432 ff.

lationale Embeddedness wird dadurch sichtbar, dass Akteure dieselben Grundansichten besitzen und sich bei einem hohen Grad an relationaler Embeddedness das Vertrauen aufgrund der gemeinsamen Werte und Ansichten bildet. Dieses Vertrauen ermöglicht dann den Zugang zu Informationen, Wissen und Ressourcen.[658] Die strukturelle Embeddedness betrachtet im Grundsatz ebenfalls Beziehungen, allerdings werden hierbei Beziehungen zwischen mehreren Akteuren analysiert. Die strukturelle Embeddedness beschreibt den Integrationsgrad in eine vorhandene Beziehungsstruktur. Dabei wird dargestellt, welche Einwirkungen die Aussagen Dritter über einen Akteur auf dessen Reputation haben. Dabei tauschen sich zwei bereits vertrauende Akteure über den dritten Akteur aus, was zur Folge haben kann, dass dieser durch positive Aussagen einen Vertrauensvorschuss erhält oder bei negativen Aussagen auf Misstrauen stößt.[659]

Durch die ausgeführten Arten der Embeddedness ergeben sich Netzwerkressourcen, die mit dem Begriff des sozialen Kapitals zu verbinden sind.[660] Soziales Kapital kann definiert werden als

„the goodwill available to individuals or groups. Its source lies in the structure and content of the actor's social relations. Its effects flow from the information, influence, and solidarity it makes available to the actor."[661]

Das soziale Kapital ermöglicht die Generierung von Erwartungen und Verpflichtungen zwischen den Akteuren, die als Form eines Guthabens oder einer Schuld verstanden werden können. Mithilfe des sozialen Kapitals kann damit der Wissenstransfer im Cluster begünstigt werden, nach dem alten Sprichwort: „Eine Hand wäscht die andere." Ebenso kann durch die sozialen Relationen die Erlangung zusätzlicher Informationen ermöglicht werden[662] oder, wie aus der Definition zu entnehmen ist, der Informationsfluss beeinflusst werden. Cowan äußert sich zum Verhältnis des Wissenstransfers und der sozialen Eingebundenheit wie folgt:

„Knowledge diffusion is not only a geographically spatial phenomenon, it is also a

---

[658] Vgl. Uzzi (1999), S. 481 ff.
[659] Vgl. Dannenberg (2007), S. 22.
[660] Vgl. Gulati et al. (2000), S. 212.
[661] Adler/Kwon (2002), S. 23.
[662] Vgl. Dannenberg (2007), S. 20.

‚socially spatial' phenomenon. That is, the more closely connected socially I am to the originator of a piece of knowledge, the more quickly I will learn about it."[663]

Zum sozialen Kapital sagt er folgendes:

„Social capital, developed by direct interactions between agents, permits the agents to circumvent many of the problems implicit in anonymous markets such as opportunistic behavior, imperfect information and incomplete contracts, the transmission of tacit knowledge, knowledge spillovers, and so on."[664]

Besonders deutlich wird die Relevanz jedoch in den Ausführungen von Hervás-Oliver und Albors-Garrigós, die in Anlehnung an Harrison[665], Uzzi[666], Nahapiet und Ghosal[667] schreiben:

„In fact, trust and relationships reflect the existence of social capital which contributes to knowledge transfer and to the creation of intellectual capital in an area."[668]

Wie aus der Darstellung zur Embeddedness ersichtlich geworden ist, spielt Vertrauen[669] eine wichtige Rolle beim Wissenstransfer. Leider ist eine umfassende Würdigung des Themenbereiches „Vertrauen" in dieser Arbeit nicht möglich. Allerdings soll aufgrund der Relevanz trotzdem kurz auf das Vertrauen eingegangen werden. Für die Generierung von Vertrauen gibt es zwei Bedingungen. Erstens das *Risiko,* das in einer reziproken Relation mit dem Vertrauen steht: Durch das Vertrauen ist das Eingehen eines Risikos möglich. Würde es kein Risiko in Transaktionen geben, das sich in der Unsicherheit über das Verhalten eines Akteurs begründet, wäre kein Vertrauen nötig. Die zweite Bedingung ist die gegenseitige *Abhängigkeit.* So ist eine Zielerreichung

---

[663] Cowan (2007), S. 31.
[664] Cowan (2007), S. 34.
[665] Vgl. Harrison (1992), S. 476 f.
[666] Vgl. Uzzi (1996), S. 677 f.
[667] Vgl. Nahapiet/Ghoshal (1998), S. 259 f.
[668] Hervás-Oliver/Albros-Garrigós (2008), S. 581.
[669] „Trust. The field research revealed that trust acted as the governance mechanism of embedded relationships. It facilitated the exchange of resources and information that are crucial for high performance but are difficult to value and transfer via market ties. One manufacturer said, ‚Trust is the distinguishing characteristic of a personal relationship.' Another typical response was ‚Trust means he's not going to find a way to take advantage of me. You are not selfish for your own self. The company and partnership (between firms) comes first." Uzzi (1996), S. 678.

nur in Interdependenz des Vertrauens gegenüber dem relationalem Akteur möglich.[670]

Es gibt abgeleitet aus der Literatur zwei differierende Ansätze von Vertrauen. Aus der Perspektive der Soziologie ist Vertrauen eine abhängige Variable, die durch Reputation und Institutionen[671] generiert wird. Aus der Perspektive der Ökonomie wird eine konträre wissenschaftliche Positionierung eingenommen, bei der Vertrauen als unabhängige Variable betrachtet wird. Das Vertrauen resultiert hierbei aus erfolgreichen Kooperationen.[672] Das Vertrauen stellt damit eine Institution dar, mit der das ökonomische Handeln ebenso wie gemeinsame Routinen des Lernens oder der Wissensweitergabe begründet werden. Bei einem Cluster kann vornehmlich von einer informellen Institution ausgegangen werden, die über Gewohnheiten, Traditionen, Regeln, Normen und Konventionen verfügt, die aus der Handlungspraxis entstanden sind sowie durch die Akteure reziprok anerkannt sind und reproduziert werden. Im späteren Verlauf kann es sich bei einem Cluster aber auch um eine formelle Institution handeln, da aus Gewohnheiten und Konventionen bei fortwährender Reproduktion eine Festigung entsteht, die zur formalen Grundlage von Interaktionen gemacht werden kann.[673]

Eine tiefer gehende Abhandlung über die Entstehung von Vertrauen wird nachfolgend nicht erfolgen, da angenommen wird, dass es sich um komplementäre bzw. sich potenzierende Sachverhalte handelt. So bestärkt das Vertrauen die Netzwerkbildung und die ständigen Transaktionen im Netzwerk tragen zur Vertrauenssteigerung bei, sofern sie positiv verlaufen. Das Vertrauen und das durch langfristige Bindung dominierte Netzwerk bestärkt die Akteure damit in ihrer Ansicht, dass Cluster besonders zuverlässig und leistungsfähig sind.[674] So stellt das Vertrauen in Verbindung mit der Win-win-Situation der Akteure im Cluster eine grundlegende Bedingung für das Entstehen von formalen und informalen Relationen dar und führt gleichzeitig zu einer Redukti-

---

[670] Vgl. Rousseu et al. (1998), S. 395.
[671] Eine präzise und einheitliche Definition fehlt, weshalb nur eine Grundlegende Beschreibung erfolgt. Bei einer Institution handelt es sich um bewusst oder unbewusst gestaltete und dauerhaft stabile Muster sozialer oder ökonomischer Beziehungen, die wechselseitig Verhaltenserwartungen von Individuen zur Folge haben. In Anlehnung an Gabler (2000), S. 1564 f.
[672] Vgl. Trippl (2004), S. 85.
[673] Vgl. Bathelt/Glücker (2003), S. 29.
[674] Vgl. Raueiser (2005), S. 81 f.

on der Transaktionskosten.[675] Bührer beschreibt vier Faktoren, die zum Erfolg eines Clusters beitragen können. Dabei stellt sie die Rolle von Vertrauen heraus, indem sie eine Organisationsstruktur fordert, die zur Vertrauensbildung beiträgt. Die Forderung formuliert sie wie folgt:

„A historical, trust-based network culture, which leads to more efficient coordination between independent partners, as well as an organizational structure which is suited to guarantee building up trust within the network."[676]

Für den Wissenstransfer und die Wissensgenerierung im Cluster ergibt sich aus den bisher ausgeführten Darstellungen zum Vertrauen die Relevanz aus dem Umstand, dass der Wissenstransfer als eine gegenseitige Vertrauenshandlung verstanden werden kann, die sich aus zwei Relationen zusammensetzt. Zum einen aus dem Vertrauen des Empfängers, dass die ihm übertragenen Informationen von hoher Qualität sind, und zum anderen aus dem Vertrauen des Senders, der auf einer Gegenleistung des Informationsempfängers vertraut.[677]

Nachdem die wesentlichen Faktoren dargestellt wurden, die den Wissenstransfer im Cluster begünstigen und damit zur Entstehung von clusterspezifischem Wissen beitragen, wird im nächsten Abschnitt auf die weiteren Aspekte bzw. Rahmenbedingungen des Clusters eingegangen, die basierend auf der Literatur als wichtige Größen für die Entstehung von spezifischem Wissen im Cluster identifiziert wurden, jedoch prinzipiell Untergruppen der bereits genannten Rahmenbedingungen sind.

4.2.4 Weitere Rahmenbedingungen für die Generierung von clusterspezifischem Wissen und des Wissenstransfers (mit Hypothesengenerierung)

Nachfolgend werden weitere die Wissensgenerierung und den Wissensfluss positiv beeinflussende Faktoren von Clustern aufgezählt, die im Wesentlichen als Untergruppen der oben aufgeführten Hauptbedingungen verstanden werden können oder sich aus diesen Rahmenbedingungen ergeben.

Als ein weiterer begünstigender Faktor für die Generierung von clusterspezifischem Wissen im Cluster kann die *Vielzahl von fokalen Unternehmen* gesehen werden, die durch ihre organisationale Wissensbasen eine Diversität

---

[675] Vgl. Schätzl (2001), S. 230 f.
[676] Bührer (2006), S. 206.
[677] Vgl. Thiel (2002), S. 155.

an Wissen vorhalten.[678] Das Wissen in den Wissensbasen der Individuen der Organisationen ist zumeist nicht vollständig erschlossen, weshalb clusterspezifisches Wissen durch die Interaktion der Humanressourcen der Akteure generiert werden kann. Nach Cowan kann das Wissen eines Akteurs aus zwei Gründen wachsen: „the agent can innovate [...] or the agent can receive new knowledge from a recent innovator."[679]

Die Interaktion zeichnet sich dadurch aus, dass der Wissenstransfer im Cluster auf horizontaler, vertikaler und lateraler Ebene zwischen den Humanressourcen der Akteure erfolgt, wodurch sich unterschiedliche Anforderungen in Bezug auf die Transfermechanismen ergeben. So kann die Interaktion durch die verschiedenen Akteure beeinflusst werden. Bei den Akteuren der unterschiedlichen Ebenen handelt es sich nämlich bspw. um Wettbewerber (horizontal), Zulieferer (vertikal) und Kapitalgeber sowie Forschungseinrichtungen (lateral), die in einem ständigen, direkten oder indirekten Interaktionsprozess stehen, wobei die Kooperationsformen ebenso vielfältig sind, wie die Beziehungen an sich, begonnen bei der passiven Mitgliedschaft im Cluster bis hin zu strategischen Kooperationen. Daraus resultiert eine Bandbreite von Faktoren, die die Wissensgenerierung beeinflussen kann.

Die Transferbeziehungen zwischen horizontalen Akteuren bspw. sind zumeist vornehmlich lockerer Natur und nicht durch intensive Relationen gekennzeichnet.[680] Dennoch werden durch die Nähe zueinander der Wissenstransfer und die Wissensgenerierung begünstigt, sei es durch informale oder formale Beziehungen oder durch die Beobachtung der Wettbewerber. So erlangen die Akteure laufend Kenntnis über die Produkte ihrer Mitbewerber und über dessen Produktionsbedingungen. Diese Kenntnisse ermöglichen einen Abgleich mit den eigenen Produkten und dienen so für Lern- und Verbesse-

---

[678] Es ist aber nicht nur das Vorhandensein der fokalen Unternehmen, sondern die Möglichkeit zum Zugang zu ihrem Wissen stellt die Relevanz dar. Nur wenn die fokalen Unternehmen bereit sind, ihr Wissen auszutauschen, stellt die Anzahl der fokalen Unternehmen einen begünstigenden Faktor dar. Vgl. Arikan (2009), S. 665.
[679] Cowan (2007), S. 40.
[680] Es gibt aber auch Ansätze, die sehr enge und formale Beziehungen beschreiben. So schreibt Arikan bspw.: „These exchange take place through frequent interactions among cluster firms that take various forms, from vertical supplier-buyer relations to horizontal alliances, licensing agreements, and research consortia." Arikan (2009), S. 658.

rungsprozesse.⁶⁸¹ Malmberg und Maskell beschreiben diesen Sachverhalt wie folgt:

„Each firm in the horizontal dimension of the cluster is provided with information about the possibilities to improve and the incentives to do so. [...] Successful experiments can easily be distinguished from the less successful by knowledgeable local observers. Promising avenues identified by one firm will soon be available to others. Firms with similar capabilities in the horizontal dimension of the cluster constantly imitate the proven or foreseeable success of others while adding some ideas of their own."⁶⁸²

Gerade im Bereich der Beobachtung wird das implizite Wissen vermittelt,⁶⁸³ das für die Realisierung von Wettbewerbsvorteilen von strategischer Bedeutung ist.

Die vertikalen Akteure sind im Gegensatz dazu eng mit den horizontalen Akteuren verflochten, wobei hierbei die Arbeitsteilung entlang der Wertschöpfungskette als Auslöser für die Verflechtung betrachtet werden kann. Dabei hat die Arbeitsteilung entlang der Wertschöpfungskette den positiven Nebeneffekt, dass mit zunehmender Intensität der Arbeitsteilung die Möglichkeit des Beobachtens und der Gegenüberstellung zwischen den horizontalen Akteuren abnimmt.⁶⁸⁴ Zum Zweck der gemeinsamen Zielerreichung kommt es zwischen den horizontalen und vertikalen Akteuren zur Informationsteilung, begonnen bei Best-Practice-Praktiken, die für das gesamte Netzwerk relevant sein können, bis hin zu unternehmensspezifischen Informationen, die nur Relevanz für einzelne Beziehungen haben. Der Wissenstransfer erfolgt dabei bspw. durch gemeinsame Workshops und Seminare sowie durch die Expertenunterstützung der jeweiligen Akteure.⁶⁸⁵ Die Relationen zwischen den vertikalen und horizontalen Akteuren sind in diesem Fall viel intensiver als zwischen den horizontalen Akteuren, denn durch den intensiven Wissensaustausch innerhalb von Zuliefernetzwerken können Wettbewerbsvorteile realisiert werden. Dabei ist die Angst vor Nachahmung und Wissensabfluss sicherlich geben. Aufgrund der hohen Kontextabhängigkeit von Wissen ist die Wissensübertragung von

---

⁶⁸¹ Vgl. Bathelt/Glücker (2003), S. 212.
⁶⁸² Malmberg/Maskell (2002), S. 439.
⁶⁸³ Vgl. Böhm (2009), S. 13; in Anlehnung an Arweiler, S. 277.
⁶⁸⁴ Vgl. Bathelt/Glücker (2003), S. 213.
⁶⁸⁵ Vgl. Töpfer (2009), S. 40.

vertikalen Akteuren auf andere horizontale Akteure aber äußerst schwierig[686] und wird unter diesem Gesichtspunkt vernachlässigt.

Von besonderer Bedeutung sind die Beziehungen zu lateralen Akteuren im Cluster,[687] bei denen vor allem Leistungen und Wissen zwischen Forschungseinrichtungen bzw. wissensintensiven Dienstleistern und lokalisierten Unternehmen ausgetauscht werden. Laut Kiese kann das Cluster erst durch diese Dimension als ein Wertschöpfungssystem verstanden werden.[688] Die Beziehungen zu den lateralen Akteuren sind wieder vielfältig. Sie gehen von informalen Beziehungen bis hin zur Auftragsforschung bzw. Grundlagenforschung oder zur späteren Rekrutierung von Absolventen von Bildungseinrichtungen. Sie dienen dabei als Bindeglied zwischen Wissensträgern und überlagern die Organisationsstruktur von Unternehmen. Sie fördern den Wissenstransfer zwischen Unternehmen, ohne hierarchische Barrieren zu berücksichtigen. Dabei kommt dem gegenseitigen Vertrauen eine zentrale Bedeutung zu, denn durch Vertrauen kann ein informell-direkter Kommunikationsstil gewählt werden. Die Bildung solcher Beziehungen wird dabei als Erfolgskriterium für das Funktionieren und die Stabilität von Netzwerkbeziehungen gesehen.[689]

Einhergehend mit der Konzentration von fokalen Unternehmen im Cluster und der geografischen Nähe bildet sich ein *Pool von spezialisierten Arbeitskräften und Zulieferern* sowie Bildungseinrichtungen, der ebenfalls einen begünstigenden Faktor für den Wissenstransfer und die Wissensgenerierung darstellen kann. So beschreiben Breschi und Malerba:

„[...] a further key feature of technology-intensive clusters is related to the availability of a common set of resources, some exogenously given, like universities and public research centers, and some others endogenous to the clusters' development, like a pool of specialized and skilled labor [...]."[690]

Die Arbeitnehmer siedeln sich vor allem aufgrund des verringerten Risikos von Arbeitslosigkeit in einem Cluster an.[691] Sie investieren in branchenspezifisches Wissen, um auf dem Arbeitsmarkt konkurrenzfähig zu sein, und gleichzeitig

---

[686] Vgl. Engeser (2004), S. 79.
[687] Vgl. Zentes et al. (2005), S. 549.
[688] Vgl. Kiese (2008b), S. 11.
[689] Vgl. Gehle (2006), S. 169.
[690] Breschi/Malerba (2007), S. 3.
[691] Vgl. Krenn (2006), S. 9.

sehen sie die Möglichkeit dieses Wissen nutzen zu können.[692] Für die Generierung von clusterspezifischem Wissen bedeutet dieser Umstand, dass es eine Vielzahl von Wissensträgern mit sehr spezifischem Wissen gibt, die zur Wissensgenerierung und zur Problemlösung beitragen können.

Neben diesem *Wissenspool* bildet sich aber auch ein intraregionaler Wissenspool, der durch die Interaktion der Humanressourcen der Akteure in Form von Transaktion von Informationen und durch die Kommunikation sowie durch den Fachkräftetransfer entsteht.[693] Dieser Wissenspool beschreibt die Finessen der Forschung und Entwicklung, der Fertigung, etc. und ist nur teilweise zu kodifizieren und damit von erheblicher Bedeutung für die Entwicklung und Implementierung von Innovationen.[694] Dieser Wissenspool, der auch Wissensbasis genannt wird, ermöglicht letztendlich erst die Adaption von Wissen, woraus dann Variationen oder Innovationen entstehen können.[695] Eine *ähnliche Wissensbasis* zwischen den Unternehmen muss demnach genauso vorherrschen, wie Kenntnisse über die Produktionsbedingungen, was abermals durch die geografische, aber auch durch die kognitive Nähe ermöglicht werden kann.[696]

Wie aus der Erörterung ersichtlich wird, ist ein Zusammenhang zwischen der geografischen Nähe, der Vielzahl von Unternehmen im Cluster und der kognitiven Nähe zu vermuten, wenn es um die Generierung von (cluster-)spezifischem Wissen geht und damit verbunden um den Spezialisierungsprozess eines Clusters.[697]

Einen Sonderfall stellt dabei die Wissensbasis der sich *überlappenden Wertschöpfungsnetzwerke* dar. Durch die Überlappung der einzelnen Wertschöpfungsnetzwerke kommt es zu zwei Spezifika, die hervorzuheben sind. Zum einen kann es beim Zusammentreffen von Akteuren der gleichen Wertschöpfungsebene zur Bildung von Wissensgemeinschaftswissen kommen, da sie über

---

[692] Vgl. . Head et al. (1995), S. 226.
[693] Vgl. Bathelt (2008), S. 86.
[694] Vgl. Sterr (2003), S. 343.
[695] Wie bereits in der Definition zum Wissenstransfer dargelegt wurde, müssen die transferierten Daten und Informationen vom Empfänger interpretiert und rekonstruiert werden, was eine gemeinsame Wissensbasis bedingt, um eine möglichst ähnliche Rekonstruktion des Wissens des Senders zu ermöglichen. Siehe hierzu ggf. erneut S. 123, Abschnitt *4 Der Wissenstransfer.*
[696] Vgl. Gertler (1993), S. 670.
[697] Vgl. Bathelt/Glücker (2003), S. 213.

sehr fachbezogenes Wissen verfügen, zum anderen können aber auch fachfremde Akteure aufeinandertreffen, die durch ihren differierenden Kontext, neue Denkanstöße liefern können.[698] Dieser Umstand würde die Annahme unterstützten, dass in einem Cluster sowohl die kognitive Nähe als auch die kognitive Distanz vorherrschend sind.

Zusammenfassend werden in Abbildung 19 die Faktoren dargestellt, die einen positiven bzw. Effizienz steigernden Einfluss auf den Wissenstransfer im Cluster sowie auf die Generierung von clusterspezifischem Wissen haben. Dabei wird in der Darstellung zwischen zwei Faktorgruppen differenziert. Auf der linken Seite werden die grundlegenden Einflussfaktoren aufgeführt und auf der rechten Seite die darunter zu subsumierenden Faktoren, die sich aus der geografischen und kognitiven Nähe sowie aus der Embeddedness und dem Vertrauen ergeben. Beiden Faktorgruppen ist gemein, dass sie aus der Literatur abgeleitet wurden und gleichzeitig einen begünstigenden bzw. Effizienz steigernden Effekt auf den Wissenstransfer im Cluster und auf die Generierung von clusterspezifischem Wissen vermuten lassen.

Abbildung 19: Einflussfaktoren auf den Wissenstransfer und die Wissensgenerierung[699]

Diese genannten Faktoren haben neben ihrer positiven Eigenschaft auf die Wissensgenerierung bzw. auf den Wissenstransfer aber auch einen Einfluss auf

---

[698] Durch das Zusammentreffen und den Austausch zwischen Akteuren unterschiedlicher Branchen bzw. verschiedener Fachbereiche kann ein Lock-in-Effekt vermieden werden. Es wird durch den oben dargestllten Sachverhalt nämlich dazu beigetragen, verschiedene Lösungsansätze zu entwickeln.

[699] Quelle: Eigene Darstellung.

die Entstehung bzw. das Bestehen des Clusters. So werden das gemeinsame unternehmerische Verständnis, das unterstützende institutionelle und soziale Umfeld sowie die geteilte Wissensbasis als Faktoren beschrieben, die ein Cluster zusammenhalten. Daneben sind die regionalen Ressourcen, wie bspw. der Zugang zu Universitäten, spezialisierten Dienstleistungen und der Pool an qualifizierten Arbeitskräften sowie weitere Faktoren als Basis für das Entstehen und Vorbestehen für Cluster zu nennen.[700]

Auf Basis der bisherigen Überlegungen ergeben sich die Hypothesen H13 bis H16. So wird angenommen, dass in intensiven Beziehungen verstärkt fachlich relevante Informationen ausgetauscht werden, während in Beziehungen mit geringer Intensität vor allem Informationen über das Cluster transferiert werden (siehe hierzu Hypothesen H13/H14). Diese Annahmen begründen sich darin, dass sich aufgrund der gesteigerten Intensität der Beziehung Routinen entwickeln, die einen effizienteren Wissensaustausch ermöglichen. Unter Berücksichtigung der in Anlehnung an Thompson beschriebenen Interdependenzen[701] wird dieser Umstand deutlich, denn die Generierung eines gemeinsamen Outputs von zwei oder mehreren Akteuren erfordert einen starken Koordinations- und Abstimmungsprozess, welcher dazu beiträgt, dass sich Routinen bspw. in der Kommunikation entwickeln, die Wissensbasen der unterschiedlichen Akteure sich angleichen und entsprechend effizienter kommuniziert werden kann (H13).[702] Zu Beginn einer Beziehung ist es vor allem wichtig zu identifizieren, welche Humanressourcen über welchen Wissensvorrat verfügen, also festzustellen, wo ihre Kompetenzbereiche liegen und welche Verantwortlichkeiten sie haben (H14).[703] Einhergehend mit der Steigerung des Intensitätsgrades der Beziehung wird bei positiv gemachten Erfahrungen auch das Vertrauen zwischen den Akteuren zunehmen,[704] weshalb die Akteure in vertrauensvollen Beziehungen eher geneigt sein werden, fachlich relevante Informationen auszutauschen (H15). Es ist nämlich davon auszugehen, dass die Akteure anfänglich ihr Wissen schützen werden, um so mögliche Wettbewerbsvorteile für sich zu sichern. Im Zuge einer intensiven Zusammenarbeit können die Akteure jedoch gemeinsam höhere Renten generieren

---

[700] Vgl. Kunkel (2010), S. 20 f.
[701] Siehe hierzu erneut Kapitel II. Cluster sowie Thompson (1967), S. 54 f.
[702] Vgl. Sodeik (2009), S. 208 ff. sowie Burr/Stephan (2006), S. 142.
[703] Vgl. Moritz/Rimbach (2006), S. 408.
[704] Vgl. Bruhn (2011), S. 43.

als alleine,[705] was eine Wissensteilung, also einen Austausch von fachlich relevanten Informationen, erforderlich macht. Dieser Austausch wird aber nur dann erfolgen, wenn ein gewisses Maß an Vertrauen vorliegt.[706] Als vertrauensbildende Maßnahme und zur Verbesserung der Kommunikation könnten die Akteure entsprechend bei Beziehungsanbahnung, also bei einem geringen Grad an Vertrauen, eher Informationen über das Cluster transferieren (H16), da dieses Wissen für die Unternehmen innerhalb des Clusters zumeist nicht als kritische Ressource verstanden wird.

H13: Je intensiver die Beziehungen zwischen den Humanressourcen verschiedener Akteure eines Clusters sind, desto mehr fachlich relevante Informationen werden transferiert.

H14: Je geringer die Intensität der Beziehungen zwischen den Humanressourcen verschiedener Akteure eines Clusters ist, desto mehr Informationen über das Cluster werden transferiert.

H15: Je stärker der Grad des Vertrauens zwischen den Humanressourcen der verschiedenen Akteure eines Clusters ausgeprägt ist, desto mehr fachlich relevante Informationen werden transferiert.

H16: Je geringer der Grad des Vertrauens zwischen den Humanressourcen der verschiedenen Akteure eines Clusters ausgeprägt ist, desto mehr Informationen über das Cluster werden transferiert.

Nach dieser abschließenden Zusammenfassung wird darauf aufbauend die Wissensgenerierung von clusterspezifischem Wissen beschrieben.

---

[705] Siehe hierzu die Ausführungen zur teamorientierten Interdependenz im Kapitel II.
[706] Vgl. Herrmann et al. (2003), S. 81.

4.2.5 Der Wissenstransfer in Clustern und die daraus resultierende Generierung von clusterspezifischem Wissen (mit Hypothesengenerierung)

> *„For an industry economist it is risky enterprise to enter a discussion of how to define knowledge and learning."*
> Lundvall & Johanson (1994)[707]

Grundlegend für die Untersuchung der Entstehung von clusterspezifischem Wissen ist die Annahme, dass jede Beziehung zwischen den Akteuren in Form von Interaktion bzw. Kommunikation zu einer Modifikation, bzw. allgemeiner ausgedrückt, zu einer Veränderung der Wissensbasis von Personen und sozialen Gefügen führt und damit konkludent das Lernen der Wissensträger einhergeht.[708] Ebenfalls von Bedeutung sind die bereits getroffenen Annahmen, dass das implizite und explizite Wissen keiner strikten Trennung unterliegt, sondern eine Überführung in beide Wissensarten möglich ist[709], und dass eine gemeinsame Wissensbasis bzw. ein vergleichbares Verständnis des Sachverhalts aufseiten des Senders und des Empfänger von Informationen gegeben ist.[710] Demnach entsteht clusterspezifisches Wissen durch die Diffusion von Daten und Informationen über das Cluster sowie durch den Transfer von fachlich relevanten Daten und Informationen oder dem Transfer von Humanressourcen in den sich überlappenden Wertschöpfungsnetzwerken des Clusters. Dabei beruhen der Wissenstransfer und die Möglichkeit zur Wissensgenerierung auf den im Cluster vorherrschenden einzigartigen Rahmenbedingungen, die in den vorangegangenen Abschnitten erörtert wurden.

Essenziell für die Entstehung von clusterspezifischem Wissen sind dabei die *formalen* oder *informalen Interaktion (Beziehungen) der Humanressourcen* sich überlappender Wertschöpfungsnetzwerke der Akteure im Cluster. Dabei ist unerheblich, ob die Interaktion sich bspw. durch geplante Workshops ergibt, ein informales Gespräch, den gewollten Transfer von Humanressourcen oder durch Humankapitalfluktuation. Aus den gewählten Austauschprozessen

---

[707] Lundvall/Johnson (1994), S. 27.
[708] Vgl. Al-Laham (2003), S. 59.
[709] Hierzu sei auf den Abschnitt der Wissensspirale von Nonaka und Takeuchi verwiesen, vgl. Nonaka/Takeuchi (1997), S. 61.
[710] Vgl. Hullmann (2001), S. 23.

resultiert lediglich eine Differenzierung zwischen den Wissensarten, die ausgetauscht werden können, da sie abhängig vom Grad ihrer Kodifizierung sind.[711] Grundsätzlich können jedoch alle Interaktionen zu clusterspezifischem Wissen führen.

Gemäß der Arbeit von Sreckovic und Windsperger über die „*Organisation des Wissenstransfers im Cluster*",[712] wird der Transfermechanismus durch die Art des Wissens bestimmt. Dieses Ergebnis erlangten sie durch die Entwicklung eines Ansatzes, der den Wissenstransfer im Cluster durch die Synthese der „Information Richness Theorie"[713] und dem „Knowledge-based View"[714] beschreibt. Dabei greifen sie aus der Information-Richness-Theorie den Aspekt der „information richness", also der Informationsreichhaltigkeit auf, der beschreibt, welche potenzielle Informationsübertragungskapazität ein Transfermedium besitzt,[715] während sie aus dem Knowledge-based View den Gedanken der Tazitness und der Kodifizierung von Wissen aufgreifen. Demnach gibt es eine Relation zwischen dem Grad an Tazitness des Wissens und der nötigen Informationsübertragungsreichhaltigkeit des Transfermediums.

Wie bereits im Abschnitt 4.6.1 zur theoretischen Darstellung der grundlegenden Einflussfaktoren auf den Wissenstransfer und auf die Wissensgenerierung im Cluster dargestellt wurde, bedarf es also bei der Übermittlung von Wissen mit einem hohen Grad an Tazitness, welches nur schwer zu kodieren ist, eines Transfermechanismus, der für einen hohen Grad an Informations-

---

[711] Vgl. Burmann (2002), S. 221 ff.
[712] Sreckovic/Windsperger (2011b).
[713] Bei dieser Theorie handelt es sich um eine von Daft und Lengel entwickelten Erklärungsansatz, der erstmals 1984 in seiner Ursprungsversion veröffentlicht wurde (vgl. Daft/Lengel (1984). Ihr Ansatz beschäftigt sich mit der Fragestellung, warum Unternehmen Informationsverarbeitung betreiben. Sie identifizierten in ihrer Untersuchung zwei Gründe. Zum einen die Reduzierung des Unsicherheitsgrades und zum anderen die Reduktion der Mehrdeutigkeit von Informationen. Dabei findet die Unsicherheit ihren Ausdruck darin, dass im Unternehmen nicht identifiziert werden kann, welche vorhandenen Informationen benötigt werden, um ein Problem zu lösen. Die Mehrdeutigkeit ist darin begründet, dass Informationen von Individuen durch die subjektive Interpretation mehrdeutig interpretiert werden kann (vgl. Daft/Lengel (1986), S. 554 f.). Das Ergebnis ihrer Untersuchung gibt wieder, dass eine Reduktion der beeinflussenden Faktoren durch den gewählten Transfermechanismus und der Reichhaltigkeit der Information beeinflusst wird.
[714] Auf den Knowledge-based View wurde bereits im Abschnitt über den Resource-based View eingegangen, indem er als die Weiterentwicklung des RBV dargestellt wurde. Siehe hierzu III 1.1.
[715] Vgl. Daft/Lengel (1984), S. 196, und Trevino et al. (1990), S. 178 f.

reichhaltigkeit ausgelegt ist, wohingegen kodifiziertes und explizites Wissen durch ein Medium vermittelt werden kann, das über einen geringeren Grad an Informationsreichhaltigkeit verfügt. Basierend auf dieser Sichtweise ist für eine effektive Übermittlung von Informationen und Wissen ein Fit zwischen den Bereichen Ambiguität/Mehrdeutigkeit und der Reichhaltigkeit des Kommunikationsmediums erforderlich. Dabei ergibt sich die Informationsreichhaltigkeit anhand von vier Attributen der Kommunikation: der Feedbackmöglichkeit, des Vorhandenseins von multiplen Übertragungsmechanismen (verbal und nonverbal) in Form von Stimme, Körper, Gesten und Wörtern, der gewählten Sprachart sowie des personellen Fokus in Form von Emotionen und Gefühlen. Je mehr dieser Faktoren beim Übertragungsmedium vorliegen, desto höher ist der Grad an Informationsreichhaltigkeit, die das Kommunikationsmedium übermitteln kann.[716] Daraus ergibt sich, dass Seminare, Workshops, Konferenzen, persönliche formale oder informale Meetings, Telefonkonferenzen, persönliche Besuche und Videokonferenzen einen hohen Grad an Informationsreichhaltigkeit haben und damit geeignet sind, tazites bzw. implizites und schwer zu kodifizierendes Wissen zu übertragen, während Dokumente, Faxe, E-Mails, das Intra- sowie Internet und andere elektronische Medien, Transfermedien sind, die über einen geringen Grad an Informationsreichhaltigkeit verfügen und deshalb besonders geeignet sind, um explizites und kodifiziertes Wissen zu übertragen.[717] Mit Bezug auf die Ausführungen wurden drei Situationen analysiert, in denen Wissen mit der Zielsetzung übertragen wurde, den optimalen Transfermechanismus zu identifizieren. Die Ergebnisse der Untersuchung werden zusammenfassend in Abbildung 20 dargestellt.

Beim ersten Szenario wird angenommen, dass der Clusterpartner über Wissen verfügt, das in Reporten und Anleitungen sowie in Datenbanken kodifiziert wurde und lediglich einen geringen Grad an Tazitness enthält. Dieses Wissen wurde mittels Transfermedien mit geringer Informationsreichhaltigkeit übertragen (siehe hierzu FIT I). Beim zweiten Szenario wird angenommen, dass es sich um Wissen handelt, das einen hohen Grad an Tazitness aufweist und nur schwer zu kodifizieren ist. Dieses Wissen sollte durch Medien mit hoher Informationsreichhaltigkeit übertragen werden (siehe hierzu

---

[716] Vgl. Sreckovic/Windsperger (2011b), S. 299 ff.
[717] Siehe hierzu auch Burr/Stephan (2006), S. 145 f.

	LOW Information Richness	HIGH Information Richness
LOW Tacitness- Component of System Knowledge	FIT I Postal mailings, documents, fax, email, intranet, chat, online forum, newsgroups	MISFIT II
HIGH Tacitness- Component of System Knowledge	MISFIT I	FIT II Seminars, workshops, committees, meetings, video conferences

Abbildung 20: Relation zwischen Wissenseigenschaften und Transfermechanismen[718]

FIT II). Ergänzend sei im Unterschied hierzu nochmals auf vollständig implizites Wissen verwiesen. Dieses Wissen kann zumeist nur durch Beobachtung und Anwendung übermittelt werden. Sollte versucht werden, hochgradig implizites Wissen mittels Transfermechanismen zu übertragen, das über eine geringe Informationsreichhaltigkeit verfügt, so ergibt sich ein Problem (siehe hierzu MISFIT I). Der Empfänger des Wissens wird nicht in der Lage sein, das zu übermittelnde Wissen zu verstehen oder sich die zuübertragenden Fähigkeiten/Fertigkeiten anzueignen, da der Teil des impliziten Wissens auf Unternehmens- oder Gruppenwissen basiert, also einer Wissensbasis bedarf, die ihm nicht übermittelt werden konnte. Ein weiteres Problemfeld ergibt sich, wenn es sich um explizites Wissen handelt, das bereits kodifiziert wurde und mittels Transfermechanismen mit hoher Informationsreichhaltigkeit übertragen werden soll, da der Empfänger den Informationen aufgrund des Übertragungsmechanismus (Aufwand) zu viel Bedeutung beimessen würde und so eventuell falsch interpretieren könnte (MISFIT II). Ebenso entstehen durch

---

[718] Quelle: Sreckovic/Windsperger (2011b), S. 23; vgl. auch Sreckovic/Windsperger (2011a), S. 303.

Transfermechanismen mit hoher Informationsreichhaltigkeit erhöhte Kosten und die Gefahr von Manipulationen steigt aufgrund der persönlichen Transfermechanismen. Als drittes Szenario bleibt noch der Sachverhalt, dass Wissen halb implizit und halb explizit ist. Der explizite Teil kann dabei in Form von Datenbanken, Reporten oder in ähnlicher Weise vorliegen, während das implizite Wissen an Personen gebunden ist, in Form von bspw. Führungskräften oder Mitarbeitern. Ein Transfer des kodifizierten Wissens erscheint recht simpel, da es in schriftlicher Form vorliegt. Dieses Wissen ist für die Clustermitglieder aber nur dann wertvoll, wenn sie die nötige Wissensbasis bzw. die spezifischen organisationalen Fähigkeiten besitzen, um das kodifizierte Wissen erlernen zu können und es umzusetzen. Ohne das dazugehörige implizite Wissen ist das explizite Wissen dementsprechend relativ wertlos. Um unter diesen Gesichtspunkten einen möglichst effizienten Transfer beider Wissensarten zu ermöglichen, sollten kombinierte Übertragungsmechanismen gewählt werden, wie bspw. gemeinsame Seminare oder Workshops.[719]

Bei der Berücksichtigung der Studie von Sreckovic und Windsperger kann in Bezug auf die Transfermechanismen von Wissen im Cluster zu folgenden Ergebnis gekommen werden. Erstens lässt sich nur kodifiziertes und damit explizites Wissen durch schriftliche oder verbale Kommunikation auf andere Akteure übertragen, sofern sie über die nötige Wissensbasis verfügen, um sich dieses Wissen erschließen zu können. Zweitens bedarf es bei der Übermittlung von Wissen mit einem hohen Grad an Tazitness der Nutzung multipler Übertragungsmechanismen. Was allerdings in ihrer Studie nicht untersucht wurde, ist die Übermittlung von vollständig implizitem Wissen. Dieses Wissen kann nur teilweise durch Kodifizierung übermittelt werden und erfordert deshalb als Mechanismus für die Übermittlung die Beobachtung, also die visuelle Wahrnehmung des Individuums und die Nachahmung bzw. Partizipation durch die Humanressource. Die Problematik bei der Übermittlung von implizitem Wissen liegt damit vor allem darin, dass das implizite Wissen in der Regel stärker an Humanressourcen gebunden ist und eine Verbalisierung nicht immer möglich ist. Daraus ergibt sich, dass der Transfer von verschieden Wissenstypen nicht allein durch die Transfermedien und deren Informationsreichhaltigkeit bestimmt werden kann; ebenso sind die in den beiden vorangegangen

---

[719] Vgl. Sreckovic/Windsperger (2011b), S. 5 f., und Sreckovic/Windsperger (2011a), S. 302 f.

Abschnitten genannten Rahmenbedingungen wichtig, die in der Studie nur wenig Berücksichtigung fanden. So unterliegt der Wissenstransfer im Cluster, bedingt durch die vorherrschenden Wissensarten (implizit/explizit/tazit), neben der Informationsreichhaltigkeit der Übertragungsmedien ebenfalls der räumlichen Nähe, der Embeddedness (sozialen Nähe), dem Vertrauen und der kognitiven Nähe sowie den darauf basierenden weiteren Faktoren.[720]

Zusammenfassend lässt sich also festhalten, dass bei allen Interaktionsprozessen im Cluster, die auf Kommunikation basieren, lediglich explizites Wissen bzw. implizites Wissen, das durch die Verbalisierung teilweise kommunizierbar gemacht wurde, ausgetauscht werden kann. Als Ausnahme zählt der Transfer von vollständig implizitem Wissen, das mittels Beobachtung und Partizipation oder in Form von Humankapitaltransfer bzw. Humankapitalfluktuation transferiert werden kann. Das Besondere an der Humankapitalfluktuation bzw. beim Humankapitaltransfer ist, dass alle drei beschriebenen Wissensarten (explizites, implizites und tazites Wissen) ausgetauscht werden können, da sie im Individuum vereint sind.

Der beschriebene Wissenstransfer bzw. die Interaktionsprozesse zwischen den Akteuren im Cluster per se und die genannten Rahmenbedingungen bilden den Schlüssel für die Generierung von clusterspezifischem Wissen, denn

clusterspezifisches Wissen bezeichnet die idiosynkratischen Kenntnisse der Akteure über das Cluster und die Fähigkeiten eines oder mehrerer Akteure im Cluster, die wegen ihrer Tazitness nur teilweise zu kodifizieren sind und sich durch ihre Besonderheiten in der Ausstattung auszeichnen.

Die vorliegende Definition setzt sich aus zwei Kernkomponenten zusammen: den idiosynkratischen Kenntnissen und den idiosynkratischen Fähigkeiten. Die Definition basiert dabei auf den Ansätzen von Hayek[721] und Williamson[722] zur Spezifität bzw. Faktorspezifität und auf den Wissensarten von Lundvall und Johnson.[723] Durch die Synthese dieser beiden Ansätze in einer Definition zum clusterspezifischen Wissen wird eine Kombination von Wissensmanagement und Betriebswirtschaftslehre herbeigeführt, die es ermöglicht, sowohl die ökonomische als auch wissenstheoretische Ebene zu betrachten, um dar-

---

[720] Vgl. Zademach/Rimkus (2009), S. 418 f.
[721] Vgl. Hayek (1945).
[722] Vgl. Williamson (1979).
[723] Vgl. Lundvall/Johnson (1994) sowie wiederholend Kapitel 4.6.6.

aus spätere Rückschlüsse auf die Relevanz von clusterspezifischem Wissen aus ökonomischer Perspektive zu ermöglichen und gleichzeitig den Entstehungsprozess von clusterspezifischem Wissen sowie seine Wissensbestandteile zu untersuchen. Im Zuge des weiteren Forschungsvorgehens wird es nachfolgend erforderlich sein, den Entstehungsprozess des clusterspezifischen Wissens differenzierter zu betrachten. Bevor dieser Analyseschritt vollzogen wird, soll kurz darauf eingegangen werden, was unter den verwendeten Termini zu verstehen ist.

Als idiosynkratische Kenntnisse der Akteure wird das Wissen, über die clusterinternen Abläufe in Form von Beziehungen und Interdependenzen verstanden (*Process Idiosyncracies*), die Kenntnisse über Ansprechpartner innerhalb des Clusters sowie deren Wissensbasis (*Know-who/Responsibility Idiosyncracies*) und die zu wählende Kommunikationsform (formal/informal) die für den erfolgreichen Informationsaustausch zwischen den Akteuren (*Communication Idiosyncracies*) erforderlich ist.[724] Diese Kenntnisse werden durch die Interaktionsbeziehungen im Cluster mittels Sozialisation erworben und liegen somit nicht ex ante vor, da sie erst erlernt werden müssen. Die idiosynkratischen Kenntnisse stellen damit grundsätzlich eine geteilte Wissensbasis der Mitglieder im Cluster dar, die es den fokalen Organisationen ermöglicht, durch die Interaktion mit anderen Akteuren im Cluster die in der Definition angesprochenen „Fähigkeiten" zu entwickeln. Dabei variieren die idiosynkratischen Kenntnisse in ihrem Umfang von Akteur zu Akteur. Sie sind u. a. davon abhängig, mit wie vielen anderen Akteuren ein Akteur in Verbindung steht, wie häufig Interaktionen zwischen den Akteuren stattfinden, von welcher Art die Beziehungen der Akteure sind, welche Stellung ein Akteur im Cluster hat und welche Informationen innerhalb der Beziehungen ausgetauscht werden.

Unter dem Begriff „idiosynkratische Fähigkeiten" wird im Zusammenhang mit der Definition von clusterspezifischem Wissen das implizite Wissen (*Know-how*) des Individuums subsumiert sowie sein Faktenwissen (*Know-what*) und sein besonderes Wissen über Maschinen, Produktionsabläufe etc. (*Equipment Idiosyncracies*). Hierbei handelt es sich um Kenntnisse und Fähigkeiten mit einer hohen Spezifität, die vornehmlich von Individuen interpretiert und effektiv eingesetzt werden können, die über die nötigen idiosynkra-

---

[724] Sinngemäß Festing (1999), S. 202.

tischen Kenntnisse verfügen.[725] Die idiosynkratischen Kenntnisse stellen deshalb einen Schlüsselfaktor dar, denn durch die Interaktion erlernen die Mitglieder des Clusters ähnliche Interpretationsschemata und ein gegenseitiges Verständnis,[726] das es ermöglicht, sich auszutauschen, ohne stets neue Definitionen für jeden Begriff zu kreieren oder das Diskussionsfeld jedes Mal neu zu determinieren.[727] Weiterhin beinhaltet dieser Wissensstock auch Routinen, wie z. B. das Wissen über die Interaktionsnetzwerke der Akteure, deren Interdependenzen oder die gemeinsamen Interessen der Mitglieder im Cluster. Tallman et al. bezeichnen dieses Wissen als „… a sense of the ‚rules of the game', available as a tacit understanding to members of the cluster".[728]

Folgende Hypothesen lassen sich aufgrund dieses Sachverhalts ableiten:

H17: Der Transfer von Informationen über das Cluster führt zur Generierung von idiosynkratischen Kenntnissen.

H18: Der Transfer von fachlich relevanten Informationen führt zur Generierung von idiosynkratischen Fähigkeiten.

Beim clusterspezifischen Wissen handelt es sich dementsprechend um einen Begriff, der aus zwei Wissensbestandteilen besteht: den idiosynkratischen Kenntnissen und den clusterspezifischen Fähigkeiten.[729]

Nachdem die zwei Wissensbestandteile der Definition des clusterspezifischen Wissens dargelegt wurden, wird nachfolgend der Entstehungsprozess analysiert, wobei davon ausgegangen wird, dass die idiosynkratischen Kenntnisse eine Vorbedingung für die Generierung der clusterspezifischen Fähigkeiten sind, denn nur wenn die vorhandenen Wissensressourcen innerhalb

---

[725] Vgl. Jensen/Meckling (1992), zitiert in Choudhury/Sampler (1997), S. 30.
[726] Vgl. Bathelt et al. (2004), S. 38.
[727] Dieses Wissen ist als Kontextwissen zu verstehen und setzt sich aus Fachwissen, Erfahrungen aus dem Arbeitsumfeld und aus persönlichen Erfahrungen zusammen; vgl. Strauss (1998), S. 36.
[728] Tallman et al. (2004), S. 265.
[729] Auch Tallman et al. beschäftigen sich mit den Eigenschaften von clusterspezifischen Wissen, sie geben jedoch keine Defition und halten sich bei der Beschreibung der Charakteristika allgemeiner. differenzieren in ihrer Arbeit hingegen drei Wissensarten. Die wesentlichen Merkmale vom „cluster-specific architectural knowledge sowie des *„component knowledge"* und *„architectural knowledge"* werden in Tabelle 26 des Anhangs wiedergeben. In der vorliegenden Arbeit fließt diese Differenzierung in die Betrachtung ein, führt als Ergebnis aber zu der oben dargestellten Systematisierung.

des Clusters bekannt sind (Know-who), können diese auch erschlossen werden. Zur Erschließung dieser Wissensressourcen ist es wiederum erforderlich, zu wissen, welches Kommunikations- bzw. Transfermedium (communication idiosyncracis) hierfür eingesetzt werden sollte. Es handelt sich dabei also um ein „spezifisches Wissen", das innerhalb der Gemeinschaft des Clusters vorherrscht. Dieses Wissen ist für die Partizipanten Voraussetzung, um mit den einzelnen Akteuren interagieren zu können und stellt damit innerhalb des Clusters ein Allgemeinwissen dar, das allerdings von Nichtmitgliedern des Clusters als Spezialwissen aufgefasst wird.[730]

Im Hinblick auf das Cluster führt Wissenstransfer zwischen fokalen Akteuren dazu, dass das Wissen der Humanressource eines Akteurs durch den Transfer an eine Humanressource eines anderen Akteurs in dessen unternehmensspezifische Wissensspirale einfließen und durch Kombination und Sozialisation zu clusterspezifischem Wissen führen kann. Dieses Wissen kann dann im nächsten Schritt wieder in das Cluster transferiert werden und findet damit Eingang in die Wissensspiralen weiterer Akteure.[731] Dies bedeutet, dass das clusterspezifische Wissen in ein Wissensnetzwerk einfließen kann und ebenfalls mit dem bereits vorhandenen Wissen der Clustermitglieder verknüpft werden kann, wodurch es zu einer stetigen Generierung von clusterspezifischem Wissen kommen kann. Es findet also ein Ablauf des interaktiven Lernens zwischen den Akteuren im Cluster statt, bei dem Teile des impliziten Wissens des einen Wissensträgers explizit und auf einen anderen Wissensträger übertragen werden.[732] Dieser Prozess kann sich beliebig oft wiederholen, weshalb Arikan zu dem Schluss kommt, dass

„[...] because of these knowledge exchanges, the total amount of knowledge that clustered firms create ends up being lager than it would have been had the firms been geographically scattered".[733]

Bathelt, Maskell und Malmberg beschreiben den Prozess der Wissensgenerierung im Cluster wie folgt:

„Overall, the shared knowledge basis enables cluster firms to continuously combine and re-combine similar and non-similar resources to produce new knowledge and

---

[730] In Anlehnung an Jost (2009), S. 33 f.
[731] Vgl. Antonelli (1999), S. 245.
[732] Vgl. Lehner (2009), S. 102.
[733] Arikan (2009), S. 660.

innovations. This stimulates economic specialisation within the cluster and results in the development of localised capabilities which are available to cluster firms."[734]

In der vorliegenden Arbeit wird angenommen, dass es sich bei dem angesprochenen „neuen Wissen" um clusterspezifisches Wissen handelt, das sich aus den bereits erörterten Wissensspezifikationen zusammensetzt. Diese Annahme soll durch die spätere empirische Untersuchung gestützt werden. Bei den zwei Komponenten des clusterspezifischen Wissens handelt es sich demnach um spezifisches Wissen, das zu einer signifikanten Wertsteigerung für das Unternehmen im Cluster führen könnte. Dabei können sowohl die idiosynkratischen Kenntnisse als auch die idiosynkratischen Fähigkeiten aufgrund ihrer Eigenschaften das Potenzial besitzen, Wettbewerbsvorteile zu realisieren.

Erworben wird dieses spezifische Wissen zu einem überwiegenden Teil aus Erfahrungen, die über die Zeit durch die Interaktion im Cluster akkumuliert werden. Das sich so entwickelte Wissen kann aufgrund seiner Spezifität nur auf homogene Portfoliounternehmen angewendet werden, da andernfalls bei der Übertragung ein erheblicher Effizienzverlust entsteht.[735] Das clusterspezifische Wissen ist nämlich zumindest teilweise abhängig von dem Bedeutungszusammenhang, indem es angeeignet wurde und von dem Kommunikationsprozess, indem es transferiert wurde.[736] Es ist demnach kontext- und beziehungsspezifisch, weshalb eine Imitation kaum möglich ist. Dies kann vor allem auf die impliziten Bestandteile des clusterspezifischen Wissens zutreffen. Frost führt dazu an:

„Der Grund ist, dass implizites Wissen zu einem hohen Ausmaß kontextabhängiges Wissen ist, das seinen Wert erst aus der Einbettung in spezifische Settings entfaltet. Implizites Wissen ist immer an Erfahrungs- oder Hintergrundwissen gebunden."[737]

Die Spezifika des clusterspezifischen Wissens haben demnach einen direkten Einfluss auf seine Austauschmöglichkeiten und seine Mobilität. Je stärker das clusterspezifische Wissen in einen spezifischen Erfahrungs- oder Beziehungskontext eingebunden ist, desto höher ist die Barriere für den Transfer zu Akteuren außerhalb des Clusterkontextes. Da ein Transfer des gesamten Kon-

---

[734] Bathelt et al. (2004), S. 37; siehe hierzu auch Maskell/Malmberg (1999a), S. 10, und Maskell/Malmberg (1999b), S. 173 ff.
[735] Vgl. Jungwirth (2006), S. 32 f.
[736] Vgl. Nonaka/Takeuchi (1997), S. 70.
[737] Frost (2005), S. 301.

textes zumeist nicht möglich ist, kann das Wissen häufig nur unvollständig übertragen werden.[738]

Im Zuge des Austauschprozesses zwischen den Humanressourcen der Akteure im Cluster gibt es verschiedene Interaktionsmöglichkeiten. Um das Prinzip der Generierung von clusterspezifischem Wissen tiefer gehend zu erörtern, werden nachfolgend vier grundlegende Szenarien dargestellt, bei denen clusterspezifisches Wissen entstehen kann. Dabei wird davon ausgegangen, dass im Interaktionsprozess sich überlappender Wertschöpfungsnetzwerke unterschiedliche Wissensressourcen miteinander in Relation gesetzt werden und durch deren Verknüpfung neues (clusterspezifisches) Wissen entsteht.[739]

Als erstes Szenario wird die *Projektarbeit bzw. die teamorientierte Interaktion* dargestellt, gefolgt von der *interorganisationalen Interaktion* zweier oder mehrerer Individuen verschiedener Akteure des Clusters, anschließend die *Fluktuation bzw. der Transfer von Humanressourcen zwischen den Akteuren des Clusters* und abschließend wird die Generierung von clusterspezifischem Wissen anhand von *Beobachtungen beschrieben,* wobei darin ein Sonderfall zu sehen ist, da nicht zwangsläufig eine Interaktion zwischen den Humanressourcen der Akteure stattfindet.

Bei der *Projektarbeit*[740] bzw. der teamorientierten Interaktion arbeiten mehrere Individuen der verschiedenen Akteure (horizontal, vertikal und lateral) des Clusters an einem Projekt und bringen ihre spezifischen Fähigkeiten und Kenntnisse ein.[741] Dabei ist zwischen zwei Informationsarten zu unterschieden, die das Potenzial haben, zu clusterspezifischem Wissen zu führen. Zum einen können die Humanressourcen der verschiedenen Akteure idiosynkratische Informationen über das Cluster austauschen, die zur Generierung des ersten Teils des clusterspezifischen Wissens – den idiosynkratischen Kenntnissen über das Cluster – führen könnten, oder sie tauschen fachlich relevante Informationen aus, die zum zweiten Teil das clusterspezifische Wissen, den clusterspezifischen Fähigkeiten, führen können. Damit es zur Generierung von

---
[738] Vgl. Lo (2003), S. 34.
[739] Vgl. Lo (2003), S. 233.
[740] Zur Thematik des Wissens in der Projektarbeit vgl. Prange (2002), S. 57.
[741] Entscheidend ist hierbei, dass alle beteiligten Humanressourcen der Akteure eine gemeinsame Zielsetzung haben und versuchen, diese Zielsetzung erfolgreich zu realisieren. In diesem Punkt differiert die teamorientierte Interaktion bspw. von der interorganisationalen Interaktion im Cluster, da es bei dieser Interaktion nicht zwangsläufig eine gemeinsame Zielsetzung gibt.

clusterspezifischem Wissen kommen kann, ist ein erfolgreicher Wissenstransfer zwischen den Humanressourcen erforderlich, was bedeutet, dass die gesendeten fachlichen Informationen vom Empfänger zu interpretieren sind und im Ergebnis eine möglichst genaue Rekonstruktion des Wissens des Senders darstellen. Das so transferierte Wissen ist in Kontext mit der eigenen Wissensbasis zu bringen und mit dieser zu verknüpfen, wodurch eine Wissensmehrung entsteht, die als clusterspezifisches Wissen zu bezeichnen ist. Dieses generierte „clusterspezifische Wissen" können die Humanressourcen dann nutzen, um eine Mehrwertschaffung im Cluster zu generieren (siehe hierzu Abbildung 21). Es könnte bspw. seinen Ausdruck in Produktinnovationen, Produktweiterentwicklungen oder Fertigungsverfahren finden, die spezifisch für das jeweilige Cluster sind.

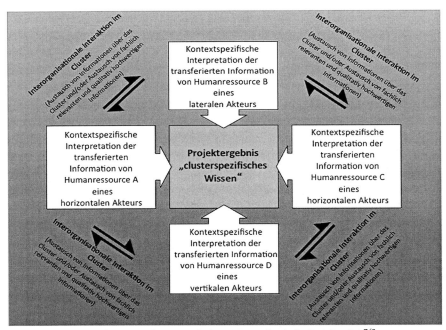

Abbildung 21: Entstehung von clusterspezifischem Wissen durch die Projektarbeit[742]

Neben der Wissensspirale von Nonaka und Takeuschi kann zur Erklärung dieses Effekts auch die hermeneutische Spirale bzw. der hermeneutische Zir-

---
[742] Quelle: Eigene Darstellung.

kel herangezogen werden. Im ersten Schritt vollzieht sich in diesem Ansatz eine Verzahnung von Vorverständnis mit den neuen Informationen. Diese Informationen werden mithilfe der individuellen Wissensbasis erschlossen und verstanden. Daraus resultiert ein neues Verständnis, das sich aus der Informationsverarbeitung ergibt und damit das vorhandene Verständnis modifiziert hat. Dieser Ablauf kann sich ständig wiederholen, wobei es zu einer stetigen Erweiterung der eigenen Wissensbasis und des Verständnisses kommt. Durch die Erweiterung des Verständnisses können neue Wissensbasen erschlossen werden, die dann wiederum in die Clustergemeinschaft eingespeist werden können.[743]

Während des gesamten Interaktionsprozesses im Projekt kommt es zum ständigen Austausch von spezifischen Informationen zwischen den Humanressourcen der verschiedenen Akteure. Der Interaktionsprozess stellt im Wesentlichen den Effekt der Sozialisation dar, denn durch den ständigen Austauschprozess wird Vertrauen aufgebaut, Termini werden determiniert, Embeddedness geschaffen, die Charakterzüge und die Wissensbasen der einzelnen Clustermitglieder kennengelernt. Durch diesen Prozess der Sozialisierung können sich dementsprechend idiosynkratische Kenntnisse und clusterspezifische Fähigkeiten entwickeln.

Mit Abschluss des Projekts ist die Wissensgenerierung aber noch nicht abgeschlossen. Ab diesem Zeitpunkt kann das clusterspezifische Wissen in die einzelnen fokalen Unternehmen transferiert und implementiert werden, wo es wiederum den Prozess der Wissensspirale durchläuft und abermals modifiziert oder neu generiert werden kann,[744] bevor es dann wieder in das Cluster eingebracht wird.[745] Aus ökonomischer Sicht kann der Abfluss von Wissen eines Akteurs in das Cluster einen negativen Effekt auf die Rentengenerierung haben, wenn das clusterspezifische Wissen eine strategische Ressource für das Unternehmen darstellt, die dazu beiträgt, dass das fokale Unternehmen Wettbewerbsvorteile auf Basis dieser Ressource realisieren kann.[746]

Der zweite Weg zur Entstehung von clusterspezifischem Wissen ist die

---

[743] In Anlehnung an: Hussy et al. (2010), S. 239.
[744] Vgl. Arikan (2009), S. 659 f.
[745] Dabei ist es für den Entstehungsprozess unerheblich, ob das clusterspezifische Wissen gewollt zur Verfügung gestellt wird oder ungewollt abfließt; von Bedeutung ist lediglich, dass es wieder in den Kreislauf der Wissensgenerierung gelangt.
[746] Eine ausführliche Würdigung der Effekte wird bei der späteren Analyse des clusterspezifischen Wissens im Abschnitt 4.7 erfolgen.

interorganisationale Interaktion der Humanressourcen von horizontalen, vertikalen und/oder lateralen Akteuren des Clusters mit anschließender Einbettung des individuellen clusterspezifischen Wissens in das fokale Unternehmen.[747] Die Generierung ist hierbei ähnlich dem zuvor erläuterten Vorgehen, jedoch beschränkt sich die Interaktion auf wenige Individuen, die nicht an einem gemeinsamen Projekt arbeiten und somit keine gemeinsame Zielerreichung verfolgen. Weiterhin kann es auch sein, dass lediglich ein Akteur im Cluster einen Nutzen durch diese Interaktion zieht. Der Informationstransfer in der Abbildung 22 findet exemplarisch zwischen zwei unterschiedlichen Akteuren des Clusters statt, die sich auf formaler oder informaler Ebene austauschen. Während des Austauschprozesses werden Informationen über das Cluster und/oder fachlich relevante Informationen transferiert. Die so vermittelten Informationen werden mithilfe der eigenen Wissensbasis interpretiert und anschließend mit ihr verknüpft. Anschließend wird das hinzugewonnene clusterspezifische Wissen des Individuums im Unternehmen abermals kontextspezifisch interpretiert, angewendet und implementiert, wobei es infolge dessen zu einer weiteren Wissensgenerierung von clusterspezifischem Wissen kommen kann (Abbildung 22). Ist dieser Prozess vollzogen, kann das so erstellte clusterspezifische Wissen bspw. durch die Beobachtung von anderen Akteuren oder durch gemeinsame Workshops wieder Eingang in das Cluster finden.

Als dritte Möglichkeit für die Generierung von clusterspezifischem Wissen werden die Humankapitalfluktuation und der Humankapitaltransfer gesehen.[748] Durch den Abfluss von Humanressourcen aus einem fokalen Unternehmen des Clusters hin zu einem anderen fokalen Unternehmen des Clusters werden dessen Wissen, wozu auch das clusterspezifische Wissen gehören kann, in Beziehung zu einem neuen Unternehmenskontext gebracht. Durch die Erschließung der organisationalen Wissensbasis und anschließenden Verknüpfung mit der eigenen Wissensbasis kann neues (clusterspezifisches) Wissen entstehen (siehe hierzu Abbildung 23). Anschließend kann auch das so generierte clusterspezifische Wissen von der Organisation ins Cluster abfließen.

Im vierten und damit letzten vorzustellenden Szenario wird davon ausgegangen, dass clusterspezifisches Wissen auch mittels Beobachtung transferiert

---

[747] Vgl. Kesidou/Szirmai (2008), S. 284.
[748] Vgl. Huber (2010), S. 16.

IV CLUSTERSPEZIFISCHES WISSEN

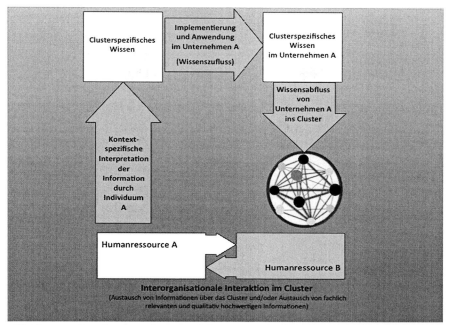

Abbildung 22: Entstehung von clusterspezifischem Wissen durch die Interaktion von Humanressourcen[749]

werden kann. Hierbei wird es sich wahrscheinlich um idiosynkratische Fähigkeiten handeln, da nicht davon auszugehen ist, dass idioynkratische Kenntnisse auf nonverbale Weise transferiert werden können. Wie der Abbildung 24 zu entnehmen ist, wird angenommen, dass durch die Beobachtung eines horizontalen, vertikalen oder lateralen Akteurs eine Aneignung von clusterspezifischem Wissen durch einen anderen Akteur des Clusters erfolgen kann. Hierzu bedarf es aber der Annahme, dass der beobachtende Akteur über eine ähnliche Wissensbasis wie der informationsgebende Akteur verfügt, denn nur dann wird er in der Lage sein, sich dieses Wissen zu erschließen. Durch die Beobachtung werden die fachlich relevanten Informationen vom Individuum empfangen, anschließend erfolgt die kontextspezifische Interpretation der Informationen und die damit einhergehende Verknüpfung mit dem bereits vorherrschenden Wissen. Auf Basis der kontextspezifischen Interpretation und durch die Verknüpfung des Wissens von Humanressource B wird cluster-

---

[749] Quelle: Eigene Darstellung.

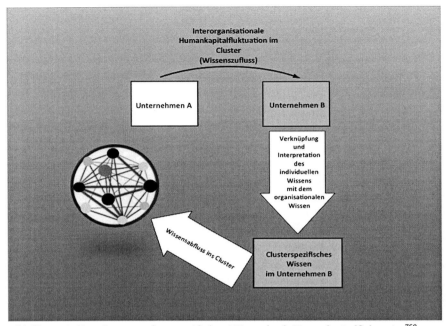

Abbildung 23: Entstehung von clusterspezifischem Wissen durch Humankapitalfluktuation[750]

spezifisches Wissen generiert. Auch dieses clusterspezifische Wissen des Individuums kann wieder im fokalen Unternehmen (in diesem Fall des Akteurs B) implementiert, angewendet und weiterentwickelt werden, woraus sich erneut clusterspezifisches Wissen ergeben kann. Wie bei allen dargestellten Szenarien ist auch hier wieder davon auszugehen, dass das so generierte Wissen im Zeitverlauf wieder Eingang in das Cluster finden kann.

Allen genannten Ansätzen liegt hierbei die ursprüngliche Idee von Marshall zugrunde, der schon im Jahre 1920 einen ähnlichen Vorgang der Wissensgenerierung beschreibt.

„Good work is rightly appreciated, inventions and improvements in machinery, in processes and the general organization of the business have their merits promptly discussed; if one man starts a new idea, it is taken up by others and combined with suggestions of their own; and thus becomes the source of further new ideas."[751]

---

[750] Quelle: Eigene Darstellung.
[751] Marshall (1920), S. 225.

IV CLUSTERSPEZIFISCHES WISSEN   171

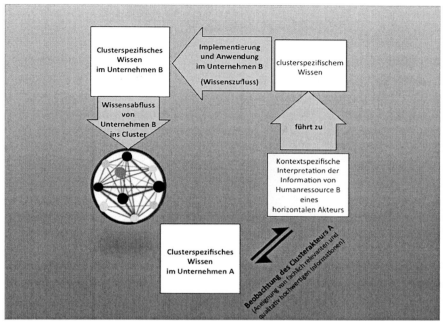

Abbildung 24: Entstehung von clusterspezifischem durch Beobachtung[752]

4.3 ZUSAMMENFASSUNG

Nachdem dargestellt wurde, wie der Wissenstransfer im Cluster verläuft, was unter dem Begriff „clusterspezifisches Wissen" zu verstehen ist und unter Berücksichtigung der postulierten Hypothesen H1 bis H12 vier Szenarien entwickelt wurden, die detailliert den Entstehungsprozess von clusterspezifischem Wissen erklären, soll an dieser Stelle der Arbeit das erste Teilmodell (Abbildung 25) dargestellt werden. In diesem Modellsegment werden die entsprechenden Hypothesen mit in die Darstellung aufgenommen, um so die Nachvollziehbarkeit der postulierten Wirkungszusammenhänge zu gewährleisten und die spätere empirische Untersuchung zu ermöglichen. Bevor dieser Schritt jedoch erfolgt, ist zu klären, was unter einem Modell zu verstehen ist und wozu es verwendet wird. Modelle werden in der Wissenschaft zu vielfältigen Zwecken angewandt. Sie sind bspw. zentrale Instrumente zur Analyse, Vorhersage

---

[752] Quelle: Eigene Darstellung.

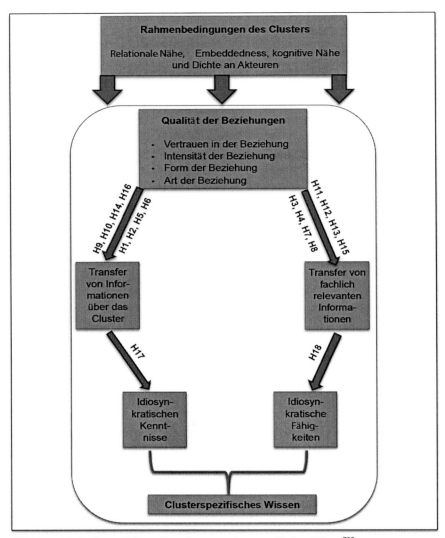

Abbildung 25: Analysemodell zur Entstehung von clusterspezifischem Wissen[753]

---
[753] Quelle: Eigene Darstellung.

und Leistungsbewertung.[754] In der vorliegenden Arbeit wird das zweiteilige theoriebasierte Modell verwendet, um eine vereinfachte Darstellung der Generierung von clusterspezifischem Wissen zu ermöglichen (erstes Modellsegment) und später eine Analyse von clusterspezifischem Wissen hin auf sein Potenzial Wettbewerbsvorteile zu generieren zu ermöglichen (Modellsegment zwei). Durch diese Anwendung kommt das Modell genau den von Wöhe beschriebenen Verwendungszweck nach, denn Modelle dienen dazu mittels Abstraktion ein vereinfachtes Abbild von der komplexen wirtschaftlichen Realität zu geben.[755] Durch die reduzierte Komplexität des Analyseobjektes können die wesentlichen Wirkungszusammenhänge zwischen den verschieden Variablen dargestellt werden und ermöglichen so eine spätere empirische Untersuchung der postulierten Zusammenhänge.[756] Dabei erfolgt die Modellbildung in starker Anlehnung an das Vorgehen von Nienhäuser (1996). Bei der Modellbildung handelt es sich dementsprechend um einen stetigen Prozess.

„Ausgehend vom Problem [wird] das Modellobjekt konzipiert und nach Theorien gesucht, die wiederum die Problemsicht und Einschätzung der Relevanz von Variablen und Zusammenhängen beeinflussen."[757]

Im ersten Modellsegment werden hierzu theoretische Grundlagen aus dem Wissensmanagement, dem Strategischen Management, vor allem aus dem Bereich der Netzwerktheorie und der Clusterforschung herangezogen, um so den Entstehungsprozess von clusterspezifischem Wissen zu erklären, während das zweite Modellsegment auf den theoretischen Grundlagen des Resource-based View und Relational View aufbaut.

Das in dieser Arbeit entwickelte Modell basiert dabei auf der Grundannahme, dass die Rahmenbedingungen des Clusters die Qualität der Beziehungen innerhalb des Clusters direkt beeinflussen. Eine empirische Überprüfung dieser Annahme wird im weiteren Verlauf der Arbeit nicht erfolgen, da bereits hinreichende empirische Untersuchungen und Erkenntnisse zu dieser Thematik vorliegen.[758]

---

[754] Vgl. Lee (1999), S. 127.
[755] Vgl. Wöhe (2000).
[756] Vgl. Eidems (2010), S. 55.
[757] Nienhüser (1996), S. 58.
[758] Vgl. hierzu Breschi/Malerba (2007).

Im Folgenden wird deshalb auf die Faktoren fokussiert, die einen direkten Einfluss auf den Transferinhalt der Beziehungen haben könnten. Dabei wurden in den vorangegangenen Abschnitten systematisch variierende Zusammenhänge zwischen der Qualität der Beziehung und den in der Beziehung zu transferierenden Informationen angenommen (Hypothesen 1 bis 16). Es wurde dabei angenommen, dass der Informationstransfer zwischen den unterschiedlichen Wertschöpfungsebenen (Art der Beziehung) differiert. Es ist dementsprechend vom jeweiligen Interaktionspartner abhängig, welche Informationen transferiert werden. So werden bspw., ein horizontaler und ein vertikaler Akteur andere Informationen austauschen als zwei horizontale Akteure. Einen weiteren Einflussfaktor bildet der Formalisierungsgrad der Beziehung. In formalen Beziehungen werden demnach andere Informationen ausgetauscht werden als in informalen Beziehungen. Diese Annahmen werden mithilfe der Hypothesen H1 bis H12 im Modell dargestellt.

H1: *Informale horizontale* Beziehungen zwischen den Humanressourcen verschiedener Akteure eines Clusters führen zum Transfer von *Informationen über das Cluster.*

H2: *Formale horizontale* Beziehungen zwischen den Humanressourcen verschiedener Akteure eines Clusters führen zum Transfer von *Informationen über das Cluster.*

H3: *Informale horizontale* Beziehungen zwischen den Humanressourcen verschiedener Akteure eines Clusters führen zum Transfer von *fachlich relevanten Informationen.*

H4: *Formale horizontale* Beziehungen zwischen den Humanressourcen verschiedener Akteure eines Clusters führen zum Transfer von *fachlich relevanten Informationen.*

H5: *Informale vertikale* Beziehungen zwischen den Humanressourcen verschiedener Akteure eines Clusters führen zum Transfer von *Informationen über das Cluster.*

H6: *Formale vertikale* Beziehungen zwischen den Humanressourcen verschiedener Akteure eines Clusters führen zum Transfer von *Informationen über das Cluster.*

H7: *Informale vertikale* Beziehungen zwischen den Humanressourcen verschiedener Akteure eines Clusters führen zum Transfer von *fachlich relevanten Informationen.*

H8: *Formale vertikale* Beziehungen zwischen den Humanressourcen verschiedener Akteure eines Clusters führen zum Transfer von *fachlich relevanten Informationen.*

H9: *Informale laterale* Beziehungen zwischen den Humanressourcen verschiedener Akteure eines Clusters führen zum Transfer von *Informationen über das Cluster.*

H10: *Formale laterale* Beziehungen zwischen den Humanressourcen verschiedener Akteure eines Clusters führen zum Transfer von *Informationen über das Cluster.*

H11: *Informale laterale* Beziehungen zwischen den Humanressourcen verschiedener Akteure eines Clusters führen zum Transfer von *fachlich relevanten Informationen.*

H12: *Formale laterale* Beziehungen zwischen den Humanressourcen verschiedener Akteure eines Clusters führen zum Transfer von *fachlich relevanten Informationen.*

Weiterhin wird angenommen, dass die Intensität der Beziehung einen Einfluss auf die Art der transferierten Informationen hat. Mit steigender Intensität der Beziehung wird sich demnach eine Verlagerung des Informationstransfers, von Informationen über das Cluster hin zu fachlich relevanten Informationen, einstellen. Diese Annahmen werden im Modell durch die Hypothesen H13 und H14 verdeutlicht.

H13: Je intensiver die Beziehungen zwischen den Humanressourcen verschiedener Akteure eines Clusters sind, desto mehr fachlich relevante Informationen werden transferiert.

H14: Je geringer die Intensität der Beziehungen zwischen den Humanressourcen verschiedener Akteure eines Clusters ist, desto mehr Informationen über das Cluster werden transferiert.

Ebenfalls wird angenommen, dass das Vertrauen einen starken Einfluss auf den Inhalt der Beziehung hat. Je nach Vertrauensverhältnis zwischen den Humanressourcen der verschiedenen Akteure im Cluster wird es demnach zum Transfer von Informationen über das Cluster oder zum Transfer von fachlich relevanten Informationen kommen. Es wird dabei angenommen, dass sich mit steigender Intensität des Vertrauens, die transferierten Informationsarten verlagern. Während bei relativ geringem Vertrauen vor allem Informationen über das Cluster geteilt werden, kommt es mit steigendem Vertrauen zu einer Verlagerung hin zum Austausch von fachlich relevanten Informationen. Im Modell werden diese Annahmen durch die Hypothesen H15 und H 16 abgebildet.

H15: Je stärker der Grad des Vertrauens zwischen den Humanressourcen der verschiedenen Akteure eines Clusters ausgeprägt ist, desto mehr fachlich relevante Informationen werden transferiert.

H16: Je geringer der Grad des Vertrauens zwischen den Humanressourcen der verschiedenen Akteure eines Clusters ausgeprägt ist, desto mehr Informationen über das Cluster werden transferiert.

Auf der zweiten Stufe des Modells wird postuliert, dass der Transfer von Informationen über das Cluster bzw. von fachlich relevanten Informationen zu idiosynkratischen Kenntnissen bzw. idiosynkratischen Fähigkeiten führt, die Wissensbestandteile des clusterspezifischen Wissens sind. Diese Annahmen werden mittels der Hypothesen H17 und H18 dargestellt.

H17: Der Transfer von Informationen über das Cluster führt zur Generierung von idiosynkratischen Kenntnissen.

H18: Der Transfer von fachlich relevanten Informationen führt zur Generierung von idiosynkratischen Fähigkeiten.

Während das erste Modellsegment Annahmen darüber aufstellt, welche Faktoren einen Einfluss auf den Inhalt der Transferbeziehung haben und welche Informationen transferiert werden müssen, damit clusterspezifisches Wissen generiert werden kann, werden im zweiten Modellsegment Annahmen über das Potenzial zur Realisierung von Wettbewerbsvorteilen durch clusterspezifisches Wissen aufgestellt. Hierzu sind allerdings im folgenden Kapitel zuerst die entsprechenden theoretischen Ausführungen erforderlich.

Nachdem also dargestellt wurde, was unter dem Begriff „clusterspezifisches Wissen" zu verstehen ist und wie clusterspezifisches Wissen entsteht, wird nachfolgend eine Betrachtung von clusterspezifischem Wissen aus der ökonomischen Perspektive erfolgen. Das Ziel ist es zu erörtern, weshalb clusterspezifisches Wissen das Potenzial haben könnte, zur Rentengenerierung beizutragen. Hierzu wird im nächsten Abschnitt basierend auf der integrativen Verknüpfung des Resource-based View und des Relational View sowie unter Berücksichtigung der Ausführungen und der Erkenntnisse zum clusterspezifischen Wissen ein entsprechender Analyserahmen entwickelt.

5 CLUSTER-BASED VIEW OF KNOWLEDGE

Basierend auf der Definition eines Clusters und der damit verbundenen Darstellung des Clusters, als sich überlappende Wertschöpfungsnetzwerke ergeben sich die bereits im Kapitel II angesprochenen Analyseebenen in Form der *Netzwerkebene* und der *Unternehmensebene*. Bei der Betrachtung des gesamten sich überlappenden Wertschöpfungsnetzwerks mit seinen einzelnen Analyseebenen ergeben sich für die einzelnen Ebenen spezielle Ressourcen, die mithilfe des jeweiligen Ansatzes analysiert werden sollen.

5.1 ANALYSE VON CLUSTERSPEZIFISCHEM WISSEN AUF DER UNTERNEHMENSEBENE UNTER VERWENDUNG DES CLUSTER-BASED VIEW OF KNOWLEDGE (MIT HYPOTHESENGENERIERUNG)

Auf der *Unternehmensebene* kann in Anlehnung an den Resource-based View eine Analyse von Ressourcen und der damit verbundenen inhärenten Werte erfolgen. Ressourcen können, wie bereits dargestellt wurde, in unterschiedlichen Formen vorliegen und bspw. in materielle, immaterielle und in Humanressourcen kategorisiert werden. Normalerweise haben immaterielle Ressourcen einen höheren Wert in Bezug auf die Generierung von Wettbewerbsvorteilen als die materiellen Ressourcen.[759] Den Humanressourcen kommt hierbei eine besondere Stellung zu, da sie die Quelle zur Generierung von clusterspezifischem Wissen sind und somit eine wertvolle Grundlage für die Realisierung

---
[759] Vgl. Rao (1994), S. 29 f.

von Wettbewerbsvorteilen im Untersuchungskontext bilden.[760] Allerdings sind sie in der Regel auch mobiler als andere Ressourcen, was zu Problemen in Bezug auf die Realisierung und Aneignung solcher Renten führt.[761]

Zurückkommend auf den Untersuchungsgegenstand wird nachfolgend analysiert, welches Potenzial clusterspezifisches Wissen zur Generierung von Wettbewerbsvorteilen für die Einzelunternehmung besitzt. Um diese Fragestellung zu beantworten, wird sich an das bereits vorgestellte VRIN-Konzept von Barney sowie an dem Spezifitätsansatz von Williamson angelehnt.

Unter der Prämisse der heterogenen Ressourcenverteilung[762] handelt es sich beim clusterspezifischen Wissen dann um eine strategische Ressource, wenn die nachfolgenden vier Bedienungen erfüllt sind.[763] Hierfür müsste clusterspezifisches Wissen *wertvoll, selten* bzw. *knapp, nicht* bzw. *beschränkt imitierbar* und *nicht* bzw. *schwer substituierbar* sein.[764] Die Prämisse *wertvoll* ist dabei immer dann erfüllt, wenn das clusterspezifische Wissen eine Effizienz- und Effektivitätssteigerung für das Unternehmen darstellt bzw. grundsätzlich einen Nutzen für das Unternehmen stiftet und einen Wertschöpfungsbeitrag leistet.[765] Im Fall von clusterspezifischem Wissen ist davon auszugehen, dass die im Cluster hergestellten Produkte oder Dienstleistungen ein beträchtliches Maß an Intelligenz enthalten, das clusterspezifische Wissen könnte dabei seinen Ausdruck in der „Intelligenz" der Produkte oder Dienstleistungen finden.[766] Ohne diese clusterspezifischen Fähigkeiten als Kernkompetenzen wäre es kaum möglich, die Kernprodukte zu erzeugen, weshalb darauf abgestellt werden kann, dass die Ressource „clusterspezifisches Wissen" in Form von clusterspezifischen Fähigkeiten zumindest aus theoretischer Sicht *wertvoll* ist.

Ebenso kann davon ausgegangen werden, dass die idiosynkratischen

---

[760] Diese Annahme ergibt sich auf Basis der wissenschaftstheoretischen Strömung des Konstruktivismus, an die sich in dieser Arbeit angelehnt wird. Eine ausführliche Darstellung hierzu wird im Kapitel über das Wissen erfolgen.
[761] Vgl. Brown/Burgess/Festing/Royer/ et al. (2010), S. 17.
[762] Vgl. Peteraf (1993), S. 179.
[763] Vgl. Barney (1991), S. 106.
[764] Vgl. Müller-Stewens/Lechner (2005), S. 224.
[765] Vgl. Kutschker/Schmid (2008), S. 840.
[766] In der wirtschaftswissenschaftlichen Literatur wird in die selbe Richtung argumentiert. Es wird davon ausgegangen, dass heute Produkte „ein beträchtliches Maß an Intelligenz enthalten (z. B. Autos, Unternehmensberatung), das durch Wissen erzeugt wird." Bea/Haas (2004), S. 31.

Kenntnisse des clusterspezifischen Wissens wertvoll sind, denn erst die Process Idiosyncracies, Communication Idiosyncracie und Responsibility Idiosyncarcies ermöglichen es den Humanressourcen der Akteure des Clusters, miteinander in Interaktion zu treten.[767]

Die Bedingung der *Seltenheit* kann als erfüllt gelten, wenn der Zugriff auf die Ressource monopolistisch bzw. oligopolistisch ist.[768] Mit anderen Worten liegt diese Eigenschaft der Ressource „clusterspezifisches Wissen" dann vor, wenn die Summe der Unternehmen, die Zugriff darauf haben, kleiner ist als die Anzahl von Unternehmungen, die bei vollkommenem Wettbewerb nötig wären.[769] Zwar könnte argumentiert werden, dass die Ressource „clusterspezifisches Wissen" in keinem speziellen und alleinigen Eigentümerverhältnis steht und dass das Wissen bei Weitergabe nicht abnutzt und somit eine Nicht-Rivalität für die Konsumenten vorliegt,[770] womit die Ressource „clusterspezifisches Wissen" einem öffentlichem Gut ähneln würde; dies trifft allerdings lediglich für das Wissen im Allgemeinen bzw. für explizites Wissen zu. Beim clusterspezifischen Wissen ist davon auszugehen, dass es aufgrund der Idiosynkratien und aufgrund der vorherrschenden Form, nämlich teilweise implizit und tazit, eine hohe *Spezifität* aufweist und nur im Kontext des Clusters zu interpretieren ist, weshalb ein Zugang zu dieser Ressource nur begrenzt möglich ist, wenn nämlich das Kontextwissen des Rezipienten vorliegt. Mitunter lässt sich Wissen auch durch Patente schützen,[771] womit eine Beziehung zum Eigentumsverhältnis dargestellt wird und eine Abgrenzung zu Mitbewerbern ermöglicht wird. Weiterhin wird in der vorliegenden Arbeit davon ausgegangen, dass clusterspezifisches Wissen durch die Vernetzung der Akteure im Cluster entsteht, was impliziert, dass es formale und informale Beziehungen zwischen den Akteuren gibt. Diese Beziehungen beruhen u. a. auf Vertrauen und einer hohen Beziehungs- und Kontextspezifität, die nur schwer imitierbar sind und somit als Eintrittsbarriere für andere Unternehmen gesehen werden können.[772] Diese Beziehungen sind clusterspezifisch und gründen auf der re-

---

[767] Vgl. Müller (2009), S. 148 f.
[768] Neben dieser Einordnung könnte auch die Bezeichnung „Clubgut" Verwendung finden, wenn ausschließlich Akteure im Cluster Zugriff auf bestimmte Ressourcen haben. Vgl. Hansen (2008), S. 67.
[769] Vgl. Barney (1991), S. 106 f.
[770] Vgl. Dasgupta/Stoneman (1987), S. 3.
[771] Vgl. Curtis (2008), S. 47.
[772] Vgl. Lo (2003), S. 28.

gionalen Konzentration von Unternehmen einer Branche und den damit einhergehenden Pooling von spezialisierten Humanressourcen. Die Informations- und Wissensflüsse werden aufgrund der regionalen Nähe erleichtert.[773] Bei der Betrachtung dieser Faktoren kann also folgerichtig aus theoretischer Sicht vom Vorliegen der *Seltenheit* bei der Ressource „clusterspezifisches Wissen" ausgegangen werden.

Die *Nichtimitierbarkeit* bzw. eine *beschränkte Imitierbarkeit* liegt dann vor, wenn Wettbewerber nicht in der Lage sind, die Ressource zu imitieren. Dabei wird im Wesentlichen auf drei Faktoren abgestellt, auf denen die Nichtimitierbarkeit basiert. Erstens auf die geschichtliche Explikation der Ressource bzw. der Entstehungsgeschichte von Unternehmen, zweitens auf die soziale Komplexität von Ressourcen bzw. der Ressourceninterdependenz und drittens auf die kausale Ambiguität zwischen den Ressourcen der Unternehmung und den daraus resultierenden Wettbewerbsvorteilen.[774] Die kausale Ambiguität liegt dann vor, wenn Kausalbeziehungen zwischen Ressourcen und Wettbewerbsvorteilen nicht klar hergestellt werden können. Ist dies der Fall, kann eine Imitation nur schwer erfolgen, da nicht ersichtlich ist, was imitiert werden soll.[775]

Beim clusterspezifischen Wissen als Ressource kann eine *historische Entwicklung* nachvollzogen werden, die nur schwer imitierbar ist, denn die Kombination an Humanressourcen und damit einhergehend der Akteure in einem Cluster wird so nicht ein zweites Mal vorherrschen, da jeder Mitarbeiter ein Individuum darstellt und nicht zu kopieren ist, wodurch eine einzigartige Allokation von Wissen im Cluster gegeben ist. Ebenso wird darauf abgestellt, dass sich die Relationen zwischen den Akteuren im Cluster und ihrem Humanressourcen erst im Zeitverlauf entwickeln konnten. Auch die kausale *Ambiguität* kann beim clusterspezifischen Wissen aus theoretischer Sicht als geben betrachtet werden, da von der Außenperspektive aus nicht zugeordnet werden kann, welche Beziehung zwischen den Akteuren letztendlich zu clusterspezifischem Wissen führt. Es kann weiterhin darauf abgestellt werden, dass clusterspezifisches Wissen teilweise aus implizitem bzw. tazitem Wissensbestandteilen besteht, wodurch eine Intransparenz gegeben sein dürfte, da implizites bzw. tazites Wissen objektiv nur schwer oder gar nicht darstellbar und nicht vollstän-

---

[773] Vgl. Bathelt/Glücker (2003), S. 128 f., und Koschatzky (2001), S. 104 f.
[774] Vgl. Kutschker/Schmid (2008), S. 840.
[775] Vgl. Mikus (2003), S. 231.

dig zu verbalisieren ist. Es wird also angenommen, dass das clusterspezifische Wissen teilweise informellen und stillschweigenden Charakter besitzt, was damit zur Erfüllung der Voraussetzungen von Ambiguität beiträgt.[776] Bei der Betrachtung der Ambiguität des gesamten Clusters kann weiterhin angeführt werden, dass nicht zwischen den Erfolgsfaktoren differenziert werden kann. Es ist demnach nicht ersichtlich, welche spezielle Kombination von Faktoren den Erfolg eines Clusters ausmacht. So wird in der vorliegenden Arbeit lediglich explizit auf das clusterspezifische Wissen als eine Ressource für die Genese von Wettbewerbsvorteilen eingegangen, im Detail ist diese Ressource aber lediglich ein Faktor unter vielen, die in Kombination zum Erfolg eines Clusters beitragen. So können auch die Arbeitsteilung und Spezialisierung, die Ersparnis von Transaktionskosten, die Evolutionsvorteile oder der Zugang zu Ressourcen als Faktoren für Wettbewerbsvorteile genannt werden.[777] Die *soziale Komplexität* der Ressource „clusterspezifisches Wissen" ist als geben zu betrachten, da es sich bei der Entstehung von clusterspezifischem Wissen um ein komplexes soziales Phänomen handelt,[778] was seinen Ausdruck darin findet, dass die Beziehungen, die maßgeblich für das Entstehen von clusterspezifischem Wissen verantwortlich sind, nicht vollständig analysierbar, steuerbar und beeinflussbar sind.[779] Die Analysierbarkeit ist nämlich nur eingeschränkt möglich, da eine vollständige Untersuchung des Unternehmens bzw. des Clusters gewährleistet werden müsste, bei der ehrlich über die Beziehungsgeflechte Auskunft geben wird. Da es sich aber teilweise um informale Beziehungen handelt, die interorganisationaler Art sind, kann in diesem Fall nicht immer von ehrlichen Antworten ausgegangen werden. Weiterhin sind die Beziehungen nur bis zu einem bestimmten Grad steuerbar und beeinflussbar. Durch die regionale Agglomeration von Unternehmen kann bspw. durch gemeinsame Workshops die Vernetzung gefördert werden. Ob sich jedoch daraus eine Zusammenarbeit ergibt, ist fraglich, da diese Zusammenarbeit oftmals von Sympathie und Vertrauen abhängt. Es können dementsprechend nur positive Rahmenbedingungen geschaffen werden, die den Aufbau von Beziehungen anregen. Weiterhin wird gerade in Bezug auf die informalen Beziehungen kaum eine Beeinflussung möglich sein, da diese sich oftmals aus dem sozialem Kontext ergeben.

---

[776] Vgl. Nolte/Bergmann (1998), S. 20.
[777] Vgl. Halder (2005), S. 69.
[778] In Anlehnung an Barney (1991), S. 110.
[779] Vgl. Rasche/Wolfrum (1993), S. 504.

Es ist also eine *Nichtimitierbarkeit* bzw. lediglich *beschränkte Imitierbarkeit* von clusterspezifischem Wissen anzunehmen.

Als letzte Prämisse bleibt noch die *Substituierbarkeit* zu untersuchen. Die Ressource „clusterspezifisches Wissen" sollte vom Wettbewerb nicht mit anderen Ressourcen ersetzt werden können, die den gleichen Wettbewerbsvorteil erzielen könnten.[780] Aufgrund der Spezifität von clusterspezifischem Wissen und dessen Entstehungsprozess, der durch die Interaktion der Akteure im Cluster gekennzeichnet ist, entsteht ein spezifisches Wissen, das durch Fähigkeiten, Fertigkeiten und Kompetenzen mit in die Produkte oder Dienstleistungen einfließt und somit zu Innovationen führen kann. Aus diesem Grund kann auf eine Einzigartigkeit von clusterspezifischem Wissen geschlossen werden, die eine *Substituierbarkeit* kaum ermöglicht.

Neben den genannten VRIN-Kriterien kann auch die Spezifität Aufschluss über das Potenzial zur Realisierung von Wettbewerbsvorteilen geben; denn je spezifischer die Ressource ist – in diesem Fall Wissen –, desto weniger wird sie in einem anderen Kontext angewendet werden können. Daraus ergibt sich die Möglichkeit, bspw. Mitarbeiter an ein Unternehmen zu binden, da sie bspw. aufgrund ihrer Fachkenntnisse nicht in einer anderen Unternehmung eingesetzt werden können oder beim Wechsel in ein anderes Unternehmen monetäre Einbußen in Kauf nehmen müssten. Es kann in diesem Zusammenhang auch von sogenannten Sunk Costs gesprochen werden, denn je höher der Spezifitätsgrad ist – in diesem Fall des Wissens –, desto unwahrscheinlicher ist die Wiederverwendung in einem anderen Kontext, womit die Investitionen in das erworbene spezifische Wissen bei einem Anstellungswechsel verloren wäre, da es „nutzlos" ist.[781] Da es sich beim clusterspezifischen Wissen schon dem Namen nach um Wissen mit einem bestimmten Spezifitätsgrad handeln muss und auch die Definition diese Spezifität durch die Wissensbestandteile, idiosynkratische Kenntnisse und Fähigkeiten theoretisch begründet, kann davon ausgegangen werden, dass die Spezifität beim clusterspezifischen Wissen per se gegeben ist.

Nachdem aus theoretischer Sicht nachgewiesen wurde, dass das clusterspezifische Wissen das Potenzial besitzt, Wettbewerbsvorteile zu realisieren, hat

---

[780] Vgl. Poznanski (2007), S. 90.
[781] Vgl. hierzu Saab (2007), S. 106 f.

im weiteren Verlauf der Arbeit die empirische Überprüfung anhand folgender Hypothesen (H19 bis H23) für die Ebene der Unternehmung zu erfolgen.

Die Hypothese H19 postuliert dabei die Annahme, dass je clusterspezifischer das Wissen ist, desto größer sein Potenzial ist, Wettbewerbsvorteile zu generieren. Begründet ist die Annahme darin, dass durch die Kombination von komplementären und spezifischen Ressourcen ein wesentlicher Bestandteil zum Erfolg eines Unternehmens gegeben ist.[782] Im Cluster insgesamt führt ein hoher Grad an clusterspezifischem Wissen dazu, dass nachhaltige Wettbewerbsvorteile erwirtschaftet werden können. Denn durch die hohe Spezifikation der einzelnen Akteure im Cluster, die ihren Ausdruck in den Fähigkeiten der Clusterakteure findet, und einen Bestandteil des clusterspezifischen Wissens darstellt, können spezifische Leistungen erbracht werden, die in Kombination mit den anderen spezifischen Leistungen der Clusterakteure zu einer wertschöpfenden Gesamtleistung werden kann.[783] Bei Verwendung des clusterspezifischen Wissens außerhalb des Clusterkontextes könnte es entsprechend zu einer Verringerung des Ertragswertes kommen, da die Ressource des clusterspezifischem Wissens nicht mehr ihrer bestmöglichen Verwendung zugeführt wird.[784] Eine Nachhaltigkeit dieser Wettbewerbsvorteile wird deshalb angenommen, weil sie durch hohe Investitionen in die beziehungsbezogene Spezifität geprägt sind.[785] Die Spezifität des Wissens trägt ebenfalls als Schutzmechanismus bei, denn je clusterspezifischer das Wissen ist, desto schwieriger wird es für Dritte dieses Wissen zu replizieren oder zu erwerben.[786]

H19:   Je clusterspezifischer Wissen ist, desto größer ist sein Potenzial zur Generierung von Wettbewerbsvorteilen für den einzelnen Akteur.

Die Hypothesen H20 bis H23 ergeben sich direkt aus den beschriebenen VRIN-Kriterien von Barney, denn nur wenn die einzelnen Kriterien als erfüllt betrachtet werden können, besitzt das clusterspezifische Wissen das Potenzial Wettbewerbsvorteile auf Unternehmensebene zu generieren. Hierzu muss das clusterspezifische Wissen entsprechend, wertvoll, selten, schwer zu imitie-

---

[782] Vgl. Amit/Schoemaker (1993), S. 37.
[783] Vgl. Bachinger/Pechlaner (2011), S. 19.
[784] Vgl. Simonin (1999), S. 599.
[785] Vgl. Dyer (1996), S. 288.
[786] Vgl. Pak/Park (2004), S. 424.

ren und wenig bzw. gar nicht zu substituieren sein.[787] Die Hypothese H20 postuliert entsprechend die Annahme, dass je wertvoller das clusterspezifische Wissen ist, desto größer ist das Potenzial für den einzelnen Akteur, Wettbewerbsvorteile zu generieren. Diese Hypothese wurde in die Arbeit aufgenommen, da angenommen wird, dass die idiosynkratischen Fähigkeiten, welche ein Bestandteil des clusterspezifischen Wissens sind, erforderlich sind, um die Kernprodukte des Clusters herstellen zu können.

> H20: Je wertvoller das clusterspezifische Wissen ist, desto größer ist das Potenzial zur Generierung von Wettbewerbsvorteilen für den einzelnen Akteur.

Die Hypothese H21 postuliert die Annahme, dass je seltener das clusterspezifische Wissen ist, desto größer ist das Potenzial für den einzelnen Akteur, Wettbewerbsvorteile zu generieren. Diese Hypothese wurde mit in die Überlegungen einbezogen, da davon ausgegangen wird, dass es sich beim clusterspezifischen Wissen um eine seltene Ressource handelt, da aufgrund der Spezifität lediglich die Clusterakteure Zugriff auf das clusterspezifische Wissen haben und dieses für sich erschließen können.

> H21: Je seltener das clusterspezifische Wissen ist, desto größer ist das Potenzial zur Generierung von Wettbewerbsvorteilen für den einzelnen Akteur.

In Hypothese H22 wird postuliert, dass je schwieriger clusterspezifisches Wissen zu imitieren ist, desto größer ist das Potenzial zur Generierung von Wettbewerbsvorteilen für den einzelnen Akteur. Diese Hypothese fand Zugang in die Arbeit, da davon ausgegangen wird, dass das clusterspezifische Wissen aufgrund seiner historischen Entwicklung, der kausalen Ambiguität und der sozialen Komplexität, sowie der vorhandenen Spezifität nur schwer bzw. gar nicht zu imitieren ist.

> H22: Je schwieriger clusterspezifisches Wissen zu imitieren ist, desto größer ist das Potenzial zur Generierung von Wettbewerbsvorteilen für den einzelnen Akteur.

In Hypothese H23 wird postuliert, dass je weniger clusterspezifisches Wissen zu substituieren ist, desto größer ist das Potenzial für den einzelnen Akteur,

---
[787] Vgl. Barney (1996).

Wettbewerbsvorteile zu generieren. Diese Hypothese wurde hergeleitet, davon ausgegangen wird, dass mit der Hilfe des clusterspezifischen Wissens Innovationen entwickelt werden können. Das clusterspezifische Wissen in Form von idiosynkratischen Fähigkeiten wird nämlich benötigt, um die Produkte und Dienstleistungen im Cluster generieren zu können, die Substitution durch andere Ressourcen ist entsprechend schwierig. Sollten die genannten Hypothesen durch das empirische Datenmaterial gestützt werden, so ist darauf zu schließen, dass das clusterspezifische Wissen über das Potenzial verfügt, Wettbewerbsvorteile zu generieren.

H23: Je weniger clusterspezifisches Wissen zu substituieren ist, desto größer ist das Potenzial zur Generierung von Wettbewerbsvorteilen für den einzelnen Akteur.

Fraglich ist in diesem Zusammenhang jedoch, welche Renten mit clusterspezifischem Wissen auf Unternehmensebene generiert werden können. Zwar ist diese Betrachtung in der eigentlichen Zielsetzung der Arbeit nicht beinhaltet, da lediglich das Potenzial zur Realisierung von Wettbewerbsvorteilen anhand von clusterspezifischem Wissen beurteilt werden soll, der Vollständigkeit halber werden dennoch erste Implikationen gegeben.

Zur Beurteilung der zu erzielenden Rentenarten stellt das Vorhandensein der VRIN-Kriterien bzw. der Spezifität eine notwendige Voraussetzung dar; es ist jedoch keine hinreichende Bedingung, um Aussagen über die tatsächliche Realisierung von Renten formulieren zu können.[788] Zwar kann die Unternehmung einen Vorteil erlangen, wenn sie im Besitz von Ressourcen ist, die komparativ zum Wettbewerb wertvoll und knapp sind, wobei die Nachhaltigkeit dieser Ressourcen durch ihre Substituierbarkeit und Imitierbarkeit geprägt sind; ferner zählen hierzu auch ihre Abnutzbarkeit und Transferierbarkeit. Zur Überführung in nachhaltige Renten muss das Unternehmen allerdings über die Verhandlungsmacht verfügen, sich diese Renten auch aneignen zu können.[789] Neben dieser Voraussetzung Bedarf es natürlich noch einer Vielzahl weiterer Bedingungen, damit die Wettbewerbsvorteile der Unternehmung in Renten überführt werden können. Hier sei bspw. auf eine Strategie verwiesen, die vorhanden sein muss, damit es der Unternehmung ermöglicht wird,

---
[788] Vgl. Rasche/Wolfrum (1994), S. 507.
[789] Vgl. Bamberger/Wrona (1996), S. 139.

die Wettbewerbsvorteile in Renten zu überführen. Weiterhin muss das Unternehmen sich darüber bewusst sein, dass es über Ressourcen verfügt, die dazu dienen könnten, Renten zu generieren. Neben diesen Punkten könnte noch eine Vielzahl weiterer Punkte angeführt werden. Darauf wird an dieser Stelle jedoch verzichtet, weil die Zielsetzung lediglich darin bestand, die Problematik erneut zu verdeutlichen. Nachfolgend soll zur Einschätzung davon ausgegangen werden, dass alle erforderlichen Bedingungen erfüllt sind, um Renten zu generieren.

Um jetzt beurteilen zu können, zu welchen Renten das clusterspezifische Wissen führen könnte, ist es erforderlich, die Definition von clusterspezifischem Wissen erneut in die Betrachtung aufzunehmen, hierbei sind vor allem die idioynkratischen Kenntnisse der Akteure über das Cluster und ihre idiosynkratischen Fähigkeiten von Relevanz. Auf Basis dieser zwei Fragmente von clusterspezifischem Wissen ergeben sich nämlich unterschiedliche Potenziale zur Rentengenerierung.

Vor allem auf Basis der idiosynkratischen Kenntnisse könnte es den Unternehmen ermöglicht werden, Quasi-Renten zu generieren, da angenommen wird, dass die idiosynkratischen Kenntnisse aufgrund ihrer Spezifität lediglich im Clusterkontext ihrer optimalen Verwendung zugeführt werden können. Außerhalb des Clusters wären die Kenntnisse über bspw. Ansprechpartner im Cluster sowie deren Wissensbasis nicht besonders nutzbringend, wenn der Zugriff nicht gegeben wäre. Das Wertniveau von den idiosynkratischen Kenntnissen ist dementsprechend stark vom Verwendungszweck abhängig.[790]

Aus Sicht der Einzelunternehmung lassen sich Ricardo-Renten dann realisieren, wenn ein Unternehmen überdurchschnittlich mit superioren Ressourcen ausgestattet ist und in der Lage ist, diese zu nutzen. Dementsprechend würden vor allem die clusterspezifischen Fähigkeiten zur Realisierung von Ricardo-Renten dienen, wenn sie bspw. die Basis für Innovationen sind oder dazu beitragen, die Produktionskosten zu reduzieren und damit die Unternehmung in die Lage versetzt wird, überdurchschnittliche Gewinne zu erwirtschaften.[791]

Monopolistische Renten lassen sich aus Sicht des Resource-based View dann realisieren, wenn das clusterspezifische Wissen Ausdruck in Patenten und

---

[790] Vgl. hierzu Bürki (1996), S. 37.
[791] Vgl. Brühl et al. (2008), S. 4 f.

Markennamen finden würde. Hierzu müssten die idiosynkratischen Fähigkeiten, die ihren Ausdruck bspw. in besonderen Fertigungstechniken finden, geschützt werden. Mitunter können auch die idiosynkratischen Kenntnisse zu monopolistischen Renten führen, wenn sie als Eintrittsbarriere betrachtet werden. Unter der Berücksichtigung, dass die idiosynkratischen Kenntnisse auf Basis von Interaktionen zwischen den Clusterakteuren und damit auf Sozialisation beruhen, kann dieser Umstand als gegeben betrachtet werden, denn ein externes Unternehmen müsste eine gewisse Zeit investieren, um sich diese idiosynkratischen Kenntnisse aneignen zu können.[792]

Schließen wird dieser Abschnitt mit einer theoretischen Einschätzung, ob clusterspezifisches Wissen in der Lage ist, Schumpeter-Renten zu realisieren. Da Schumpeter-Renten vor allem auf der Risikobereitschaft von Unternehmen beruhen, in einer unsicheren Umwelt Investitionen zu tätigen, die zu Innovationen führen können, könnte das clusterspezifische Wissen nur in zwei Bereichen einen Beitrag zur Generierung dieser Renten leisten. Zum einen könnten die Innovationen die idiosynkratischen Fähigkeiten darstellen und zum anderen könnten die idiosynkratischen Kenntnisse in Form von Branchenwissen gegeben sein, was dem Akteur ermöglicht, sich einen besseren Überblick über den Markt zu verschaffen, was wiederum zu einer zielgerichteten Entscheidungsfindung beitragen kann.[793]

Nachdem die theoriegeleitete Darstellung über das Potenzial von clusterspezifischem Wissen zur Realisierung von Wettbewerbsvorteilen auf Unternehmensebene erfolgte und erste Implikationen für mögliche Renten geben wurden, wird im nächsten Abschnitt die Untersuchung auf der Netzwerkebene des Clusters fortgeführt werden.

5.2 Analyse von clusterspezifischem Wissen auf der Netzwerkebene unter Verwendung des Cluster-Based View of Knowledge (mit Hypothesengenerierung)

Als nächste relevante Ebene für die Analyse von clusterspezifischem Wissen kann die Netzwerkebene identifiziert werden. Auf dieser Ebene können gemeinsame Aktivitäten sowie die Relationen zwischen den horizontalen, vertikalen und lateralen Akteuren, die bspw. durch den Transfer von Informationen

---
[792] Vgl. hierzu Grant (1991), S. 117 f.
[793] Vgl. hierzu Voigt (2011), S. 74.

über das Cluster oder den Austausch von fachlich relevanten Informationen gekennzeichnet sind, zu clusterspezifischem Wissen führen. Dabei können die Beziehungen selbst, die durch eine bestimmte Stärke und Qualität charakterisiert sind, als „relationale Ressource" verstanden werden.[794]

Diese Beziehungen, die als relationale Ressourcen verstanden werden können, per se zu Wettbewerbsvorteilen führen. Sie können aber ebenfalls die Basis zur Generierung von clusterspezifischem Wissen sein. Je nachdem, ob das clusterspezifische Wissen überbetrieblich genutzt wird oder nur durch interorganisationale Relationen generiert wurde, kann es sich demnach beim clusterspezifischen Wissen um eine interorganisationale beziehungsspezifische Ressource handeln oder um eine Ressource, die lediglich dem Ressourcenbündel einer Einzelunternehmung zugehörig ist. Wie dem auch sei: Die Wissensteilung und der Wissenstransfer zwischen den Humanressourcen der Akteure des Clusters führen zur Analyseebene des Netzwerks. Es ist in diesem Zusammenhang notwendig zu verstehen, wie Wissen auf dieser Ebene dazu beitragen könnte, die Wettbewerbsfähigkeit der Unternehmen im Cluster zu erhöhen, genauso wie für das Cluster als Ganzes.

Unter Verwendung der theoretischen Grundlagen aus Abschnitt 2.2 Grundlagen für Wettbewerbsvorteile des dritten Kapitels lässt sich ableiten, dass eine Erhöhung der Wettbewerbsfähigkeit für einzelne Akteure im Cluster, als auch für das gesamte Cluster dann vorliegen könnte, wenn das clusterspezifische Wissen erstens zu einer effizienteren Kommunikation im Cluster führen würde, zweitens zu einer Erhöhung der spezifischen Aufnahmefähigkeit von Wissen (absorptive capacity) der Clusterakteure führen würde und/oder drittens clusterspezifisches Wissen eine komplementäre Ressource darstellen würde.

Da davon ausgegangen wird, dass eine Generierung von clusterspezifischem Wissen durch den Austausch bzw. durch den Transfer von Informationen zwischen den Humanressourcen der Akteure des Clusters erfolgt, können die idiosynkratischen Kenntnisse der Akteure als überbetriebliche beziehungsspezifische Vermögenswerte in Form von „human asset specificities" verstandenen werden, die ihren Ausdruck in Form von „Process Idiosyncracies, Responsibility Idiosyncracies und Communication Idiosyncracies" finden, die bspw. in Form von clusterspezifischen Codes vorliegen können. Es ist anzunehmen,

---

[794] Vgl. Brown/Burgess/Festing/Royer/ et al. (2010), S. 21.

dass die Generierung der idiosynkratischen Kenntnisse spezifische Investitionen in das Humankapital darstellen, da die Kenntnisse nur im Kontext des Clusters nutzbringend sind und auch nur durch die gezielte Förderung des Austauschs entstehen können.[795] Dementsprechend werden für die Mitglieder des Clusters Möglichkeiten geschaffen, in der sie Gelegenheit haben, sich auszutauschen. Diese Schaffung der Möglichkeiten in Form von bspw. interorganisationalen Workshops, Seminaren oder Unternehmensbesichtigungen sowie die Zurverfügungstellung von Arbeitszeit zum Austausch sind spezifische Investitionen in das Humankapital dar.

Das Ergebnis dieser spezifischen Investition könnte eine effizientere und effektivere Kommunikation zwischen den Clusterakteuren sein. Sollten diese theoretischen Annahmen ihre Bestätigung in der empirischen Untersuchung finden, so könnte das clusterspezifische Wissen einen Beitrag zu einer effizienteren und effektiveren Kommunikation zwischen den Akteuren leisten, die ihren Ausdruck darin findet, dass es zu geringeren Verständigungsfehlern kommt und die Qualität und Geschwindigkeit der Kommunikation zunimmt.[796] Ausdruck finden diese Annahmen in der Hypothesen H24.

H24: Clusterspezifisches Wissen führt zu einer effizienteren Kommunikation innerhalb des Clusters.

Der zweite Punkt, der gemäß des Relational View zu relationalen Renten führen könnte, sind die interorganisationalen Routinen zum Wissensaustausch. Dabei ist die „absorptive capacity" von Clusterakteuren ein zentraler Bestandteil, denn nur wenn die Clustermitglieder in der Lage sind, sich das transferierte Wissen zu erschließen und anzueignen, kann das Wissen zu relationalen Renten führen. Das clusterspezifische Wissen könnte in Anlehnung an Dyer und Singh zur Erhöhung der „absorptive capacity" beitragen, wenn es erstens eine geteilte Wissensbasis der Clusterakteure wäre und zweitens über Informationsbestandteile verfügen würde, die Auskunft darüber geben, wer im Cluster über welches Wissen verfügt.[797] Sollten diese Faktoren vorliegen, würden zwei von drei Erfordernissen zur „partner-specific absorptive capacity" gegeben sein. Sollten ebenfalls die „Interfirm Knowledge-Sharing Routines" geben

---

[795] Vgl. hierzu in Bezug auf Humankapitalinvestitionen in Unternehmen Festing (1999), S. 80 ff.
[796] Vgl. Dyer/Singh (1998), S. 662.
[797] Vgl. Dyer/Singh (1998), S. 665. sowie Rathenow (2011), S. 16 ff.

sein, kann davon ausgegangen werden, dass es den Akteuren des Clusters möglich ist, transferiertes Wissen zu erschließen und nutzbar zu machen, was zu einer Erhöhung der absorptive capacity beitragen könnte.[798] Daraus leitet sich die Hypothese H25 ab.

H25: Clusterspezifisches Wissen führt zu einer Erhöhung der spezifischen Aufnahmefähigkeit von Wissen der Clusterakteure.

Dyer und Singh beschreiben die Faktoren wie folgt:

„Partner-specific absorptive capacity is a function of (1) the extent to which partners have developed overlapping knowledge bases and (2) the extent to which partners have developed interaction routines [...]. In addition, partner-specific absorptive capacity is enhanced as individuals within the alliance partners get to know each other well enough to know who knows what and where critical expertise resides within each firm."[799]

Dies führt zu der Fragestellung, ob es sich beim clusterspezifischen Wissen um eine teilweise oder vollständig sich überlappende Wissensbasis der Akteure des Clusters handelt. Von einer teilweisen oder vollständigen gemeinsamen Wissensbasis in Form von clusterspezifischem Wissen kann dann ausgegangen werden, wenn bei mindestens zwei unterschiedlichen Akteuren des Clusters gleiche Wissensbestände in Form von idiosynkratischen Kenntnissen oder clusterspezifischen Fähigkeiten vorhanden sein würden. Gemäß Brown et al.[800] orientieren sich die folgenden Ausführungen auch in Bezug auf die Beurteilung sich überlappender Wissensbasen an dem bereits vorgestellten Kategoriensystem der Interdependenzen von Thompson (1967)[801]. In diesem Kontext wird angenommen, dass es mit steigender Interdependenz zu einer Angleichung der Wissensbasen der Akteure kommt. Diese Annahme ist darin begründet, dass zum einen durch Beziehungen eine Approximation der Wissensbasen stattfindet[802] und zum anderen die Interdependenzen zwischen den Akteuren ebenfalls die Wertschöpfungsaktivitäten mit berücksichtigen, was impliziert, dass es eine Distribution von kritischen Ressourcen zwischen den

---
[798] Vgl. Magnus (2007), S. 100 ff.
[799] Dyer/Singh (1998), S. 665.
[800] Vgl. Brown/Burgess/Festing/Royer/ et al. (2010), S. 22 f., und Brown et al. (2007), S. 19 ff.
[801] Thompson (1967).
[802] Vgl. in Bezug auf Netzwerke Bernecker (2005), S. 161 f.

Akteuren gibt. Je stärker nun die Interdependenz zwischen den Akteuren ist, desto *intensiver* wird das Erfordernis zur gegenseitigen Abstimmung sein, da die kritischen Ressourcen aneinander angepasst und zusammengeführt werden müssen. Weiterhin kann eine zeitliche und logistische Anpassung erforderlich sein,[803] was vermuten lässt, dass ein erhöhter Informationstransfer erforderlich ist. Dementsprechend steigt mit der Interdependenz zwischen den Akteuren ebenfalls ihre Beziehungsintensität.

Bei der Berücksichtigung der im zweiten Kapitel beschriebenen Konzeptualisierung der Interdependenzen in Anlehnung an Thompson würde die Angleichung der Wissensbasen mit der sequenziellen Interdependenz in Form von Zuliefer-Abnehmer-Beziehungen beginnen. Die gepoolte Interdependenz bleibt hierbei ohne Berücksichtigung, da sie zu keiner Angleichung der Wissensbasen führen würde, da die Akteure lediglich im indirekten Kontakt zueinanderstehen, in der Form, dass sie um bestimmte Ressourcen im Wettbewerb stehen, es sei denn, es findet ein Pooling von Wissen statt, bspw. in Form von Workshops. Dann wäre eine Interaktion gegeben, die zur Angleichung der Wissensbasis führen könnte.

Als nächsthöhere Stufe folgt die reziproke Interdependenz, bei der die Clusterakteure einen gegenseitigen Austausch von In- und Outputfaktoren vornehmen. Dieser Austausch erfordert ein höheres Maß an Koordination und Wissensaustausch, weshalb davon ausgegangen wird, dass ebenfalls eine stärke Angleichung der Wissensbasen mit dem Austauschprozess einhergeht. Als höchste Form der Interdependenz ist die teamorientierte Interdependenz zu nennen, bei der Clusterakteure ihren Output nur gemeinsam erbringen können, was eine intensive Koordinierung der unterschiedlichen Aktivitäten erfordert genauso wie die ständige Abstimmung[804] und Anpassung der zu erbringenden Leistungen. Denn nur dann, wenn diese Faktoren geben sind, kann ein wertschöpfendes Produkt oder eine wertschöpfende Dienstleistung entstehen. Es wird deshalb angenommen, dass bei teamorientierten Interdependenzen die Ähnlichkeit der Wissensbasen aufgrund der stetigen Interaktionen am höchsten ist.

Unter Berücksichtigung dieser Annahme kann auch davon ausgegangen werden, dass mit steigender Interdependenz ebenfalls die Interaktionsroutinen

---

[803] Vgl. Schantin (2004), S. 151 f.
[804] Vgl. Festing et al. (2010b), S. 167.

steigen. Diese Annahme ist darin begründet, dass mit steigender Interdependenz die Interaktionshäufigkeit steigt, wodurch die Einbindung der Akteure in interorganisationale Prozesse und Aktivitäten gegeben wäre, woraus sich Routinen entwickeln könnten.[805]

Auch das zusätzliche Erfordernis in Form von „Know-who und Know-what" zur Erhöhung der partnerspezifischen Aufnahmefähigkeit kann qua Definition des clusterspezifischen Wissens als gegeben betrachtet werden, denn genau diese Wissensbestandteile sind Teile der idiosynkratischen Kenntnisse über das Cluster. Sollten die theoretischen Annahmen ihre Richtigkeit haben, würde das clusterspezifische Wissen zur Erhöhung der partnerspezifischen Aufnahmefähigkeit beitragen.

Als nächste mögliche Quelle von relationalen Renten ist die Komplementarität von Ressourcen und Fähigkeiten zu nennen. Die Generierung von relationalen Renten würde dann gegeben sein, wenn durch die Kombination von Ressourcen verschiedener Clusterakteure höhere Renten erzielt werden würden, als wenn die Akteure für sich allein arbeiten würden. Die Möglichkeit zur Generierung von relationalen Renten wäre damit nur durch gemeinsame idiosynkratische Beiträge von spezifischen Akteuren innerhalb des Cluster möglich,[806] wenn die jeweilig erbrachten Leistungen die Wertschöpfungsaktivitäten gegenseitig unterstützen. In diesem Zusammenhang ist in der empirischen Untersuchung zu klären, ob es sich beim clusterspezifischen Wissen um eine komplementäre Ressource handeln könnte. Dies wäre dann der Fall, wenn das clusterspezifische Wissen in Form von idiosynkratischen Kenntnissen oder clusterspezifischen Fähigkeiten komplementär im Verhältnis zu der bestehenden Ressourcenkonfiguration eines Akteurs des Clusters wäre und die Summe der gemeinsam generierten Renten, die Summe der Renten übersteigt, die die Unternehmen für sich allein generieren könnten. Diese Annahmen bilden die Basis für die Hypothese H26.

H26: Wenn clusterspezifisches Wissen eine komplementäre Ressource ist, dann besitzt sie das Potenzial, Wettbewerbsvorteile zu generieren.

---

[805] Vgl. Fischer (2009), S. 154 f.
[806] Vgl. Dyer/Singh (1998), S. 662.

Zusammenfassend könnte das clusterspezifische Wissen demnach zu Wettbewerbsvorteilen für die Akteure des Clusters in Form von relationalen Renten führen.

Es besteht allerdings bei Netzwerkbeziehungen immer die Gefahr von opportunistischen Verhalten der Akteure. Dabei wird angenommen, dass ausgewogene Interdependenzen die Gefahr von opportunistischem Verhalten verringern. Das Risiko, Renten zulasten eines anderen Akteurs zu generieren, besteht aber dennoch.[807] Für die Erklärung des Entstehens solcher Renten im Kontext des Clusters stand das Konzept von Lavie als Pate.[808] Von diesem ausgehend wird angenommen, dass durch die bereits erklärten Inbound- und Outbound-spillover-Renten das Potenzial zur gemeinsamen Wertschöpfung destruiert wird. Es wird nur ein solches fokales Unternehmen in der Lage sein, diese Renten zu generieren, das sich opportunistisch verhält.[809] Verschafft sich demnach ein fokaler Akteur durch opportunistisches Verhalten Zugang bzw. Zugriff auf die Ressource „clusterspezifisches Wissen" eines anderen fokalen Akteurs, so könnte er in der Lage sein, Inbound-spillover-Renten zu generieren, während der Akteur, dem das clusterspezifische Wissen originär zuzurechnen war, Verluste in Form von Outbound-spillover-Renten machen könnte.

Nachdem die zwei primären Wertschöpfungsebenen unter dem Gesichtspunkt des clusterspezifischen Wissens näher betrachtet wurden, wird im nächsten Abschnitt eine kurze Abhandlung zur Kontextebene des Clusters erfolgen. Ziel ist es, von den Kontextfaktoren auf mögliche Renten zu schließen, die in Relation zum clusterspezifischen Wissen gesetzt werden können.

5.3 ANALYSE VON CLUSTERSPEZIFISCHEM WISSEN AUF DER KONTEXTEBENE

Auf der Kontextebene sind es „kontextspezifische Ressourcen", die zu Wettbewerbsvorteilen führen können, die ihren Ausdruck in „contextual Rents" finden. Diese Renten „[...] are created by the actors of a value adding web due to valuable contextual resources [...]."[810] Eine Einteilung der Ressourcen wird in drei Subkategorien vorgenommen. Erstens in *Standortressourcen*, zweitens in institutionelle Ressourcen und drittens in *industriespezifische Ressour-*

---

[807] Vgl. Brown/Burgess/Festing/Royer/ et al. (2010), S. 24.
[808] Vgl. Lavie (2006b), S. 645 ff.
[809] Vgl. Lavie (2006b), S. 644.
[810] Brown et al. (2007), S. 26.

cen.⁸¹¹ Das Besondere an den genannten Ressourcen ist, dass grundsätzlich alle Akteure des Clusters Zugang zu ihnen haben und damit ebenfalls die Möglichkeit besitzen, Wettbewerbsvorteile mit ihrer Hilfe zu realisieren.⁸¹² Wie aus der Beschreibung der Ressourcen und Contextual Rents bereits ersichtlich wurde, wird sich auf dieser Analyseebene nicht direkt auf das clusterspezifische Wissen bezogen. Vielmehr wird bei der Betrachtung der Kontextebene nochmals auf die Faktoren abgestellt, die die Generierung von clusterspezifischem Wissen bzw. den Wissenstransfer im Cluster begünstigen können.⁸¹³ Eine empirische Untersuchung dieser Faktoren wird nicht erfolgen, da sie bereits hinreichend in der Literatur bearbeitet wurden. Weiterhin wird die Kontextebene aus diesen Überlegungen heraus auch nicht in den Analyserahmen mit aufgenommen. Der Vollständigkeit halber soll dennoch auf die theoretischen Grundlagen eingegangen werden, die eine Identifizierung der Faktoren bzw. Ressourcen ermöglichen können, die zu Wettbewerbsvorteilen führen können. Hierbei wird sich aufgrund des Forschungsfokus vor allem auf die Standortressourcen konzentriert. Zur Bestimmung der Standortressourcen wird die empirisch-realistische Standortbestimmungslehre nach Rüschenpöhler⁸¹⁴, Meyer⁸¹⁵ und Behrens⁸¹⁶ herangezogen. Die Arbeiten der Autoren verfolgen das gemeinsame Ziel, eine systematische Analyse möglichst aller relevanten Standortfaktoren durchzuführen, um einen Standortfaktorenkatalog zu erstellen, der zur betriebswirtschaftlichen Entscheidungsfindung beiträgt und Handlungsempfehlungen für die Praxis geben kann.⁸¹⁷ Eine Übersicht möglicher Faktoren bzw. Ressourcen sowie deren Kategorien wird in Abbildung 26 gegeben. Für die Generierung von clusterspezifischem Wissen können aus den Überlegungen zu den Standortressourcen folgende Ressourcen als besonders relevant eingestuft werden: qualifizierte Arbeitskräfte sowie deren Anzahl, die regionale Nähe zu kooperierenden Unternehmen und die staatliche Hilfe in

---

[811] Vgl. Brown/Burgess/Festing/Royer/ et al. (2010), S. 28.
[812] Vgl. Steffen (2011), S, 53 f.
[813] Eine ausführliche Betrachtung dieser Faktoren erfolgte bereits in den Abschnitten 4.6.3 und 4.6.4.
[814] Rüschenpöhler (1958).
[815] Meyer (1960).
[816] Behrens (1961).
[817] Vgl. Krol (2010), S. 61.

Form von Förderprogrammen für Forschung und Entwicklung (siehe hierzu Abbildung 26).[818]

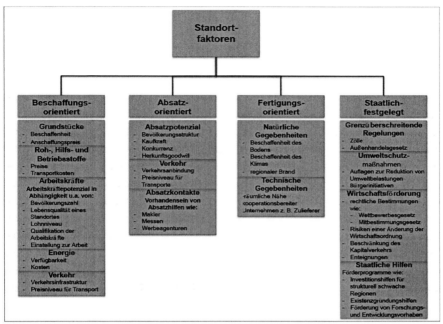

Abbildung 26: Standortfaktoren[819]

Neben diesen Ressourcen können auch *institutionelle Ressourcen* und *industriespezifische Ressourcen* zur Generierung von Contextual Rents führen, diese haben jedoch nur einen geringen Einfluss auf die vorliegende Untersuchung, weshalb sie entsprechend nur kurz erörtert werden.

Zur Identifizierung und Erklärung von institutionellen Ressourcen, zu denen bspw. rechtliche Faktoren und kulturelle Besonderheiten gehören, kann der Institutionalismus als theoretische Grundlage herangezogen werden. Zur Erklärung der Homogenität organisationaler Formen und Praktiken (kogni-

---

[818] Die entsprechende theoriebasierte Begründung hierzu wurde im Kapitel IV in den Abschnitten 6.3 und 6.4 bereits geben.
[819] Quelle: Eigene Darstellung in Anlehnung an Bea (2000), S. 341 f., und Mikus (2003), S. 321.

tive Nähe) von Organisationen erscheint vor allem der Ansatz von DiMaggio und Powell hilfreich, der diese mittels drei Arten von Isomorphismus erklärt.[820]

Im Bezug auf die Identifizierung und Erklärung von industriespezifischen Ressourcen kann der Five-Forces-Ansatz von Porter herangezogen werden, der allerdings in diesem Zusammenhang nicht als Strukturanalyse einer Branche zu verstehen ist, sondern eines Clusters.[821] Besser wäre in diesem Zusammenhang ebenfalls von industriespezifischen Faktoren zu sprechen als von Ressourcen, da die Struktur des Clusters Implikationen über die Intensität und Dynamik des Wettbewerbs geben soll und damit über die Attraktivität der Clusterstruktur. Es werden dabei fünf Wettbewerbskräfte Unterschieden, die die Attraktivität des Clusters beschreiben, bzw. einen Einfluss darauf ausüben. Erstens die *Verhandlungsstärke der Lieferanten*, zweitens die *Bedrohung durch neue Anbieter*, drittens die *Verhandlungsstärke der Abnehmer*, viertens die *Bedrohung durch Ersatzprodukte* und fünftens die *Rivalität der Wettbewerber*.[822]

5.4 ZUSAMMENFASSUNG

Nachdem theoriegeleitet dargestellt wurde, welches Potenzial das clusterspezifische Wissen zur Generierung von Wettbewerbsvorteilen auf den unterschiedlichen Wertschöpfungsebenen des Clusters haben könnte, werden nachfolgend die Überlegungen in das theoretische Modell überführt (siehe hierzu Abbildung 27).

Dem Modell entsprechend wird angenommen, dass clusterspezifisches Wissen sowohl auf Unternehmensebene als auch auf Netzwerkebene das Potenzial besitzen könnte, Wettbewerbsvorteile zu generieren.

Die Hypothesen H19 bis H23 beziehen sich dabei auf die vorgestellten VRIN-Kriterien von Barney und beschreiben die Eigenschaften, über die clusterspezifisches Wissen verfügen muss, um Wettbewerbsvorteile auf Unternehmensebene zu generieren. Neben den Ansatz von Barney wird ebenfalls eine Hypothese mit Bezug auf die Spezifität in Anlehnung an Williamson in das Modell aufgenommen, um auf Pareto-Renten abstellen zu können, die Ausdruck von Wettbewerbsvorteilen sein können. Mit Bezug auf die Netzwerkebene finden die Hypothesen H24 bis H26 Eingang ins Modell. Ein Vorge-

---

[820] Vgl. DiMaggio/Powell (1983), S. 150.
[821] Vgl. Brown/Burgess/Festing/Royer/ et al. (2010), S. 26.
[822] Vgl. Porter (2004), S. 4; Bea/Haas (2004), S. 100.
[823] Quelle: Eigene Darstellung.

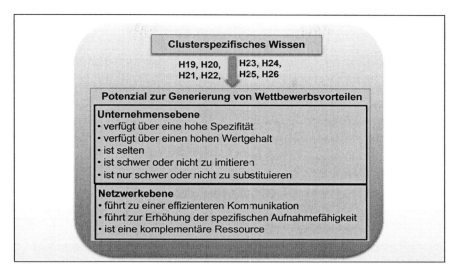

Abbildung 27: Modellsegment II: Clusterspezifisches Wissen und Wettbewerbsvorteile[823]

hen, wie bei der Betrachtung der Unternehmensebene, bei dem aufgrund der Eigenschaftskriterien vom clusterspezifischen Wissen auf Wettbewerbsvorteile geschlossen wurde, ist bei Verwendung des Relational View als theoretischer Grundlage nicht möglich, da bis dato keine Eigenschaften definiert wurden, über die eine Ressource verfügen müsste, damit sie das Potenzial besitzt, Wettbewerbsvorteile auf der Netzwerkebene zu generieren. Es wurde daher betrachtet, welche Rentengenerierung mit der Ressource „clusterspezifisches Wissen" möglich sein könnten, da angenommen wird, dass die Erwirtschaftung von Renten Ausdruck bestimmter Wettbewerbsvorteile ist.[824] Die theoretisch konstatierten Zusammenhänge zwischen clusterspezifischem Wissen und dessen Potenzial, Wettbewerbsvorteile zu erwirtschaften, stellen das zweite Modellsegment der Arbeit dar, das im weiterem Verlauf anhand des empirischen Datenmaterials überprüft werden soll.

Im nachfolgenden Abschnitt wird die empirische Untersuchung erfolgen. Hierzu wird das Gesamtmodell zusammen mit den Hypothesen und derer Operationalisierung übersichtlich dargestellt werden.

---

[824] Vgl. Kreyer (2009), S. 49.

V Empirische Untersuchung

In diesem Kapitel wird zunächst das Forschungsdesign vorgestellt. Der Fokus liegt hierbei auf der Abbildung der empirischen Zielsetzung der Arbeit, der daraus resultierenden methodischen Vorgehensweise und ihrer Apologie. Im weiteren Verlauf wird dann auf die sich aus dem methodischen Vorgehen ergebenden Gütekriterien eingegangen. Anschließend wird der Aufbau und Prozess der empirischen Untersuchung dargestellt; einen Schwerpunkt hierbei bildet die Variablenoperationalisierung. Nach dieser Beschreibung der empirischen Untersuchung folgt die Erörterung der Datenerhebung. Hierbei wird eine Auseinandersetzung mit den Datenquellen, den Techniken der Erhebung, dem Erhebungsprozess und der Datenanalyse erfolgen. Im Anschluss daran werden die empirischen Ergebnisse des untersuchten Clusters illustriert und diskutiert. Da es sich beim Untersuchungsgegenstand um Unternehmen in einem sehr innovativen Sektor handelt, die einem starken Wettbewerbsdruck unterliegen, sind die erhobenen Daten als vertraulich zu behandeln und werden dementsprechend anonymisiert. Den Abschluss dieses Kapitels wir die Diskussion des Datenmaterials sowie einer Konfrontation der empirischen Daten mit den theoretischen Annahmen (Pattern Matching) bilden.

1 Zielsetzung der empirischen Untersuchung

Die Zielsetzung der empirischen Untersuchung besteht darin, erstens anhand des Datenmaterials Beziehungen zwischen den Akteuren im Cluster zu identifizieren, zweitens die Intensität der Beziehungen zu bestimmen, drittens die Art der innerhalb der Relationen transferierten Informationen aufzuzeigen und anhand dieser Auswertung fünftens clusterspezifisches Wissen nachzuweisen. Anhand der Fallstudie soll ferner spezifiziert werden, was clusterspezifisches Wissen in der Praxis sein kann. In einem weiteren Schritt wird mithilfe der empirischen Untersuchung eine Einschätzung vorgenommen, ob clusterspezifisches Wissen eine strategische Ressource ist und welches Potenzial diese Ressource zur Realisierung von Wettbewerbsvorteilen besitzt.

Bei der empirischen Untersuchung werden folglich die theoretisch fundierten Annahmen mit dem Datenmaterial konfrontiert, um die Grundannahmen zu überprüfen[825] und ggf. weitere Erklärungszusammenhänge herzustellen.

Die zentrale Hypothese der Untersuchung ist die Annahme, dass durch formale und informale Beziehungen zwischen den Humanressourcen der Akteure eines Cluster, in denen Informationen über das Cluster oder fachlich relevante Informationen ausgetauscht werden, clusterspezifisches Wissen entstehen kann. Die Grundlage für diese Beziehungen bilden hierbei die Rahmenbedingungen des Clusters. Basierend auf den bisherigen Ausführungen der Arbeit können zwei Untersuchungsschwerpunkte bestimmt werden. Zum einen der Nachweis von clusterspezifischem Wissen in der Praxis und zum anderen der Einfluss von clusterspezifischem Wissen auf die Wettbewerbsvorteile der Akteure im Cluster. Die Zielsetzung der Untersuchung erfordert demzufolge eine Erhebung von Daten aus drei Variablengruppen: der *relationalen Zusammenhänge bzw. der Qualität der Beziehungen*, dem *clusterspezifischen Wissen* und dem Potenzial zur Rentengenerierung.

2 METHODISCHE VORGEHENSWEISE UND APOLOGIE DER VORGEHENSWEISE

Die Selektion der Forschungsmethodik stellt ein Kernelement bei der Realisierung einer empirischen Untersuchung dar. Das Forschungsdesign muss so gewählt werden, dass es sich als adäquat für die zu erforschende Fragestellung erweist. Gemäß der traditionellen Sicht wird zuerst eine Abgrenzung zwischen den qualitativen und den quantitativen Forschungsmethoden erfolgen,[826] um anschließend die Auswahl des Forschungsdesigns auf dieser Basis weiter auszuführen.

2.1 QUANTITATIVE VS. QUALITATIVE FORSCHUNGSMETHODEN

Die Diskussion, welche Forschungsmethode zu wählen ist, ist eine Grundsatzdiskussion bzw. ein Paradigma, denn es geht nicht um die Fragestellung der Forschungsmethode qualitativ vs. quantitativ, sondern vielmehr um eine diffe-

---

[825] Vgl. Yin (2003), S. 116.
[826] Vgl. Abel et al. (1998), S. 10.

rierende Denkweise und Weltansicht.[827] Dies ist vor allem auch unter dem Gesichtspunkt der uneinheitlichen Definition der qualitativen und quantitativen Methodologie zu sehen, denn de facto gibt es keine einheitliche Beschreibung dieser Methoden.[828]

Die quantitative Forschung führt im Sinne Auguste Comtes zurück zu den Anfängen der Soziologie. Seiner Meinung nach ist die

„soziale Wirklichkeit als etwas Gegebenes, Tatsächliches (zu betrachten) [...], welche mithilfe von anderen Methoden [...] vollständig erfassbar und analysierbar [wird; Anm. d. Verf.]."[829]

Dementsprechend sollte die soziale Wirklichkeit quantifizierbar sein.

Eine Gegenströmung zur quantitativen Forschung bilden die Hermeneutik[830] oder vielleicht bereits die Denkansätze von Aristoteles (384–322 v. Chr.), die als Ursprünge der qualitativen Forschung zu verstehen sind. Die aristotelische Tradition des Denkens basiert darauf, dass eine Betonung des historischen und entwicklungsmäßigen Aspekts von Gegenständen erfolgt. Gegenstände können gemäß Aristoteles auch durch ihre Intentionen, Ziele und Zwecke verstanden werden und lassen damit ein Werturteil in der wissenschaftlichen Analyse zu. Hieraus erschließt sich, dass neben der Deduktion ein induktives Vorgehen erlaubt ist, das als Grundlagenbildung für die Einzelfallanalyse zu verstehen ist.[831]

Die etwas weiter oben angesprochene Hermeneutik wurde zuerst als Hilfswissenschaft der Philosophie und der Jurisprudenz verstanden, später zählte sie dann als eigenständige philosophische Disziplin.[832] Heutzutage kann die Hermeneutik – insbesondere die objektive Hermeneutik – durch ihre theoretischen Ansätze des Verstehens bzw. des Interpretierens als Grundlage der qualitativen Sozialforschung verstanden werden. Entscheidend für diese Ent-

---

[827] Vgl. Kelle/Erzberger (2000), S. 299.
[828] Vgl. Reichertz (1986), S. 2.
[829] Kepper (1996), S. 8, zitiert nach Rehm (2006), S. 3.
[830] Unter dem Begriff „Hermeneutik" ist die Lehre von der Textinterpretation zu verstehen. Allgemein gedeutet ist die Hermeneutik die Kunst der Auslegung. Sie dient u. a. ebenso zur Erklärung von bildnerischen Kunstwerken und der Musik. Vgl. Koller (2003), S. 83–85.
[831] Vgl. Flick et al. (2000), S. 13 ff.
[832] Vgl. Hadeler/Winter (2000), S. 1436.

wicklung waren Oevermann und seine Gruppe mit dem von ihnen entwickelten Analyseverfahren.[833]

Nachdem ein kurzer geschichtlicher Abriss über die Entwicklung der beiden Pole des quantitativen und qualitativen Forschens erfolgt ist, der für die Grundproblematik sensibilisieren sollte, soll im folgenden Abschnitt auf das Paradigma, qualitative vs. quantitative Forschung, nicht weiter eingegangen werden. Vielmehr soll anhand der Darstellung beider Forschungsströmungen sowie abgeleitet aus den Erfordernissen des Forschungsvorhabens ein zweckmäßiges Forschungsdesign ausgewählt werden.[834] Dabei wird ebenfalls die Meinung vertreten, dass die strikte Differenzierung zwischen den beiden Forschungsrichtungen und den damit verbundenen Erkenntniszielen nicht immer zielführend ist.[835] Vielmehr sollte eine zweckorientierte Differenzierung und Selektion der Forschungsmethode erfolgen,[836] wie es in dieser Arbeit der Fall ist. Es wird eine idealtypische Gegenüberstellung der beiden empirischen Vorgehensweisen vorgenommen, um anhand dieser Ausführungen eine Rechtfertigung für die Wahl des Forschungsdesigns herleiten zu können.

Als erste Differenzierung wird hierbei das Erkenntnisziel herangezogen. Während bei der quantitativen Forschung das „*Erklären*" durch die Hypothesenprüfung anhand großer Datenmengen zu einem stark begrenzten Bereich im Vordergrund steht, hat die qualitative Forschung die Zielsetzung, das „Wie?" und „Warum?" von Sachverhalten zu „*verstehen*". Das „Verstehen" erfolgt auf der Basis weniger Daten, die dafür aber qualitativ hochwertig sind und die über eine große Diversität verfügen.[837]

Im quantitativen Bereich werden *Daten* definiert als „[...] die Menge aller Merkmalsmessungen [...]"[838] einer Untersuchung, wohingegen qualitative

---

[833] Sinngemäß Atteslander (2008), S. 199.

[834] Die Abgrenzung zwischen der quantitativen und qualitativen Forschung erfolgt hierbei idealtypisch, wobei in der praktischen Anwendung auch Überschneidungen möglich sind.

[835] Diese Aussage ist bspw. damit zu begründen, dass eine immer stärkere Theorieorientierung (in Form von Thesen- bzw. Hypothesenbildung) in den Prozess qualitativer Forschung Einzug hält, wobei die theoretisch hergeleiteten Hypothesen mittels qualitativer Daten empirisch überprüft werden. Damit wird die strake Theorieorientierung in der qualitativen Forschung erforderlich, um eine zielorientierte Gestaltung der Erhebung und Auswertung von qualitativen Daten zu ermöglichen. Vgl. Hopf (1996), S. 9.

[836] Vgl. Meyer (2007), S. 17.

[837] Vgl. Lamnek (2005), S. 243.

[838] Bortz/Döring (2003), S. 6.

Daten die „[...] wissenschaftliche Beschreibungen eines sozialen Gegenstandes sind [...]."[839] Die quantitativen Daten zeichnen sich dadurch aus, dass sie in Form von Mengenangaben, Zahlenreihen, Häufigkeiten oder Indizes erörtert und interpretiert werden müssen, wohingegen die qualitativen Daten schon per se sinnhaft sind.[840] Unter „sinnhaft" ist hierbei zu verstehen, dass die Daten ohne weitere Erklärungen für einen Dritten verständlich sind. Das Verstehen ist hierbei aber nicht auf die Richtigkeit auszulegen, denn die qualitativ erhobenen Daten können von verschiedenen Personen ggf. unterschiedlich verstanden werden.

Nach Yin besteht eine Kausalität zwischen der Wahl der adäquaten Untersuchungsmethode und dem Untersuchungsobjekt,[841] weshalb an dieser Stelle mit Bezug auf das Untersuchungsobjekt die verschiedenen Forschungsmethoden dargestellt werden und eine Selektion erfolgt.

Der quantitative Forschungsansatz hat zum Ziel, kausale Zusammenhänge zwischen den Variablen zu überprüfen. Das Vorgehen ist daher empirisch-analytisch[842] und verfolgt ein deduktives Erkenntnisziel.[843] Ein quantitatives Forschungsdesign erscheint dementsprechend immer dann als vorteilhaft, wenn die Zielsetzung die Überprüfung von Hypothesen ist,[844] die theoriegeleitet konzipiert wurden.[845] Ein strikt linearer Ablauf ist hierbei erforderlich; dieser ist zugleich ein weiteres Merkmal des quantitativen Vorgehens.[846] In diesem Kontext stellt auch der Umfang der Befragungen bzw. der untersuchten Fälle einen wesentlichen Faktor von quantitativer Forschung dar. Mithilfe von quantitativen Methoden soll eine allgemeingültige Aussage überprüft werden.[847] Um eine solche überindividuelle Regel oder Struktur als gegeben betrachten zu können, ist die Anzahl ihres Auftretens von entscheidender Bedeutung, was implizit eine hohe Messgröße voraussetzt.[848] Eine Erweiterung

---

[839] Heinze (2001), S. 13.
[840] Vgl. Heinze (2001), S. 13.
[841] Vgl. Yin (2009), S. 10.
[842] Vgl. LoBiondo-Wood (2005), S. 204.
[843] Vgl. Hussy et al. (2010), S. 8.
[844] Vgl. Dreier (1997),S. 69.
[845] Vgl. Echambadi et al. (2006), S. 1801.
[846] Vgl. Behnke et al. (2006), S. S. 34.
[847] Vgl. Burzan (2005), S. 23.
[848] Vgl. Behnke et al. (2006), S. 34.

der Datenbasis auf möglichst viele Fälle ist daher unabdingbar,[849] um den Gütekriterien wissenschaftlicher Forschung gerecht zu werden. De facto schließt dieser Forschungsansatz vom Allgemeinen auf das Besondere. Was aus Sicht von Bortz und Döring dazu führt,

„daß [sic] [...] letztlich kein neues Wissen erzeugt [wird; Anm. d. Verf.], sondern nur redundantes Wissen."[850]

Als letztes Kriterium der quantitativen Forschungsmethode wird auf die Erhebungsverfahren eingegangen. Hierunter sind stark standardisierte und strukturierte Verfahren zu verstehen.[851]

Bei der qualitativen Forschungsmethode hingegen können die Daten auch in Form von nicht-standardisierten Verfahren erhoben werden. Der Ablauf der Erhebung kann hierbei von Fall zu Fall variieren und die Fragestellung kann im Verlauf der Untersuchungen adaptiert werden.[852] Diese Flexibilität stellt einen wesentlichen Vorteil der qualitativen Forschung dar, der für eine Verwendung in der vorliegenden Arbeit spricht. Aufgrund der Tatsache, dass der zu untersuchende Bereich bis dato wenig erforscht ist, kann eine spätere Adaption der Fragestellung nötig werden. Ebenfalls ist es denkbar, dass sich Spezifikationen aus den ersten Erhebungen ergeben, die eine Approximation des Fragenablaufs erfordern oder eine Erweiterung nach sich ziehen.

Das qualitative Vorgehen erscheint unter Berücksichtigung des oben geschilderten Sachverhalts vor allen dann als adäquat, wenn ein induktives Vorgehen gewählt wird, bei dem ausgehend von Einzelfällen auf das Allgemeingültige und auf Gesetzmäßigkeiten geschlussfolgert wird,[853] also die erfahrbare Wirklichkeit als Basis für die Beschreibung und Analyse genommen wird.[854] Da in der vorliegenden Arbeit die vorher generierten Hypothesen überprüft werden, handelt es sich jedoch um ein deduktives Vorgehen, das typischerweise den quantitativen Verfahren zugeordnet werden müsste. Es ist daher fraglich, ob ein qualitatives Vorgehen als adäquat angesehen werden kann. Gemäß Kelle und anderen Autoren ist dies möglich; danach eignen sich vor allem In-

---

[849] Vgl. Bude, H., (1984), S. 23
[850] Bortz/Döring (2003), S. 299.
[851] Vgl. Bamler et al. (2010), S. 89.
[852] Vgl. Thome (2007), S. 70.
[853] Vgl. Hussy et al. (2010), S. 7.
[854] Vgl. Heinze (2001), S. 27.

terviews als ein Hypothesen prüfendes Verfahren für die theoriegeleitete Forschung.[855]

Ein ähnliches qualitatives Vorgehen zur Hypothesenprüfung, wie es hier gewählt wird, wählten ebenfalls Kelle, Kluge und Prein in einer ihrer Studien, in der sie mittels kodierter Textpassagen Hypothesen überprüfen.[856] Sie führen hierbei als Apologie für ihr Vorgehen Arbeiten aus dem Kontext der Chicagoer Schule mit Bezug auf die naturalistische Feldforschung an. Als Referenzen sind hier bspw. Lindesmith[857] und Cressey[858] zu nennen, die in ihren Arbeiten nach Fällen suchten, die als Falsifikatoren hätten dienen können. Es handelt sich hierbei um „crucial cases", also um entscheidende Fälle. Diese Fälle wurden dann dazu genutzt, um die Hypothesen zu bestätigen oder aufgrund von empirischer Gegenevidenz zu modifizieren bzw. zu verwerfen. Die Zielsetzung bestand darin, „praktische Sicherheit" über die Aussagen der Hypothesen zu erlangen.[859]

Eine etwas erweiterte Denkweise und Anwendbarkeit vertritt Hopf in ihrem Beitrag „Hypothesenprüfung und qualitative Sozialforschung".[860] In Anlehnung an die oben genannten Befürworter und unter Bezugnahme auf ihre Beiträge wird als adäquates methodisches Vorgehen für die vorliegende Arbeit die *theorieorientierte qualitative Forschung* betrachtet, die die Überprüfung von Hypothesen ermöglicht.[861] Anders ausgedrückt hat dieses Vorgehen zum Ziel, Gesetzmäßigkeiten für die theoretische Grundlegung der Arbeit mithilfe der Fallstudienmethodik abzuleiten, jedoch nicht mit der Zielsetzung, die so gewonnen Ergebnisse der Stichprobenziehung auf eine Grundgesamtheit zu beziehen.

Es wird mittels der theorieorientierten qualitativen Forschung in Form der Fallstudienmethodik dem Ziel entgegen gegangen, den Grad der Übereinstimmung des theoretischen Musters, das in Form von theoretisch konstruierten Hypothesen vorliegt, mit dem empirischen Muster, das sich aus Interviews, Fragebögen und der Dokumentenanalyse ergibt, zu ermitteln.[862] Der

---

[855] Vgl. Kelle (1994), S. 364 ff.; Stumpf (2005), S. 84; Straßer (2008), S. 162 f.
[856] Vgl. Kelle et al. (1993), S. 54.
[857] Siehe hierzu Lindesmith (1968).
[858] Siehe hierzu Cressey (1950) und Cressey (1971).
[859] Vgl. Kelle et al. (1993), S. 55 f.
[860] Vgl. Hopf (1996), S. 18.
[861] Vgl. Hopf (1993), S. 14.
[862] Vgl. Festing (1999), S. 216; Müller (2010a), S. 190.

wesentliche Fokus liegt dementsprechend auf der Konfrontation der theoretisch fundierten Annahmen mit dem Datenmaterial, um eine Überprüfung der Hypothesen vorzunehmen. Eine weitere Zielsetzung ist es, eine eventuelle Erweiterung der Grundannahmen vorzunehmen. Folgerichtig könnten neue Regelhaftigkeiten und Gesetzmäßigkeiten während der empirischen Untersuchung erschlossen werden, die dann wiederum einen Mehrwert für die Forschung darstellen würden und mit anderen wissenschaftlichen Methoden auf Generalisierbarkeit geprüft werden könnten.[863]

Da die generierten Hypothesen sehr komplexe Variablen enthalten, ist ein qualitatives Vorgehen indiziert, da durch dieses Design eine bessere Erfassung und Abbildung der Variablengruppen ermöglicht werden kann. Das qualitative Vorgehen ist dementsprechend vor allem damit zu begründen, dass für die Untersuchung eine gehaltvolle und detaillierte Datenbasis erforderlich ist, die gemäß der herrschenden Meinung besser mit einem qualitativen Vorgehen erzeugt werden kann.[864] Eo ipso wird das qualitative Vorgehen heute als der einzige Weg zur exakten Untersuchung von Unternehmensrealitäten betrachtet.[865] Zu einer ähnlichen Einschätzung kommen auch Seipel und Rieker, die eine qualitative Forschung immer dann als vorteilhaft ansehen, wenn man es mit

„weithin unbekannten, widersprüchlichen oder komplexen Phänomenen [zu tun habe; Anm. d. Verf.], die gründlich beschrieben werden sollen oder deren generierende Strukturen rekonstruiert werden sollen".[866]

Ein weiterer Punkt, der für das qualitative Vorgehen spricht, ist die Datenmenge. In der vorliegenden Arbeit dient eine eingebettete Einzelfallstudie als Datengrundlage, die damit idealtypisch der qualitativen Forschung zuzuordnen ist.[867] Die eingebettete Einzelfallstudie wurde gewählt, um eine Untersuchung der komplexen Clusterstrukturen zu ermöglichen. Weitere Erhebungen in anderen Clustern sollten basierend auf den Forschungsergebnissen dieser Arbeit folgen, konnten allerdings aufgrund der mangelnden Realisierbarkeit nicht in diese Arbeit einfließen. Die Untersuchung weiterer Cluster hätte nämlich dazu

---

[863] Vgl. Hussy et al. (2010), S. 7.
[864] Vgl. Kleining (1995), S. 131 f.
[865] Vgl. Foddy (1993), S. 1; Brosis/Koschel (2001), S. 18.
[866] Seipel/Rieker (2003), S. 253, zitiert nach Reinhardt/Gradinger (2007), S. 94.
[867] Vgl. Brüsemeister (2008), S. 20.

geführt, dass die Datenmenge nicht mehr zu handhaben gewesen wäre. Dies liegt vor allem daran, dass ein Cluster aus einer Vielzahl von Unternehmen besteht und jede Erhebung im Unternehmen als Einzelfallstudie betrachtet werden kann. Weiterhin erschien dieses Verfahren zielführend, da mit den Ergebnissen der Einzelfallstudie Regelmäßigkeiten für das zu untersuchende Cluster erforscht werden sollten, die aufgrund der Komplexität eine intensive und tiefgründige Interviewmethode erforderlich machen.

Abschließend ist noch auf die gewählte wissenschaftstheoretische Strömung der Arbeit Bezug zu nehmen. Da in der Arbeit eine konstruktivistische Perspektive eingenommen wird, ist das gewählte qualitative Vorgehen auch mit der gewählten wissenschaftstheoretischen Strömung zu begründen, denn die wissenschaftstheoretische Grundlage der qualitativen Forschung ist in den Ausprägungen des Konstruktivismus verortet.[868]

Nachdem die Herleitung und Apologie der grundlegenden methodischen Vorgehensweise vorliegen, hat nachfolgend die Begründung zu erfolgen, warum die Fallstudienmethodik für die Untersuchung gewählt wurde und welche Art der Fallstudie Verwendung finden wird.

2.2 Wahl des Forschungsdesigns

Unter Einbeziehung der oben erörterten Zielsetzung der empirischen Untersuchung und des gesamten Forschungsvorhabens sowie auf der Grundlage des Forschungsstandes wird ersichtlich, dass eine ganzheitliche und eingehende Untersuchung erforderlich ist. Unter der Berücksichtigung dieser Details wird das methodische Vorgehen der Fallstudie gewählt, denn

„a case study is [...] defined as an in-depth, multifaceted investigation, using qualitative research methods, of a single social phenomenon."[869]

Sicherlich ergibt sich aus dieser Definition nicht zwingend das Erfordernis der qualitativen Fallstudienmethodik; es überwiegen allerdings die Vorteile, die sich aus forschungspraktischer und inhaltlicher Natur ergeben. Eine Gegenüberstellung einiger weiterer Forschungsdesigns in Abgrenzung zur Fallstudie wird in Anlehnung an Yin nachfolgend in der Tabelle 6 vorgenommen. Diese Abgrenzung wird vorgenommen, um die Entscheidung der in dieser Arbeit gewählten Forschungsstrategie nachvollziehbar zu machen. Die Kriteri-

---
[868] Vgl. Flick (2005), S. 20 ff.
[869] Feagin et al. (1991), S. 2.

en zur Auswahl beinhalten dabei die zugrunde liegende Forschungsfrage, die Kontroll- und Steuerungsmöglichkeiten des Forschers sowie die Aktualität des zu untersuchenden Datenmaterials.

Tabelle 6: Abgrenzung des Forschungsdesigns der Fallstudie gegenüber anderen Designs[870]

Forschungs-design	Forschungsfrage	Kontrollmöglichkeiten durch den Forscher	Aktualität des Forschungsmaterials
Experiment	wie, warum	ja	ja
Schriftliche Befragung	wer, was, wo, wie viel	nein	ja
Archivanalyse	wer, was, wo, wie viel	nein	ja/nein
Geschichte	wie, warum	nein	nein
Fallstudie	wie, warum	nein	ja

Tabelle 6 zeigt, dass das Forschungsdesign maßgeblich von der Forschungsfrage bestimmt wird.[871] Die Schwerpunkte der vorliegenden Arbeit liegen auf der theoretischen und auf der praktischen Untersuchung von clusterspezifischem Wissen in Value Adding Webs und seinem Potenzial, Wettbewerbsvorteile für den einzelnen Akteur im Cluster und für das gesamte Cluster zu generieren. Mit diesem Schwerpunkt gehen vor allem Fragestellungen nach dem „Wie" und „Warum" einher. So gilt es, folgende Fragestellungen zu beantworten:
– Wie wird clusterspezifisches Wissen generiert?
– Wie setzt sich clusterspezifisches Wissen zusammen?
– Inwiefern verfügt clusterspezifisches Wissen über das Potenzial zur Realisierung von Wettbewerbsvorteilen für die Akteure in Value Adding Webs?

Die Begründung mittels der Forschungsfragen ist allein nicht als Legitimation für die Selektion der Fallstudie als Forschungsdesign ausreichend, weshalb die weiteren Kriterien aus der Tabelle 6 herangezogen werden. Demnach ist eine Fallstudie dann indiziert, wenn es sich um die Untersuchung eines aktuellen Sachverhalts handelt, der sich der Kontrolle oder der Steuerung des Forschers entzieht. Beide Punkte können als gegeben betrachtet werden, denn es handelt sich um aktuelles Datenmaterial des Luftfahrtclusters der Metropolregion

---
[870] Quelle: Eigene Darstellung in Anlehnung an Festing (1999), S. 210.
[871] Vgl. Yin (1989), S. 13; .Festing (1999), S. 211.

Hamburg. Weiterhin gibt es keine Möglichkeiten der Beeinflussung der Ergebnisse oder der Verhaltensweisen in der Erhebung.

Auch beim Vorliegen aller genannten Kriterien würden weitere Forschungsdesigns zur Auswahl stehen. Entscheidend ist letztendlich der Zugang des Forschers zum Untersuchungsobjekt. Weber äußert sich dazu wie folgt:

„Erst wenn der Zugang zum Untersuchungsobjekt nur im direkten Gespräch möglich ist bzw. die Methode (mehrstündige Interviews, aber auch Dokumentenanalyse) großzählige Verfahren ausschließt, ist die Fallstudie angezeigt."[872]

Da die Beantwortung der Forschungsfragen aufgrund der Komplexität der Thematik und der Variablen lediglich in tief gehenden und ausführlichen Interviews erfolgen kann, ist ebenfalls diese Voraussetzung als gegeben zu betrachten.[873] So ist die Darstellung der Vernetzung der wichtigsten Akteure im Cluster, die Untersuchung der Beziehungsqualität zwischen den Akteuren, die Analyse des Interaktionsinhalts zwischen den Humanressourcen der Akteure und die Untersuchung des auf Basis der Interaktion entstehenden clusterspezifischen Wissens sowie dessen Beurteilung auf sein Potenzial, Wettbewerbsvorteile zu realisieren, ein sehr *komplexes* Vorhaben, das eine Datenerfassung durch bspw. standardisierte Fragebögen, Beobachtungsschemata usw. kaum ermöglicht.[874]

Wie aus den obigen Ausführungen ersichtlich wird, ist das gewählte Forschungsfeld bzw. der Forschungsgegenstand sehr komplex und erfordert daher die Beschreibung und Illustration in einer mehrdimensionalen Perspektive, um die Zusammenhänge zwischen den komplexen Relationen der Akteure, der Generierung von clusterspezifischem Wissen und dessen Potenzial zur Realisierung von Wettbewerbsvorteilen erklären zu können. Deshalb wird in der vorliegenden Arbeit die Fallstudienmethodik als Forschungsstrategie gewählt, denn neben den bereits dargestellten Gründen, die für die Fallstudienmethodik sprechen, führen Bortz und Döring an, dass mittels der Fallstudienmethode komplexe Zusammenhänge erforscht und erklärt werden können. Des Weiteren dient sie ebenfalls dazu, mithilfe einer mehrdimensionalen Perspektive die Beschreibung und Illustration von realen Ereignissen zu ermöglichen.[875]

---

[872] Weber et al. (1994), S. 55.
[873] Vgl. auch de Vaus (2001).
[874] Vgl. Lamnek (2005), S. 4.
[875] Vgl. Bortz/Döring (2003), S. 110.

Mit der Entscheidung für die Fallstudie als Forschungsmethode ist ferner zu bestimmen, welche Art der Fallstudie für die Untersuchung zu wählen ist, da mit den verschiedenen Fallstudientypen unterschiedliche Zielsetzungen verfolgt werden können. Um eine kurze Übersicht hierzu zu geben, werden an dieser Stelle einige Fallstudientypen und ihre Zielsetzungen genannt:

— So kann eine *Illustrationsfallstudie* bspw. die Zielsetzung verfolgen, ein Modell oder abstrakte Aussagen zu illustrieren, bzw. zur Stützung der auf theoretischer Basis gewonnenen Erkenntnisse verwendet werden.[876]

— Durch die Verwendung von *heuristischen Fallstudien* in einem explorativen Forschungsdesign kann der Forschungszweck verfolgt werden, relevante Zusammenhänge und Variablen zu entdecken.[877]

— *Diagnostische Fallstudien* werden verwendet, um Organisationsdiagnosen durchzuführen oder Gestaltungsempfehlungen zu evaluieren.[878]

— *Ideografische Fallstudien* dazu dienen, den Einzelfall zu analysieren, ohne dabei Regelmäßigkeiten bzw. Kausalitäten zu entdecken.

— Mit den *nomothetischen Fallstudien* wird die Zielsetzung verfolgt, Gesetzmäßigkeiten aus Fallstudien zu erkennen.[879]

Dieses Ziel soll auch für die vorliegende Arbeit gesteckt werden, weshalb die Entscheidung für eine nomothetische Fallstudie gefallen ist. Innerhalb der nomothetischen Fallstudiengattung gibt es weitere Differenzierungsmöglichkeiten, die nachfolgend in Tabelle 7 dargestellt werden, um eine Entscheidung zur Auswahl des richtigen nomothetischen Fallstudientyps herbeizuführen und die einzelnen Erkenntnisschwerpunkte übersichtlich voneinander abzugrenzen.

---

[876] Vgl. Siggelkow (2007), S. 21.
[877] Vgl. Weimer (2009), S. 181 f.
[878] Vgl. Heusler (2004), S. 342.
[879] Vgl. Jahn (2006), S. 163.

Tabelle 7: Nomothetische Fallstudientypen[880]

Fallstudientyp	Exemplifikation
Nomothetische Fallstudie (allgemein)	Auf der Grundlage theoretischer Kontemplationen ist es möglich, jeden Fall in ein Klassifikationsschema einzuordnen. Dementsprechend werden Gesetzmäßigkeiten im sozialen Bereich angenommen und die Verwendung quantitativer Methoden wird akzeptiert.
Nomothetisch vergleichende Fallstudie	Es werden mehrere zumeist deskriptive Fallstudien erhoben und gegenübergestellt.
Nomothetisch Hypothesen prüfende Fallstudie	Unter Zuhilfenahme einer oder mehrerer Fallstudien werden Ausprägungen von Variablen identifiziert, die verglichen werden, um unplausible Hypothesen zu eliminieren.
Nomothetisch falsifizierende Fallstudie	Bei der falsifizierenden Fallstudie führt bereits ein „unerwarteter" Fall zur Negierung bzw. Falsifizierung der Theorie.
Nomothetisch abweichende Fallstudie	Beim Vorliegen einer Hypothesen prüfenden oder falsifizierenden Fallstudie werden „unerwartete" Fälle einer tief gehenden Analyse unterzogen.

Wie bereits aus den Ausführungen ersichtlich wurde, besteht die Schwerpunktsetzung der empirischen Untersuchung in der Überprüfung der im theoretischen Modell postulierten Kausalbeziehungen zum clusterspezifischen Wissen und dessen Potenzial zur Realisierung von Wettbewerbsvorteilen. Die Fallstudie wird deshalb dem Subtypus der „nomothetisch Hypothesen prüfenden Fallstudie" zuzuordnen sein. Dies ist zum einen mit der Annahme zu begründen, dass Gesetzmäßigkeiten im sozialen Bereich vorherrschen, was seinen Ausdruck in den bereits generierten Hypothesen der Arbeit findet,[881] und zum anderen an der Anforderung, mittels der Fallstudie unplausible Hypothesen durch einen Vergleich mit den gefundenen Variablenausprägungen identifizieren und eliminieren zu können.[882]

Bezug nehmend auf die Selektion des Fallstudiendesigns hat eine noch tiefer gehende Differenzierung zu erfolgen. Es wurde bereits dargestellt, dass

---

[880] Quelle: Eigene Darstellung in Anlehnung an Festing (1999), S. 212, und Weber et al. (1994), S. 51 ff.
[881] Vgl. Festing (1999), S. 213.
[882] Vgl. Eidems (2010), S. 112.

es sich in der vorliegenden Arbeit um eine Hypothesen prüfende nomothetische Fallstudie handeln wird; es hat in diesem Zusammenhang jedoch noch eine Differenzierung zwischen der Anzahl der Fälle und den Analyseeinheiten zu erfolgen. Wird dementsprechend das Fallstudiendesign der *Einzelfallstudie* („single-case") oder der *vergleichenden (multiplen) Fallstudie* („multi-case") gewählt, und handelt es sich um *holistische* oder *eingebettete* Analyseeinheiten?[883] Diese Fragestellungen führen gemäß der Differenzierung von Yin zu einer 2x2-Matrix (vgl. hierzu Abbildung 28).[884]

Bei der vorliegenden Arbeit handelt es sich – dies wurde bereits mehrfach angedeutet – um eine eingebettete Einzelfallstudie des Typs 3 gemäß der obigen Abbildung. Das Luftfahrtcluster Hamburg bildet hierbei den Einzelfall und die darin enthaltenen Akteure die einzelnen „embedded units of analysis". Dabei soll sowohl für das Cluster insgesamt als auch für die einzelnen Akteure anhand des nomothetischen Vorgehens untersucht werden, wie clusterspezifisches Wissen entsteht, wie clusterspezifisches Wissen zusammengesetzt ist und warum es Potenzial zur Generierung von Wettbewerbsvorteilen haben könnte. Dabei werden die Daten der „embedded units of analysis" einem Vergleich zugeführt und nicht lediglich nebeneinander betrachtet.

Die eingebettete Einzelfallstudie wurde trotz des Umstands gewählt, dass in der Literatur darauf hingewiesen wird, dass für nomothetische Fallstudien das „multi-case design" sinnvoll wäre, um die im Vorfeld generierten Hypothesen zu bestätigen, zu modifizieren bzw. zu falsifizieren.[886]

Als Begründung für die Auswahl der eingebetteten Einzelfallstudie ist anzuführen, dass es sich beim Gegenstand des Forschungsinteresses um ein komplexes organisationsübergreifendes Phänomen handelt, bei dem die Anwendung des „single-case design" in der Forschungspraxis dominiert.[887] Weiterhin handelt es sich beim Luftfahrtcluster Metropolregion Hamburg um einen *„extreme"* bzw. *„unique case"*,[888] denn die dort vorliegenden Rahmenbedingungen in Bezug auf das Wissensmanagement, den Wissensaustausch und die Wis-

---

[883] Vgl. Piening (2010), S. 109.
[884] Vgl. Yin (2009), S. 46 f.
[886] Vgl. Boos (1992), S. 9.
[887] Vgl. Seuring (2008), S. 132 f.
[888] So führt Yin an, dass ein „single-case design" als adäquat angesehen wird, wenn es sich um einen „critical case, extreme or unique case, representative or typical case, revelatory case oder longitudinal case" handelt. Vgl. Yin (2009), S. 47 ff.

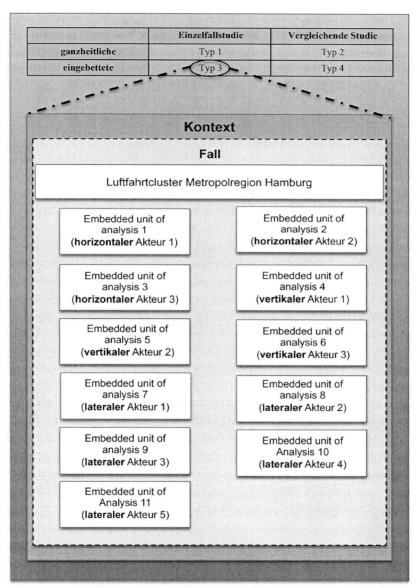

Abbildung 28: Ausgewähltes Fallstudiendesign nach Yin[885]

---

[885] Quelle: Eigene Darstellung in Anlehnung an Yin (2009), S. 46; Kiendl (2007), S. 272 f., und Brunner/Voigt (2007), S. 5.

sensgewinnung in Form von kooperativen vernetzten Prozessen sind einzigartig. Ebenfalls wird durch die Offenheit im Umgang mit der Thematik die Gewinnung neuer Forschungserkenntnisse ermöglicht, was in anderen Fällen nicht gegeben wäre.[889] Die Analyse des eingebetteten Einzelfalls des Luftfahrtclusters Metropolregion Hamburg scheint unter diesen Gesichtspunkten als angemessen für die Überprüfung der Hypothesen, denn durch diesen Einzelfall werden exakte Einblicke in das komplexe Zusammenwirken einer Vielzahl unterschiedlicher Faktoren ermöglicht.[890]

In Bezug auf die Untersuchungseinheit wurde die eingebettete Analyseeinheit gewählt. Dieses Vorgehen begründet sich in der Auswahl des Falls, denn es wird zum einen das Luftfahrtcluster der Metropolregion Hamburg als Ganzes betrachtet, aber auch Bezug auf die einzelnen Akteure genommen. Das Cluster beinhaltet derzeit mehr als 300 Akteure, weshalb sich die Analyse lediglich auf eine begrenzte Anzahl von Akteuren mit besonderer Relevanz konzentrieren wird.[891] Die ausgewählten „units of analysis" stellen rechtlich selbstständige und unabhängige Organisationen (Unternehmen, Interessenverbände, Forschungseinrichtungen etc.) dar, die auf den verschiedenen Ebenen des Clusters angesiedelt sind (horizontal/vertikal/lateral). Diese Analyseeinheiten wurden gewählt, um die Variablenausprägungen bezüglich der *Qualität der Beziehungen*, des *clusterspezifischen Wissens* und dessen *Potenzial zur Generierung von Wettbewerbsvorteilen* sowie die damit in Verbindung stehenden *Vernetzungseffekte* aus möglichst vielen Perspektiven betrachten zu können und damit präzise und differenzierte Erkenntnisse erhalten zu können. Wie bei allen Fallstudiendesigns besteht allerdings *kein Verallgemeinerungsanspruch* der Erkenntnisse, also das Ziehen von Inferenzschlüssen hinsichtlich einer Grundgesamtheit.[892]

Nachdem die Selektion und Apologie der methodischen Vorgehensweise durchgeführt wurde, ist im nächsten Abschnitt zu erörtern, ob Aussagen über die Güte von Fallstudien getroffen werden können. Hierzu werden die Gütekriterien der Fallstudienmethodik diskutiert.

---

[889] Vgl. hierzu Luftfahrtcluster Metropolregion Hamburg (2008), S. 32.
[890] Vgl. zur Apologie der Einzelfallstudie im Zusammenhang mit dem nomothetisch hypothesenprüfenden Vorgehen auch Eidems (2010), S. 112.
[891] Vgl. Luftfahrtcluster Metropolregion Hamburg (2008), S. 1.
[892] Vgl. Festing (1999), S. 214 f; Müller (2010b), S. 143; Eidems (2010), S. 113.

2.3 Gütekriterien der gewählten Methodik

Sowohl in der Literatur als auch in der herrschenden Lehre wird an der Fallstudienmethodik oftmals starke Kritik geübt,[893] wohingegen quantitative Verfahren die methodische Güte per se begründen sollen.[894] Die Grundlage für diese etwas plakative Aussage ist vor allem im Vorwurf der Ausnutzung zu großer Interpretationsspielräume bei der Datenauswertung von Fallstudien durch den Forscher bzw. der inhärenten Subjektivität zu sehen.[895] Daneben wird aber auch stets die restriktive Verallgemeinerungsmöglichkeit von Fallstudien als weiterer Kritikpunkt angeführt.[896] Diese Kritikpunkte können dazu führen, dass die Forschungsergebnisse infrage gestellt werden. Um den Kritikpunkten entgegenzuwirken, wird eine Auswahl und Überprüfung von Gütekriterien für die Fallstudienmethodik durchgeführt, die in den unterschiedlichen relevanten Forschungsphasen angewendet werden. Je nach Fallstudientyp und Forschungsziel variieren diese Gütekriterien, weshalb an dieser Stelle zuerst eine Übersicht der Gütekriterien, deren Aussagen, Maßnahmen und Verwendungszeitpunkte in Tabelle 8 gegeben werden sollen, bevor auf die einzelnen Punkte näher eingegangen wird.

Tabelle 8: Gütekriterien bei Verwendung der Fallstudienmethodik[897]

Gütekriterium	*Aussage*	*Maßnahme*	*Forschungsphase*

Konstruktvalidität	Verwendung des korrekten Maßes für die untersuchten Konzepte	– Datentriangulation
		  1. Verwendung einer Vielzahl von Datenquellen
		  2. Verwendung einer Vielzahl von Erhebungsmethoden
		– Offenlegung einer schlüssigen Argumentationslogik
		– Datenabgleich durch Einbindung des Interviewpartners
			– Datenerhebung
			– Datenabgleich

Interne Validität	Gültigkeit von Variablen	– Pattern Matching	Datenanalyse

---

[893] Vgl. hierzu Yin (2009).
[894] Vgl. Paul (2011), S. 206.
[895] Vgl. Müller (2010a), S. 168; Jahn (2006), S. 324.
[896] Vgl. Kittel-Wegner/Meyer (2002), S. 29; Wrona (2005), S. 12.
[897] Quelle: Eigene Darstellung in Anlehnung an Wrona (2005), S. 44; Yin (2009), S. 41; Müller (2010a), S. 171; Royer (2000), S. 169.

Gütekrite-rium	Aussage	Maßnahme	Forschungsphase
Externe Validität	Verallgemeinerung	– Replikationslogik bei der Untersuchung von mehr als einer Fallstudie	Untersuchungsdesign
Reliabilität	Zuverlässigkeit, Grad der Messgenauigkeit	– Fallstudienprotokolle – Fallstudiendatenbasis	Datenerhebung

Wie die obige Tabelle veranschaulicht, gibt es vielfältige Gütekriterien, um den angesprochenen Kritikpunkten entgegenzuwirken. Nachfolgend werden die jeweiligen Gütekriterien in Anlehnung an Yin[898] eingehender dargestellt und in Relation zur Arbeit gesetzt, um darzustellen, welche Gütekriterien bei der empirischen Untersuchung verwendet wurden.

Das Gütekriterium *Konstruktvalidität* (Konstruktgültigkeit) gibt an, inwieweit die relevante Dimension des Untersuchungsobjekts tatsächlich Gegenstand der Erfassung war. Es wird dementsprechend geprüft, ob auch tatsächlich das gemessen wurde, was gemessen werden sollte.[899] Es ist das Ziel, sicherzustellen, dass die erfolgte Operationalisierung der zu untersuchenden Konstrukte bzw. Konzepte richtig war. Um eine möglichst hohe Konstruktvalidität zu erhalten und die Ermessensspielräume in der Operationalisierung bestmöglich nachvollziehbar zu gestalten, wird in der vorliegenden Arbeit das Verfahren zur Variablenoperationalisierung und Datenauswertung offengelegt. Ebenso werden die Argumentationsketten des theoriegeleiteten Modells dargelegt. Durch dieses Vorgehen wird es ermöglicht, dass die gewählten Maße durch Dritte (Leser) einer Prüfung unterzogen werden können.[900]

Weiterhin wird angeführt, dass durch die Verwendung einer Vielzahl von Datenquellen die Konstruktvalidität erhöht werden kann, da durch multiple Quellen unterschiedliche Interpretationen und Konstrukte für das gleiche Phänomen geboten werden. Durch diese kann mittels der Datentriangulation die Validität erhöht werden.[901] In der vorliegenden Untersuchung wurden die Daten mittels einer Vielzahl von Quellen erhoben, wie etwa Interviews mit Personen aus unterschiedlichen Unternehmen und unterschiedlichen Wertschöpfungsebenen. Weiterhin wurden Fragebögen verschickt, in

---
[898] Vgl. Yin (2003), S. 19; Yin (2009), S. 40 ff.
[899] Vgl. Greve/Wentura (1997), S. 53 f.
[900] Vgl. Müller (2010a), S. 169.
[901] Vgl. Lembke (2005), S. 133;

denen grundsätzliche Sachverhalte abgefragt wurden, und es wurden Sekundärdaten in Form von internen und externen Dokumenten der Unternehmen verwendet, um eine möglichst hohe Konstruktvalidität zu gewährleisten.

Auf die dritte Möglichkeit zur Erhöhung der Konstruktvalidität, die Einbeziehung der Interviewten, wird verzichtet bzw. muss verzichtet werden, da es sich um Interviewpartner auf exponierten Positionen in den jeweiligen Unternehmen handelt und deren Zeit begrenzt ist. Würde diese Möglichkeit gewählt werden, um zur Verbesserung der Konstruktvalidität beizutragen, so würden die Ergebnisse der Untersuchung an die Interviewpartner rückgemeldet werden, um sie so einer Validierung zu unterziehen. Die Interviewpartner können den Ergebnissen dementsprechend zustimmen oder sie verwerfen.[902]

Die *interne Validität* ist bei einer Fallstudie dann gegeben, wenn die Ausprägungen der abhängigen Variable mit der Variation der unabhängigen Variable in Relation gesetzt werden können. Das bedeutet, dass bei einer Messung die Gültigkeit gegeben ist, wenn die postulierten Kausalitäten der beiden Variablen (Ursache-Wirkung-Zusammenhänge) tatsächlich gegeben sind und keine Scheinbeziehungen vorliegen.[903] Dadurch soll sichergestellt werden, dass lediglich die untersuchten Hypothesen wahr sind und keine anderen Wirkungsmechanismen einen Einfluss haben. Die Validität hat demnach vor allem bei erklärenden Fallstudien einen hohen Bedeutungswert. Zur Sicherstellung der internen Validität führt Yin das „Pattern-Matching" an, daneben gibt es weitere Techniken zur Sicherung der internen Validität,[904] wie die Erklärungsbildung und die Zeitfolge.[905] In der vorliegenden Arbeit erfolgt die Sicherung der internen Validität durch das Pattern Matching, bei dem die theoretisch postulierten Handlungsmuster mit dem empirisch vorgefundenen Datenmaterial konfrontiert bzw. verglichen werden, um Rückschlüsse auf die Ursache-Wirkung-Zusammenhänge ziehen zu können. Bei Nichtvorliegen der postulierten Kausalitäten müssten das erarbeitete Modell sowie dessen Hypothesen ggf. revidiert werden.[906]

Das Gütekriterium der *externen Validierung* ist

---

[902] Vgl. Flick (2007), S. 495.
[903] Vgl. Enkel (2005), S. 24.
[904] Weitere Maßnahmen zur Sicherung der internen Validität werden von Lincoln/Guba (1985) definiert.
[905] Vgl. Yin (2009), S. 43.
[906] Vgl. Festing (1999), S. 214.

„the approximate validity with which we infer that the presumed causal relations can be generalized to and across alternate measures of the cause and effect, and across different types of persons, settings and times."[907]

Eine Generalisierung der Ergebnisse von Fallstudien erfordert eine Differenzierung zwischen statistischer und analytischer Generalisierbarkeit. So kann durch das Ergebnis der Fallstudienuntersuchung keine „mathematisch-statistische Generalisierung" (von der Stichprobe auf die Population) erfolgen[908], sondern lediglich eine mögliche „analytische Generalisierung", indem auf Basis der analytischen Daten Erklärungsmuster abgeleitet bzw. die vorhandenen Erklärungsmuster bestätigt werden können.[909] Dabei steigt die Robustheit der Aussagen und in diesem Zusammenhang die externe Validität, wenn die Schlussfolgerungen in weiteren Fällen replizierbar sind.[910] Die externe Validität kann demnach bei einer nicht multiplen bzw. vergleichenden Einzelfallstudie als nicht gegeben betrachtet werden, da die Replikationslogik nicht anwendbar ist. Für die folgende Untersuchung bedeutet dies, dass bei einer Bestätigung der im Modell postulierten Hypothesen und damit kausalen Wirkungszusammenhänge lediglich Aussagekraft über das Modell in Bezug auf den untersuchten Fall bzw. die einzelnen „embedded units of analysis" besteht.

Das Kriterium der *Reliabilität* bezieht sich auf die Zuverlässigkeit des Messinstruments. Dabei erfolgt die Beurteilung des Instruments in Bezug auf die intertemporale oder intersubjektive Zuverlässigkeit. Die intertemporale bzw. intersubjektive Zuverlässigkeit wäre dann gegeben, wenn man bei wiederholter Messung desselben Phänomens mit demselben Messinstrument zu einem anderen Zeitpunkt (temporal) oder durch einen anderen Forscher (intersubjektiv) zum gleichen Ergebnis kommen würde.[911] Gerade die Intersubjektivität wird als Kritikpunkt des Fallstudiendesigns angeführt, da der Forscher Spielräume bei der Datenauswertung hat, die die Nachvollziehbarkeit der Ergebnisse beeinflussen können. Deshalb ist es wichtig, die Reliabilität

---

[907] Cook/Campbell (1979), S. 37.
[908] Anders ausgedrückt kann eine Verallgemeinerung von Fallstudienergebnissen nur bei theoretischen Annahmen erfolgen. Annahmen auf eine Häufigkeitsverteilung in Populationen sind nicht möglich. Vgl. Festing (1999), S. 215.
[909] Vgl. Eisenhardt (1989), S. 534 f.
[910] Vgl. Feitner (2010), S. 173.
[911] Vgl. Kromrey (2006), S. 259 f.

durch eine gute Dokumentation und Regelgeleitetheit des Forschungsprozesses sicherzustellen, denn sie sind die Grundlage für die Nachvollziehbarkeit durch andere Forscher, die eine Wiederholung ermöglichen können.[912] Aus diesem Grund wird auch in der vorliegenden Arbeit die Reliabilität durch das Explizieren des Forschungsprozesses gewährleistet, indem der Interviewleitfaden veröffentlicht wird und die Interviews transkribiert wurden.[913] Zusammenfassend wurde mit den Ausführungen dargestellt, welche Gütekriterien zur Sicherstellung der Qualität der empirischen Untersuchung gegeben sind und welche davon in der vorliegenden Arbeit Anwendung finden werden.[914]

3 Aufbau und Prozess der empirischen Untersuchung

Die Schwerpunktsetzung der folgenden Ausführungen liegt in der Operationalisierung der zu erhebenden Variablen, der Darstellung und Apologie der gewählten Datenquellen sowie der gewählten Datenverarbeitungstechnik. Weiterhin wird der Verlauf der Datenerhebung offengelegt und die gewählte Datenanalyse erläutert. Bevor allerdings mit der Operationalisierung der Variablen begonnen wird, sollen zur besseren Übersicht die bei der Modellentwicklung postulierten Hypothesen erneut dargestellt werden.

3.1 Forschungsleitende Hypothesen

Im konzeptionellen Teil der Arbeit wurden bereits die forschungsleitenden Hypothesen generiert, die ihre Anwendung dann im entwickelten Modell fanden.

Die hergeleiteten Hypothesen erklären darin, wie die *Qualität der Beziehungen* zwischen den Humanressourcen der Akteure den *Transfer von Informationen* beeinflusst. Weiterhin wird dargestellt, *wie der Transfer von Informationen* zu clusterspezifischem Wissen in Form von *idiosynkratischen Kenntnissen* und *Fähigkeiten* führen kann. In diesem Zusammenhang wird mithilfe des

---

[912] Vgl. Wrona (2005), S. 43.
[913] Aus Gründen der Vertraulichkeit des Datenmaterials wurden die Transkripte zum Zwecke der Nachvollziehbarkeit lediglich der Prüfungskommission des Promotionsverfahrens zur Verfügung gestellt.
[914] Die Meinungen bezüglich der Auswahl und der Brauchbarkeit von Gütekriterien, gerade im Bezug auf die Fallstudie, differieren deutlich von Forscher zu Forscher, weshalb eine ausführlichere Darstellung und Begründung der gewählten Kriterien erfolgte.

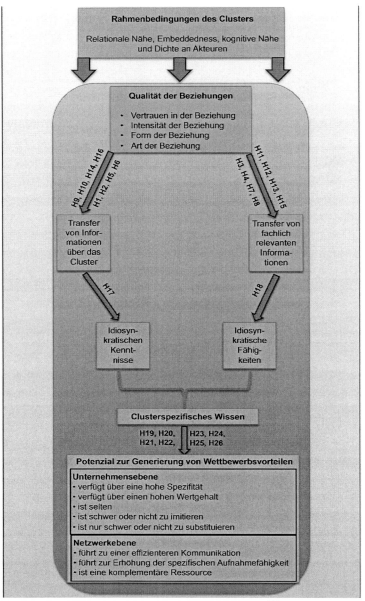

Abbildung 29: Analysemodell zum clusterspezifischen Wissen[915]

---

[915] Quelle: Eigene Darstellung.

Modells in einem weiteren Schritt erklärt, über *welche Kriterien* bzw. *Eigenschaften* clusterspezifisches Wissen verfügen muss, damit es das Potenzial besitzt, *Wettbewerbsvorteile auf Unternehmens- und Netzwerkebene* generieren zu können. Das Modell und die theoretischen Überlegungen basieren dabei auf der Grundannahme, dass die Rahmenbedingungen des Clusters die Qualität der Beziehungen bestimmen.

Die Hypothesen des generierten Modells werden nachfolgend in der Tabelle 9 wiedergegeben, da sie die Datenbasis für das theoretische Muster der späteren Datenauswertung in Form des Pattern Matching bilden.

Tabelle 9: Forschungsleitende Hypothesen[916]

Nr.	Hypothesen
H1	*Informale horizontale* Beziehungen zwischen den Humanressourcen verschiedener Akteure eines Clusters führen zum Transfer von *Informationen über das Cluster*.
H2	*Formale horizontale* Beziehungen zwischen den Humanressourcen verschiedener Akteure eines Clusters führen zum Transfer von *Informationen über das Cluster*.
H3	*Informale horizontale* Beziehungen zwischen den Humanressourcen verschiedener Akteure eines Clusters führen zum Transfer von *fachlich relevanten Informationen*.
H4	*Formale horizontale* Beziehungen zwischen den Humanressourcen verschiedener Akteure eines Clusters führen zum Transfer von *fachlich relevanten Informationen*.
H5	*Informale vertikale* Beziehungen zwischen den Humanressourcen verschiedener Akteure eines Clusters führen zum Transfer von *Informationen über das Cluster*.
H6	*Formale vertikale* Beziehungen zwischen den Humanressourcen verschiedener Akteure eines Clusters führen zum Transfer von *Informationen über das Cluster*.

---

[916] Quelle: Eigene Darstellung.

Nr.	Hypothesen
H7	*Informale vertikale* Beziehungen zwischen den Humanressourcen verschiedener Akteure eines Clusters führen zum Transfer von *fachlich relevanten Informationen*.
H8	*Formale vertikale* Beziehungen zwischen den Humanressourcen verschiedener Akteure eines Clusters führen zum Transfer von *fachlich relevanten Informationen*.
H9	*Informale laterale* Beziehungen zwischen den Humanressourcen verschiedener Akteure eines Clusters führen zum Transfer von *Informationen über das Cluster*.
H10	*Formale laterale* Beziehungen zwischen den Humanressourcen verschiedener Akteure eines Clusters führen zum Transfer von *Informationen über das Cluster*.
H11	*Informale laterale* Beziehungen zwischen den Humanressourcen verschiedener Akteure eines Clusters führen zum Transfer von *fachlich relevanten Informationen*.
H12	*Formale laterale* Beziehungen zwischen den Humanressourcen verschiedener Akteure eines Clusters führen zum Transfer von *fachlich relevanten Informationen*.
H13	Je intensiver die Beziehungen zwischen den Humanressourcen verschiedener Akteure eines Clusters sind, desto mehr fachlich relevante Informationen werden transferiert.
H14	Je geringer die Intensität der Beziehungen zwischen den Humanressourcen verschiedener Akteure eines Clusters ist, desto mehr Informationen über das Cluster werden transferiert.
H15	Je stärker der Grad des Vertrauens zwischen den Humanressourcen der verschiedenen Akteure eines Clusters ausgeprägt ist, desto mehr fachlich relevante Informationen werden transferiert.
H16	Je geringer der Grad des Vertrauens zwischen den Humanressourcen der verschiedenen Akteure eines Clusters ausgeprägt ist, desto mehr Informationen über das Cluster werden transferiert.

Nr.	Hypothesen
H17	Der Transfer von Informationen über das Cluster führt zur Generierung von idiosynkratischen Kenntnissen.
H18	Der Transfer von fachlich relevanten Informationen führt zur Generierung von idiosynkratischen Fähigkeiten.
H19	Je clusterspezifischer Wissen ist, desto größer ist sein Potenzial zur Generierung von Wettbewerbsvorteilen für den einzelnen Akteur.
H20	Je wertvoller das clusterspezifische Wissen ist, desto größer ist das Potenzial zur Generierung von Wettbewerbsvorteilen für den einzelnen Akteur.
H21	Je seltener das clusterspezifische Wissen ist, desto größer ist das Potenzial zur Generierung von Wettbewerbsvorteilen für den einzelnen Akteur.
H22	Je schwieriger clusterspezifisches Wissen zu imitieren ist, desto größer ist das Potenzial zur Generierung von Wettbewerbsvorteilen für den einzelnen Akteur.
H23	Je weniger clusterspezifisches Wissen zu substituieren ist, desto größer ist das Potenzial zur Generierung von Wettbewerbsvorteilen für den einzelnen Akteur.
H24	Clusterspezifisches Wissen führt zu einer effizienteren Kommunikation innerhalb des Clusters.
H25	Clusterspezifisches Wissen führt zu einer Erhöhung der spezifischen Aufnahmefähigkeit von Wissen der Clusterakteure.
H26	Wenn clusterspezifisches Wissen eine komplementäre Ressource ist, dann besitzt sie das Potenzial, Wettbewerbsvorteile zu generieren.

3.2 Operationalisierung der Variablen

Unter der Variablenoperationalisierung wird die schrittweise Zuordnung von empirisch erfassbaren, zu beobachtenden oder zu erfragenden Indikatoren zu einem theoretischen Begriff verstanden.[917] Eine solche Operationalisierung erfolgt, um die Messbarkeit bestimmter Merkmale von empirischen Erscheinun-

---
[917] Vgl. Atteslander (2008), S. 40.

gen zu ermöglichen.⁹¹⁸ Gerade bei den komplexen und abstrakten Hypothesen der Arbeit ist eine Operationalisierung der Variablen zwingend erforderlich, um sie der Erfassung und Beobachtung zugänglich zu machen. Dementsprechend findet eine theoriegeleitete Selektion bzw. Definition von Indikatoren statt, mit deren Hilfe entscheidbar wird, in welcher Ausprägung bzw. ob die theoretischen Begriffe in der Realität gegeben sind.⁹¹⁹ Das Verfahren der Operationalisierung ist wenig formalisiert und erlaubt daher gewisse Ermessensspielräume.⁹²⁰ Diese Ermessungsspielräume können dementsprechend unterschiedliche Ergebnisse zur Folge haben,⁹²¹ da die verwendeten Indikatoren keine vollständige Beschreibung der theoretischen Konstrukte ermöglichen können und durch die theoretischen Konstrukte lediglich ein Ausschnitt der Realität beschrieben werden kann.⁹²² Im Folgenden soll nun für die wesentlichen Variablen bzw. Variablengruppen die Operationalisierung erfolgen.

3.2.1 Operationalisierung der Variablengruppe „Qualität der Beziehungen"

Die Variablengruppe *„Qualität der Beziehungen"* beinhaltet folgende Variablen, die einer ausführlichen Würdigung bedürfen: *Vertrauen, Intensität der Beziehung, Beziehungsform* und *Beziehungsart*. Diese Variablen ergeben sich aus den bereits formulierten Hypothesen und dienen der Beschreibung von Beziehungen, die zu clusterspezifischem Wissen führen können. Es wird angenommen, dass sich die Beziehungen auf Basis der Rahmenbedingungen des Clusters bilden und dass die Qualität der Beziehungen zwischen den Akteuren einen Einfluss darauf hat, welche Informationen zwischen den Clusterakteuren transferiert werden.

In Anlehnung an Thoms, Helfert und Walter wird in der vorliegenden Arbeit das *Vertrauen* zwischen den Akteuren im Cluster mit vier Indikatoren erfasst: erstens dem wahrgenommenen Wohlwollen, zweitens der wahrgenommenen Ehrlichkeit, drittens der wahrgenommenen Kompetenz der Clusterpartner und viertens der wahrgenommenen Zuverlässigkeit (siehe hierzu Ta-

---

[918] Vgl. Tücke (2005), S. 55.
[919] Vgl. Hussy et al. (2010), S. 38.
[920] Vgl. Kleer (1991), S. 157.
[921] Vgl. zur Operationalisierung bspw. Atteslander (2003), S. 325 f.; Nieschlag et al. (2002), S. 395 ff., und Berekoven et al. (1987), S. 69 f.
[922] Vgl. Festing (1999), S. 198; Kromrey (2002), S. 169 ff., und Kreutz (1972), S. 1 ff.

belle 10).⁹²³ Dabei beschreibt das wahrgenommene Wohlwollen die Dimension, in der die Clusterpartner glauben, dass sich niemand opportunistisch verhält, sondern im Interesse der Beziehung handelt.⁹²⁴ Die wahrgenommene Ehrlichkeit charakterisiert den Grad der gegenseitigen Glaubwürdigkeit der Clusterpartner.⁹²⁵ Die wahrgenommene Kompetenz beurteilt, ob die Clusterpartner in der Lage sind, Know-how in die Relation einfließen zu lassen und inwieweit sie den Bedürfnissen und Anforderungen des jeweiligen Partners entsprechen.⁹²⁶ Als letzter Indikator ist die wahrgenommene Zuverlässigkeit zu nennen; sie bewertet die Erwartungen der Akteure hinsichtlich der Fähigkeit der Clusterpartner, eine definierte Leistung zu erbringen.⁹²⁷

Das Vertrauen kann unter Berücksichtigung dieser Dimensionen folgendermaßen definiert werden: Das Vertrauen zwischen den Clusterpartnern ist die Erwartung, dass sich alle beteiligten Akteure auf die Fähigkeit der Partner und auf deren Bereitschaft verlassen können und dass sich alle Clusterpartner im Interesse der Relation verhalten werden.⁹²⁸

Je stärker die einzelnen Werte der Indikatoren ausgeprägt sind, desto höher ist das Vertrauen des betrachteten Clusterakteurs in Bezug auf seinen Clusterpartner einzuschätzen.

---

[923] Vgl. Thoms (2003), S. 90; Walter (1998), S. 222, und Helfert (1998), S. 14.
[924] Vgl. Geyskens et al. (1998), S. 225; Doney/Cannon (1997), S. 36, und Larzelere/Huston (1980), S. 596.
[925] Vgl. Doney/Cannon (1997), S. 36; Geyskens et al. (1996), S. 310, und Kumar et al. (1995), S. 351.
[926] Vgl. Swan et al. (1988), S. 2; Helfert (1998), S. 15, und Andaleeb (1992), S. 10.
[927] Vgl: Morgan/Hunt (1994), S. 23; Hawes et al. (1989), S. 4, und Sivadas/Dwyer (2000), S. 37.
[928] Vgl: Thoms (2003), S. 90.

Tabelle 10: Indikatoren zur Erfassung von Vertrauen[929]

Variablen	Faktoren und Indikatoren	Messebenen
Vertrauen	Wahrgenommenes Wohlwollen	Ausmaß, in dem die Clusterpartner glauben, dass sich der Partner im Interesse der Beziehung verhalten wird
	Wahrgenommene Ehrlichkeit	Grad der gegenseitigen Glaubwürdigkeit der Clusterpartner
	Wahrgenommene Kompetenz	Fähigkeit der Clusterpartner, Know-how in die Beziehung einzubringen
	Wahrgenommene Zuverlässigkeit	Fähigkeit der Clusterpartner, eine bestimmte Leistung zu erbringen

Als nächste Variable soll die *Intensität der Beziehung* operationalisiert werden. Hier wird das bereits vorgestellte Konzept der Interdependenzen als Ausgangspunkt gewählt, das von Thompson (1967) entwickelt und von Brown/Burgess/Festing/Royer/ et al. (2010) in Relation zum Clusterkontext gesetzt und erweitert wurde. Wie bereits im Kapitel IV dargestellt wurde, wird davon ausgegangen, dass mit steigender Interdependenz der Relation ebenfalls die Intensität der Beziehung zunimmt, wobei die teamorientierte Interdependenz die stärkste Form darstellt.[930] Hieraus ergeben sich folgende Indikatoren zur Erfassung der Intensität einer Beziehung (siehe hierzu Tabelle 11).

---

[929] Quelle: Eigene Darstellung in Anlehnung an Thoms (2003), S. 90 f.; Walter (1998), S. 222 f., und Helfert (1998), S. 14 f.

[930] Diese Annahme ist darin begründet, dass mit steigender Interdependenz intensivere Abstimmungsprozesse erforderlich sind, um die gemeinsame Wertschöpfung zu erbringen, bzw. die Dienstleistung oder Produkte so zu erbringen bzw. fertigen, dass sie in die Wertschöpfung des jeweiligen Akteurs mit integriert werden kann.

Tabelle 11: Indikatoren zur Erfassung der Intensität der Beziehung[931]

Variablen	Faktoren und Indikatoren	Messebenen
Intensität der Beziehung	gepoolte Interdependenz	Ausmaß des Wettbewerbsverhältnisses der Clusterakteure um eine bestimmte Ressource
	sequenzielle Interdependenz	Form der Zusammenarbeit – Inhalt des Austauschs – Output des einen Akteurs ist Input für einen anderen Akteur
	reziproke Interdependenz	Gegenseitiger Austausch von In- und Outputs zwischen den Clusterakteuren
	teamorientierte Interdependenz	Grad, bis zu dem ein Akteur des Clusters seinen spezifischen Output allein erbringen kann

Die Beziehungsform, also die Frage, ob eine Beziehung im Cluster formaler oder informaler Natur ist, stellt wohl die grundlegendste Differenzierung dar. In Anlehnung an Rimkus (2008) wird die Beziehungsform anhand ihres Formalisierungsgrades charakterisiert. Der Formalisierungsgrad beschreibt dabei das Ausmaß formalisierter Regeln, die in einer Relation berücksichtigt und befolgt werden müssen.[932] Daraus ergibt sich die in Tabelle 12 dargestellte Operationalisierung.

Tabelle 12: Indikatoren zur Erfassung der Beziehungs-Form[933]

Variablen	Faktoren und Indikatoren	Messebenen
Beziehungsform	formale/informale Beziehung	– Ausmaß von Regelungen und Rahmenbedingungen, die in Relationen berücksichtigt und befolgt werden müssen – Grad der Koordination der Beziehung (geplant/ungeplant)

---

[931] Quelle: Eigene Darstellung in Anlehnung an Brown et al. (2007), S. 20 f.; Brown/Burgess/Festing/Royer/et al. (2010), S. 22 f.
[932] Vgl. Rimkus (2008), S. 119.
[933] Quelle: Eigene Darstellung in Anlehnung an Rimkus (2008), S. 119.

Eine Differenzierung zwischen den Beziehungsformen ist wichtig, um ggf. eine Relation zu den zu transferierenden Informationen herstellen zu können. Dabei wird angenommen, dass mit steigender Anzahl von zu berücksichtigenden Regeln und mit dem steigenden Grad an Koordination die Formalität der Beziehung als zunehmend einzuschätzen ist. Auf Basis der theoretischen Ausarbeitung wird angenommen, dass unterschiedliche Informationen in formalen und informalen Beziehungen ausgetauscht werden.

Eine ähnliche grundlegende Unterscheidung wird in der vorliegenden Arbeit nur noch bei der Beziehungsart vorgenommen, indem unterschieden wird, ob es sich um eine horizontale, vertikale oder laterale Beziehung handelt. Für die Messung ergeben sich in Anlehnung an Küchenhoff, Mahrer und Klemperer sowie Kirchgeorg die in Tabelle 13 aufgeführten Indikatoren und Messebenen. Dabei wird die Beziehung als Interaktion zwischen zwei Akteuren verstanden,[934] die auf den entsprechenden Ebenen im Cluster (horizontal, vertikal und lateral) erfolgt.[935] Es ist bei dieser Variablen ebenfalls anzunehmen, dass die Art der transferierten Informationen zwischen den verschiedenen Wertschöpfungsebenen variiert, weshalb eine Differenzierung in der Untersuchung erfolgt.

Tabelle 13: Indikatoren zur Erfassung der Beziehungsart[936]

Variablen	Faktoren und Indikatoren	Messebenen
Beziehungsart	horizontale Beziehung	Interaktion zwischen Wettbewerbern auf gleicher Wertschöpfungsebene
	vertikale Beziehung	Interaktion zwischen Akteuren auf vor- oder nachgelagerter Wertschöpfungsebene
	laterale Beziehung	Interaktion mit unterstützenden Institutionen wie Behörden oder Bildungseinrichtungen

Insgesamt umfasst die Variablengruppe „Qualität der Beziehung" damit vier Dimensionen, die einen Einfluss auf den Transfer von Informationen haben

---

[934] Vgl.: Küchenhoff/Mahrer Klemperer (2009), S. 2.
[935] Vgl.: Kirchgeorg (2005), S. 480.
[936] Quelle: Eigene Darstellung in Anlehnung an Küchenhoff/Mahler Klemperer (2009), S. 2, und Kirchgeorg (2005), S. 480.

könnten. Aus diesem Grund muss im nächsten Operationalisierungsschritt zwischen dem Transfer der Informationsarten differenziert werden.

3.2.2 OPERATIONALISIERUNG VON INFORMATIONSTRANSFER UND CLUSTERSPEZIFISCHEM WISSEN

Auf Basis der theoretischen Überlegungen sind für die Generierung von clusterspezifischem Wissen zwei Informationsarten von besonderer Relevanz. Zum einen sind es die Informationen über das Cluster und zum anderen die fachlich relevanten Informationen. Die Informationen über das Cluster bzw. die idiosynkratischen Kenntnisse über das Cluster und die idiosynkratischen Fähigkeiten wurden in Anlehnung an die „Task Idiosyncracies" von Williamson et al. und die „Wissensschematisierung" von Lundvall und Johnson operationalisiert (siehe hierzu Tabelle 16). Die so gewählte Operationalisierung ist gleichzeitig die Operationalisierung für das clusterspezifische Wissen, da die idiosynkratischen Kenntnisse über das Cluster und die idiosynkratischen Fähigkeiten das clusterspezifische Wissen charakterisieren.

In Bezug auf die fachlich relevanten Informationen erfolgt lediglich eine Operationalisierung der „Relevanz", da allgemein verständlich ist, wann von fachlichen Informationen die Rede ist, nämlich immer dann, wenn sich die Informationen auf ein spezielles Arbeits- oder Wissensgebiet beziehen.[937] Bezüglich der Relevanz wird von der Systematisierung von Thiel ausgegangen, der Informationen dann als relevant beschreibt, wenn sie wiederverwendet werden oder wenn sie zur Umsetzung von Unternehmenszielen dienen (siehe hierzu Tabelle 14).[938] Insgesamt kann eine differenziertere Betrachtung bzw. Operationalisierung zwischen Informationen über das Cluster und den idiosynkratischen Kenntnissen nicht erfolgen, da die Übergänge fließend sind.

Tabelle 14: Indikatoren zur Erfassung von relevanten Informationen[939]

Variablen	Faktoren und Indikatoren	Messebenen
(fachlich) relevante Informationen	Informationen, die zur Realisierung der Unternehmensziele dienlich sind.	Informationen, die benötigt werden, um die Unternehmensziele zu verwirklichen

---

[937] Vgl: Janich (1998), S. 32 f.
[938] Vgl: Thiel (2002), S. 86 f.
[939] Quelle: Eigene Darstellung in Anlehnung an Thiel (2002), S. 86 f.

Variablen	Faktoren und Indikatoren	Messebenen
	Informationen, die wiederverwendet werden (Best Practices).	Informationen, die transferiert und wiederverwendet werden

Bevor die Operationalisierung der Variable „clusterspezifisches Wissen" in Tabelle 16 dargestellt wird, soll sich mit der Operationalisierung der Variable Wissenstransfer auseinandergesetzt werden, da das clusterspezifische Wissen auf der Diffusion von Daten und Informationen der Humanressourcen sich überlappender Wertschöpfungsnetzwerke im Cluster beruht und erst durch die Interpretation des Empfängers mittels seiner individuellen Wissensbasis generiert werden kann. Dabei ist es entscheidend, dass die vermittelten Informationen verstanden, angewendet bzw. weiterentwickelt werden, denn nur dann ist der Wissenstransfer erfolgreich und clusterspezifisches Wissen wurde generiert.

Eine Operationalisierung des Begriffs „Wissenstransfer" kann unter diesen Gesichtspunkten als relativ problematisch bezeichnet werden,[940] da es nur schwer nachzuweisen ist, dass der Wissenstransfer erfolgreich stattgefunden hat.[941] Es wird daher in dieser Arbeit versucht, anhand der verwendeten Definition von Wissenstransfer in Anlehnung an Thiel und Blaich sowie unter Berücksichtigung des Clusterkontextes eine Operationalisierung herbeizuführen.[942] Demnach ist der Wissenstransfer dadurch gekennzeichnet, dass Wissen in Form von Daten und Informationen transferiert wird. Diese zu transferierenden Daten und Informationen werden von einem Clusterakteur bereitgestellt und von einem anderen Clusterakteur empfangen. Nachdem die Daten und Informationen übermittelt wurden, müssen diese durch den Empfänger interpretiert werden und als Ergebnis eine möglichst genaue Rekonstruktion

---

[940] Vgl. bspw: Davenport/Laurence (1999), S. 32 f.
[941] Vgl: Schröder (2003), S. 114.
[942] Dieses Vorgehen wird gewählt, da die Selektion von Indikatoren immer sehr stark vom Untersuchungsobjekt determiniert wird bzw. interdependent ist. Da in der vorliegenden Arbeit vor allem der Wissenstransfer untersucht werden soll, der zu clusterspezifischem Wissen führt, wird nur Bezug auf den Transfer von Informationen über den Cluster und den Transfer von fachlich relevanten Informationen Bezug genommen. Ein ähnliches Vorgehen, in Relation zum Wissenstransfer in wissensintensiven Dienstleistungsunternehmen, wurde auch von Werner gewählt. Vgl. hierzu Werner (2004), S. 95.

des Wissens des Senders darstellen. Wird das so vermittelte Wissen im Anschluss daran zielgerichtet wiederverwendet und/oder weiterentwickelt, so ist der Transfer als erfolgreich abgeschlossen einzustufen.[943] Dabei werden die Informationen über das Cluster bzw. die fachlich relevanten Information durch das Verstehen, also die Interpretation durch die individuelle Wissensbasis der Humanressource, deren Anwendung sowie Weiterentwicklung zu idiosynkratischen Kenntnissen bzw. zu idiosynkratischen Fähigkeiten und damit zu clusterspezifischem Wissen.

Tabelle 15: Indikatoren zur Erfassung von Wissenstransfer[944]

Variablen	Faktoren und Indikatoren	Messebenen
Wissenstransfer	Senden von Daten und Informationen	Bereitstellung von Informationen über das Cluster und/oder von fachlich relevanten Informationen durch einen Clusterakteur (Sender)
	Empfang von Daten und Informationen	Empfang von Informationen über das Cluster und/oder von fachlich relevanten Informationen durch einen anderen Clusterakteur (Empfänger)
	Interpretation von Daten und Informationen	Interpretation der bereitgestellten Informationen über das Cluster und/oder fachlich relevanten Informationen durch den Empfänger und seiner Wissensbasis
	Wiederverwendung und Weiterentwicklung des Wissens des Senders	Wiederverwendung und Weiterentwicklung des clusterspezifischen Wissens durch den Empfänger der Informationen

Neben den idiosynkratischen Kenntnissen und Fähigkeiten ist der vorherrschende Grad der Kodifizierbarkeit (Tacitness) der Wissensform ebenfalls zu operationalisieren, da, wie bereits dargestellt wurde, angenommen wird, dass vor allem implizites Wissen zur Realisierung von Renten und damit zur Generierung von Wettbewerbsvorteilen beiträgt. Die Operationalisierung erfolgt in Anlehnung an Winter (1987), Kohler (2008) und Kogut/Zander (1993).

---

[943] Vgl: Thiel (2002), S. 32 f., und Blaich (2004), S. 74.
[944] Quelle: Eigene Darstellung in Anlehnung an Thiel (2002), S. 32f. und Blaich (2004), S. 74.

Dabei werden vier Dimensionen herangezogen: erstens die Kodifizierbarkeit, zweitens die Vermittelbarkeit durch Unterrichtung, drittens der Transfer durch Beobachtung und viertens die Komplexität. Je schlechter Wissen zu kodifizieren ist, je schwieriger die Vermittlung durch Unterricht ist, je mehr es in der Anwendung verborgen ist und je komplexer es ist, desto impliziter ist der Grad des Wissens.[945]

Tabelle 16: Indikatoren zur Erfassung von clusterspezifischem Wissen[946]

Variablen	Faktoren und Indikatoren	Messebenen
Informationen über das Cluster/Idiosynkratische Kenntnisse	Process Idiosyncracies	Vorhandensein von besonderen Kenntnissen über clusterinterne Abläufe in Form von Relationen und Interdependenzen
	Know-who/Responsibility Idiosyncracies	Vorhandensein von besonderen Kenntnissen in Bezug auf die Ansprechpartner im Cluster sowie deren Wissensbasis
	Communication Idiosyncracies	Vorhandensein von besonderen Kenntnissen, über die zu wählende Kommunikationsform (formal/informal) und/oder Vorhandensein von bestimmtem Fachvokabular
Idiosynkratische Fähigkeiten	Know-how	Vorhandensein von besonderen Fähigkeiten, die in dieser Ausprägung nur im Cluster vorherrschend sind
	Know-what	Vorhandensein von besonderem Faktenwissen
	Equipment Idiosyncracies	Vorhandensein von besonderem Wissen über Maschinen, Produktionsabläufe, Informationsabläufe etc.
Grad der Kodifizierbarkeit (Tacitness)	Kodifizierbarkeit	Grad, bis zu dem das Wissen in Worte gefasst und erklärt werden kann
	Vermittelbarkeit durch Unterricht	Transfermöglichkeit des Wissens in Form von Workshops, Gruppenarbeit etc.

---

[945] Vgl. Kohler (2008), S. 40.

Variablen	Faktoren und Indikatoren	Messebenen
Grad der Kodifizierbarkeit (Tacitness)	Beobachtbarkeit	Grad, bis zu dem das Wissen mittels Beobachtung transferiert werden kann
	Komplexität	Art der Medien, die Verwendung finden, um das Wissen zu transferieren, z. B. Telefon, Fax, Videokonferenz etc.

Nachdem die Operationalisierung des clusterspezifischen Wissens durchgeführt wurde, wird nachfolgend die Operationalisierung des Potenzials des clusterspezifischen Wissens zur Realisierung von Wettbewerbsvorteilen vorgenommen, damit es empirisch überprüft werden kann. Hierzu erfolgt eine Anlehnung an den Resource-based View und die Relational View bzw. an die in dieser Arbeit modifizierten Versionen. Ein ähnliches Vorgehen zur Identifizierung von strategischen Ressourcen in Value Adding Webs wurde bereits von Brown et al.[947] und Festing et al. durchgeführt.[948]

3.2.3 OPERATIONALISIERUNG DES POTENZIALS ZUR REALISIERUNG VON WETTBEWERBSVORTEILEN VON CLUSTERSPEZIFISCHEM WISSEN AUF DER UNTERNEHMENSEBENE

Die Operationalisierung des Potenzials zur Realisierung von Wettbewerbsvorteilen erfolgt auf der Unternehmensebene anhand der VRIN-Merkmale von Barney.[949] Demnach muss eine Ressource wertvoll bzw. werthaltig, begrenzt verfügbar, begrenzt imitierbar und schwer substituierbar sein, damit sie strategisch wertvoll ist und damit das Potenzial besitzt, Wettbewerbsvorteile zu realisieren (siehe hierzu Tabelle 17).[950]

---

[946] Quelle: Eigene Darstellung in Anlehnung an Lundvall/Johnson (1994), S. 27ff.; Festing (1999), S. 202.
[947] Brown/Burgess/Festing/Royer (2010).
[948] Festing et al. (2010a).
[949] Vgl. Barney (1991), S. 112.
[950] Vgl. in Bezug auf die Kriterien Grill (2011), S. 58 f.

Tabelle 17: Indikatoren zur Erfassung des Potenzials von clusterspezifischem Wissen zur Realisie-rung von Wettbewerbsvorteilen auf Unternehmensebene[951]

Variablen	Faktoren und Indikatoren	Messebenen
Wettbewerbsvorteile	Wertgehalt der Ressource	Beitrag, den clusterspezifisches Wissen zur Zielerreichung des Akteurs leistet
	Verfügbarkeit der Ressource (Seltenheit)	Zugänglichkeit von clusterspezifischem Wissen durch Mitbewerber
	Imitierbarkeit der Ressource	Grad, bis zu dem Mitbewerber in der Lage sind, clusterspezifisches Wissen zu imitieren
	Substituierbarkeit der Ressource	Ersetzbarkeit von clusterspezifischem Wissen durch Ressourcen von Wettbewerbern

Das Potenzial der Ressource „clusterspezifisches Wissen", Wettbewerbsvorteile zu generieren, nimmt zu, wenn der Grad ansteigt, bei dem clusterspezifisches Wissen zur Erreichung der Ziele der Akteure beiträgt. Weiterhin wird das Potenzial zur Realisierung von Wettbewerbsvorteilen der Ressource steigen, wenn der Grad der Verfügbarkeit abnimmt, der Grad der Imitation durch Mitbewerber möglichst klein ist und die Substituierbarkeit durch andere Ressourcen von Wettbewerbern nicht geben ist.

Neben dieser grundsätzlichen Operationalisierung von Wettbewerbsvorteilen auf Unternehmensebene ist es erforderlich, die Imitierbarkeit der Ressource differenzierter zu betrachten, da die Möglichkeit zur Imitation maßgeblich durch die geschichtliche Explikation *(Pfadabhängigkeit)*, die *soziale Komplexität* und die *kausale Ambiguität* determiniert wird und Aufschluss darüber gibt, wie schwer es ist, eine Ressource zu imitieren, und welchen Zeitfaktor es in Anspruch nehmen wird, sie zu imitieren.[952] Neben diesen drei Kriterien werden von einigen Autoren weitere Isolationsmechanismen in die Betrachtung aufgenommen, wie z. B. die *physische Einzigartigkeit,* die Aufschluss darüber gibt, ob eine Ressource aufgrund ihrer physischen Eigenschaften zu imitieren ist oder nicht,[953] und die *„wirtschaftliche Abschreckung",* die unter

---
[951] Quelle: Eigene Darstellung in Anlehnung an Barney (1991), S. 112.
[952] Vgl. Kutschker/Schmid (2008), S. 840.
[953] Ein Beispiel für das Vorliegen einer physikalischen Einzigartigkeit ist der Zugang zu seltenen Ressourcen.

Einbeziehung der Marktgröße und der zu tätigenden Vorabinvestitionen eine Imitierbarkeit für ökonomisch sinnvoll einstuft oder nicht (siehe hierzu Tabelle 18).[954]

Tabelle 18: Indikatoren zur Erfassung der Imitierbarkeit von Ressourcen[955]

Variablen	Faktoren und Indikatoren	Messebenen
Imitierbarkeit	Pfadabhängigkeit	Art der Entstehung von clusterspezifischem Wissen (Verfügt die Unternehmung über die Ressource durch ihre geschichtliche Entwicklung?)
	soziale Komplexität	Ausmaß, in dem Außenstehende in der Lage sind nachzuvollziehen, wie clusterspezifisches Wissen entsteht (Gibt es komplexe soziale Interdependenzen bei der Erstellung von clusterspezifischem Wissen?)
	kausale Ambiguität	Grad, bis zu dem Mitbewerber Kausalbeziehungen zwischen Ressourcen und der Realisierung von Wettbewerbsvorteilen herstellen können
	physische Einzigartigkeit	natürliche Eigenschaften, die eine Imitation begrenzen oder verhindern können
	wirtschaftliche Abschreckung	Grad, bis zu dem die Imitation einer Ressource zum Eintritt in einem determinierten Markt als wirtschaftlich sinnvoll erscheint

Dabei ist davon auszugehen, dass mit steigender Pfadabhängigkeit die Möglichkeit zur Imitation abnimmt. Ebenso wird die Möglichkeit zur Imitation abnehmen, wenn eine ausgeprägte soziale Komplexität vorliegt, die es Außenstehenden nicht ermöglicht nachzuvollziehen, auf Basis welcher Interdependenzen die Ressource, die zu Wettbewerbsvorteilen führt, generiert wird. Damit einhergehend kann die kausale Ambiguität in die Betrachtung einfließen, denn wenn es Außenstehenden nicht möglich ist nachzuvollziehen, wel-

---

[954] Vgl. Brown/Burgess/Festing/Royer/ et al. (2010), S. 18.
[955] Quelle: Eigene Darstellung in Anlehnung an Kutschker/Schmid (2008), S. 840, und Brown/Burgess/Festing/Royer/ et al. (2010), S. 18.

che Ressource zu Wettbewerbsvorteilen führt, kann diese auch nicht imitiert werden. Die Möglichkeit zur Imitation wird ebenfalls gemindert, wenn eine physische Einzigartigkeit vorliegt und wenn unter ökonomischen Gesichtspunkten die Imitation als nicht sinnvoll erscheint. Dies wäre dann der Fall, wenn der Markt sehr klein wäre und die Kosten zur Imitation sehr hoch sein würden.

Neben den dargestellten Eigenschaften der Ressourcen, die bei Vorliegen angeben, dass die Ressource über das Potenzial verfügen kann, Wettbewerbsvorteile zu realisieren, gibt es weitere intrinsische Eigenschaften von Ressourcen wie bspw. ihre *Kapazität* (Auslastung), ihre *Lebensdauer* und ihre *Spezifität*, die angeben können, ob eine Ressource wertvoll ist und damit geeignet, Wettbewerbsvorteile zu realisieren.[956]

Da es sich bei der Ressource „clusterspezifisches Wissen" um eine immaterielle Ressource handelt, können die beiden erstgenannten Indikatoren nicht zur Beurteilung herangezogen werden. Der Indikator der Spezifität hat allerdings auch Relevanz für die immaterielle Ressource „clusterspezifisches Wissen", weshalb er mit in die Betrachtung aufgenommen wird (siehe hierzu Tabelle 19).

Tabelle 19: Indikatoren zur Messung der Werthaltigkeit einer Ressource[957]

Variablen	*Faktoren und Indikatoren*	*Messebenen*
Werthaltigkeit	Spezifität	Gibt an, ob eine Ressource einer zweitbesten Verwendung zugeführt werden kann, ohne dass es zu Verlusten von Renten kommt

Nachdem die Operationalisierung zur Untersuchung des Potenzials von clusterspezifischem Wissen zur Wettbewerbsvorteilsgenerierung auf Unternehmensebene erfolgt ist, wird nachfolgend zur empirischen Untersuchung die Operationalisierung des Potenzials von clusterspezifischem Wissen zur Wettbewerbsvorteilsgenerierung auf der Netzwerkebene des Clusters vorgenommen. Als Matrize sollen hierfür die Überlegungen aus Kapitel V dienen, die

---

[956] Vgl. Collis/Montgomery (2005), S. 42 ff.
[957] Eigene Darstellung in Anlehnung an Collis/Montgomery (2005), S. 42ff.

in Anlehnung an Dyer/Singh (1998) und Brown/Burgess/Festing/Royer/ et al. (2010) entstanden sind.

3.2.4 Operationalisierung des Potenzials zur Realisierung von Wettbewerbsvorteilen von clusterspezifischem Wissen auf der Netzwerkebene

Gemäß des Relational View könnte clusterspezifisches Wissen das Potenzial zur Rentengenerierung und somit zur Realisierung von Wettbewerbsvorteilen haben,[958] wenn es erstens dazu beiträgt, eine effizientere interorganisationale Kommunikation innerhalb des Clusters zu entwickeln, zweitens dazu beiträgt, die spezifische Aufnahmefähigkeit (absorptive capacity) der Humanressourcen der Akteure zu erhöhen, oder drittens eine komplementäre Ressource für die Akteure im Cluster darstellt (siehe hierzu Tabelle 20).[959]

Tabelle 20: Indikatoren zur Messung des Potenzials clusterspezifischen Wissens zur Generierung von Wettbewerbsvorteilen auf Netzwerkebene[960]

Variablen	Faktoren und Indikatoren	Messebenen
Wettbewerbsvorteil	Effizientere Kommunikation	Gibt an, ob die Ressource „clusterspezifisches Wissen" zu einer effizienteren Kommunikation beiträgt
	Erhöhung der absorptive capacity	Gibt an, ob clusterspezifisches Wissen zur Erhöhung der Aufnahmefähigkeit der Akteure beiträgt
	komplementäre Ressourcen	Gibt an, ob die Ressource „clusterspezifisches Wissen" eine komplementäre Ressource für einen Clusterakteur darstellt
	opportunistisches Verhalten	Verhält sich ein Akteur gegenüber seinem Kooperationspartner eigennützig, so kann dieser kurzzeitig einseitige relationale Renten für sich erwirtschaften

---

[958] Renten werden mit Wettbewerbsvorteilen in Relation gesetzt, da davon ausgegangen wird, dass die Generierung von überdurchschnittlichen Renditen (Renten) den Schwerpunkt von komparativen Wettbewerbsvorteilen bildet. Vgl. Schneider (2008), S. 9.
[959] Vgl. hierzu die Ausführungen im Kapitel 4.7.2.
[960] Quelle: Eigene Darstellung in Anlehnung an die im Kapitel III 2.2 genannten Autoren.

Eine *effizientere Kommunikation* würde dann vorliegen, wenn das clusterspezifische Wissen dazu beitragen würde, dass es weniger Kommunikationsfehler geben und die Qualität sowie die Geschwindigkeit der Kommunikation zunehmen würden. Dabei wird angenommen, dass überbetriebliche spezifische Investitionen in das Humankapital erfolgen müssen, um idiosynkratische Kenntnisse auszubilden.[961]

Eine Erhöhung der *absorptive capacity* würde vorliegen, wenn das clusterspezifische Wissen eine geteilte Wissensbasis der Clusterakteure darstellen würde, es einen Beitrag zur Entwicklung von interorganisationalen Routinen zum Wissensaustausch leisten würde und/oder Bestandteile des clusterspezifischen Wissens Know-how und Know-what beinhalten würden. Dabei wird angenommen, dass mit steigender Interdependenz zwischen den Akteuren die interorganisationalen Routinen zunehmen.[962]

Clusterspezifisches Wissen wäre eine *komplementäre Ressource,* wenn es von einem Akteur benötigt würde, um einen bestimmten Output zu generieren, und die Akteure gemeinsam höhere Renten generieren würden als für sich allein. Die Operationalisierung orientiert sich an der Kategorisierung von Teece[963]. Hierbei wird beurteilt, ob es sich beim clusterspezifischen Wissen um eine *generische, spezifische* oder *co-spezifische* komplementäre Ressource handelt (siehe hierzu Tabelle 21). Gemäß der Einteilung von Teece würde es sich beim clusterspezifischen Wissen um eine generische komplementäre Ressource handeln, sofern sie austauschbar wäre. Eine spezifische komplementäre Ressource würde clusterspezifisches Wissen darstellen, wenn es eine einseitige Abhängigkeit geben würde, also eine der komplementären Ressourcen (die Abhängige) nach Separierung an Wert einbüßen würde. Handelt es sich beim clusterspezifischen Wissen um eine co-spezifische Ressource, so würde eine gegenseitige Abhängigkeit vorliegen, sodass bei Separierung beide Ressourcen an Wert verlieren würden.[964]

---

[961] Vgl. Dyer/Singh (1998), S. 662.
[962] Vgl. zu den Voraussetzungen zur Erhöhung der absorptive capacity Dyer/Singh (1998), S. 662, und in Bezug auf das gesamte Vorgehen 4.7.2.
[963] Vgl. Teece (1986)
[964] Vgl. Teece (1986), S. 289; Amit/Schoemaker (1993), S. 39.
[965] Quelle: Eigene Darstellung in Anlehnung an Dyer/Singh (1998), S. 662; Teece (1986), S. 289; Brown/Burgess/Festing/Royer/ et al. (2010), S. 23ff.

Tabelle 21: **Kriterien zur Messung der Indikatoren zur Beurteilung des Potenzials zur Realisierung von Wettbewerbsvorteilen durch clusterspezifisches Wissen**[965]

Variablen	Faktoren und Indikatoren	Messebenen
effizientere Kommunikation	überbetriebliche spezifische Investition in das Humankapital	Ausgestaltung von überbetrieblichen Workshops, Seminaren, Unternehmensbesichtigung zum Erlernen von idiosynkratischen Kenntnissen
	Reduzierung von Verständigungsfehlern	gibt an, ob clusterspezifisches Wissen dazu beiträgt, dass die Anzahl von Missverständnissen zwischen den Humanressourcen abnimmt
	Zunahme von Qualität und Zunahme der Kommunikation zwischen den Humanressourcen der Clusterakteure	gibt an, ob die Ressource „clusterspezifisches Wissen" dazu beiträgt, die Qualität und Geschwindigkeit des Kommunikationsprozesses durch Abnahme von Verständigungsfehlern und Know-how zu verbessern
Erhöhung der absorptive capacity	interorganisationale Routinen zum Wissensaustausch	beurteilt die Interdependenz zwischen den Akteuren und gibt darauf basierend Rückschlüsse auf die Routinen zum Wissensaustausch
	geteilte Wissensbasis im Cluster	liegt dann vor, wenn mindestens zwei unterschiedliche Akteure im Cluster ähnliche bzw. gleiche Wissensbestandteile in Form von idiosynkratischen Kenntnissen oder Fähigkeiten aufweisen
	Know-who und Know-what	Know-who und Know-what liegen dann vor, wenn verschiedene Humanressourcen der Akteure im Cluster wissen, wer Ansprechpartner innerhalb des Clusters für bestimmte Fragestellungen bzw. Problemstellungen ist
komplementäre Ressource	Komplementarität	gibt an, ob die Ressource auch allein ohne Wertverlust verwendet werden kann

Variablen	Faktoren und Indikatoren	Messebenen
	höhere Renten	der Gewinn, den die Akteure gemeinsam erwirtschaften; übersteigt den Gewinn, den sie einzeln erwirtschaften würden

Neben den relationalen Renten, die Ausdruck von Wettbewerbsvorteilen sein können und die durch die gemeinschaftliche kooperative Interaktion entstehen können, gibt es – dies wurde bereits an anderer Stelle dargestellt – auch die Möglichkeit zur Realisierung von In- oder Outbound-spillover-Renten, die auf Basis von opportunistischem Verhalten generiert werden. Die Beurteilung des Potenzials, solche Renten generieren zu können, erfolgt anhand der Abfrage über das Vorhandensein von möglichen Schutzmechanismen (Isolationsmechanismen) der einzelnen Akteure auf der Netzwerkebene. Je stärker die Schutzmechanismen sind, desto unwahrscheinlicher ist es, dass In- oder Outbound-spillover-Renten generiert werden können. Die Operationalisierung dieser Schutzmechanismen erfolgt dabei in Anlehnung an Brown et al. sowie Dyer und Singh in Tabelle 22.

Tabelle 22: Schutzmechanismen auf Netzwerkebene[966]

Variablen	Faktoren und Indikatoren	Messebenen
opportunistisches Verhalten/ Schutzmechanismen	institutionelle Rahmenbedingungen	gibt an, ob es Verhaltensregeln innerhalb des regionalen Clusters gibt, die opportunistisches Verhalten reduzieren können
	Teilbarkeit von Ressourcen	gibt an, ob die spezifischen Ressourcen im Cluster so miteinander verknüpft sind, dass sie bei einer Separierung an Wert verlieren würden
	Knappheit hinsichtlich der Kooperationspartner	gibt an, welche Anzahl von geeigneten Kooperationspartnern es im Cluster gibt
	reziproke Verknüpfung	gibt an, ob eine Co-Spezialisierung zwischen den Akteuren vorliegt und ob aufgrund von gemachten Investitionen eine Interdependenz vorherrscht

Nachdem die Operationalisierung aller entscheidenden Variablen erfolgt ist, wird in den nächsten Abschnitten auf die Datenerhebungsquellen, die Techniken der Datenerhebung, den Datenerhebungsverlauf und die Datenanalyse eingegangen werden.

4 DATENERHEBUNG

Wie bereits bei der Rechtfertigung der Auswahl des Forschungsdesigns angeführt wurde, findet die Einzelfallstudie u. a. aufgrund des Zugangs zum Untersuchungsobjekt Anwendung. Hierbei wurde angeführt, dass aufgrund der Komplexität der Hypothesen und der darin enthaltenen Variablen Interviews erforderlich sind.[967] Diese Entscheidung beinhaltet allerdings noch keine Eingrenzung der Interviewform; so stehen bspw. narrative Interviews, problemzentrierte Interviews, fokussierende Interviews, Tiefen- oder Intensivinterviews und Experteninterviews zur Verfügung.[968] Neben der Entscheidung über die Interviewform ist weiterhin zu klären, ob weitere Datenquellen bzw. Techniken zur Erhebung genutzt werden sollen. Da durch eine Vielzahl von Datenquellen nicht nur die Konstruktvalidität erhöht wird,[969] sondern durch den Methodenpluralismus der Forschungstechniken auch eine Neutralisierung von Fehlerquellen erfolgen kann, selbst wenn die jeweiligen Verfahren in sich fehlerhaft sein sollten,[970] werden neben der primären Erhebung der Daten durch Interviews ebenfalls Daten mittels einer schriftlichen Befragung erhoben und sekundäre Daten in Form von frei verfügbaren und unternehmensinternen Dokumenten herangezogen. Die Schwerpunktsetzung liegt hierbei allerdings ganz eindeutig auf den persönlich geführten Interviews. Die übrigen Datenquellen finden lediglich Anwendung, um die bei den Interviews generierten Daten zu ergänzen. Mittels der Methodentriangulation sollte es in der

---

[966] Quelle: Eigene Darstellung in Anlehnung an Brown/Burgess/Festing/Royer/ et al. (2010), S. 26.
[967] Zu berücksichtigen ist hierbei, dass sich das Erfordernis des Interviews nicht aus der Auswahl des Forschungsdesigns der „Fallstudie" ergibt. Die Methoden zur Datenerhebung in Fallstudien sind nämlich vielfältig. Vgl. Nienhüser (1993), S. 72 ff.; Reichel (2010), S. 161.
[968] Vgl. Lamnek (2005), S. 356.
[969] Siehe hierzu erneut Tabelle 8: Gütekriterien bei Verwendung der Fallstudienmethodik, S. 175.
[970] Vgl. Aleman/Ortlieb (1975), S. 170.

vorliegenden Arbeit demnach gewährleistet sein, Methodenfehler zu erkennen und zu vermeiden.[971]

Nachdem auf das grundsätzliche Vorgehen Bezug genommen wurde, wird nachfolgend eine ausführlichere Darstellung der Datenerhebungstechniken, der Fallstudienauswahl sowie Zielgruppe der empirischen Untersuchung und des Datenerhebungsverlaufes vorgenommen.

4.1 TECHNIKEN DER DATENERHEBUNG

In diesem Abschnitt wird auf die zur empirischen Analyse verwendeten Techniken der Datenerhebung eingegangen. Begonnen wird nachfolgend mit der schriftlichen Befragung, gefolgt von den Interviews und der Dokumentenanalyse.

4.1.1 SCHRIFTLICHE BEFRAGUNG

Die schriftliche Befragung wird allgemein als Sonderform des Interviews interpretiert.[972] Sie unterscheidet sich dabei im Wesentlichen vom persönlichen Interview dadurch, dass der Interviewer nicht persönlich anwesend ist.[973] Der in der Arbeit verwendete Fragebogen wurde an eine Auswahl von Personen,[974] die im Vorfeld identifiziert wurden, als „Paper and Pencil"-Interview zur Verfügung gestellt. Die Erstellung des Fragebogens fand in enger Anlehnung an den von Royer et al. (2009) entwickelten Fragebogen statt. Dabei wurden die Hauptfragestellungen adaptiert und durch Fragen aus dem „Fragebogen zum Thema Cluster", der die Datengrundlage für Festing et al. (2010b) bildete, sowie aus dem Interviewleitfaden der vorliegenden Arbeit ergänzt.[975] Eine der Zielsetzungen der Fragebogenerhebung bestand darin, vor dem Interview wichtige Kooperationspartner zu identifizieren, um während des Interviews gezielt nach der *Qualität der Beziehung* zwischen den Akteuren fragen zu können. Ebenfalls war es Zielsetzung der Befragung, die strategische Relevanz von Ressourcen, in diesem Fall *Wissen* und dessen Ausprägungen sowie der *Hum-*

---

[971] Vgl. Lamnek (2005), S. 299.
[972] Die schriftliche Befragung wird aus Gründen des Forschungsablaufs vor dem Interview beschrieben. Dies ist damit zu rechtfertigen, dass auch im späteren Erhebungsprozess mit dem Fragebogen begonnen wird.
[973] Vgl. Möhring/Schlütz (2010), S. 127.
[974] Vgl. zur Auswahl der Personen den Abschnitt „Zielgruppe und Umfang der empirischen Untersuchung", S. 202.
[975] Ein Pretest erschien unter dem Gesichtspunkt der bereits erfolgten Verwendung in anderen Untersuchungen von daher als nicht notwendig.

anressourcen, zu erfragen.[976] Insgesamt diente die schriftliche Befragung einer besseren relativen Einordnung einzelner Variablenausprägungen[977] und als Zusatzinformation für die Interviewvorbereitung.[978]

4.1.2 INTERVIEW

Das Interview spielt als eine verbale Form der Datenerhebung eine besondere Rolle in der qualitativen Forschung. Grundsätzlich handelt es sich bei einem Interview um eine bewusste Herstellung eines Gesprächs, das dazu dient, zielgerichtet Informationen vom Interviewten zu erhalten.[979] Dabei sind die Interviewarten weit gefächert. Es wird bspw. zwischen dem Freiheitsgrad des Befragten[980] (offen vs. geschlossenes Interview) und dem Freiheitsgrad des Interviewers[981] (unstrukturiertes, strukturiertes und als Mischform teilstrukturiertes Interview) differenziert.[982] Im Zuge der vielfältigen qualitativen Interviewtechniken ist deshalb zu klären, welches Verfahren das Richtige ist, um die Zielsetzung der Arbeit erfolgreich erreichen zu können.[983] Da die Darstellung aller Interviewtechniken den Umfang der Arbeit sprengen würde, werden nachfolgend lediglich die gewählte Interviewtechnik und ihre Apologie erläutert. Da die Zielsetzung der Arbeit die Überprüfung der theoretisch hergeleiteten Hypothesen ist, werden analytische Interviews durchgeführt, die in diesem Bereich die häufigste Form der Datenerhebung darstellen[984] und in ihrer Funktion den informationsermittelnden Interviews zuzuordnen sind.[985] Bei der Interviewdurchführung wurde ein Interviewleitfaden verwendet, der auf Basis der aus dem Modell abgeleiteten Variablen sowie deren Variablen-

---

[976] Da die Erhebung der Daten mittels der schriftlichen Befragung grundsätzlich nur ergänzenden Charakter für die vorliegende Untersuchung hatte, wird nicht weiter auf die Vor- und Nachteile der Erhebungstechnik eingegangen. Vgl. hierzu Skulschus/Wiederstein (2009), S. 145 ff.
[977] Vgl. Festing (1999), S. 219.
[978] Vgl. Gläser/Laudel (2009), S. 149.
[979] Vgl. Wrona (2005), S. 24.
[980] Dieser Freiheitsgrad gibt an, ob Antworten vorgeben sind oder ob es dem Interviewten ermöglicht wird, frei auf die Fragestellung zu antworten. Vgl. Aghamanoukjan et al. (2009), S. 425.
[981] Dieser Freiheitsgrad gibt an, ob der Interviewführer seine Fragen in der Interviewsituation frei formuliert oder mithilfe eines Fragenkataloges vorgeht. Vgl. Hussy et al. (2010), S. 72.
[982] Vgl. Bortz/Döring (2003), S. 308.
[983] Vgl. Mayring (2002), S. 66.
[984] Vgl. Lamnek (2005), S. 724.
[985] Vgl. Bortz/Döring (2003), S. 244.

operationalisierung generiert wurde und hauptsächlich auf offenen Fragestellungen beruht.[986] Dementsprechend handelt es sich um ein offenes strukturiertes Interviewverfahren, das angewendet wurde, um den gewählten Gütekriterien gerecht zu werden und um den Befragten die Möglichkeit zu geben, erschöpfend über das Thema zu reden, um einen bestmöglichen Erkenntnisgewinn zu erhalten. Zur Sicherstellung der Validität der Fragen wurde gemäß Gläser/Laudel (2009) der Leitfaden einem Pretest mit Experten unterzogen, die den Interviewpartnern vergleichbar waren.[987] Die Interviews wurden vom Verfasser der vorliegenden Arbeit anhand des Interviewleitfadens persönlich durchgeführt. Die Interviewverläufe wurden in Form von Tonbandaufnahmen dokumentiert und im Anschluss transkribiert. Sofern ein Mitschnitt nicht erwünscht oder nicht möglich war, wurden während des Interviews Mitschriften angefertigt, die anschließend in Interviewzusammenfassungen überführt wurden.

4.1.3 Dokumentenanalyse

Neben der schriftlichen Befragung und den Interviews kam bei der Fallstudienuntersuchung auch die Dokumentenanalyse zum Einsatz. Eine erste Dokumentenanalyse wurde bereits im Vorfeld der empirischen Untersuchung durchgeführt. Das Ziel bestand darin, die optimale Fallauswahl bezüglich der Fragestellung der Arbeit zu treffen. Als Datenbasis dienten hierbei vor allem frei zugängliche Dokumente, wie bspw. Informationsmaterial, das auf der „Internationalen Luft- und Raumfahrtausstellung" (ILA) in Berlin[988] zusammengetragen wurde.[989] Im weiteren Verlauf der Untersuchung wurde die Dokumentenanalyse erneut angewendet, nun mit der Zielsetzung, die durch das Interview erhobenen Daten zu ergänzen und ggf. Fehlinformationen identifizieren und revidieren zu können. Hierzu wurden erneut frei zugängliche Dokumente verwendet, wie bspw. Informationsmaterial über die einzelnen Akteure, das auf den Homepages abrufbar ist, ferner Fach- und Zeitungsartikel. Zudem wurde unternehmensinternes Datenmaterial verwendet, wie bspw. Strategiepapiere. Zusammenfassend kann unter Berücksichtigung der Ausführungen

---

[986] Vgl. zu dieser Vorgehensweise Festing (1999), S. 217.
[987] Vgl. Gläser/Laudel (2009), S. 150.
[988] Die Internationale Luft- und Raumfahrtausstellung (ILA) in Berlin ist eine der wichtigsten Fachmessen weltweit.
[989] Auf der ILA wurden auch erste Gespräche zur Sondierung eines möglichen Luft- und Raumfahrtclusters geführt.

festgehalten werden, dass die erhobenen Daten der Datenvielfalt gerecht werden, auch wenn die Schwerpunktsetzung auf den geführten Interviews lag.

4.2 Fallstudienauswahl und Apologie

Einen der wichtigsten Punkte der empirischen Untersuchung stellt die Falldefinition, also die Fallbestimmung, dar. Genau wie die Bestimmung des Datenmaterials wird die Fallbestimmung durch die Fragestellung bestimmt.[990] Ein kurzer Exkurs dazu erfolgte bereits im Abschnitt über die Wahl des Forschungsdesigns. Dabei wurde dargestellt, dass das Luftfahrtcluster der Metropolregion Hamburg als ein Extremfall bzw. aufgrund seiner Einzigartigkeit ausgewählt wurde. Auf die Begründung soll an dieser Stelle vertieft eingegangen werden.

Beim Luftfahrtcluster der Metropolregion Hamburg handelt es sich mit über 36.000 Beschäftigen um den zweitgrößten Standort der zivilen Luftfahrtindustrie in Europa. Die Struktur des Clusters ist dabei durch eine Vielzahl von vertikalen und lateralen Akteuren geprägt. Zwei bzw. drei horizontale Akteure bilden das Zentrum des Clusters. Aufgrund der Tatsache, dass die Akteure sich bewusst sind, in einem Cluster angesiedelt zu sein, und durch die Charakterisierung des Clusters als Netzwerk mit ausgeprägter Clusterstruktur entlang der gesamten Wertschöpfungskette, scheinen die grundsätzlichen Rahmenbedingungen für eine erfolgreiche Untersuchung gegeben zu sein.[991] Ein Ziel der empirischen Untersuchung ist es nämlich, die Generierung von clusterspezifischem Wissen auf Basis von Netzwerkeffekten im Cluster zu bestätigen. Die Bestätigung der dazugehörigen Hypothesen kann aufgrund von bereits gesichteten Dokumenten als besonders Erfolg versprechend eingestuft werden, denn als Stärken des Clusters werden ein „hoher Aktivierungsgrad innerhalb des Clusters und stark zunehmende, direkte Zusammenarbeit der Akteure – Positionierung und Entwicklung komplementärer Marktbearbeitung"[992] angeführt.

Weiterhin verfügt das Luftfahrtcluster Hamburg über bereits etablierte Strukturen und Räumlichkeiten, die den Rahmen für unternehmensübergreifende kooperative Forschungs- und Entwicklungsaktivitäten bilden.[993] Es

---

[990] Vgl. Mayring (2002), S. 43.
[991] Vgl. Luftfahrtcluster Metropolregion Hamburg (2008), S. 1.
[992] Luftfahrtcluster Metropolregion Hamburg (2008), S. 11.
[993] Vgl. Zentrum für Angewandte Luftfahrtforschung GmbH (2010), S. 3.

konnte damit im Vorfeld der Untersuchung auf formale Beziehungen zwischen den Clusterpartnern geschlossen werden, welche als eine Möglichkeit für die Generierung von clusterspezifischem Wissen gesehen werden. Das Cluster verfügt über mehr als 300 Akteure, womit die Region Hamburg eine erhebliche Dichte an Akteuren der Luftfahrtbranche aufweist. Es kann von daher angenommen werden, dass aufgrund der regionalen Gegebenheiten auch informale Beziehungen zustande kommen, die als eine weitere Möglichkeit zur Generierung von clusterspezifischem Wissen gesehen werden.

Neben diesen Faktoren zählt der Luftfahrtstandort Hamburg zu der Nummer drei der zivilen Luftfahrtindustrie weltweit und zu den innovativsten und leistungsstärksten nationalen Kompetenznetzwerken.[994] Besonders hervorgehoben werden mit Bezug auf die Innovationen die Beziehungen zu Hochschulen und den kleinen und mittleren Unternehmen, die durch die Entwicklung von Subsystemen, Prozessen und Services entscheidend zu den Innovationen beitragen. Es kann von daher davon ausgegangen werden, dass zwischen den horizontalen, lateralen und vertikalen Akteuren enge Verflechtungen bestehen, die den Transfer von Informationen beinhalten. Angesichts dieser Tatsache erscheint eine empirische Untersuchung zur Prüfung der theoretisch fundierten Hypothesen als besonders geeignet.

Die Freie und Hansestadt Hamburg leistet einen vielfältigen Beitrag zur Wissensgenerierung durch ein landeseigenes Programm zur Förderung der Luftfahrtforschung und ihren Forschungseinrichtungen. Aufgrund der Forschungskompetenzen innerhalb des Clusters und der hoch qualifizierten Arbeitskräfte sowie der hohen Ausgaben für Forschung und Entwicklung (15 Prozent des Jahresumsatzes) wird dem Cluster der Rang eines internationalen Luftfahrt-Kompetenzzentrums verliehen.[995] Gerade diese Merkmale sind es, die eine empirische Untersuchung anhand des Falls des Luftfahrtclusters Hamburg besonders Erfolg versprechend erscheinen lassen, wenn das Potenzial von clusterspezifischem Wissen zur Generierung von Wettbewerbsvorteilen untersucht werden soll. Denn das innovative und wissensintensive Umfeld des Luftfahrtclusters Hamburg bildet eine ideale Datenbasis, um die theoretischen Überlegungen zum clusterspezifischen Wissen in der Realität prüfen zu können.

---

[994] Für weiterführende Informationen „Kompetenznetze Deutschland", siehe WWW: URL: http://www.kompetenznetze.de/themen/luft-raumfahrt [Zugriff am 22.02.2012].
[995] Vgl. Luftfahrtcluster Metropolregion Hamburg (o. J.), S. 4.

Nicht zuletzt wegen seiner Kompetenzen und Fähigkeiten verfügt das Cluster über das Potenzial, zukünftig Platz zwei in Bezug auf den Gesamtumsatz der drei weltgrößten zivilen Luftfahrtstandorte für sich zu beanspruchen (vgl. hierzu Abbildung 30).

	Luftfahrtcluster Metropolregion Hamburg/ Norddeutschland	Aerospace Valley / Midi-Pyrénées et Aquitaine (Selbstdarstellung)	Seattle / State of Washington
Anzahl Beschäftigter	36.000/ 55.000	94.000	110.000
Umsatz des Clusters p.a.	7 Mrd. €/ 9 Mrd. €	10 Mrd. €	24 Mrd. €

Abbildung 30: Gesamtumsatz der drei weltweit größten Luftfahrtstandorte[996]

Auch aus diesem Grund kommt dem Cluster Hamburg eine enorme Bedeutung als Fallbeispiel zu, denn das Cluster bzw. die Akteure des Clusters müssen über erhebliche Wettbewerbsvorteile verfügen, um diese Positionierung im internationalen Vergleich erreichen zu können. Es wird von daher die Zielsetzung verfolgt, die postulierten Hypothesen über das Potenzial von clusterspezifischem Wissen zur Generierung von Wettbewerbsvorteilen stützen zu können.

Wie diese Ausführungen verdeutlicht haben sollten, erfolgte die Auswahl der Fallstudie des Luftfahrtclusters der Metropolregion Hamburg bewusst und kriteriengesteuert.[997] In Bezug auf die Kriterien stand vor allem die Möglichkeit zur Beantwortung der forschungsleitenden Fragen im Vordergrund. Dafür war es ausschlaggebend, dass es sich um ein Cluster handelt, das über vielfältige Aktivitäten verfügt, welche die Vernetzung der Akteure innerhalb des Clusters fördern. Ebenfalls von Relevanz war bei der Auswahl die Branche. So wurde ein Cluster gesucht, das einer sehr innovativen und wissensintensiven Branche angehört. Ein weiteres Hauptkriterium bei der Selektion des Clusters war seine Wettbewerbsfähigkeit bzw. seine aktuelle Markt- und Wettbewerbsposition. Es sollte sich nach Möglichkeit um ein Cluster mit sehr guter Positionierung am Markt handeln, um die Wahrscheinlichkeit zu erhöhen, Aussagen über das Potenzial zur Realisierung von Wettbewerbsvorteilen mithilfe clusterspezifischen Wissens machen zu können.

Es wurde also bei der Auswahl der Kriterien sowie der Fallstudie berücksichtigt, dass die Selektion der Fallstudie möglichst so zu erfolgen hat, dass im

---

[996] Quelle: Luftfahrtcluster Metropolregion Hamburg (2008), S. 10.
[997] Vgl. Kelle/Kluge (1999), S. 39.

zu untersuchenden Fall die theoretischen Annahmen in hohem Maße durch das empirische Material gestützt werden.[998] Da im Luftfahrtcluster Hamburg diese konzeptionell hergeleiteten Hauptkriterien und darüber hinaus weitere Kriterien mit Relevanz für die Untersuchung, nach einer Dokumentenanalyse als besonders stark ausgeprägt beurteilt werden konnten, erfolgte die Selektion dieses Clusters für die empirische Untersuchung.

4.3 Zielgruppe und Umfang der empirischen Untersuchung innerhalb der Fallstudie

Nach der Fallstudienauswahl ist nun zu erörtern, welche Experten der Akteure innerhalb des Luftfahrtclusters Hamburg zu befragen waren. Unter der Berücksichtigung der Zielsetzung der Arbeit kamen hierzu nur Akteure und Experten infrage, die die folgenden Voraussetzungen erfüllten:

- Die Akteure mussten eindeutig einer Wertschöpfungsebene des Clusters (horizontal/vertikal/lateral) zugeordnet werden können.

- Die Akteure mussten untereinander zumindest mit einem der horizontalen Akteure vernetzt sein.

- Die Experten der Akteure mussten an zentraler Stelle innerhalb der Organisation angesiedelt sein, um über die nötigen Fachkenntnisse aller für die Untersuchung relevanten Themengebiete zu verfügen.

Zur Identifizierung der relevanten Akteure und Ansprechpartner im Cluster wurde das Expertenwissen über die Branche an sich und über das Luftfahrtcluster Hamburg im Speziellen benötigt. Den Zugang zu diesem Wissen ermöglichten ein Interessenverband der Branche in Berlin und ein lateraler Akteur des Hamburger Clusters. In Zusammenarbeit mit diesen Experten wurde anschließend die Selektion der Akteure und Experten unter Berücksichtigung des Forschungsinteresses vorgenommen.

Die Problematik der Zielgruppenauswahl bestand vor allem darin, repräsentative Akteure aus mehr als 300 möglichen Untersuchungsunits zu identifizieren. Weiterhin musste festgelegt werden, welche Anzahl der zu unter-

---

[998] Vgl. McCutcheon/Meredith (1993), S. 243 f.

suchenden Einheiten für die Analyse herangezogen wird. Zur Anzahl der zu analysierenden Einheiten gibt es in der Literatur keine bzw. keine absoluten Richtlinien.[999] Dies ist vor allem damit zu begründen, dass eine Repräsentativität im statistischen Sinne mittels der Fallstudie nicht angestrebt wird. Dem Forscher ist es deshalb freigestellt, die Bestimmung der Anzahl der zu untersuchenden Analyseeinheiten vorzunehmen.[1000] Als Kriterium für die Bestimmung der Analyseeinheiten wurde deshalb in der vorliegenden Arbeit das Erkenntnisziel des Forschers zugrunde gelegt.

Unter Berücksichtigung des Erkenntnisziels wurden in Abstimmungen mit den Experten *elf* voneinander unabhängige Akteure gewählt. Dabei wurden drei horizontale Akteure, drei vertikale Akteure und fünf laterale Akteure selektiert, sodass jede Wertschöpfungsebene des Clusters berücksichtigt wurde. Die Datenerhebung erfolgte in den ausgewählten Organisationen mit Schwerpunktsetzung auf die Interviews. Dabei wurde pro Akteur grundsätzlich je eine Person interviewt. Ein horizontaler und ein lateraler Akteur erschienen aufgrund der Komplexität der Thematik jeweils mit zwei Unternehmensvertretern zum Interview, um vor allem die technisch fokussierten Fragen beantworten zu können. Die interviewten Personen gehörten der geschäftsführenden Ebene an oder waren Führungskräfte, die aufgrund ihres Ressorts über Fachwissen verfügten, das für die Untersuchung von großer Wichtigkeit war (siehe hierzu Tabelle 23).

Tabelle 23: Gesamtumfang der empirischen Untersuchung[1001]

Interview-partner	Wertschöpfungsebene des Akteurs	Funktion des Interviewpartners
1	vertikaler Akteur	Geschäftsführer
2	horizontaler Akteur	Manager Strategy and Development
3	lateraler Akteur	Leiter Fachausschuss F&T
4	horizontaler Akteur (zwei Interviewpartner)	Leiter Zentralbereich Personal & Projektmanager

---

[999] Yin bezieht sich in seinem Werk lediglich auf Fälle und nicht auf Untersuchungseinheiten. Da in der vorliegenden Arbeit das „single-case design" gewählt wurde, können seine Empfehlungen nicht angewendet werden. Vgl. Borchardt/Göthlich (2009), S. 37.
[1000] Vgl. Eidems (2010), S. 123.
[1001] Quelle: Eigene Darstellung.

Interview-partner	Wertschöpfungsebene des Akteurs	Funktion des Interviewpartners
5	lateraler Akteur	Leiter Public Relations
6	lateraler Akteur	Professor (Institutsleitung)
7	vertikaler Akteur (zwei Interviewpartner)	Geschäftsführer & Managing Partner
8	lateraler Akteur	Business Manager Nord
9	vertikaler Akteur	Senior Director Operations
10	horizontaler Akteur	Leiter Technologie und Projekte
11	lateraler Akteur	Leiter Gesamtkoordination

Weiterhin wurde, wie bereits beschrieben, ein Fragebogen als Datenerhebungsinstrument genutzt, der vor den Interviews an die Interviewpartner versandt wurde, um Rückschlüsse auf ihre Expertise ziehen zu können und eine bestmögliche Vorbereitung auf das jeweilige Interview zu gewährleisten.

4.4 Heterogenität der Akteure

Bei der Auswahl der horizontalen, vertikalen und lateralen Akteure wurde sehr schnell deutlich, dass diese eine starke Varianz untereinander aufweisen. Aufgrund der Berücksichtigung der verschiedenen Wertschöpfungsebenen des Clusters war dieser Umstand für die Zielsetzung der Untersuchung allerdings unvermeidbar. So zeichnen sich horizontale Akteure innerhalb des Clusters gerade durch den Umstand aus, dass sie die höchste Wertschöpfung generieren, während die vertikalen Akteure die Zulieferer- oder Abnehmerrolle übernehmen und entsprechend nicht das Maß an Wertschöpfung erbringen können. Auch die lateralen Akteure Unterscheiden sich in dieser Hinsicht, weil es sich zumeist um Interessenverbände oder Universitäten handelt, die primär andere Ziele verfolgen, als die Wertschöpfungsmaximierung ihrer eigenen Organisation. Es konnte allerdings auch eine Varianz zwischen den Akteuren innerhalb dieser drei Akteursgruppen festgestellt werden. So ergab sich innerhalb der untersuchten Akeursgruppen teilweise ein sehr heterogenes Bild in Bezug auf die Anzahl der Mitarbeiter, die gewählte Rechtsform, die Organisationsstruktur, den Internationalisierungsgrad der Organisation, den generierten Umsatz, dem Engagement im Cluster mitzuwirken und die Bestandsdauer der Organisation. Die Varianz zwischen den einzelnen Akteursgruppen sowie zwischen den Akteuren innerhalb der Gruppen kann zur Folge haben, dass die postulierten Wirkungszusammenhänge nicht immer zu einem eindeutigen Ergebnis führen. Dies ist vor allem damit zu begründen, dass das Engagement, im Cluster aktiv „gestaltend" mitzuwirken, nicht bei allen untersuchten Akteuren vorhanden war. So gibt es Akteure, die sich explizit für das Cluster starkmachen und für das Cluster einsetzen, während andere Akteure nur den Umstand wahrnehmen, dass sie in einem Cluster lokalisiert sind. Ebenso haben nicht alle untersuchten Akteure in einem durch das BMBF geförderten Projekt mitgearbeitet. Insgesamt wird die Heterogenität zwischen den Akteuren allerdings als nicht problematisch angesehen, sondern als positiver Faktor, da hierdurch ein der Realität näheres Abbild der Grundgesamtheit gegeben ist, auch wenn die Untersuchung in Form der Einzelfallstudie keinen Anspruch auf statistisch repräsentative Aussagen erheben kann.[1002]

4.5 DATENERHEBUNGSPROZESS

Neben der Erhebung von Primärdaten wurden Sekundärdaten gesammelt. Die Primärdaten wurden durch Befragungen erhoben, zum einen über den Versand von Fragebögen, welcher in der ersten Novemberhälfte 2011 erfolgte, und zum anderen über persönliche Befragungen, die ab der zweiten Novemberhälfte 2011 erfolgt sind. Die Interviews wurden dabei vom Verfasser dieser Arbeit persönlich am Luftfahrtstandort der Metropolregion Hamburg geführt. Darüber hinaus wurden zwei Interviews telefonisch geführt und ein weiteres Interview wurde ebenfalls persönlich in Berlin geführt. Der Kontakt zu den Akteuren wurde durch den Interessenverband in Berlin und den lateralen Akteur vor Ort hergestellt. Aufgrund der guten Reputation beider Akteure war die Bereitschaft zur Teilnahme sehr groß, sodass die Befragungen ohne Probleme verliefen. Die Interviewdauer lag zwischen 30 und 150 Minuten. Der Verlauf des Interviews wurde dabei, wie bereits angesprochen, mithilfe eines Diktiergeräts dokumentiert und im Anschluss transkribiert. Die Transkription wurde von einem externen Dienstleister durchgeführt, der ebenfalls eine Vertraulichkeitserklärung unterschrieben hat. Das so generierte Datenmaterial wurde im Anschluss vom Verfasser der Arbeit überprüft. Den Interviewteil-

---

[1002] Vgl. Caviola (2000), S. 238 f.

nehmern wurde dabei die Anonymisierung ihrer Daten angeboten und bei Inanspruchnahme wurden die Daten ausschließlich anonymisiert weiterverwendet.

Trotz der großen Bereitschaft, am Interview teilzunehmen, gab es im Verlauf der Erhebung Fälle, bei denen der Mitschnitt des Interviews, durch die Interviewpartner, nicht ermöglicht wurde. Als Grund hierfür wurde bspw. angeführt, dass gestellte Fragen so offener und auch kritischer beantwortet werden könnten. Ebenfalls wurden kritische bzw. unternehmensspezifische Fragestellungen im Anschluss an das Interview, also nach Abschalten des Diktiergerätes, wieder aufgegriffen und ergänzt. In beiden Fällen wurden direkt nach dem Interview Gedächtnisprotokolle bzw. Interviewzusammenfassungen angefertigt, um sie der späteren Auswertung zuzuführen. Die so generierten Daten werden in der Arbeit besonders hervorgehoben. Sofern sie als Aussagen in die Arbeit einfließen, werden sie immer als „sinngemäß" zitiert werden. Alle Interviewpartner erklärten sich damit einverstanden, dass während des Interviewverlaufs Notizen angefertigt werden. Diese Notizen bildeten zum einen die Grundlage für die Gedächtnisprotokolle, zum anderen wurde so aber auch ermöglicht, wichtige Aussagen direkt niederzuschreiben. Sofern dementsprechende Aussagen unmittelbar aufgeschrieben wurden und in die Arbeit als Zitat angeführt werden, unterbleibt die gesonderte Hervorhebung.

4.6 Datenanalyse mittels Hypothesenprüfung durch Fallstudien

Die Möglichkeit zur Hypothesenprüfung anhand eines qualitativen Forschungsdesigns wurde bereits andiskutiert; nachfolgend wird die Möglichkeit des Hypothesen prüfenden Verfahrens anhand von Fallstudien erörtert. Diese Möglichkeit steht in enger Verknüpfung mit den erläuterten Gütekriterien der internen und externen Validität. So wird anhand der Hypothesenprüfung das Ziel verfolgt, das bereits erstellte theoretische Muster mit dem sich aus der empirischen Untersuchung ergebenen Muster abzugleichen. In der vorliegenden Arbeit wird hierzu die Auswertungsstrategie des Pattern Matching angewendet.[1003] Yin (2003) beschreibt dieses Vorgehen wie folgt: Pattern-Matching „compares an empirically based pattern with a predicted one (or with several alternative predictions)."[1004]

[1003] Vgl. Pauwels/Matthyssens (2004), S. 130.
[1004] Yin (2009), S. 116.

Dieses Vorgehen wird in Abbildung 31 dargestellt. Zuerst wird der theoretische Bezugsrahmen mit den dazugehörigen *theoretischen Mustern* gebildet. Anschließend wird anhand des erhobenen Datenmaterials ein *empirisches Muster* gebildet. Nachdem auch dies erfolgt ist, werden diese beiden Muster in einem Vergleich, dem Pattern Matching, mit der Zielsetzung gegenübergestellt, die theoretisch postulierten Kausalitäten auf empirischer Ebene zu überprüfen. Anderes ausgedrückt: Bei der Überprüfung werden die Hypothesen mit den in der Fallstudie identifizierten Variablenausprägungen verglichen, sodass unplausible Hypothesen erkannt und verworfen werden können.[1005] Dabei ergibt sich, wie bereits dargestellt wurde, das Problem der Generalisierung der Ergebnisse.[1006] Vor allem unter dem Gesichtspunkt, dass in der vorliegenden Arbeit eine Einzelfallstudie verwendet wurde. Schnell et al. (2008) führen jedoch an, dass eine *Einzelfallanalyse bzw. -studie* unter zwei unterschiedlichen Aspekten vorgenommen wird:

„Zum einen, wie bisher unterstellt als Mittel der Beschreibung und Erklärung bzw. des Hypothesentests. [...] Zum anderen werden Fallstudien häufig in einer explorativen Absicht unternommen."[1007]

Auf die Generalisierung der so geprüften Hypothesen wird in ihren Ausführungen allerdings nicht weiter Bezug genommen.

Festzuhalten ist deshalb, dass in dieser Arbeit die Zielsetzung verfolgt wird, mittels des Analyseverfahrens des Pattern Matching anhand der Einzelfallstudie nachzuweisen, dass lediglich die postulierten Ursache-Wirkungs-Zusammenhänge Gültigkeit besitzen. Um diesen Nachweis zu führen, besteht nach Weber et al. (1994) das Erfordernis, Alternativhypothesen zu bilden und zu überprüfen. Diesem Erfordernis wird in der vorliegenden Arbeit jedoch nicht nachgekommen, da diese Anforderung zumeist ein anderes Analysedesign und andere Variablen erfordert, was einen erheblichen Mehraufwand darstellen würde. Stattdessen wird in der vorliegenden Arbeit eine Alternativhypothese lediglich postuliert. Diese Alternativhypothese besagt, dass zwischen den

---

[1005] Vgl. Weber et al. (1994), S. 51 f.; Eidems (2010), S. 112.
[1006] Vgl. Matlachowsky (2008), S. 110 f.
[1007] Schnell et al. (2008), S. 251.
[1008] Quelle: Eigene Darstellung in Anlehnung an Torchim (1989), S. 356; Trochim (2006), The Theory of Pattern Matching, online im WWW: URL: http://www.socialresearchmethods.net/kb/pmconval.php [Zugriff am 17.10.2011].

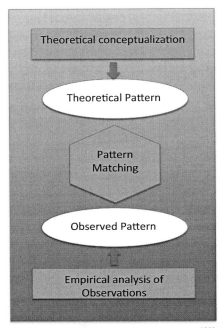

Abbildung 31: Prozess des Pattern Matching[1008]

zwei Variablen kein Zusammenhang besteht.[1009] Zum Zweck der intersubjektiven Nachvollziehbarkeit werden die postulierten Zusammenhänge zwischen der theoretischen und der empirischen Ebene offengelegt. Dieses Vorgehen ermöglicht ebenfalls die Möglichkeit zur Kritikäußerung.[1010] Inferenzschlüsse in Bezug auf eine Grundgesamtheit werden anhand der Ergebnisse nicht gezogen. Lediglich in Bezug auf die theoretische Grundlegung der vorliegenden Arbeit wird eine Verallgemeinerungsmöglichkeit angenommen. Fraglich ist in diesem Zusammenhang allerdings, wann von einer Übereinstimmung des praktischen mit dem empirischen Muster gesprochen werden kann. Um eine Schlussfolgerung über den Grad der Übereinstimmung ziehen zu können, wird deshalb bei der Datenanalyse eine Argumentation für und gegen die Hypothesen erfolgen.[1011]

[1009] Vgl. Edelmann (2004), S. 132 ff.; Weber et al. (1994), S. 58; Festing (1999), S. 216.
[1010] Vgl. auch Festing et al. (2010a) und Festing (1999).
[1011] Vgl. Weber et al. (1994), S. 58 f.

4.7 Clusterspezifisches Wissen in der Luftfahrtcluster Metropolregion Hamburg und ihr Potenzial Wettbewerbsvorteile zu erwirtschaften

In diesem Abschnitt erfolgt die Darstellung der Untersuchungsergebnisse, die anhand der Einzelfallstudie erhoben wurden. Bevor jedoch auf die Untersuchungsergebnisse eingegangen wird, soll erörtert werden, welche Vorgehensweise bei der Datenanalyse angewendet wurde und wie die Ergebnisdarstellung erfolgen wird. Daran anschließend wird eine kurze Darstellung des Luftfahrtclusters Hamburg mit seinen Besonderheiten erfolgen.

4.7.1 Datenauswertung und Ergebnisdarstellung

Die primäre Zielsetzung der Datenauswertung ist es, eine Überprüfung der entwickelten Hypothesen vorzunehmen und damit das gestaltete Modell einer Überprüfung zu unterziehen. Hierzu wird eine Einschätzung der Modellvariablen vorgenommen, bei der die Gründe für die Einschätzung transparent gemacht werden, um die Evaluation intersubjektiv nachvollziehbar zu machen.[1012] Die empirische Basis der Untersuchung bildeten die angefertigten Transkripte der Interviews. Daneben wurden ebenfalls die zurückerhaltenen Fragebögen herangezogen sowie die gesammelten Informationen aus der Dokumentenanalyse. Zum Zeitpunkt der Auswertung lagen neun von elf versendeten Fragebögen vor. Die durch unterschiedliche Verfahren erhobenen Daten sind Ausdruck des angestrebten Methodenpluralismus. Als primäre Datenquelle sind die Interviewtranskripte zu verstehen, da sie den tiefsten Einblick in die Thematik erlauben. Als sekundäre und tercere Datenquellen sind die beantworteten Fragebögen und Informationen aus der Dokumentenanalyse einzuordnen. Diese dienten vor allem dazu, Implikationen für die Richtigkeit der Variableneinschätzungen zu geben.[1013] Die so gewonnen Daten wurden anhand der Operationalisierung der einzelnen Variablen kodiert und ausgewertet. Das Ergebnis der Auswertung ist ein systematischer und theoretisch begründeter Überblick zu den jeweiligen Variablenausprägungen.[1014] Um die Validität der Forschungsergebnisse zu erhöhen, wurde eine Methodentriangulation bzw. Datentriangulation durch die bereits dargestellten Erhebungsmetho-

---

[1012] Vgl. Müller (2010b), S. 176.
[1013] Vgl. Festing (1999), S. 230.
[1014] Vgl. Eidems (2010), S. 136.

den und damit entstandenen Daten bei der Auswertung durchgeführt. Sämtliche Erkennungsmerkmale der Daten, wie die Firmierung der untersuchten Organisationen sowie die Namen der Ansprechpartner, werden aus Vertraulichkeitsgründen nicht genannt. In diesem Zusammenhang wird aber versichert, dass alle verwendeten Daten aus den genannten Quellen stammen.[1015]

Das so generierte empirische Datenmaterial bzw. Muster wird im Anschluss durch die Methode des Pattern Matching mit dem theoretischen Modell konfrontiert, um eine Beurteilung des Modells sowie eine mögliche Modellrevidierung durchführen zu können.

4.7.2 Das Luftfahrtcluster Metropolregion Hamburg

Das Luftfahrtcluster Metropolregion Hamburg wurde bereits bei der Fallauswahl charakterisiert. Eine tiefer gehende Betrachtung vor allem in Bezug auf die Struktur des Clusters und die Vernetzung wird nachfolgend erfolgen.

Das Luftfahrtcluster verfügt über eine ca. 100-jährige Luftfahrttradition und zählt ca. 36.000 Beschäftigte, die Leistungen entlang der gesamten Wertschöpfungskette und des gesamten Lebenszyklus ziviler Flugzeuge erbringen.[1016] Im Jahre 2001 erhielt das Cluster eine institutionelle Struktur; von da an wurde das Cluster unter dem Brand „Luftfahrtstandort Hamburg" etabliert. Der Luftfahrtstandort Hamburg erhielt als eines der ersten Cluster die Auszeichnung der Bundesregierung als Spitzencluster. Dabei fördert das Bundesministerium für Bildung und Forschung (BMBF)

„gezielt strategische Partnerschaften, in denen Unternehmen, wissenschaftliche Einrichtungen und weitere Akteure der Region gemeinsam daran arbeiten, Schlüsseltechnologien marktnah zu entwickeln".[1017]

Der Nachweis von horizontalen, vertikalen und/oder lateralen Relationen zwischen den Akteuren kann mit Erreichen der Auszeichnung zum Spitzencluster als gegeben betrachtet werden, denn

„[e]ine wesentliche Voraussetzung", um diese Auszeichnung zu erreichen, „ist die Ein-

---

[1015] Zur Gewährleistung der Richtigkeit dieser Angaben wurden die Transkriptionen der Interviews und die ausgefüllten Fragebögen mit Angabe der Firma der jeweils untersuchten Organisation sowie des Ansprechpartners der Prüfungskommission zugänglich gemacht.
[1016] Vgl. Luftfahrtcluster Metropolregion Hamburg (2008)
[1017] BMBF (2010b), S. 1.

bindung der entscheidenden Akteure in die Innovations- und Wertschöpfungskette der Region".[1018]

Ein weiteres Kriterium zur Auswahl als Spitzencluster war die Tatsache, dass „Maßnahmen zur Entwicklung und Erprobung innovativer Kooperationsformen einschließlich eines professionellen Clustermanagements"[1019] geben sind.

Unter Berücksichtigung der Clustertypologie aus Abschnitt II ist das Luftfahrtcluster Metropolregion Hamburg vorerst als ein *Sterncluster* zu typisieren, in dem zwei bzw. drei fokale Unternehmen die Hauptwertschöpfung erbringen und damit als horizontale Akteure im Zentrum des Cluster stehen, während die anderen Akteure sich um diese Akteure angesiedelt haben. Insgesamt erbringen die vertikalen und lateralen Akteure vor allem Leistungen für die Wertschöpfungskette des Flugzeugbaus, die hauptsächlich von Airbus durchgeführt wird. Daneben spielt aber auch die Lufthansa Technik AG eine zentrale Rolle als Marktführer in der Flugzeugreparatur und -wartung, und ebenfalls kundenspezifische Herstellungsarbeiten übernimmt.[1020]

Mitunter sind Tendenzen zu erkennen, dass sich das Luftfahrtcluster Hamburg bereits in Richtung eines *Netzwerkclusters* entwickelt. Die Entwicklung entfernt sich von einer reinen Zulieferer-Abnehmer-Beziehung zwischen horizontalen und vertikalen Akteuren, hin zu einer stärkeren Verflechtung aller Akteure. So stehen die vertikalen und horizontalen Akteure mit den lateralen Akteuren in Verbindung mit der Zielsetzung, gemeinsame Projekte umzusetzen und somit zum technologischen Fortschritt beizutragen. Ebenso hat sich auf Basis der Dokumentenanalyse ergeben, dass Akteure der gleichen Wertschöpfungsebene in Verbindung stehen. So bietet der laterale Akteur, die Zentrum für Angewandte Luftfahrtforschung GmbH (ZAL), bspw. die Möglichkeit „[...] to building up a new form of scientific-technical cooperation: Research and development under one roof."[1021] Ebenso bietet der vertikale Akteur, die Bishop Aeronautical Engineers GmbH, ein Seminar an, das an alle Ingenieure mit Aviation-Hintergrund gerichtet ist. Hierbei steht im Fokus:

[1018] BMBF (2010a), S. 26.
[1019] BMBF (2010a), S. 26.
[1020] Vgl. Kunkel (2010), S. 152 f.
[1021] Zentrum für Angewandte Luftfahrtforschung GmbH (2010), S. 2.

„to bring different expertise in one forum to share the aviation experience to all industries and using it in developing new ideas and concepts leading to innovations!"[1022]

Auch die Aktivitäten des lateralen Akteurs, der Hamburgischen Gesellschaft für Wirtschaftsförderung mbH, forcieren die Entwicklung hin zu einem Sterncluster. Denn

„[d]urch diverse Netzwerkaktivitäten soll der Informationsaustausch zwischen den Akteuren der Luftfahrtindustrie, Forschung und Lehre, der Wirtschaftsförderung, den Behörden, Kammern und Verbänden gefördert werden [...]".[1023]

Eine abschließende Beurteilung der Typologie kann aufgrund der untersuchten Analyseeinheiten nicht geben werden. Um sämtliche Vernetzungen nachweisen zu können, müssten allein mehr als 300 kleine und mittelständische Unternehmen des Clusters befragt werden.[1024]

Zurückkommend auf die horizontalen Akteure ist eine differenziertere Betrachtung notwendig, denn lediglich zwei der drei horizontalen Akteure gelten als Kernunternehmen des Clusters. Hierzu zählen die Airbus Deutschland GmbH und die Lufthansa Technik AG. Die Flughafen Hamburg GmbH nimmt eine Sonderstellung bei der Systematisierung ein, da sie zwar zum Luftfahrtcluster gehört, insgesamt aber keine Wertschöpfung in Form von Flugzeugherstellung oder Wartung erbringt. So ist die Airbus Deutschland GmbH mit 11.600 Beschäftigten[1025] das größte fokale Unternehmen, gefolgt von der Lufthansa Technik AG mit 7.500 Mitarbeitern[1026]; „Schlusslicht" ist die Airport Hamburg GmbH mit 1.600 Beschäftigten.[1027] Insgesamt sind jedoch 12.500 Beschäftigte in ca. 250 Firmen auf dem Flughafengelände tätig.[1028] Im

---

[1022] Bishop Aeronautical Engineers GmbH (2011), S. 2.

[1023] Hamburgische Gesellschaft für Wirtschaftsförderung mbH, online im WWW: URL: http://www.luftfahrtstandort-hamburg.de/index.php?id=29 [Zugriff am 25.11.2011].

[1024] Vgl. Luftfahrtcluster Metropolregion Hamburg (2008), S. 1.

[1025] EADS N.V. HR-OD (2011)

[1026] Lufthansa Technik AG (2010), online im WWW: URL: http://www.lufthansatechnik.com/applications/portal/lhtportal/lhtportal.portal?requestednode=19&_pageLabel=Template5_6&_nfpb=true&webcacheURL=TV_I/Company-new/About-us/Portrait/Locations/HAM_DE.xml&setLang=german [Zugriff am 27.11.2011].

[1027] Hamburg Airport GmbH (2011a), S. 75.

[1028] HWF Hamburgische Gesellschaft für Wirtschaftsförderung mbH (2011), online im WWW: URL: http://www.hamburg-luftfahrtstandort.de/index.php?id=43 [Zugriff am 28.11.2011].

Jahre 2010 betrug der Gesamtumsatz der Flughafen Hamburg GmbH ca. 249 Millionen Euro,[1029] womit der Flughafen einen wesentlichen Beitrag zur Wertschöpfung des Clusters liefert. Dementsprechend sollte der Airport Hamburg den horizontalen Akteuren und Kernunternehmen zugeordnet werden, auch wenn die Kerngeschäfte von der eigentlichen Branche abweichen. So erbringt der Airport Hamburg seine Wertschöpfung nämlich in den Bereichen Aviation (Flughafenbetrieb), Ground Handling, Center Management und Real Estate Management.[1030]

Nachdem eine kurze Übersicht über das Luftfahrtcluster der Metropolregion Hamburg gegeben wurde, wird im nächsten Schritt mit der Darstellung der Ergebnisse begonnen.

4.7.3 Darstellung der Ergebnisse: Variableneinschätzung

In diesem Abschnitt wird die Einschätzung der theoretisch hergeleiteten Modellvariablen vorgenommen, um eine Überprüfung der generierten Hypothesen zu ermöglichen. Zu diesem Zweck wird eine Einstufung der Variablenausprägungen vorgenommen und begründet; dadurch wird die intersubjektive Nachvollziehbarkeit gewährleistet. Zur Verbesserung der Nachvollziehbarkeit der entsprechenden Einordnungen werden nachfolgend die jeweiligen Indikatoren sowie Variablen fett und kursiv hervorgehoben.

4.7.3.1 Einschätzung der Variablengruppe: Qualität der Beziehungen

Die Variablengruppe *„Qualität der Beziehungen"* beinhaltet folgende Variablen: *Vertrauen, Intensität der Beziehung, Beziehungsform* und *Beziehungsart*. Die Einschätzung wird entsprechend der aufgeführten Reihung vorgenommen.

Vertrauen

Die erste abgefragte Variable der Variablengruppe Qualität der Beziehung ist das „Vertrauen". Diese Variable wurde zuerst mittels des Fragebogens abgefragt.[1031] Hierbei handelte es sich um eine generelle Einschätzung. Eine diffe-

---

[1029] Vgl. Hamburg Airport GmbH (2011a), S. 48 f.
[1030] Vgl. Hamburg Airport GmbH (2011b), online im WWW: URL: http://www.airport.de/ de/u_unt_organigramm_kernbereiche.html [Zugriff am 28.11.2011].
[1031] Die Erhebung dieser Variable erfolgte anhand einer Likert-Skala statt, die folgende Antwortmöglichkeiten vorsah: „sehr vertrauensvoll", „vertrauensvoll", „eher nicht vertrauensvoll", „nicht vertrauensvoll" und „keine Beurteilung möglich".

renziertere Fragestellung erfolgte in den durchgeführten Interviews. Die entsprechenden Antworten des Fragebogens beschreiben das Vertrauensverhältnis zwischen dem untersuchten Unternehmen und seinen Kooperationspartnern im Allgemeinen. Als Ergebnis ist festzustellen, dass sechs Akteure angegeben haben, dass es sich um *vertrauensvolle* Verhältnisse handelt. Ein weiterer Akteur gab an, dass es sich um „sehr vertrauensvolle" Verhältnisse handelt. Teilweise wurden bei dieser Frage mehrere Antworten angekreuzt, sodass ein Akteur die Kooperationsverhältnisse von „sehr vertrauensvoll" bis „vertrauensvoll" einstufte und ein weiterer Akteur angab, dass das Vertrauensverhältnis zwischen den Partnern zwischen „sehr vertrauensvoll", über „vertrauensvoll" bis „eher nicht vertrauensvoll" variiert. Insgesamt kann bei den untersuchten Akteuren dementsprechend von vertrauensvollen Verhältnissen ausgegangen werden.

In den Interviews zielte die Befragung nach dem „*Vertrauen*" darauf ab festzustellen, ob das Vertrauensverhältnis einen Einfluss auf die transferierten Informationen hat. Von den Akteuren wurde die Rolle des Vertrauens als einer der wichtigsten Faktoren in einer Beziehung beschrieben. So gab der Interviewpartner 2 sinngemäß an: „Entscheidend für die Kommunikation von fachlich relevantem Wissen ist die Nachhaltigkeit der Kontakte und das Vertrauensverhältnis." Der Interviewpartner führte weiter aus, dass die Routinen im Cluster zu einem besseren Vertrauensverhältnis beitragen würden und deshalb relevantere Informationen ausgetauscht werden. Er äußerte sich sinngemäß wie folgt:

„Ich würde sagen [...] dass auf Grund dieser Routinen bessere und relevantere Informationen geteilt werden, weil ein anderes Vertrauensverhältnis vorherrscht [...]."

Auch Interviewpartner 1 gab an, dass Vertrauen für die Zusammenarbeit und damit für den Wissenstransfer eminent sind. So sagte Interviewpartner 1 sinngemäß: „Das Vertrauen ist grundsätzlich mit gut zu bewerten, ansonsten würden wir auch nicht zusammenarbeiten."

In den Beziehungen zwischen den Akteuren, in denen *fachlich relevantes Wissen* ausgetauscht wurde, kann festgehalten werden, dass es sich um *vertrauensvolle bis sehr vertrauensvolle* Beziehungen handelt. Insgesamt wurde von den Interviewpartnern das *wahrgenommene Wohlwollen*, also sich im Interesse der Beziehung zu verhalten, als *gut* eingeschätzt. So gab der Interviewpartner 6 an,

„man kann nicht ausschließen, dass es auch opportunistisches Verhalten gibt. Nach meinem Erleben ist opportunistisches Verhalten nicht so arg offensichtlich".

Der Interviewpartner 4 erörterte auf die Fragestellung, ob sich grundsätzlich positiv, also im Sinne der Beziehung, verhalten wird, Folgendes: „Also, meine Erfahrung ist eher, dass die meisten so der Meinung sind, das ist eine tolle Sache [...]." Ein Opportunismus, der als sportlich betrachtet wird, wurde nur in Bezug auf die Vergabe von Drittmitteln genannt. In diesem Zusammenhang wurde aber auch sogleich relativiert, dass innerhalb des Clusters darauf geachtet würde, dass jeder, der sich um Fördermittel beworben hat, auch etwas von der Förderung erhält. In diesem Zusammenhang kann im großen Maße von Verhalten zum Wohlwollen der Beziehung gesprochen werden. So führte der Interviewpartner 6 weiter aus:

„Das ist ja so, dass alle Teilnehmer aufgefordert sind, Projekte anzumelden, dann machen das auch alle und da steht so ein Topf zur Verfügung von, ich sag jetzt mal, was weiß ich, 10 Millionen. Sind natürlich mehr, ich weiß jetzt aber nicht, wie viel es wirklich sind. Der Projektwert, der da aber von den Bewerbungen, sozusagen, der beträgt 25. Dann müssen natürlich die Leute da kürzen. Und das funktioniert aber nicht so, dass dann da zwei, drei Leute, [...] im einzelnen Kämmerlein sitzen und sagen: den kürzen wir weg, sondern die sagen wirklich, das Projekt kann man mit dem zusammenlegen, dann bringen wir die mal zusammen. [...] Also, da ist ein so starker Kooperationswille dabei. Und da ist es eben halt nicht so, [...] das der eine sagt, das ist meins und die andere Seite sagt, das ist meins. [...] Also da sind eben alle der Meinung, wenn ich ein bisschen was bekomme, dann ist das schon gut. [...] Und sei es auch, dass sie zusammengelegt wurden. Das ist großartig. Also da herrscht denn schon wieder [...] dieses Wir-Gefühl."

Unter diesen Gesichtspunkten wurde auch von allen Interviewpartnern verdeutlicht, dass opportunistisches Verhalten in Maßen unvermeidbar ist. So wird sich ein Akteur nicht nur im Sinne der Beziehung verhalten, sondern ebenfalls seine ökonomischen Interessen vertreten. Interviewpartner 9 sagte dazu:

„keiner von uns hier ist so blauäugig, dass er nicht weiß, dass letztlich jede Firma für sich agieren muss."

Es wurde aber ebenfalls eingeräumt, dass es jedem Akteur bewusst ist, dass opportunistisches Verhalten einen überaus negativen Einfluss auf die Beziehung hätte und dass es praktisch kaum vorkommen würde. So führte Interviewpartner 9 weiter aus:

„Allerdings ist ein so direktes Vorgehen, [...] so schädlich, das wird auch keiner tun."

Diese Ansicht wird ebenfalls von den anderen Interviewpartnern des Clusters geteilt.

Die *wahrgenommene Ehrlichkeit* wird von den untersuchten Clusterpartnern ebenfalls als *gut* beschrieben. Ehrlichkeit wird insgesamt auch nicht als Problemfeld in den Beziehungen betrachtet. Die untersuchten Akteure des Clusters vertreten hier insgesamt die Einschätzung, dass die Glaubwürdigkeit der Clusterpartner durch die enge Vernetzung sehr schnell in Mitleidenschaft gezogen würde, wenn diese sich fehl verhalten würden. Dazu seien exemplarisch die folgenden Aussagen der Interviewpartner 2 und 7 wiedergegeben. Interviewpartner 2 äußerte sich sinngemäß:

„Die Glaubwürdigkeit bzw. Ehrlichkeit ist sehr hoch. Unsere Partner im Cluster haben eine gute Reputation. Wissen Sie, man kann sich hier nicht viel erlauben, wenn etwas falsch läuft, spricht sich das rum wie ein Lauffeuer."

Auch Interviewpartner 7 gab in Bezug auf die Frage nach der Einschätzung der Ehrlichkeit der Clusterpartner an: „Och, das geht. Wir sind hier eine kleine Gemeinde. Das riskiert eine Firma nur einmal, also sich nicht richtig zu verhalten."

Die wahrgenommene Kompetenz der Kooperationspartner, also ihre Fähigkeit, Know-how in eine Beziehung einzubringen, wird bei den untersuchten Akteuren als *hoch* eingestuft. Interviewpartner 3 sagt dazu: „Die Akteure untereinander sind hoch kompetent und auch in der Lage, schwierige Sachverhalte zu vermitteln." Interviewpartner 2 führt dazu aus: „Diese Fähigkeit ist sehr hoch, ansonsten wären unsere gemeinsamen Projekte auch nicht so erfolgreich."

Die *wahrgenommene Zuverlässigkeit der Clusterpartner innerhalb einer Beziehung*, also ihre Fähigkeit, eine bestimmte Leistung zu erbringen, wird bei den befragten Personen als sehr gut wahrgenommen. So gibt bspw. Interviewpartner 6 an:

„Also das, was wir jetzt im Rahmen des Luftfahrt-Spitzenclusters insgesamt erbracht haben, finde ich schon bemerkenswert hoch. Es gibt auch ein paar Schwachpunkte, gar keine Frage, darüber hinaus gibt es aber mehr überdurchschnittliche Leistungen als es Schwachpunkte gibt."

Insgesamt kann daher von *vertrauensvollen bis sehr vertrauensvollen* Beziehungen zwischen den Akteuren gesprochen werden, in denen *fachlich relevante Informationen* ausgetauscht werden. Zur Relevanz dieser Variable sagte Interviewpartner 11:

„Ich meine, das ist das allerwichtigste, dass es zwischen den Mitgliedern im Cluster eine vernünftige Vertrauensbasis gibt [...]. [D]iese Vertrauensbasis zwischen den einzelnen Akteuren [ist] von großer Bedeutung, weil nur durch diese Nähe man zu Ergebnissen kommt, die man sonst nicht erreichen würde. Will sagen, durch die gesprächsweise Annäherung kommt man zu der Erkenntnis gemeinsamer Interessenlagen."

Der Austausch von *Informationen über das Cluster* erfolgt hingegen etwas freier, was bedeutet, dass auch *ohne ein tief gehendes Vertrauen* die untersuchten Akteure bereit sind, sich mit Partnern innerhalb des Cluster über das Cluster auszutauschen. So gibt Interviewpartner 7 an:

„Sicherlich, wenn sie jemanden nicht so gut kennen und ihn nicht einschätzen können, werden sie ihm nicht das kritische Firmenwissen auf dem Silbertablett servieren. Da gehört einiges an Vertrauen zu [...]. Wenn Sie aber mit mir über Ansprechpartner im Cluster sprechen wollen, ja dann, dann ist das kein Problem, da helfe ich denen gerne weiter."

Neben diesem Informationsaustausch findet auch ein Austausch über die Branchenspezifika und die aktuellen Entwicklungen der Branche statt, um frühzeitig Trends erkennen zu können. Ein solcher Austausch könnte mit der Identifizierung der Akteure mit dem Cluster bzw. der Clustermitglieder als Gemeinschaft in Verbindung gebracht werden. So führt Interviewpartner 6 an:

„Also, meine Wahrnehmung ist, dass die lokale Zusammengehörigkeit einen gewissen Teamgeist forciert und die Clustermitglieder, ich sage mal, zu einer vertrauensvollen Gemeinschaft werden lässt."

Im Rahmen der Untersuchung ist demnach festzustellen, dass die Variable „*Vertrauen*" in solchen Beziehungen, in denen fachlich relevante Informationen transferiert werden, als „*vertrauensvoll bis sehr vertrauensvoll*" charakterisiert werden kann, während das Vertrauen in Beziehungen, in denen Informationen über das Cluster ausgetauscht werden, innerhalb des Clusters von sekundärer Wichtigkeit ist. Nachdem eine Einschätzung der zentralen Variable erfolgt ist, wird im nächsten Schritt die Intensität der Beziehung untersucht, um deren Einfluss auf den Informationstransfer besser einschätzen zu können.

INTENSITÄT DER BEZIEHUNG

Zur Beurteilung der *Intensität der Beziehung* wurde sich an das vorgestellte Konzept von Thompson angelehnt. Hierzu wurden die Interviewpartner befragt, welche Interdependenzen zwischen ihnen und ihren Kooperationspartnern vorliegen, wenn sie Informationen über das Cluster oder fachlich relevante Informationen austauschen. Der Interviewpartner 3 führte sinngemäß zur Intensität der Beziehung aus:

„Es finden regelmäßige Treffen statt, in denen sich ausgetauscht wird, [...] von daher würde ich die Beziehung als intensiv beschreiben."

Wie das Beispiel zeigt, ist eine Beurteilung anhand der Indikatoren, gepoolte, sequenzielle, reziproke oder teamorientierte Interdependenz unter diesen Gesichtspunkten nicht immer zielführend; insbesondere dann nicht, wenn berücksichtigt wird, dass Beziehungen zwischen den untersuchten Akteuren vor allem in gemeinsamen Projekten bestanden, die durch Drittmittel gefördert werden. Es müsste demnach angenommen werden, dass es sich lediglich um gepoolte Interdependenzen handelt, was zu einer Verfälschung der Ergebnisse führen würde. Aus diesem Grund wird nachfolgend die Beziehungsintensität in den Projekten getrennt von der Beziehungsintensität zwischen den Akteuren außerhalb der Projekte untersucht, die Beziehungsintensität ergibt sich dabei primär aus den Geschäftsbeziehungen und wird weiterhin mithilfe des Konzepts der Interdependenzen nach Thompson analysiert.

Als Ergebnis für die Variablenausprägung der *Beziehungsintensität* in Projekten kann festgehalten werden, dass es sich um *sehr intensive Austauschbeziehungen* handelt. Dies ist vor allem damit zu begründen, dass mithilfe der unterschiedlichen Akteure des Clusters ein innovativer Fortschritt in der Luftfahrtforschung erbracht werden soll. So trägt das bereits angesprochene „Wir-Gefühl" im Cluster dazu bei, dass sich alle beteiligten Akteure intensiv in das Projekt einbringen. Interviewpartner 10 sagte hierzu:

„Also gerade durch diese Clusteraktivitäten und das kann man [...] mit Fug und Recht sagen, dass [...] dort wirklich eine Vernetzung stattgefunden hat. [...] [D]ie

[Privat-Jet][1032] kannte [Air-Shuttle][1033] und umgekehrt und auch der eine oder andere Zulieferer kannte uns und auch manche Uni, aber in der Intensität, wie jetzt auch Kontakte gepflegt werden, war das vorher nicht vorhanden."

Interviewpartner 1 äußerte sich sinngemäß wie folgt zur Thematik:
„Das Wissen, was sich hier vernetzt, ist mehr als die Summe seiner Teile. Eins und eins ist nicht gleich zwei. Wir nutzen das vorhandene Know-how, um damit Wertschöpfung zu betreiben, wir entwickeln Innovationen und bringen sie zur Marktreife."

Insgesamt kann damit die Variablenausprägung *Intensität der Beziehung* innerhalb der Untersuchung, in den Projekten, als *sehr intensiv* eingestuft werden. Es sind Beziehungen, in denen ein intensiver Austausch von fachlich relevanten Informationen stattfindet, mit der Zielsetzung, neues (clusterspezifisches) Wissen zu generieren.

Darüber hinaus wurde in den Interviews dargestellt, dass der Wissenstransfer zwischen den Akteuren vornehmlich von Zulieferer-Abnehmer-Beziehungen geprägt ist. Dabei nehmen die lateralen Akteure – in diesem Fall die Hochschulen – eine entscheidende Rolle ein: Es gab nämlich keinen horizontalen oder vertikalen Akteur, der keine Auftragsforschung oder gemeinsame Projekte mit den Hochschulen durchführt. Folglich ist bei den befragten Akteuren die häufigste Form der Interdependenz die sequenzielle Interdependenz. Eine teamorientierte Interdependenz konnte nur in zwei Analyseeinheiten nachgewiesen werden.[1034] Als Beispiel sei hier die Entwicklung eines technischen Moduls der Unternehmung des Interviewpartners 9 erläutert. Das Unternehmen von Interviewpartner 9 stellt eine Hardware für Flugzeuge her, die ohne eine bestimmte Software nicht nutzbar wäre. Durch die Vernetzung innerhalb des Clusters fanden die Akteure „Airtec" und „Plantec"[1035] zusammen und realisieren in einem gemeinsamen Projekt die Entwicklung der Hardware mit der dazugehörigen Applikation. Durch die Zusammenarbeit im frühen Stadium der Produktentwicklung gibt es auf beiden Seiten einen Vorteil, der sich in besseren Erlösen niederschlagen könnte. Plantec weiß in

---

[1032] Hierbei handelt es sich um eine imaginäre Firma, um die Anonymität zu gewährleisten.
[1033] Hierbei handelt es sich um eine imaginäre Firma, um die Anonymität zu gewährleisten.
[1034] Auf entsprechende Belege durch Interviewzitate bzw. die Darstellung der Beziehungen muss an dieser Stelle aus Vertraulichkeitsgründen verzichtet werden.
[1035] Hierbei handelt es sich um imaginäre Firmen, um die Anonymität der Akteure zu gewährleisten.

diesem Fall, welche Hardware auf den Markt kommen könnte, und Airtec weiß bereits, dass es die passende Applikation gibt.[1036] Durch diese Kooperation kann es zu Zeit- und Kostenersparnissen sowie zu Produktinnovationen kommen. Um die beiden Komponenten (Hard- und Software) entsprechend aufeinander abzustimmen, ist eine gewisse Koordination und ein Transfer von Informationen erforderlich, was seinen Ausdruck in der teamorientierten Interdependenz findet.

Insgesamt konnte im Rahmen der Interviews festgestellt werden, dass die *Intensität der Beziehungen*, in denen fachlich relevante Informationen ausgetauscht werden, als *hoch bis sehr hoch* einzustufen ist. Dies könnte vor allem darin begründet sein, dass es sich bei der betrachten Branche um eine sehr wissensintensive Branche handelt, bei der auch Zulieferbeziehungen, also sequenzielle Interdependenzen, einen hohen fachlichen Wissensaustausch erfordern. Ein anderer Grund könnte ebenfalls in der starken Einbindung der Universitäten zu sehen sein. Die *Intensität der Beziehung* hatte beim Austausch von Informationen über das Cluster eine *schwache Ausprägung*; so wurden diese Informationen auch mit Akteuren des Clusters geteilt, die erstmals bspw. bei einem Workshop, bei Meetings oder Unternehmensbesichtigungen getroffen wurden. Dies könnte damit begründet werden, dass es sich bei diesen Informationen für die Mitglieder des Clusters um Allgemeinwissen handelt. Interviewpartner 7 gab dazu an:

„Wir treffen uns untereinander, es gibt das, [...] was also Allgemeinwissen ist und was jedermann zugänglich ist. Das gibt man natürlich auch gerne weiter, wenn es also um ganz spezielle firmenspezifische Prozesse geht, dann muss der Partner das eben akzeptieren, ne? [...] Ist ja nicht Sinn des Clusters, seine eigene Firma, mit seinem Know-how den anderen auf dem silbernen Tablett zu offerieren [...]."[1037]

Nachdem die Variablenausprägung der Intensität der Beziehung ausführlich dargestellt wurde, wird im nächsten Schritt eine Einschätzung der Variablenausprägung der Beziehungsform vorgenommen.

[1036] Interviewpartner 9 sagt dazu: „Und wir nutzen jetzt quasi diese Situation aus, dass wir das sehr früh zueinander bringen. [Plantec] profitiert davon, weil sie von uns wissen, in welche Richtung könnte eine Hardware gehen. Wir profitieren davon, weil wir theoretisch zumindest schon alle gleich diese Art der Applikation [kennen], wenn wir denn irgendwann alle an den Markt gehen und wissen, dass es sie gibt."

[1037] Vgl. hierzu erneut Kapitel 4.6.5, „Der Wissenstransfer in Clustern und die daraus resultierende Generierung von clusterspezifischem Wissen".

BEZIEHUNGSFORM

Die Indikatoren der Beziehungsform geben lediglich an, bei welcher Art von Informationstransfer eine formale oder informale Beziehung vorlag. Grundsätzlich wurde von den befragten Akteuren dazu ausgeführt, dass beide Beziehungsarten, also sowohl formal als auch informal, gebräuchlich sind, um Informationen über das Cluster oder fachlich relevante Informationen auszutauschen. Von den elf Interviewpartnern gaben vier Interviewpartner an, dass fachlich relevante Informationen grundsätzlich nur transferiert werden, wenn es diesbezüglich klare Regelungen gibt. Gleichzeitig wurde auf Nachfragen erörtert, dass diese Unterrichtungen, sei es durch Hilfestellung oder diskrete Hinweise, auch auf informaler Ebene stattfinden. Interviewpartner 2 äußerte sich dazu sinngemäß:

„Es gibt zufällige Treffen, gemeinschaftliche Projekte und Workshops. Zwischen Konkurrenten bzw. in Konkurrenzsituationen wird wirklich kritisches Wissen nur unter Einhaltung von formalen Regeln kommuniziert; es kann aber nicht ausgeschlossen werden, dass dieses Wissen auch auf informellen Wegen diffundiert."

Für neun der elf Interviewpartner war es völlig klar, dass fachlich relevante Informationen ohne Einhaltung formaler Regeln auf informaler Ebene ausgetauscht werden. Insgesamt kann eine Tendenz bei den Interviewpartnern erkannt werden, dass eben vor allem auf dieser informalen Ebene kommuniziert wird, wenn es sich um fachlich relevante Informationen handelt. Interviewpartner 6 äußerte sich dazu wie folgt: „Also, es gibt ein paar Elementarregeln, was die Kommunikation sensitiver Informationen oder politisch heikler Informationen angeht, das ist klar, aber ansonsten ist es eine sehr regelarme Kommunikation." Eine ähnliche Meinung vertrat auch Interviewpartner 7, der auf die Frage, ob er beim Austausch von fachlich relevanten Informationen mit anderen Akteuren bestimmte Regeln einhalten muss, angab:

„Nein, nein. Das geht. Das ist alles informell. [...], also die einzigen Restriktionen, die ich da kenne, sind eben prozessorientierte Daten, die eine Firma nicht gerne hergibt."

Als Grund für die starke Ausprägung der informalen Kommunikationsbeziehungen könnte der starke persönliche Bezug der beteiligten Akteure genannt werden. Interviewpartner 10 führte dazu Folgendes aus:

„Also in den Projekten [...] gibt es einen sehr, sehr starken persönlichen Bezug, auch der involvierten Personen, sei es der Institutsleiter, aber dann besonders auch der Doktoranden oder Diplomanden, [...], plus auch den jeweiligen Ansprechpartnern oder Projektleitern aus den Firmen, die dann eben, [...] regelmäßige Projektmeetings [haben], wo man sich dann austauscht, den Fortschritt bespricht, die nächsten Aufträge bespricht. [...] Aber es gibt darüber hinaus auch Austausch über die spezifischen Themen oder aber auch über weitere übergeordnete Themen, die dann eher auch noch informell [...] in anderen Gesprächskreisen stattfindet."

Eine eindeutige Ausprägung der Beziehungsform beim Transfer von fachlichen Informationen kann damit anhand der Untersuchung nicht gegeben werden. Aufgrund der starken Tendenz hin zur informellen Kommunikation kann jedoch angenommen werden, dass *fachliche Informationen* verstärkt in *informellen Beziehungen* ausgetauscht werden. Dies ist auch damit zu begründen, dass so langwierige Abstimmungsprozesse und unternehmenspolitische Entscheidungsfindungen umgangen werden können. So gab Interviewpartner 1 sinngemäß an:

„[...], wenn es um wirklich unternehmenskritisches Wissen geht, können Sie davon ausgehen, dass dieses im Anschluss [von Workshops oder Seminaren] ausgetauscht wird, gerade um die Formalien und Regeln umgehen zu können. Das ist der Vorteil, wenn man sich vertraut."

Vom Interviewpartner 4 stammt in diesem Zusammenhang eine Aussage, die in die Betrachtung aufgenommen werden sollte. So führte er aus:

„Aber wenn [...] man denn zusammensitzt und dann ist der offizielle Teil beendet und der eine sagt: oh Mann, das hat aber uns viel zu lange gedauert, [...], dann ist das Eis schon gebrochen und schon redet man auch auf einem ganz anderen Level so darüber. [...] und deswegen klappt das auf dieser informellen Ebene ganz gut, aber ohne die formelle Ebene würde es die informelle auch nicht geben. [...] und das ist eben halt das Wichtige."

Dementsprechend haben beide Beziehungsformen ihre Daseinsberechtigung. Die formelle Ebene kann als Katalysator für Beziehungen verstanden werden, in denen auf informeller Ebene sowohl fachlich relevante Informationen als auch Informationen über das Cluster ausgetauscht werden.

Von den Interviewpartnern wurde in Bezug auf den Austausch von Informationen über das Cluster angeführt, dass diese vor allem auf geplanten

Veranstaltungen und Foren ausgetauscht werden. Interviewpartner 11 gab dazu an:

„Na, wir machen das in Form von Meetings meistens, spezifischen Meetings oder auch Workshops, wir haben Foren für generelle Informationen, also wir bilden ein Gesamtforum, wo alle Akteure zusammenkommen."

Daneben gab es aber ebenfalls die Meinung, dass auch diese Informationen in informellen Beziehungen ausgetauscht werden. Dementsprechend ist eine Einschätzung der Ausprägung der Beziehungsform, in der Informationen über das Cluster ausgetauscht werden, nicht abschließend zu klären. Aufgrund der Tatsache, dass es sich bei den idiosynkratischen Kenntnissen aus Sicht der Akteure um Allgemeinwissen handelt, und dass fachlich relevantes Wissen oftmals informell kommuniziert wird, könnte davon ausgegangen werden, dass Informationen über das Cluster vornehmlich in formalen Beziehungen ausgetauscht wird. Dies ist damit zu begründen, dass offiziell über die Thematik gesprochen werden kann, ohne gegebene Regeln zu verletzten, da es sich beim Austausch dieser Informationen für die Clustermitglieder um Allgemeinwissen handelt.

Nach den Ausführungen zur Variablenausprägung der Beziehungsform wird in einem letzten Schritt die Variablenausprägung der Beziehungsart untersucht.

BEZIEHUNGSART

Die Variablenausprägungen bei der *Art der Beziehung* geben an, ob es sich um horizontale, vertikale oder laterale Beziehungen zwischen den Akteuren handelt, in denen Informationen über das Cluster oder fachlich relevante Informationen ausgetauscht werden. Insgesamt konnte innerhalb der Untersuchung festgestellt werden, dass fachliche Informationen über alle drei genannten Beziehungsarten transferiert werden. So führte Interviewpartner 11 auf die Frage nach der Beziehungsart aus:

„Ja, alles drei würde ich sagen, wo ich im Moment nicht gewichten kann, wo der Schwerpunkt ist, aber es ist natürlich klar, dass das Know-how, dass der Know-how-Austausch zwischen den, sagen wir mal, zwischen OEM und Zulieferer, Integratoren und den Supplier Chains der gesamten Supply Chain für alle Bereiche stattfindet, aber eben auch quer. Es gibt ja Arbeitsgemeinschaften zu einigen Themen bei den Verbänden z. B. und da wird auch Wissen ausgetauscht."

Diese Einschätzung wird ebenfalls von Interviewpartner 2 geteilt. So formulierte er sinngemäß:

„Grundsätzlich sind es alle Akteure im Cluster. Eine sehr enge Austauschbeziehung pflegen wir allerdings vor allem mit Privat-Jet."[1038]

Als besonders relevante Beziehungsart wurden von den befragten Akteuren die lateralen Beziehungen hervorgehoben. Im Fokus standen hierbei vor allem die Beziehungen zu regionalen Hochschulen und Forschungseinrichtungen. Die Hochschulen werden als Forschungsstätten und Ausbildungszentren geschätzt. Dies findet vor allem Ausdruck in Forschungskooperationen oder als Auftragsforschung.[1039] In diesen lateralen Beziehungen kommt es zu einem intensiven Austausch von fachlichen Informationen, die durchaus wertschöpfend sind. Interviewpartner 9 beschrieb die Beziehungen zu den Hochschulen wie folgt:

„[d]as ist schon so etwas, was in den letzten Jahren gewachsen ist und aufgebaut wurde. [...] wo es verschiedene Lehrstühle gibt, die noch gar nicht so alt sind, die sich auch mit flugzeugtypischen Themen beschäftigen."

In diesem Zusammenhang wurden vor allem die Möglichkeiten der Universitäten im Bereich des „Testens" als besonders relevant betont. Interviewpartner 7 sagte dazu:

„Die Unis haben ja hervorragende Testeinrichtungen, die man dann nutzen kann [...]. Also, da spielt sich eine Menge ab, glaube ich. In der anwendungsbezogenen Forschung, da kann ich nicht so genau sagen, wie das so stattfindet, aber für den Kabinenbau allemal, da wir ja hier ein paar Stiftungsprofessuren in dem Bereich haben. Also, das wird dann auch genutzt, ne?"

Interviewpartner 10 hob besonders die räumliche Nähe und die daraus resultierende Kontakthäufigkeit für die intensive Kommunikation mit den Hochschulen hervor:

„Ich glaube, der Unterschied, den man hier [...] als kleines Add-on sehen kann, ist, dass es A natürlich eine, bedingt durch die enge räumliche Nähe, viel häufiger [...] zu einem Austausch kommt, nicht der unmittelbar direkt Projektbeteiligten, sondern auch so ein bisschen des Umfeldes. [...] Hier haben wir häufig Projekte, wo der Institutsleiter selber im regelmäßigen Kontakt ist mit den anderen. Aufgrund einfach

---

[1038] Das genannte Unternehmen wurde wieder durch die imaginäre Firma ersetzt.
[1039] Vgl. Alting (2006), S. 95.

der Möglichkeiten der räumlichen Nähe. Und was dann auch passiert, ist, dass es eben bei, ja, nicht bei Problemen, aber bei besonderen Fragestellungen auch mal spontan zu Meetings-Austauschen kommt, ne?"

Insgesamt kann daher innerhalb der Befragung die *Beziehungsart lateral* als *besonders wichtig* beim Austausch von fachlich relevanten Informationen eingestuft werden. Als *wichtig* ist in diesem Zusammenhang ebenfalls die *vertikale Beziehung* einzustufen, da die hoch technisierten Produkte eine intensive Abstimmung in der Zusammenarbeit erfordern. Eine Einschätzung der Variablenausprägung der *horizontalen Beziehungen* ist aufgrund der Verschiedenartigkeit der jeweilgen Produkte als schwierig einzustufen, da die jeweiligen Akteure in unterschiedlichen Sparten bzw. Fachbereichen der Branche tätig sind. Bei den drei untersuchten Analyseeinheiten auf horizontaler Ebene sind sehr wohl Interaktionen auch im Bereich des Wissensaustauschs festzustellen. Dies ist allerdings nicht verwunderlich, da sie sich komplementär zueinander verhalten. Eine Beurteilung der Variablenausprägung müsste unter diesem Gesichtspunkt ebenfalls als *wichtig* erfolgen; hierbei ist allerdings zu berücksichtigen, dass es sich im eigentlichen Sinn nicht um direkte Wettbewerber handelt. In Bezug auf die Beziehungsart, also *beim Austausch von Informationen über das Cluster sind alle Arten von Beziehungen als wichtig einzustufen,* da grundsätzlich jeder Akteur im Cluster einen Beitrag dazu leisten kann und aufgrund der Tatsache, dass es sich hierbei um Allgemeinwissen für die Clusterakteure handelt, diese Informationen auch weitergeben werden.

Die Einschätzung der Variablenausprägung der Beziehungsform bildet den Abschluss der Dimension „Qualität der Beziehung". Nachfolgend werden Einschätzungen zur Relevanz der transferierten Informationen vorgenommen sowie zum Wissenstransfer selbst, um darauf basierend die Einschätzung der Variable clusterspezifisches Wissen vornehmen zu können.

4.7.3.2 Einschätzung der Variable: relevante Informationen

Um festzustellen, ob es sich bei den transferierten Informationen um relevante Informationen handelt, wird die Variablenausprägung anhand zweier Indikatoren beurteilt: zum einen, ob die Informationen zur Realisierung von Unternehmenszielen beitragen, und zum anderen, ob es sich um Informationen handelt, die wiederverwendet werden (Best Practices). So antwortete Interviewpartner 10 auf die Frage, was er mit den fachlichen Informationen macht, also ob er sie in Kontext zu anderen Informationen bringt, eins zu eins wiederverwendet oder weiterentwickelt Folgendes:

„[...] im Prinzip alle drei, ja? Es kommt auf die Situation an. Wir würden ja keine Projekte machen, wenn wir nicht das Wissen, das da ausgetauscht wird, auch dann für uns anwenden würden und auch weiterverwenden, weiterverwerten würden."

Interviewpartner 2 führte sinngemäß aus:

„Wir tauschen dieses Wissen aus, um darauf basierend unsere Kompetenzen im Bereich der Luftfahrt weiterzuentwickeln."

Interviewpartner 3 bestätigte dies ebenfalls:

„Idealerweise werden diese Informationen ins Unternehmen eingegliedert und fließen dort in Produkte ein bzw. führen zu Produktweiterentwicklungen."

Insgesamt ist bei der Berücksichtigung dieser Ausführungen davon auszugehen, dass es sich um *fachliche relevante Informationen* handelt, die ausgetauscht werden. Auch die ausgetauschten Informationen über das Cluster sind als relevante Informationen einzustufen, da sie bspw. dazu beitragen, dass sich die Kommunikation im Cluster verbessert. So führte Interviewpartner 1 sinngemäß aus:

„Also diese Informationen [über das Cluster] sind relevant für uns, da wir Leistungen gar nicht vollständig allein erbringen können. Gerade das Wissen über das Netzwerk ist in der Projektarbeit mit entscheidend."

Die nächste einzuschätzende Variable ist der Wissenstransfer. Hierbei soll eine Beurteilung erfolgen, ob der Wissenstransfer erfolgreich stattgefunden hat.

4.7.3.3 Einschätzung der Variable: Wissenstransfer

Zu der Beurteilung, ob ein Wissenstransfer erfolgreich stattgefunden hat, sind folgende Indikatoren heranzuziehen: erstens das Senden von Daten bzw. Informationen, zweitens der Empfang von Daten oder Informationen, drittens die Interpretation von Daten bzw. Informationen und viertens die Wiederverwendung und Weiterentwicklung des Wissens des Senders. Bei der Betrachtung der bereits durchgeführten Einschätzungen der Variablenausprägungen ist anzunehmen, dass ein intensiver Austausch von Daten und Informationen innerhalb des Clusters stattfindet. Somit ist im Rahmen der Untersuchung der Transfer von Daten und Informationen zwischen den Humanressourcen der

Akteure des Clusters zu bestätigen. Auch die Fragestellung, ob die Informationen durch den Empfänger mittels seiner Wissensbasis interpretiert werden, kann an dieser Stelle bejaht werden, da die Informationen im Unternehmen weiterentwickelt werden, was eine kognitive Verarbeitung und Verknüpfung mit der bestehenden Wissensbasis bedingt. Interviewpartner 3 führte hierzu sinngemäß aus:

„Teilweise handelt es sich um ein Gemeinschaftswissen der Clustermitglieder, es ist aber klar, dass die Unternehmen im Cluster das Wissen weiterentwickeln und so eigenes Wissen aufbauen."

Zur gleichen Einschätzung kam auch Interviewpartner 6: „Also bei uns werden sie[1040] überwiegend in Kontext gebracht und weiterentwickelt." Insgesamt kann entsprechend den Ausführungen von einem *erfolgreichen Wissenstransfer* gesprochen werden, da die transferierten Informationen mit bestehenden Kenntnissen bzw. Fähigkeiten in Kontext gebracht werden und so zur Generierung von Produktweiterentwicklungen beitragen, was als Anwendung zu verstehen ist. In diesem Zusammenhang ist im nächsten Abschnitt zu klären, welche Ausprägungen die Variable „clusterspezifisches Wissen" innerhalb der Untersuchung einnimmt und ob die so entstandenen Produktentwicklungen bzw. Veränderungen in den Wissensbasen als clusterspezifisch einzustufen sind.

4.7.3.4 Einschätzung der Variable: Clusterspezifisches Wissen

Die Variablenausprägung „clusterspezifisches Wissen" wird anhand von zwei grundlegenden Segmenten unterschieden. Zum einen die Informationen über das Cluster bzw. *idiosynkratischen Kenntnisse* und zum anderen die *idiosynkratischen Fähigkeiten*. Die idiosynkratischen Kenntnisse werden mithilfe der folgenden Indikatoren erfasst: Process Idiosyncrasies, Know-who/Responsibility Idiosyncrasies und den Communication Idiosyncrasies, während die idiosynkratischen Fähigkeiten mittels der Indikatoren Know-how, Know-what und Equipment Idiosyncrasies erfasst werden.[1041]

[1040] Als „sie" wurden in diesem Zusammenhang transferierte Informationen fachlicher Art verstanden.
[1041] Für eine genaue Differenzierung zwischen den einzelnen Indikatoren und Begriffserklärung vgl. erneut das Kapitel 4.2.5 Der Wissenstransfer in Clustern und die daraus resultierende Generierung von clusterspezifischem Wissen sowie das Kapitel 3.2.2 Operationalisierung

Neben der Beurteilung der genannten Indikatoren, die dazu dienen werden, für die vorgeschlagene Konzeptualisierung von clusterspezifischem Wissen Anhaltspunkte in der Empirie zu finden, erscheint es als besonders relevant, ebenfalls das Entstehen des clusterspezifischen Wissens anhand der Untersuchung zu erörtern. So haben die befragten Vertreter der Akteure des Clusters ganz bestimmte Vorstellungen, wann das Wissen als clusterspezifisch bezeichnet werden kann. Bevor also näher darauf eingegangen wird, was unter clusterspezifischem Wissen zu verstehen ist, ist zu klären, wie es entsteht.

Hierbei gaben die untersuchten Akteure an, dass es sich ihrer Ansicht nach dann um etwas clusterspezifisches handelt, wenn es innerhalb des Clusters entstanden ist oder so nur im Cluster existieren kann. In diesem Zusammenhang wurden vor allem die gemeinsamen Projekte im Cluster hervorgehoben, die größtenteils durch Förderungen entstanden sind. So führte der Interviewpartner 1 sinngemäß aus:

„Nur weil es die Networking-Aktivitäten im Cluster gibt und die Förderung von Projekten, kommt es zu neuen Zusammenarbeiten, die sonst nicht entstanden wären, weshalb meines Erachtens von clusterspezifischem Wissen gesprochen werden kann."

Interviewpartner 10 beantwortete die Frage, was er unter clusterspezifischem Wissen verstehen würde, wie folgt:

„[...] das [...] aus den Diskussionen heraus, aus dem Austausch heraus, dann doch Anknüpfpunkte gefunden werden, wo es wieder zu Zusatzwissen kommen kann, das dann ausgetauscht wird und eingebracht wird, [...] das wäre so etwas, wo ich sagen würde, das ist eben das Cluster ... das Wissen, was auch clusterspezifisch [...] generiert wird."

Interviewpartner 6 fasste diese Prämisse hingegen etwas weiter und führte aus:

„Natürlich, Wissen, was in einem bestimmten Raum entsteht, ist raumspezifisches Wissen. Wenn dieser Raum ein Cluster ist, dann ist es clusterspezifisches Wissen."

Darüber hinaus könnte clusterspezifisches Wissen auch durch Humankapitalfluktuation entstehen. So antwortete Interviewpartner 8 auf die Frage, ob es möglich ist, dass Mitarbeiter bei Privat-Jet aufgrund erworbener Kenntnisse von Air-Shuttle dann auch eine Innovation bzw. Weiterentwicklung von Pro-

---

von Informationstransfer und clusterspezifischem Wissen.

dukten mit anstoßen könnten, Folgendes: „Ja, das ist so. Unsere Mitarbeiter werden z. B. auch bei Privat-Jet intern weiterqualifiziert [...]."[1042]

Insgesamt spiegeln die Aussagen der Interviewpartner die theoretischen Überlegungen zum Entstehungsprozess von clusterspezifischem Wissen wider, die in den Abbildungen 22 bis 23 dargestellt wurden.

Nachdem die Ausprägungen des *Entstehungsprozesses* von clusterspezifischem Wissen dargestellt wurden, wird nachfolgend auf die entscheiden Variablenausprägungen des clusterspezifischen Wissens eingegangen. Ohne dem Pattern Matching vorweggreifen zu wollen, ist festzustellen, dass die theoretische Definition von clusterspezifischem Wissen im Rahmen der Befragung auch in der Praxis vorgefunden werden konnte. Hierzu wurden die Interviewpartner zu bestimmten Wissenskategorien befragt, die in der Operationalisierung angegeben sind. Nach ihren Ausführungen wurden sie weiter befragt, ob dieses Wissen für sie clusterspezifisch sei. In einigen Analyseeinheiten wurde auch direkt danach gefragt, was sie unter clusterspezifischem Wissen verstehen. Interviewpartner 2 bspw. antwortete auf die Frage nach den *Process Idiosyncracies* sinngemäß:

„Es findet häufig Kommunikation im Cluster statt, woraus sich auch Kenntnisse über die Kooperationen und Abhängigkeiten ergeben."

Auf die Frage, ob es sich hierbei um clusterspezifisches Wissen handelt, antwortete er sinngemäß:

„Auch diese Frage kann ich aus denselben Gründen heraus, wie schon vorher angeführt, bestätigen."[1043]

Interviewpartner 1 kennt ebenfalls die Abhängigkeiten innerhalb des Clusters. Auf die Frage hin, ob diese Kenntnisse clusterspezifisch sind, antwortete er sinngemäß:

„Sicherlich sind diese Kenntnisse spezifisch, ob sie clusterspezifisch sind, ist für mich gerade etwas schwierig abzugrenzen. Ich denke schon, dass sie vor allem für die Mitglieder des Clusters relevant sind, weil so besser abgeschätzt werden kann, mit wem

---

[1042] Die verwendeten Namen der Unternehmen wurden in gewohnter Weise anonymisiert.
[1043] Als Begründung für diese Einschätzung wurde angeführt, dass sich das Wissen erst im Verlauf der Beziehungen innerhalb des Clusters entwickelt und von daher clusterspezifisch ist.

ich Informationen teile oder nicht. Unter diesem Gesichtspunkt könnte man von clusterspezifischen Kenntnissen sprechen."

Dementsprechend beinhaltet die Variable *idiosynkratische Kenntnisse*, in ihrer Ausprägung *Process Idiosyncracies*, die sich in Form besonderer Kenntnisse über clusterinterne Abläufe manifestieren.

Als *idiosynkratische Kenntnisse* konnte ebenfalls das Vorhandensein von besonderen Kenntnissen in Bezug auf die Ansprechpartner im Cluster und ihrer Wissensbasen festgestellt werden. Interviewpartner 2 antwortete auf die Frage, ob er Ansprechpartner im Cluster kennt, sinngemäß:

„Ja, die kenne ich. Ich weiß auch, über welche Fähigkeiten sie verfügen. Das liegt daran, dass wir hier im Cluster ein clusterspezifisches Zusammengehörigkeitsgefühl entwickelt haben und zusammen einen „Forschungscampus" betreiben. Aufgrund dieser Aktivitäten und vieler Weiterer sitzen die Akteure des Clusters an einem Tisch und tauschen sich aus. Das hat zur Folge, dass wir wissen, wer welches fachliche Wissen hat [...]."

Auf die Frage, ob diese Kenntnisse clusterspezifisch sind, antwortete der Interviewpartner 2 sinngemäß:

„Ja, diese Kenntnisse können als clusterspezifisch bezeichnet werden, denn sie entwickeln sich aufgrund der Vereinszugehörigkeit im Cluster."

Interviewpartner 10 antwortete auf die Fragen:

„Also, sie[1044] haben sich zumindest durch die Zusammenarbeit im Cluster deutlich ausgeweitet. Ich kann jetzt nicht behaupten, dass ich jede der 1.000 Firmen, die im Cluster oder der Hanse Aerospace vereinigt sind, kenne. Aber es haben sich darüber doch einige Kontakte ergeben, die uns dann auch gezeigt haben, wo Potenzial oder wo Kompetenzen bei den KMUs sind, von daher kann man es als clusterspezifisch bezeichnen."

Demnach besitzt die Variable *idiosynkratische Kenntnisse* auch die Ausprägung in Form von *Know-who* bzw. *Responsibility Idiosyncracies*. Eng damit verbunden sind auch die Communication Idiosyncracies, also das Vorhandensein von besonderen Kenntnissen über die zu wählende Kommunikationsform innerhalb des Clusters oder ein bestimmtes Fachvokabular. Die Ausprägung von

---

[1044] Gemeint sind die Kenntnisse der Ansprechpartner.

idiosynkratischen Kenntnissen in Form von *Communication Idiosyncracies* konnte in Bezug auf das Fachvokabular nur teilweise in den Interviews festgestellt werden, während die Kenntnisse über die Kommunikationsform bestätigt werden konnten. In Bezug auf das clusterspezifische Fachvokabular ist eine Zuordnung bzw. Differenzierung von branchenspezifischen Begriffen nicht einfach. So führte Interviewpartner 11 aus:

„Also es gibt allgemeingültige Akronyme für diverse Themen. Die ganze Luftfahrt ist sehr stark englischsprachig und da gibt es viele Akronyme, die allgemein auch die wichtigsten Player kennen, aber das bezieht sich eben auf fachspezifische Themen, nicht unbedingt auf clusterspezifische Themen."

Interviewpartner 5 gab zur Thematik an:

„Es gibt natürlich diese Codes, diese bestimmten Fachbegriffe, die eine Rolle spielen und dann auch wieder weniger eine Rolle spielen, aber ja klar, es hat sich, wenn man so will, da auch eine Nomenklatur entwickelt innerhalb des Clusters."

Damit ist im Rahmen der Untersuchung festzustellen, dass es zwar Fachvokabular innerhalb des Clusters gibt bzw. eine Nomenklatur, die sich innerhalb des Clusters entwickelt hat, eine Einschätzung, ob es sich hierbei um clusterspezifisches oder branchenspezifisches Wissen handelt, kann auf Basis der Befragung nicht entschieden werden.

Ausprägungen in Form von Besonderheiten in der Kommunikation konnten sehr wohl festgestellt werden. So beschrieb Interviewpartner 7:

„Wir kennen uns auch alle gut genug, dass das funktioniert. Das ist schon clusterspezifisch, ne. Sie können hier einfach zum Hörer greifen und kurz anrufen, das läuft sonst so nicht."

Interviewpartner 3 führte dazu sinngemäß aus:

„Natürlich weiß ich, wie Personen im Cluster zu nehmen sind, das wissen die anderen Mitglieder des Clusters ebenfalls, weshalb die Kommunikation effizienter abläuft und dementsprechend eher gemeinsame Ziele realisiert werden können [...]."

Auf die Frage, ob diese Kenntnisse clusterspezifisch sind, antwortete er:

„Diese Kenntnisse sind auf jeden Fall was clusterspezifisches, sie haben sich im Zeitverlauf entwickelt und sind für meine Arbeit sehr wertvoll. [...]"

Entsprechend dieser Ausführungen kann eine Ausprägung der Variable *idio-*

synkratische Kenntnisse in Form von „*Communication Idiosyncracies*" festgestellt werden.

Nachdem die Ausprägungen der ersten Variablen des clusterspezifischen Wissens festgestellt wurden, wird nachfolgend Bezug auf die idiosynkratischen Fähigkeiten genommen, die den zweiten Teil der Definition von clusterspezifischem Wissen bilden.

Eine Ausprägung der *idiosynkratischen Fähigkeiten* konnte vor allem im Bereich des *Know-how*[1045] festgestellt werden. Als typische Beispiele wurden hierfür die Fähigkeiten im Bereich der Fuel Cell Lab (Brennstoffzelle), Kabinenkonzepte und -technologie, Luft- und Klimasysteme sowie der Fähigkeiten im Bereich Rumpf genannt. Dem Interviewpartner 11 wurden diese Fähigkeiten genannt und es wurde anschießend gefragt, ob diese Fähigkeiten in der Form nur im Hamburger Cluster vorkommen und als clusterspezifisch zu verstehen sind. Seine Antwort auf die Frage war wie folgt:

„Da würde ich Ihnen absolut recht geben. Es gibt diese Kenntnisse hier [...] oder man ist dabei, [diese] teilweise gemeinsam zu erarbeiten. Es gibt solche Kenntnisse, die man als clusterspezifisches Wissen bei den Ingenieuren bezeichnen kann, die aber auch in anderen Branchen anwendbar sind. [...], wenn ich an clusterspezifische Themen denke, die auch an anderer Stelle genutzt werden, [...], dann haben wir hier schon sehr weitgehende Kenntnisse, die an anderer Stelle noch nicht so vorhanden sind."

Interviewpartner 10 gab ebenfalls an:

„Sie haben da schon die richtigen Punkte zitiert, dass alles [...], was das Thema um die Kabine, Kabinengestaltung rum existiert, das ist sicherlich ein Exzellenz-Kriterium hier für Hamburg und damit clusterspezifisch."

Als Beispiel aus der Praxis für diese clusterspezifischen Fähigkeiten führte Interviewpartner 1 die Fähigkeiten in der Flugzeugproduktion an. So erklärte er sinngemäß:

„[...] im Cluster gibt es Wissen, welches so woanders nicht vorherrscht, z. B. wenn eine Kabine bei der Fertigung zu hohe Spaltmaße hat, dann wissen die Kabinenbauer, an welchen Punkten etwas geändert werden muss, damit es nachher passt. Das wis-

---

[1045] Eine strikte Differenzierung in der Ausprägung zwischen Know-how und Know-why ist in diesem Zusammenhang nicht immer möglich, weshalb an dieser Stelle der Arbeit lediglich von Know-how gesprochen wird. Für den Nachweis von clusterspezifischem Wissen und der dazugehörigen Ausprägungen erscheint eine explizite Hervorhebung von Know-why in diesem Zusammenhang auch nicht zwingend erforderlich, da die Übergänge fließend sind.

sen andere Personen außerhalb des Clusters nicht. Es ist das Wissen, welches nicht in Prozessen beschrieben ist, was wichtig ist. Das Erfahrungswissen, das können Sie nämlich nicht nacharmen. Es ist mehr als ein Flugzeug nur auseinander zubauen und wieder zusammenzusetzen, um zu verstehen, wie man Flugzeuge baut [...]. Es ist ein Tiefen-Know-how notwendig, welches sie so nicht wiederfinden. [...]."

Der Interviewpartner 2 hob ebenfalls die Relevanz des nicht dokumentierten Wissens hervor und gab dazu sinngemäß wieder:

„[...] Es ist [...] vor allem informelles Wissen, welches nicht in Patenten fixiert ist, was als besondere Fähigkeiten des Clusters zu beschreiben ist. Wir betreiben hier Evolution durch Kombination."

Später führte er in diesem Zusammenhang sinngemäß weiter aus:

„Das sind die Fähigkeiten unserer Mitarbeiter, die wir nicht in Prozessen offen legen, die sich mit der Zeit entwickeln."

Ein weiteres Praxisbeispiel gab Interviewpartner 8, der über neuartige Sitzsysteme berichtete, die in einem gemeinsamen Projekt entwickelt wurden. Auf die Frage, ob er das so entstandene Wissen über Sitze bzw. Sitzsysteme als clusterspezifisches Wissen bezeichnen würde, antwortete er: „Ja. Das in jedem Fall."

Resümierend kann festgestellt werden, dass *idiosynkratische Fähigkeiten* vor allem in Form von *Know-how* vorliegen, das sich dann auch in Form von Produkten wiederfindet. Ein Artikelausschnitt aus dem Hochschulanzeiger der *Frankfurter Allgemeinen* fasst die genannten Bereiche sehr gut zusammen:

„Wir steigen ins Flugzeug und setzen uns auf einen Sitz, der in der weltweit ersten metrischen Sitzschiene montiert ist. Die neuartige Schiene ist stabil und erlaubt es, den Sitz individueller zu positionieren als bisher. Dabei haben wir auf hochauflösenden 3D-Karten eine hervorragende virtuelle Aussicht aus dem Flugzeug und können zudem zahlreiche Fluginformationen abrufen. Durch den Einsatz von Brennstoffzellen und leichteren Materialien im Flugzeug kommen wir auch noch mit einem geringen Energieverbrauch und weniger Emissionen an unser Ziel. [...]"[1046]

Alle dort genannten möglichen Innovationen bzw. Produktweiterentwicklungen entstehen im Cluster der Metropolregion Hamburg und sind auf die dort vorhandenen idiosynkratischen Fähigkeiten zurückzuführen. Eine strikte Dif-

---

[1046] Quelle: Maurer (2011), S. 20.

ferenzierung in der Ausprägung zwischen Know-how und Know-why ist in diesem Zusammenhang nicht immer möglich.

Die Ausprägung der *idiosynkratischen Fähigkeiten* in Form von *Know-what*, also besonderem Faktenwissen konnte nur in zwei Analyseeinheiten nachgewiesen werden. Hierbei handelt es sich zum einen um neue Methoden- und Systemkompetenzen,[1047] die als Know-what bezeichnet werden könnten und zum anderen um das Wissen über Produktionsprozesse, Materialeigenschaften und Abkürzungen.[1048] Hierbei ist eine Differenzierung zwischen clusterspezifischem und branchenspezifischem Wissen nicht einfach. So argumentierte der Interviewpartner 6 auf die Frage, ob fachliches Wissen bzw. branchenspezifisches Wissen auch clusterspezifisches Wissen sein kann: „Ich denke, es gibt eine unmittelbare Verbindung zwischen Branche und Cluster." Eine abschließende Beurteilung kann mithilfe der Aussagen der Interviewpartner nicht geben werden Als Untersuchungsergebnis wird mit dem Vermerk, dass diesbezüglich weitere Befragungen erforderlich sind, jedoch eine Variablenausprägung der idiosynkratischen Fähigkeiten in Form von besonderem Faktenwissen (Know-what) angenommen.

Die letzte zu beurteilende Variablenausprägung der *idiosynkratischen Fähigkeiten* hat anhand von *Equipment Idiosyncracies* zu erfolgen. Hierbei verhält es sich ähnlich wie bei der Ausprägung von Know-what. So wurde lediglich in zwei Analyseeinheiten davon gesprochen, dass es besonderes Wissen über Maschinen und Produktionsabläufe gibt. Hierbei ist wieder schwer zu differenzieren, ob es sich wirklich um clusterspezifisches Wissen handelt oder um Wissen, das innerhalb der Branche existiert. Auch hier bedarf es weiterer Untersuchungen, um eine Klärung zu erhalten Interviewpartner 7 sagte dazu:

„Das ist clusterspezifisches Wissen, was die einzelnen Leute, je nach Gewerke auch

---

[1047] So führte Interviewpartner 6 aus: „[...] solche revolutionären Ideen [führen] nicht unbedingt zu einer unmittelbaren Realisierung, aber zu einer sehr erheblichen Methoden- und Systemkompetenz [...]."

[1048] Interviewpartner 7 sagte dazu: „[...] Also clusterspezifisches Wissen ist ja die Summe all dessen, was wir hier veranstalten. [...] Das heißt also, ein Dreher zum Beispiel. Der also nicht kapiert, und das wäre clusterspezifisches Wissen, der also nicht kapiert, dass er die Teile, die er für mich dreht in den beschriebenen und bestellten Prozessen herstellen muss. Das heißt, dass er also ein Maß einhält, dass er Termine einhält, dass er nicht Material nicht überhitzt, also Gefüge, ne? Durch Wärme Gefügeveränderung hervorruft und so. Das ist clusterspezifisches Wissen, was die einzelnen Leute, je nach Gewerke auch, können müssen."

können müssen. Wir haben, wenn das [...] erforderlich ist, dann macht [...] [der Dreher] ST37, dreht das durch und fertig ist, ne? Das heißt auch, die Bescheinigung am Ende, nicht? Eisen sieht wie Eisen aus. Das muss auch [auf der] Bescheinigung [...] drauf stehen. Was auch drin ist."[1049]

Der Interviewpartner 7 führte dazu weiter aus: „Das wäre also clusterspezifisch, eigentlich. Was denn auch Allgemeinwissen wird, ne? In der Branche." Interviewpartner 10 äußerte zum Prozesswissen Folgendes:

„Also clusterspezifisches Wissen würde ich wirklich sagen, die Kenntnis darüber zu haben, der gesamten Prozesskette. Und da auch, sich mit anderen auszutauschen, wo man aber sagt, das ist aber eigentlich nicht so mein primäres Umfeld."

Zusammenfassend lässt sich in begrenztem Maße damit auch clusterspezifisches Wissen in Rahmen von Equipment Idiosyncracies feststellen. Damit würden die *idiosynkratischen Fähigkeiten* ebenfalls eine Ausprägung in Form von *Equipment Idiosyncracies* aufweisen – natürlich unter der Restriktion, dass in weiteren Interviews zu klären sein wird, wie sich die idiosynkratischen Kenntnisse in Form von Equipment Idiosyncracies zum branchenspezifischem Wissen verhalten.

Nachdem festgestellt wurde, welche Ausprägungen clusterspezifisches Wissen hat, soll jetzt die Ausprägung der Variable *Grad der Kodifizierbarkeit* festgestellt werden, um anhand der Indikatoren *Kodifizierbarkeit, Vermittelbarkeit durch Unterricht, Vermittelbarkeit durch Beobachtung* und *Art der Medien, die zur Vermittlung genutzt werden (Komplexität)* beurteilen zu können, ob das clusterspezifische Wissen in seiner Ausprägung, taziter, impliziter oder expliziter Natur ist. An dieser Stelle der Untersuchung ist es wieder sinnvoll, zwischen idiosynkratischen Kenntnissen und Fähigkeiten zu differenzieren. Die Variable „idiosynkratische Kenntnisse" kann als explizites Wissen eingestuft werden; so ist es möglich, dieses Wissen vollständig in Worte zu fassen. Die Variablenausprägung *Grad der Kodifizierbarkeit* ist in Bezug auf die idiosynkratischen Kenntnisse dementsprechend als *vollständig* einzustufen. Es handelt sich demnach ebenfalls um Informationen mit einer geringen Komplexität, die mittels Telefon, per E-Mail oder im persönlichen Gespräch vermittelt werden kann. Auf die Frage, wie Informationen über das Cluster kommuniziert werden, ant-

---

[1049] Bei dem dargestellten Sachverhalt geht es um die Fertigung gewisser Bauteile nach einer bestimmten Norm, die besondere Maschinenkenntnisse erfordert. ST37 ist dabei eine Bezeichnung aus der Werkstofftechnik.

wortete Interviewpartner 5 bspw., dass hauptsächlich über das Telefon kommuniziert wird und die Kommunikation sehr direkt sei oder aber eben im Rahmen von Workshops und auf Veranstaltungen. Der Interviewpartner 11 gab an:

„Na, wir machen das in Form [von] Meetings, meistens spezifischen Meetings oder auch Workshops, wir haben Foren für generelle Informationen, also wir bilden ein Gesamtforum, wo alle Akteure zusammen kommen."

Interviewpartner 3 führte dazu sinngemäß aus: „Wir tauschen uns dazu hauptsächlich im Ausschuss aus [...]." Insgesamt erfolgt die Kommunikation von Informationen über das Cluster bzw. idiosynkratischen Kenntnissen in verbaler Form. Das Erlernen der idiosynkratischen Kenntnisse findet dabei im Zeitverlauf durch die Teilnahme an den Veranstaltungen und mithilfe der entsprechenden Interaktion im Cluster statt.

Der *Grad der Kodifizierbarkeit* im Bereich der idiosynkratischen Fähigkeiten ist als *teilweise kodifizierbar bis nicht kodifizierbar* einzustufen. Es handelt sich hierbei um sehr komplexe Sachverhalte, die oftmals nicht in verbaler Form vermittelt werden können. Um die clusterspezifischen Fähigkeiten erlernen zu können, bedarf es einer ausführlichen Anleitung. So führte der Interviewpartner 1 sinngemäß aus: „Es ist wie in einer Lehrling-Meister-Beziehung, der Meister macht es vor oder leitet sie an und sie probieren, es umzusetzen." Um fachlich relevante Informationen mit anderen Akteuren des Clusters auszutauschen, wird Wert auf die Anwesenheit der jeweiligen Akteure gelegt. So führt der Interviewpartner 1 sinngemäß weiter aus: „Wir tauschen uns zu fachlichen Themen im Rahmen von Workshops aus." Abweichend von dieser Einschätzung vertritt Interviewpartner 6 die Einschätzung, dass fachliche Informationen in verbaler Form transferiert werden können. Er begründet dies wie folgt:

„Ich denke, es hängt auch stark von der Zusammensetzung des Clusters ab. Der Luftfahrt-Cluster, den ich hier recht gut kenne, ist halt eben einer um die Luftfahrt herum rankender, wo die gesamte Gemeinschaft ein relativ profundes gemeinsames Grundwissen hat. Insofern sind, ich sag mal, solche Lokaltermine nicht immer erforderlich."

Anzumerken ist hier, dass es sich um eine Mindermeinung handelt. Andere Akteure vertreten überwiegend die Meinung, dass der Austausch von fachlichen Informationen die Anwesenheit der Humanressourcen erfordert. So gab

Interviewpartner 8 an: „Das läuft alles in persönlichen Gesprächen." Auf die Frage, ob es eher schwierig sei, so etwas telefonisch zu vermitteln, gab er an: „Ja, es ist unmöglich." Aufgrund der Tatsache, dass die persönliche Anwesenheit erforderlich scheint, und es sich um sehr komplexe Sachverhalte handelt, die durch Anleitung erlernt werden müssen und nur teilweise zu verbalisieren sind, wird angenommen, dass es sich bei den idiosynkratischen Fähigkeiten um weitestgehend implizites Wissen handelt, das nur teilweise zu kodifizieren ist. Es ist zwar möglich, das clusterspezifische Wissen so zu nutzen, dass es seinen Ausdruck in Produktinnovationen bzw. Produktweiterentwicklungen findet und bspw. durch Patente geschützt werden kann; dies stellt aber nur einen Bestandteil des clusterspezifischen Wissens dar. Insgesamt ist die Variablenausprägung „Grad der Kodifizierbarkeit" für die idiosynkratischen Kenntnisse als *teilweise kodifizierbar bis nicht kodifizierbar* einzustufen.

Nachdem ausführlich die Ausprägungen von clusterspezifischem Wissen dargestellt wurden, soll im weiteren Verlauf Bezug auf das Potenzial von clusterspezifischem Wissen zur Rentengenerierung genommen werden. Hierzu wird, wie bereits in der theoretischen Ausarbeitung dargestellt wurde, eine Differenzierung zwischen der Unternehmensebene und der Netzwerkebene vorgenommen. Aufgrund der Tatsache, dass die staatliche Förderung einen wichtigen Einflussfaktor darstellt, wird ebenfalls die Kontextebene in die Betrachtung aufgenommen.

4.7.3.5 Einschätzung der Variablengruppe: Potenzial zur Realisierung von Wettbewerbsvorteilen auf der Unternehmensebene des Clusters

Begonnen wird mit der Einschätzung der Variablenausprägung auf der Unternehmensebene. Hierzu wird anhand der VRIN-Merkmale von Barney eine Einschätzung der Variable *Wettbewerbsvorteile* vorgenommen. Beurteilt wird die Ausprägung anhand folgender Indikatoren: *Werthaltigkeit, Verfügbarkeit, Imitierbarkeit* und die *Substituierbarkeit* der Ressource „clusterspezifisches Wissen". Zur Beurteilung des Potenzials zur Realisierung von Wettbewerbsvorteilen auf Basis des clusterspezifischen Wissens wird, sofern es erforderlich ist, eine getrennte Betrachtung von idiosynkratischen Kenntnissen und idiosynkratischen Fähigkeiten erfolgen.

In Bezug auf den *Wertgehalt* von clusterspezifischem Wissen, also dem

Beitrag, den es zur Zielerreichung von Unternehmen leistet, äußerte sich Interviewpartner 6 wie folgt:

„Das heißt, hier ist mein Eindruck, dass das Wissen, welches im Cluster vorhanden ist, über Netzwerke, über fachliche Informationen, über Zusammenhänge, trägt insgesamt schon zu einer Werterhöhung, zu einem Mehrwert bei.[...] Wenn sie das nicht täten, wäre das Cluster obsolet."

Der Interviewpartner bezeichnete in seiner Aussage das Wissen nicht explizit als clusterspezifisches Wissen, jedoch ist das von ihm genannte Wissen eindeutig den idiosynkratischen Kenntnissen bzw. idiosynkratischen Fähigkeiten zuzuordnen. Der Interviewpartner 1 führte sinngemäß aus:

„[d]urch die Kenntnisse über die Ansprechpartner im Cluster ist eine schnellere und unkompliziertere Kommunikation möglich, was natürlich von Vorteil ist. Wenn Sie dann davon ausgehen, dass sich durch die Vernetzung neue Fähigkeiten oder innovative Produkte entwickeln, stellen sie einen erheblichen Beitrag zur Zielerreichung dar."

Dementsprechend kann dahin gehend argumentiert werden, dass sowohl die idiosynkratischen Kenntnisse, als auch die idiosynkratischen Fähigkeiten einen *hohen Beitrag* zur Zielerreichung der Akteure leisten, sei es durch eine verbesserte und schnellere Kommunikation, wie bei den idiosynkratischen Kenntnissen, oder dadurch, dass die idiosynkratischen Fähigkeiten zur Produktentwicklungen oder Produktinnovationen führen. In Bezug auf die Werthaltigkeit des clusterspezifischen Wissens kann noch die *Spezifität* der Ressource zur Beurteilung herangezogen werden. In Bezug auf die Spezifität von idiosynkratischen Kenntnissen und Fähigkeiten sagte der Interviewpartner 11 bspw. Folgendes:

„Es gibt Kenntnisse [...], die aber auch in anderen Branchen einsetzbar sind. Ich denke insbesondere an Themen der Aerodynamik, die auch in der Windenergie einsetzbar sind, als auch Themen der Materialien, also, wenn ich an clusterspezifische Themen denke [...]."

Dementsprechend könnte es möglich sein, dass bestimmte idiosynkratischen Kenntnisse auch in anderen Branchen Anwendung finden könnten, was zur Folge hätte, dass sie nicht mehr idiosynkratisch wären. Daneben gibt es aber auch idiosynkratische Kenntnisse, wie bspw. das Zusammenfügen von Flugzeugkabinen sowie die damit verbunden Fähigkeiten in der Verarbeitung der

Werkstoffe, die so auf eine andere Branche nicht übertragbar scheinen. In Bezug auf die idiosynkratischen Kenntnisse ist zu sagen, dass sie sich größtenteils auf das untersuchte Cluster beziehen. So sind hier vor allem die Process Idiosyncracies, Responsibility Idiosyncracies und Communicaiton Idiosyncracies zu nennen. Diese idiosynkratischen Kenntnisse werden außerhalb des Clusters höchstwahrscheinlich an Wert verlieren, da sie nicht mehr in der jetzt vorherrschenden Intensität genutzt werden können. Insgesamt kann unter diesen Gesichtspunkten von einer *hohen Spezifität* des clusterspezifischen Wissens ausgegangen und die Variable *Werthaltigkeit* mit *hoch* eingeschätzt werden, was bedeutet, dass das clusterspezifische Wissen einen hohen Wertgehalt für die Akteure hat.

Nächstes zu untersuchendes VRIN-Kriterium ist die Verfügbarkeit bzw. Seltenheit der Ressource. Hierzu hat eine Einschätzung zu erfolgen, wie zugänglich (selten) die idiosynkratischen Kenntnisse bzw. die idiosynkratischen Fähigkeiten für Mitbewerber sind. In Bezug auf die idiosynkratischen Kenntnisse kann gesagt werden, dass es sich hierbei um ein Klubgut handelt, über das die Akteure des Luftfahrtclusters verfügen. So bestätigte Interviewpartner 8 bspw., dass die idiosynkratischen Kenntnisse ein Allgemeinwissen oder Klubgut darstellen. In Bezug auf die idiosynkratischen Fähigkeiten ist zu sagen, dass diese nur in äußerst begrenztem Maß ein Klubgut darstellen. Eine Begründung kann vor allem darin gesehen werden, wie das clusterspezifische Wissen entsteht; denn sowohl die idiosynkratischen Kenntnisse als auch die idiosynkratischen Fähigkeiten entstehen durch die Interaktion der Akteure im Cluster. Wie dargelegt wurde, werden große Teile der idiosynkratischen Kenntnisse innerhalb des Clusters als Allgemeinwissen verstanden, weshalb auch davon auszugehen ist, dass sie innerhalb des Clusters bei mehreren Akteuren vorherrschen. Bezüglich der idiosynkratischen Fähigkeiten ist der Sachverhalt anders zu beurteilen. Zwar entstehen diese Fähigkeiten ebenfalls durch die Interaktion im Cluster, vor allem in gemeinsamen Forschungsprojekten; das so generierte Wissen wird aber dennoch nicht allen Akteuren des Clusters zugänglich gemacht, da man sich trotz des Clustergedankens der Konkurrenzsituation bewusst ist. So führt Interviewpartner 11 aus:

„Also, wenn jemand ein neues Produkt entwickelt mit fachspezifischen Kenntnissen, dann wird er das eher weniger mit seinen Wettbewerbern teilen. Was aber nicht ausschließt, dass sich Unternehmen untereinander helfen mit wertvollen Tipps."

Insgesamt werden die idiosynkratischen Fähigkeiten im ersten Moment nur einem oder einem sehr kleinen Kreis von Akteuren des Cluster zugänglich sein, was nicht bedeutet, dass dieses Wissen nicht diffundieren wird, sei es durch eine Hilfestellung oder aufgrund von Beobachtung der Akteure untereinander. Für Außenstehende wird es noch schwieriger sein, auf diese idiosynkratischen Kenntnisse und Fähigkeiten zuzugreifen, denn sie sind weder „Mitglied" im Cluster, noch stehen sie in engen Vertrauensverhältnis zu den Akteuren des Clusters oder nehmen an der Interaktion teil. Entsprechend sind die *idiosynkratischen Kenntnisse intern als Klubgut* zu beurteilen und extern als *selten*. Die *idiosynkratischen Fähigkeiten* sind sowohl innerhalb des Clusters als auch außerhalb des Clusters als eher *selten* einzustufen. Zu einer ähnlichen Einschätzung kommt auch Interviewpartner 3, indem er sinngemäß erklärte:

„Teilweise handelt es sich um Gemeinschaftswissen der Clustermitglieder, es ist aber klar, dass die Unternehmen im Cluster das vermittelte Wissen weiterentwickeln und so eigenes Wissen aufbauen."

Diese Einschätzung wurde auch von Interviewpartner 1 unterstützt:

„Naja, sicherlich haben auch andere Akteure im Cluster Zugriff auf das clusterspezifische Wissen, aber die Frage ist immer, in welchem Umfang. So verfügen wir über ähnliche Kenntnisse über die Akteure im Cluster, ihre Kompetenzen, aber die Überschneidung der technischen Fähigkeiten ist relativ gering. Ich würde sagen, dieses Wissen ist komplementär und weniger ähnlich."

Als Nächstes wird die Variable „Imitierbarkeit" des clusterspezifischen Wissens beurteilt werden.

Die *Imitierbarkeit* gibt an, bis zu welchem Grad Mitbewerber in der Lage sind, clusterspezifisches Wissen zu imitieren. Hierzu werden die Indikatoren *Pfadabhängigkeit, soziale Komplexität, kausale Ambiguität, physische Einzigartigkeit* und *wirtschaftliche Abschreckung* herangezogen. Bei der Betrachtung der Pfadabhängigkeit der Ressource „clusterspezifisches Wissen" ist zu sagen, dass vor allem die idiosynkratischen Fähigkeiten, aber auch die idiosynkratischen Kenntnisse aufgrund des Werdegangs der Unternehmungen im Cluster sowie auch des Clusters an sich entstanden ist. So führte Interviewpartner 10 aus:

„Aber auch der Zeitverlauf, denke ich, das ist einer unserer Assets. Wir haben ja diese Firma, [...] ja seit über 50 Jahren, und die Erfahrungen, [...] haben,[...] dieses Know-how sich anzueignen, also, das ist mit normalen Mitteln gar nicht möglich."

Der Interviewpartner 5 hob ebenfalls diesen Faktor hervor, als er beschrieb:

„Es ist einfach auch eine Besonderheit dieses wirklich schon seit vielen, vielen Jahren funktionierenden Clusters, wo sich viel entwickelt hat über die Zeit und was kontinuierlich gewachsen ist [...]."

Der Interviewpartner bestätigte ebenfalls, dass das clusterspezifische Wissen dazu zu zählen sei. Dementsprechend ist bei den befragten Unternehmen die Pfadabhängigkeit von clusterspezifischem Wissen als *hoch bis sehr hoch zu beurteilen*.

Die *soziale Komplexität* von idiosynkratischen Fähigkeiten und von idiosynkratischen Kenntnissen ist ebenfalls als *hoch* einzustufen. Das ist damit zu begründen, dass es komplexe soziale Interdependenzen gibt, die kaum nachvollziehbar sind. Dies kann allein mit der Anzahl von Akteuren und damit einhergehend von Humanressourcen begründet werden. Im Entstehungsprozess von clusterspezifischem Wissen werden Informationen mithilfe von vielfältigsten Transfermedien ausgetauscht, sowohl auf informaler als auch auf formaler Basis. Der Wissenstransfer, der zu clusterspezifischem Wissen führt, ist damit kaum nachvollziehbar, es sei denn, dieser Wissenstransfer fand im Rahmen eines geförderten Projekts statt.[1050]

Die *kausale Ambiguität* ist beim clusterspezifischen Wissen ebenfalls als *hoch* einzustufen, da die Akteure des Clusters sich vor Imitation schützen, indem sie relevante Fähigkeiten nicht in Prozesse niederschreiben oder Fertigungsteile von Zulieferern herstellen lassen, bei denen eine entscheidende Kleinigkeit fehlt. Der Interviewpartner 1 führte hierzu sinngemäß aus:

„Im Zeitverlauf lässt sich fast alles nachahmen. Aber wie schon erklärt, wir verfügen ebenso über Fähigkeiten, die spezifisch für das Cluster sind, vor allem im Kabinenbau, die nicht in Prozessen niedergeschrieben sind. Da wird es mit dem Nachahmen schon schwer."

Dementsprechend ist die kausale Ambiguität bei den idiosynkratischen Fähigkeiten als *hoch* zu bewerten. Die idiosynkratischen Kenntnisse hingegen sind den Interviewpartnern bekannt und es wird auch möglich sein, dort eine Kausalbeziehung zu Wettbewerbsvorteilen ziehen zu können. Innerhalb des Clus-

---

[1050] Eine explizite Abfrage dieses Indikators erfolgte bei den Interviewpartnern nicht, da sich die soziale Komplexität aus den Schilderungen zur Zusammenarbeit mit den unterschiedlichen Akteuren und durch die Beziehungsform sowie -art ergeben hat.

ters ist unter diesen Gesichtspunkten von einer *niedrigen* Ausprägung auszugehen. Dies ist nicht verwunderlich, da davon ausgegangen werden kann, dass die idiosynkratischen Kenntnisse ein Allgemeinwissen innerhalb des Clusters darstellen. Für Außenstehende dürfte die Einschätzung, welche der idiosynkratischen Kenntnisse zu Wettbewerbsvorteilen führen, nicht ohne Weiteres möglich sein, da hierzu eine intensive Einbringung im Cluster erfolgen müsste. Unter diesen Gesichtspunkten würde die kausale *Ambiguität für Außenstehende* ebenfalls mit *hoch* zu bewerten sein.

Als Nächstes wird eine Einschätzung der physischen Einzigartigkeit vorgenommen. Unter physischer Einzigartigkeit werden in Bezug auf den Imitationsschutz allgemeinhin Eigenschaften der Ressource verstanden, die dazu führen, dass sie mehr oder weniger nicht imitierbar sind. Als Beispiel wird ein exklusiver Zugang zur Ressource genannt.[1051] In Bezug auf das clusterspezifische Wissen könnte die physische Einzigartigkeit darin bestehen, dass eine Mitgliedschaft im Cluster gegeben sein muss, um die dort vorhandene Vorteile nutzen zu können, wie etwa staatliche Förderung. Das Erschließen dieses Wissens wäre nur durch Partizipation möglich. Zusammenfassend kann die *physische Einzigartigkeit* als *mittel* eingeschätzt werden. Dies ist damit zu rechtfertigen, dass neue Unternehmen sich jederzeit im Cluster ansiedeln können und dadurch die Möglichkeit haben, im Zeitverlauf an den Interaktionen teilzunehmen, was zu clusterspezifischem Wissen führen könnte.

Als letzter Indikator kann zur Bestimmung der Imitierbarkeit die wirtschaftliche Abschreckung herangezogen werden. Hierbei ist einzuschätzen, ob es wirtschaftlich sinnvoll wäre, clusterspezifisches Wissen zu imitieren. Auf die Frage nach der Wirtschaftlichkeit antwortete Interviewpartner 3:

„Wie schon gesagt, es ist alles eine Frage der Zeit; aber ich glaube, hierzu müsste so viel Aufwand betrieben werden, dass es nicht wirtschaftlich wäre."

Demnach wären der zu erbringende Zeitaufwand und die Kosten so hoch, dass sich die Imitation von clusterspezifischem Wissen im ersten Moment nicht rentieren würde. Ob eine Nachahmung im Zeitverlauf wirtschaftlich rentabler ist, konnte in Rahmen der Untersuchung nicht eingeschätzt werden. Die Wirtschaftlichkeit der Imitation könnte allerdings zunehmen, wenn die Wettbewerber über günstigere Testverfahren verfügen würden und über ein großes

---

[1051] Vgl. Brown/Burgess/Festing/Royer/ et al. (2010), S. 17 f.

Informationsnetzwerk, das sie zur Imitation nutzen könnten. Interviewpartner 7 führte dazu aus:

„Klar, ja. Wäre auf jeden Fall wertbringend. Mal ganz offen gesprochen, viele Technologien, die die Japaner in den letzten Dekaden hervorgebracht haben, haben Sie auch durch intelligentes Abgucken, und die Betonung liegt auf intelligentem Abgucken, schlichtweg anderswo übernommen und dann nachempfunden."

Insgesamt ist die Einschätzung der Ausprägung unter diesem Gesichtspunkt schwierig, da die Meinung im Cluster je nach Akteur eine unterschiedliche Ausprägung annimmt. Aufgrund des zu leistenden Kosten- und Zeitaufwands scheint die Imitation von clusterspezifischem Wissen allerdings als *wirtschaftlich wenig sinnvoll* einzustufen zu sein. Bevor eine finale Einschätzung der Ausprägung der Variable „Imitierbarkeit" erfolgt, sollen einige Zitate hierzu in Tabellenform wiedergegeben werden, um die abschließende Einschätzung der Ausprägung zu begründen.

Tabelle 24: Interviewaussagen[1052]

Interview-partner	Statement
11	„Hier gibt es spezielle Anwendungen im Bereich Luftfahrt und die wird auch niemand anders so schnell sich aneignen können, weil das nämlich lange Testreihen bedeutet. Und das ist mit anderen Themen genauso [...]."
6	„Also wenn man über so ein komplexes System wie ein [...] Flugzeug redet [...], dann ist das sicherlich nichts, was jemand eins zu eins sehr schnell imitieren könnte."
9	„Das ist kein Hexenwerk, was wir machen. Aber letztlich liegt in der Luftfahrt auch sehr, sehr viel [...] in der Erfahrung und dann noch im Detail. Also ich glaube nicht, dass es einfach ist."

Insgesamt ist die Ausprägung der Variable „Imitierbarkeit" unter Berücksichtigung der erfolgten Einschätzungen der Indikatoren und der letzten Statements als hoch einzustufen. Dementsprechend gibt es einen *hohen Imitationsschutz* für das clusterspezifische Wissen.

Als letztes zu beurteilendes VRIN-Merkmal ist jetzt noch die Substituierbarkeit der Ressource zu untersuchen.

[1052] Quelle: Eigene Darstellung.

Die Frage, ob clusterspezifisches Wissen durch eine andere Ressource ersetzbar wäre, wurde von allen befragten verneint. Zwei Beispiele seien hierzu gegeben. So antwortete Interviewpartner 1 sinngemäß: „Wie soll man Wissen ersetzen? Wissen ist das wertvollste Gut, welches wir besitzen." Interviewpartner 3 führte dazu aus: „Wissen, egal in welcher Form, ist nie ersetzbar." Es ist im Rahmen der Untersuchung entsprechend davon auszugehen, dass *clusterspezifisches Wissen nicht substituierbar* ist. Dies ist vor allem damit zu begründen, dass für die Produktion qualitativ hochwertiger und sicherer Flugzeuge ein tiefes Erfahrungswissen erforderlich ist. Idiosynkratische Kenntnisse und Fähigkeiten sind unabdingbar, um die Anforderungen des Luftfahrt Bundesamtes einhalten zu können und sich durch Innovationen gegenüber seinen Wettbewerbern durchsetzen zu können. Im Zweitem Fortschrittsbericht des Spitzencluster-Wettberwerbs des BMBF wird genau auf diesen Punkt abgestellt. Durch die systematische Bündelung des spezifischen Wissens der Akteure des Clusters soll nämlich ein strategischer Vorteil geschaffen werden.[1053] Hierzu sollen spezifische Plattformen und Suchmaschinen verwendet werden, die die Vernetzung innerhalb des Clusters fördern und so die Generierung von „Clusterwissen" ermöglichen.[1054]

Alles in allem kann unter Berücksichtigung der Variablenausprägungen und der dazugehörigen Indikatoren zumindest für die untersuchten Akteure davon ausgegangen werden, dass *clusterspezifisches Wissen das nötige Potenzial aufweist, um Wettbewerbsvorteile auf Unternehmensebene realisieren zu können.*

4.7.3.6 Einschätzung der Variablengruppe: Potenzial zur Realisierung von Wettbewerbsvorteilen auf der Netzwerkebene des Clusters

Nach dieser Einschätzung ist zu klären, ob das clusterspezifische Wissen auch auf der Netzwerkebene über das Potenzial verfügt, Wettbewerbsvorteile zu realisieren. Dies wäre der Fall, wenn das clusterspezifische Wissen zu einer *effizienteren Kommunikation* beitragen würde, zu einer *Erhöhung der absorptive capacity* führt, eine *komplementäre Ressource* darstellt oder wenn Akteure im Cluster durch *opportunistisches Verhalten* Vorteile für sich realisieren können.

Eine *effizientere Kommunikation* würde vorliegen, wenn überbetriebliche spezifische Investitionen in das Humankapital erfolgen, das clusterspezifische

---

[1053] Vgl. Luftfahrtcluster Metropolregion Hamburg (2010), S. 24.
[1054] Vgl. Luftfahrtcluster Metropolregion Hamburg (2010), S. 25.

Wissen zu einer Reduzierung von Verständigungsfehlern beitragen würde und die Quantität sowie die Qualität der Kommunikation zwischen den Humanressourcen der Akteure im Cluster zunehmen.

Im Rahmen der Interviews konnte festgestellt werden, dass in Bezug auf das Cluster überbetriebliche Investitionen in das Humankapital erfolgen. Dies findet vor allem durch gemeinsame Ausbildung und Forschung statt, aber auch durch das Angebot von Workshops, Seminaren und anderen Clusteraktivitäten.[1055] Der Interviewpartner 11 gab dazu folgendes Statement:

„Es gibt jetzt in Hamburg ein neues Modell, das HCAT. Das ist eine sogenannte Lernortkooperation, in der die Ausbildung zu Themen der Flugzeug-Avionik aber auch des Cabin-Interiors gemeinsam betrieben wird mit den Institutionen eben der Berufsausbildung und der Universität, den Firmen, [...], da gibt es solche gemeinsamen Investitionen [...]."

Interviewpartner 5 äußerte Folgendes:

„[...] ein wichtiger Teil dieses Netzwerks, das es in Hamburg gibt, ist [die] Weiterbildung. Das ist Aus- und Weiterbildung, weil viele Berufe, die man in der Luftfahrt braucht, [es] so als Lehrberufe nicht gibt, weil sie einfach zu klein sind."

Dementsprechend kann bestätigt werden, dass es spezifische Investitionen in das Humankapital auf überbetrieblicher Ebene gibt, die dazu beitragen, Interaktionen zwischen den Humanressourcen zu fördern und die zu idiosynkratischen Kenntnissen und Fähigkeiten führen können. Diese Kenntnisse führen dann wiederum zu einer Reduzierung von Verständigungsfehlern. So führte Interviewpartner 1 sinngemäß aus:

„Ja, es kann schneller kommuniziert werden, da die Ansprechpartner bekannt sind und dadurch das über ein gemeinsames Grundverständnis verfügt wird, kann mit weniger Verständigungsfehlern kommuniziert werden."

Interviewpartner 7 ergänzte:

„Das passiert. Weil man zuhört auch. Das heißt also, [...] was hier gesagt wird, mit der Systematik in der Abwicklung, in der Bestellung, in eben was kommt und was man fordert, das verfestigt sich dann irgendwann, sodass das dann alles auch realisiert wird, befolgt wird. Dass die Leute das also tun, nicht? Und das ist, glaube ich, dann

---

[1055] Der erneute Beleg durch Interviewzitate für das Vorhandensein von Workshops, Seminaren und anderen Clusteraktivitäten wird an dieser Stelle nicht wiederholt.

auch was die Firmen selber weiterbringt. Weil die einfach fähig werden, sich in dieser, ja wie soll man sagen, in dieser speziellen Welt zurechtzufinden, ne?"

Der Interviewpartner 5 gab auf die Frage, ob die idiosynkratische Kenntnisse zu einer effizienteren Kommunikation führen, die Antwort:

„Ja, tut es. Aber das ist auch andersrum, wenn ich merke, das funktioniert, dann häuft, dann vertieft sich das Wissen ja auch wieder. Also Wissen ist was, was sich entwickelt in diesem Zusammenhang und auch diese Struktur, wen ruf ich an, wen frag ich was, entwickelt sich ja [...]."[1056]

Bei den befragten Akteuren konnte entsprechend festgestellt werden, dass durch die Interaktion im Cluster und damit einhergehend durch die Generierung von clusterspezifischem Wissen *Verständigungsfehler reduziert* werden können. Insgesamt kann eine *Zunahme der Kommunikation* sowie eine *Zunahme deren Qualität* bei den interviewten Akteuren bestätigt werden. Daraus lässt sich folgern, dass es aufgrund des clusterspezifischen Wissens und aufgrund der Clusteraktivitäten zu einer *effizienteren Kommunikation bei den untersuchten Akteuren* kommt. Neben einer effizienteren Kommunikation könnte das clusterspezifische Wissen auch zur *Erhöhung der absorptive capacity* des Humankapitals der Akteure führen. Hierzu müssten innerhalb des Clusters *interorganisationale Routinen zum Wissensaustausch* vorliegen, es müsste eine *geteilte Wissensbasis im Cluster* geben und die *Interdependenzen zwischen den Akteuren* sollten möglichst hoch sein.

Bezug nehmend auf die *interorganisationalen Routinen zum Wissensaustausch* ist zunächst ein Verweis auf die Ausarbeitungen zum Wissenstransfer zu geben. Eine kurze Würdigung wird aber ebenfalls in diesem Abschnitt folgen. So antwortete der Interviewpartner 1 auf die Frage, ob es solche Routinen im Cluster gibt, sinngemäß:

„Die Routinen werden durch das Clustermanagement inszeniert und wir sorgen dafür, dass alle daran teilnehmen; von daher sind sie schon clusterspezifisch. Vor allem auch, weil sie hauptsächlich mit bzw. durch Unternehmen und Universitäten des Clusters gelebt werden."

Der Interviewpartner 2 beantwortete diese Frage sinngemäß wie folgt:

[1056] Bei der Befragung wurde nicht der Term „idiosynkratische Kenntnisse" verwendet, sondern „Wissensbestandteile", die unter die idiosynkratischen Kenntnisse zu subsumieren sind.

„Ja, diese Routinen gibt es, bspw. in den Workshops, da treffen sich immer bis zu fünf Spezialisten mit dem Ziel, Wissen zu generieren. [...] Ja, auch diese Routinen können als clusterspezifisch bezeichnet werden; ich würde sogar so weit gehen und sagen, dass aufgrund dieser Routinen bessere und relevantere Informationen geteilt werden, weil ein anderes Vertrauensverhältnis vorherrscht und sie in regelmäßigen Abständen miteinander in Interaktion stehen."

Interviewpartner 7 antwortete ähnlich:

„Ja, ja, die gibt es. Also wir haben ja im Luftfahrtcluster als juristische Person einen Verein gegründet. Und da gibt es regelmäßige Meetings."

Interviewpartner 11 ist sich unterdessen demgegenüber nicht so sicher, er antwortete:

„Ja, wir sind noch nicht institutionalisiert, wie im Sinne eines Jour fixe oder [...] im Sinne von Standardroutinen. Dieser Informationsaustausch findet eher in Projekten statt oder zu bestimmten Themen, die man sich setzt; aber ich würde noch nicht so weit gehen, dass man von Routinen spricht."

Der Indikator *interorganisationale Routinen zum Wissensaustausch* ist entsprechend als *vorhanden, allerdings ausbaufähig* einzustufen.

Dass eine *geteilte Wissensbasis* im Cluster sowohl in Form von idiosynkratischen Kenntnissen als auch von idiosynkratischen Fähigkeiten vorherrschend ist, wurde bereits im Rahmen der Darstellung des clusterspezifischen Wissens ausgearbeitet; ebenso wurden die Interdependenzen zwischen den Akteuren beschrieben. Demnach gibt es ein Allgemeinwissen bzw. eine geteilte Wissensbasis im Cluster. Die Indikatorausprägung „geteilte Wissensbasis" kann damit als *vorhanden* eingestuft werden. In Relation zu den *Interdependenzen* ist dargelegt worden, dass im Sinne von Thompson oftmals *lediglich schwache Ausprägungen* vorliegen, diese aber unter Einbeziehung von weiteren Indikatoren doch als intensive Beziehungen gedeutet werden können. Was zum einen mit dem Technisierungsgrad des Produkts zu begründen ist, aber auch anhand der beschriebenen Austauschprozesse. Insgesamt ist deshalb trotz der relativ schwachen Ausprägung der Interdependenzen davon auszugehen, dass es bei den untersuchten Akteuren zu *einer Erhöhung der absorptive capacity kommt*. Als Nächstes ist zu bestimmen, ob es sich beim clusterspezifischen Wissen um eine komplementäre Ressource handelt.

Clusterspezifisches Wissen wäre dann eine komplementäre Ressource, wenn eine *Komplementarität* vorläge, die beschreiben würde, dass die Ressource bei alleiniger Verwendung an Wert verlieren würde bzw. nicht allein genutzt werden könnte und dass *gemeinschaftlich höhere Renten* erwirtschaftet werden könnten. Eine Einschätzung in Bezug auf das clusterspezifische Wissen erscheint hier als schwierig, da im Rahmen der Untersuchung nicht alle Facetten des clusterspezifischen Wissens berücksichtigt werden konnten. Es wird jedoch aufgrund der Befragung davon ausgegangen, dass clusterspezifisches Wissen seinen Ausdruck in Produktentwicklungen findet, die durch die clusterspezifischen Fähigkeiten zweier Akteure entstanden sind. So kann eine Komplementarität angenommen werden. Als Beispiel für die Komplementarität und die daraus resultierende Möglichkeit, höhere Renten zu erwirtschaften, sei hier erneut auf die Entwicklung des technischen Moduls der Unternehmung durch Interviewpartner 9 verwiesen, in dem eine Hardware für Flugzeuge hergestellt wird, die ohne eine bestimmte Software nicht nutzbar wäre. Durch die Vernetzung innerhalb des Clusters fanden die Akteure „Airtec" und „Plantec"[1057] zusammen und realisieren gemeinsam die Entwicklung der Hardware mit der dazugehörigen Applikation in einem gemeinsamen Projekt. Durch diese Kooperation kann es zu Zeit- und Kostenersparnissen sowie zu Produktinnovationen kommen, die schneller die Marktreife erreichen, wodurch sich wiederum am Markt höhere Renten generieren lassen könnten. Unter Berücksichtigung der Restriktionen ist darauf zu verweisen, dass nach jetzigem Stand der Untersuchung lediglich von einer *teilweisen Ressourcenkomplementarität von clusterspezifischem Wissen gesprochen werden kann und dies auch nur in Bezug auf die idiosynkratischen Fähigkeiten.*

In Bezug auf die Netzwerkebene sind jetzt noch die Ausprägungen der Variable *„opportunistisches Verhalten"* bzw. Schutzmechanismen gegen dieses Verhalten einzuschätzen.

Um zu beurteilen, ob opportunistisches Verhalten im Cluster möglich ist, werden die folgenden Ausprägungen der Indikatoren *institutionelle Rahmenbedingungen, Teilbarkeit von Ressourcen, Knappheit hinsichtlich der Kooperationspartner* und die *Reziproke Verknüpfung* beurteilt. Auf die Fragestellung nach dem opportunistischem Verhalten in den jeweiligen Kooperationsbeziehungen wurde sehr häufig angeführt, dass bestimmte Vorgaben in Form von institu-

---

[1057] Hierbei handelt es sich um imaginäre Firmen, um die Anonymität der Akteure zu gewährleisten.

tionellen Rahmenbedingungen nicht erforderlich sind. Begründetet wurde das bspw. vom Interviewpartner 1, der sinngemäß antwortete:

„Verhaltensregeln gibt es nicht direkt, aber die Mitglieder im Cluster sozialisieren sich in gewisser Weise von selbst. Ein Fehlverhalten kommt hier nur ein Mal vor, das spricht sich so schnell rum, das wollen sie nicht."

Denselben Grund führte auch Interviewpartner 8 an, indem er ausführte:

„Ja, ich glaube, dass das Cluster an sich macht dann schon transparent, wer da doch eher opportunistisch unterwegs ist, oder wer schon eher auch einen Sinn hat, wirklich das Thema Kooperation zu verstehen. Das regelt sich selbst."

Trotz dieser Sachverhalte wurden zwei Instrumente zur Minimierung von opportunistischen Verhalten genannt. Dabei handelt es sich zum einen um das Risk-Sharing-Partnership[1058] und zum anderen ganz konventionell um Verträge. Dazu sagte Interviewpartner 2:

„In Forschungsprojekten schließen wir im Vorfeld Verträge ab, die so etwas minimieren, weiterhin haben wir jetzt eine Risk-Sharing-Partnership eingeführt, die auch dazu beiträgt, dass opportunistische Verhalten minimiert wird."

Interviewpartner 6 beantwortete die Frage nach den institutionellen Rahmenbedingungen zur Reduzierung von opportunistischem Verhalten, also die Frage, ob es so etwas gibt, wie folgt:

„Sicherlich vertrauensvoller Teamgeist. Opportunistisches Verhalten lege ich ja in der Regel dann an den Tag, wenn ich irgendwie Angst habe, irgendwo zu kurz zu kommen. Wenn ich aber das Vertrauen habe, in das Team, dass das Team mich nicht hängen lässt oder abhängt, besteht eigentlich wenig Anlass, zu opportunistischem Verhalten, es sei denn, ich habe per se eine gewisse Negativenergie, anderen eins auszuwischen."

Zusammenfassend scheint die Vermeidung von opportunistischem Verhalten durch institutionelle Rahmenbedingungen bei den untersuchten Akteuren kein Thema zu sein, da davon ausgegangen wird, dass sich Fehlverhalten aufgrund der intensiven Vernetzung innerhalb des Clusters selbst korrigiert. Das unterstreicht auch die Aussage von Interviewpartner 7:

[1058] Eine ausführliche Beschreibung zur Risk-Sharing-Partnership wird im Beitrag von Figueiredo et al. (2008) gegeben.

„Och das geht. Wir sind hier eine kleine Gemeinde. Das riskiert eine Firma nur ein Mal, da also sich nicht richtig zu verhalten."

Insgesamt gibt es aber institutionelle Rahmenbedingungen, die zu einer Reduzierung führen können.
Eine Einschätzung des Indikators *Teilbarkeit der Ressourcen* kann mithilfe der Interviews *nicht gegeben werden*. Hierzu ist die Diversität innerhalb der Branche und der untersuchten Unternehmen zu groß, um abschließend beurteilen zu können, ob eine Teilbarkeit gegeben ist oder nicht.

Bezüglich der Knappheit hinsichtlich der Kooperationspartner wurden folgende Statements gegeben. Interviewpartner 1 sagte:

„Also wir haben schon viele mögliche Kooperationspartner im Cluster, aber aufgrund der Spezialisierung ist die Auswahl schon begrenzt."

Interviewpartner 11 äußerte sich ähnlich:

„Die ist, die Anzahl ist begrenzt durch die Tatsache, dass es Unternehmens..., sagen wir so, forschungsspezifische Themen gibt, an denen auch, sozusagen, nur bestimmte Akteure beteiligt sind. Sowohl von Seite der Universitäten als auch von der Seite der Unternehmen. [...]".

Interviewpartner 2 führte sinngemäß aus:

„Eine Begrenzung der Kooperationspartner ergibt sich allein schon aufgrund der vielfältigen Spezialbereiche in der Luftfahrtbranche. Hinzu kommt, dass sich viele Unternehmen zusammenschließen, bzw. übernommen werden, wodurch die Anzahl an spezifischen Kooperationspartnern stark begrenzt ist."

Insgesamt ist die Ausprägung des Indikators Knappheit hinsichtlich der Kooperationspartner also mit knapp zu bewerten.
Eine Einschätzung des Indikators „Reziproke Verknüpfung" ist nur unter Vorbehalt abzugeben. So bestehen reziproke Verknüpfungen, die auch durch Co-Spezialisierung geprägt sind, vor allem von einem der horizontalen Akteure im Cluster. Davon abgesehen konnten innerhalb der Interviews wenige weitere Interdependenzen in Form von Co-Spezialisierung nachgewiesen werden. *Weshalb davon auszugehen ist, dass grundsätzlich opportunistisches Verhalten, das durch eine starke Abhängigkeit in Form von Co-Spezialisierung gefördert werden könnte, so nicht gegeben ist, bis auf eine bekannte Ausnahme.*

Insgesamt ist damit das *opportunistische Verhalten* unter den Akteuren grundsätzlich als *gering* bzw. *als nicht offensichtlich* einzustufen. Dies spiegelt sich vor allem auch im herrschenden Vertrauen zwischen den Akteuren untereinander wider. Die Akteure gehen mitunter davon aus, dass Fehlverhalten in Form von opportunistischen Verhalten sich von selbst konsolidiert. Insgesamt ist als Schutzmechanismus vor allem die Knappheit an Kooperationspartnern zu nennen und die Risk-Sharing-Partnership.

Nachdem die Variablenausprägungen zur Beurteilung des Potenzials von clusterspezifischem Wissen, Renten bzw. Wettbewerbsvorteile auf Unternehmensebene zu generieren, dargestellt wurden, ist zusammenfassend festzustellen, dass das clusterspezifische Wissen bei den untersuchten Unternehmen zu einer effizienteren Kommunikation beitragen und die absorptive capacity zu erhöhen in der Lage ist. Ob es sich beim clusterspezifischen Wissen um eine komplementäre Ressource handelt, ist hingegen schwer einzuschätzen und konnte im Rahmen der Untersuchung nur teilweise bestätigt werden. Insgesamt kann aber angenommen werden, dass das clusterspezifische Wissen auch auf der Netzwerkebene das Potenzial hat, Wettbewerbsvorteile zu realisieren.

Während der Interviews wurde von vielen Akteuren die Rolle der staatlichen Förderung in Bezug auf die Generierung von clusterspezifischem Wissen hervorgehoben, weshalb an dieser Stelle eine kurze Würdigung der Kontextebene des Clusters in die Betrachtung aufgenommen wird.

4.7.3.7 Einschätzung der Variable: Staatliche Förderung

Auf der Kontextebene des Clusters können Standortfaktoren zur Generierung von contextual Rents führen. Im Falle des Luftfahrtclusters der Metropolregion Hamburg sind es staatliche Hilfen in Form von Förderprogrammen, die die Realisierung dieser Renten ermöglichen.[1059] Durch die Förderprogramme wird es den regionalen Unternehmen nämlich ermöglicht, Forschung zu betreiben, die ansonsten nicht zustande gekommen wäre. Interviewpartner 1 beschrieb dies sinngemäß wie folgt:

„Einige der Innovationen, oder nennen wir es Produktweiterentwicklungen, wären ohne die staatliche Förderung nicht entstanden. Nur weil es die Networking-Aktivitäten im Cluster gibt und die Förderung von Projekten, kommt es zu neuen Zusammenarbeiten, die sonst nicht entstanden wären [...]."

[1059] Vgl. hierzu 5.3 Analyse von clusterspezifischem Wissen auf der Kontextebene unter Verwendung des Cluster-based View of Knowledge.

Der Interviewpartner 11 äußerte sich zur staatlichen Förderung wie folgt:

„Die nimmt eine sehr hohe Stellung ein, weil das Forschungsprogramm des Bundes oder das Hamburger Luftfahrtforschungsprogramm, [...] [über den] Hamburger Senat, als auch über EU-Mittel finanziert wurde und jetzt eben auch den Spitzencluster-Mitteln [...], die eine erhebliche Erleichterung der Forschungsaktivitäten darstellen.[...]"

Insgesamt spielen die staatlichen Hilfen damit auch eine wichtige Rolle für die Generierung von clusterspezifischem Wissen, denn sie fördern die Vernetzung, die Intensität der Beziehungen und geben die Möglichkeit zur Forschung auch in Projektstufen, die für die Akteure ansonsten uninteressant gewesen wären – uninteressant deshalb, weil sie in der Forschung noch nicht weit genug vorangeschritten sind, was ein hohes Risiko und einen hohen Kostenaufwand bedeuten würde.

Nachdem also die Ausprägungen der relevanten Variablen eingeschätzt wurden, wird nun aus Gründen der Übersicht eine kurze Zusammenfassung der Variablenausprägungen gegeben, bevor mit der Analyse und Diskussion der Untersuchungsergebnisse begonnen wird.

4.8 ZUSAMMENFASSENDE DARSTELLUNG DER VARIABLENAUSPRÄGUNGEN

Zusammenfassend kann festgehalten werden, dass die Beziehungen der untersuchten Akteure sehr intensiv sind und als vertrauensvoll bis sehr vertrauensvoll einzustufen sind.[1060] Die Beziehungsform variiert dabei zwischen formalen und informalen Beziehungen[1061] zwischen den horizontalen, vertikalen und lateralen Akteuren des Clusters.[1062] Grundsätzlich gibt es alle drei Beziehungsarten, wobei die Beziehung zu lateralen Akteuren besonders hervorzuhe-

---

[1060] Es konnte in diesem Zusammenhang festgestellt werden, dass die Bereitschaft, fachlich relevante Informationen zu transferieren, höher ist, wenn eine vertrauensvolle Beziehung vorliegt. Informationen über das Cluster werden hingegen auch ohne starke Vertrauensverhältnisse transferiert.

[1061] Sowohl die formalen als auch informalen Beziehungen führen zum Transfer von Informationen über das Cluster oder von fachlich relevanten Informationen. Es konnte jedoch eine Tendenz festgestellt werden, dass fachliche Informationen eher in informalen Beziehungen transferiert werden. Eine abschließende Beurteilung diesbezüglich war jedoch nicht möglich.

[1062] Vgl. Luftfahrtcluster Metropolregion Hamburg (2010), S. 13.

ben ist. Dies findet vor allem Ausdruck in gemeinsamen Forschungsprojekten mit den Hochschulen, sei es bei der Erstellung von Akustikkonzepeten, der Forschung zur Bodenablaufoptimierung oder Emissionsreduzierung. Besonders anschaulich wurden diese Kooperationen beim 7. „Wissenschaftsabend Luftfahrt" in der Vertretung der Freien und Hansestadt Hamburg beim Bund in Berlin dargestellt. Hier präsentierten norddeutsche Hochschulen Innovationen in Luft- und Raumfahrt, die sie für bzw. zusammen mit horizontalen und vertikalen Akteuren des Clusters entwickeln. Ebenfalls als wichtig sind die vertikalen Beziehungen einzustufen, da es zu viele Fachbereiche innerhalb der Branche gibt, was eine vertikale Kooperation unerlässlich werden lässt. Dies ist vor allem damit zu begründen, dass ein Flugzeug aus mehreren Millionen Teilen besteht.[1063] Hier sind Abstimmungsprozesse und eine fachliche Spezialisierung unerlässlich. Der Informationstransfer in den Beziehungen erfolgt bspw. im Rahmen von Workshops, Projekten, Messen oder beim Plausch an der Bar. Als Beispiel für die Messen und Workshops sei hier auf den „International Workshop on Aircraft System Technologies (AST)" verwiesen, der von der Technischen Universität Hamburg-Harburg ausgerichtet wird. Sehr bekannt ist auch die „Aircraft interiors EXPO", welche in Hamburg lokalisiert ist und von vielen Akteuren als Kommunikationsplattform genutzt wird. Die Humankapitalfluktuation und -transfer sind unter dem Gesichtspunkt des Wissenstransfers auch ein Thema, das nicht zu vernachlässigen ist.[1064] Bezüglich der Wissensvermittlung sei hier auch auf die Lernortkooperation G15 (Hamburg Centre of Aviation Traning, HCAT) verwiesen, wo in einer PublicPrivatePartnership (PPP), an der bspw. Airbus, Lufthansa Technik und die Hochschule für Angewandte Wissenschaften Hamburg beteiligt sind, Auszubildende des ersten Ausbildungsjahres, welche sich im zweiten Block ihrer Ausbildung befinden, gemeinsam in den Feldern Avionik und Elektronik, Kabine und Kabinensysteme sowie Fertigungsverfahren und Werkstoffe geschult werden.[1065]

[1063] Vgl. Novak (2008), S. 37.

[1064] Interviewpartner 11 führt zum Personaltransfer und den dadurch bedingten Wissensabfluss aus: „Das mag in gewissen Umfang möglich sein, aber das findet auch, würde auch stattfinden ohne diese Tatsache, weil es natürlich auch eine Fluktuation, eine natürliche Fluktuation innerhalb von Ingenieurunternehmen oder -betrieben der Luftfahrtindustrie kommt. Ich sehe es immer wieder, das heute sehe ich mal den bei der Firma und übermorgen sehe ich den bei der Firma und da gibt es schon auch, sozusagen, eine natürliche Fluktuation. [...]"

[1065] Vgl. http://www.hcat-hamburg.de/.

Dabei beinhaltet der Informationstransfer innerhalb aller genannten Bereiche den Transfer von Informationen über das Cluster oder fachlich relevante Informationen, die zu clusterspezifischem Wissen führen können. Allgemein ist anzumerken, dass Informationen über das Cluster eher transferiert werden, als fachlich relevante Informationen. Das clusterspezifische Wissen setzt sich dabei aus idiosynkratischen Kenntnissen in Form von Process Idiosyncracies, Know-how bzw. Responsibility Idiosyncracies und Communication Idiosyncraces zusammen. Weiterhin konnten auch idiosynkratische Fähigkeiten in Form von Know-how, Know-what und Equipment Idiosyncracies ermittelt werden. Das so spezifizierte clusterspezifische Wissen verfügt dabei über vollständig kodifizierbare Wissensbestandteile und teilweise oder nicht kodifizierbare Wissensbestandteile. Bezüglich des Potenzials zur Realisierung von Wettbewerbsvorteilen kann gesagt werden, dass die entscheidenden Ausprägungen hierfür – bei den untersuchten Akteuren – auf Unternehmensebene vorliegen. So handelt es sich beim clusterspezifischen Wissen um ein Klubgut, das von Außenstehenden als selten zu beurteilen ist. Das clusterspezifische Wissen weist eine hohe Spezifität auf und hat einen hohen Wertgehalt sowie einen hohen Imitationsschutz und ist nicht substituierbar. Ausdruck findet dieses Wissen bspw. in den Innovationen des Clusters. Hier sind bspw. zu nennen das Leuchtturmprojekt von Airbus, welches sich mit der Kabinentechnologie und multifunktionalen Brennstoffzellen beschäftigt oder das Leuchtturmprojekt von der Lufthansa Technik, in dem es um die Kompetenzerweiterung auf neue Flugzeugmuster geht. Hierbei wird in einer Kooperation mit Akteuren des Clusters im Bereich der Wartung und Reparatur von CFK-Großbauteilen geforscht. Ziel dieser Forschung ist es die Schadenserkennung und -behebung zu optimieren.[1066] Auf der Netzwerkebene kann clusterspezifisches Wissen zur Erhöhung der absorptive capacity beitragen und einen Beitrag zu einer effizienteren Kommunikation leisten. Damit hat das clusterspezifische Wissen bei den untersuchten Akteuren ebenfalls auf der Netzwerkebene das Potenzial, Renten zu generieren, die Ausdruck von Wettbewerbsvorteilen sind. Besonders hervorzuheben ist die Rolle der staatlichen Hilfe, die einen entscheidenden

---

[1066] Luftfahrtcluster Metropolregion Hamburg (2010), S. 9.

Beitrag zur Generierung von clusterspezifischem Wissen und von contextual Rents bei den untersuchten Akteuren leistet.[1067]

Tabelle 25: Zusammenfassende Darstellung der Variablenausprägungen[1068]

Variable	Ausprägung im untersuchten Fall
Vertrauen	vertrauensvoll bis sehr vertrauensvoll
Intensität der Beziehung	Die Intensität der Beziehung ist hoch bis sehr hoch beim Austausch fachlich relevanter Informationen und schwach beim Austausch von Informationen über das Cluster.
Beziehungsform	Keine Eindeutige Ausprägung feststellbar, es ist jedoch eine Tendenz zu erkennen, dass fachlich relevante Informationen verstärkt in informellen Beziehungen ausgetauscht werden.
Beziehungsart	Laterale Beziehungen sind besonders wichtig beim Transfer von Informationen, vertikale Beziehungen sind wichtig und eine Beurteilung der horizontalen Beziehungen sind im untersuchten Fall nur sehr schwer möglich, da sich die Akteure komplementär zueinander verhalten, was unter dieser Restriktion bedeutet, dass die horizontalen Beziehungen ebenfalls wichtig sind.
Relevante Informationen	Austausch relevanter Informationen
Wissenstransfer	Es findet ein erfolgreicher Wissenstransfer statt.
Informationen über das Cluster/ Idiosynkratische Kenntnisse	Process Idiosyncracies (Kenntnisse über Kooperationen im Cluster und Abhängigkeitsverhältnisse im Cluster) Know-who bzw. Responsibility Idiosyncracies (Kenntnisse über Ansprechpartner im Cluster und deren Kompetenzbereiche) teilweise Communication Idiosyncracies (Kenntnisse darüber, wie innerhalb des Clusters mit den Akteuren zu kommunizieren ist)

[1067] Zu der zusammenfassenden Darstellung der Ergebnisse ist anzumerken, dass die Einschätzung der Variablenausprägungen auf subjektiven Aussagen der Akteure beruht, so dass teilweise einzelne Meinungen relativiert werden mussten. Gerade im Bezug auf die Ausprägung der Variable Vertrauen gab es eine etwas stärkere Varianz in den Aussagen, weshalb neben den Interviewtranskripten auch die Daten des Fragebogens zur Einschätzung herangezogen wurden.

[1068] Quelle: Eigene Darstellung.

Variable	Ausprägung im untersuchten Fall
Idiosynkratische Fähigkeiten	Know-how (Fähigkeiten bspw. im Bereich Fuel Cell Lab, Kabinenkonzepte und -technologien, Luft- und Klimasysteme, etc.) Know-what (Wissen über Methoden- und Systemkompetenzen, Produktionsprozesse und Materialeigenschaften Equipment Idiosyncracies (bestimmte Kenntnisse über Maschinen und Produktionsabläufe, womit speziell Verfahrensanweisungen gemeint sind)
Grad der Kodifizierbarkeit	Die idiosynkratischen Kenntnisse über das Cluster sind als vollständig zu kodifizieren, während die idiosynkratischen Fähigkeiten nur teilweise bis nicht zu kodifizieren sind.
Wettbewerbsvorteile auf Unternehmensebene	Clusterspezifisches Wissen weist: – eine hohe Spezifität auf, – eine hohe Werthaltigkeit, – die idiosynkratischen Kenntnisse sind intern als Klubgut zu beurteilen und extern als selten. – Die idiosynkratischen Fähigkeiten sind sowohl innerhalb als auch außerhalb des Clusters selten, dies ist damit zu begründen, es sich hierbei um Erfahrungswissen handelt, welches im Flugzeugbau aufgrund der Spezifität der Werkstoffe und der Anforderungen ihrer Verarbeitung nur über einen langen Zeitraum durch Anwendung erlernt werden kann. – Clusterspezifisches Wissen ist nur schwer zu imitieren. Die Begründung liegt hierbei bspw. in den langen Testreihen, die branchenspezifisch sind. – Clusterspezifisches Wissen ist nicht substituierbar.
Wettbewerbsvorteile auf Netzwerkebene	Clusterspezifisches Wissen trägt zu einer effizienteren Kommunikation zwischen den Akteuren des Clusters bei. Die idiosynkratischen Kenntnisse stellen eine geteilte Wissensbasis im Cluster dar. Clusterspezifisches Wissen trägt zur Erhöhung der absorptive capacity bei. Die idiosynkratischen Fähigkeiten stellen teilweise eine komplementäre Ressource dar.
Opportunistisches Verhalten	Opportunistisches unter den Akteuren ist grundsätzlich auch gering bzw. nicht wahrnehmbar.

Variable	Ausprägung im untersuchten Fall
Staatliche Hilfe	Die staatlichen Hilfen spielen eine entscheidende Rolle bei der Generierung von clusterspezifischem Wissen.

5 ANALYSE UND DISKUSSION DER UNTERSUCHUNGSERGEBNISSE

Nachfolgend werden die dargestellten Ergebnisse der Einzelfallstudie mit der Hilfe der bereits vorgestellten Pattern-Matching-Logik analysiert und diskutiert. Hierzu wird eine Konfrontation der in der empirischen Untersuchung erhobenen Variablenausprägungen mit den Wirkungsbeziehungen des theoretisch hergeleiteten Modells erfolgen, indem die Übereinstimmungen und Abweichungen der Wirkungszusammenhänge diskutiert werden.[1069] Die Beurteilung der möglichen Übereinstimmung wird in Anlehnung an Festing vorgenommen, die drei Kategorien unterscheidet: „*volle Übereinstimmung*", „*Übereinstimmung mit Einschränkungen*" und „*keine Übereinstimmung*".[1070] Falls eine Übereinstimmung mit Einschränkung gegeben sein sollte, liegt es daran, dass geringfügige Abweichungen vom idealtypischen Modell vorliegen, bzw. die Übereinstimmung anhand des Falls so nicht vollständig nachgewiesen werden konnte. Die Ergebnisse der Analyse und der Diskussion bilden die Basis für die theoretischen und praktischen Implikationen der Schlussbetrachtung. Weiterhin dienen sie als Grundlage zur kritischen Würdigung des Gesamtmodells.

5.1 ÜBEREINSTIMMUNG BEZÜGLICH DER QUALITÄT DER BEZIEHUNGEN UND DES TRANSFERS VON INFORMATIONEN

Auf Basis der bisherigen theoretischen Überlegungen zu Clustern, die hier als Value Adding Webs konzeptualisiert wurden, und den Annahmen zur Vernetzung innerhalb der Value Adding Webs, wurden die Hypothesen 1 bis 16 generiert.[1071] In den Hypothesen der Arbeit wird ein direkter Wirkungszusammenhang zwischen der Qualität der Beziehungen und dem Transfer von

---
[1069] Vgl. Eidems (2010), S. 172.
[1070] Vgl. Festing (1999), S. 245, sowie Müller (2010b), S. 197.
[1071] Vgl. zur theoretischen Herleitung bspw. Brown/Burgess/Festing/Royer/ et al. (2010); Brown et al. (2007), Steffen (2011); Astor/Broich (2011) und Breschi/Malerba (2007).

Informationen im Cluster vermutet. Hierzu wurde die Qualität der Beziehung in folgende Variablen untergliedert: Form der Beziehung, Art der Beziehung, Vertrauen, Intensität der Beziehung. Der Transfer von Informationen wird in zwei Variablen unterteilt, zum einen in Transfer von Informationen über das Cluster, und zum anderen in Transfer von fachlich relevanten Informationen. Dabei stellt die Qualität der Beziehungen die unabhängige Variablengruppe dar und der Transfer von Informationen die abhängigen Variablen. Nachfolgend werden die einzelnen Wirkungszusammenhänge für die jeweiligen Variablen diskutiert und die Datenanalyse mittels des Pattern Machting – anhand des theoretischen und empirischen Musters – vorgenommen.

5.1.1 Wirkungszusammenhang zwischen der Form und der Art der Beziehung und dem Transfer von Informationen

Bei der vorangegangenen Datenauswertung wurde aufgezeigt, dass im untersuchten Fall, dem Cluster der Metropolregion Hamburg, eine starke Vernetzung stattfindet, die vor allem ihren Ausdruck in gemeinsamen staatlich geförderten Projekten findet. Die Förderung des Bundesministeriums für Bildung und Forschung (BMBF), die im Rahmen der Spitzencluster-Initiative an das Hamburger Cluster vergeben wurde, erscheint für die Netzwerkaktivitäten und damit für die Vernetzung im Cluster als besonders wichtig, da auf Basis der Fördermittel Forschungsprojekte umgesetzt werden können, die es ansonsten nicht gegeben hätte. Damit einhergehend wird natürlich auch die Generierung von clusterspezifischem Wissen ermöglicht. Insgesamt wird durch die Förderung sowie durch die Aktivitäten der fokalen lateralen Akteure, wie etwa des Hamburger Senats, der HanseAerospace oder des Zentrums für angewandte Luftfahrtforschung, die Vernetzung zwischen allen Akteuren des Clusters forciert. Diese Bemühungen spiegeln sich durchgehend in den bereits dargestellten Variablenausprägungen der Untersuchung wider. Auch wenn in der Darstellung der Variablenausprägungen nicht immer eindeutige Ausprägungen feststellbar waren, so waren doch Tendenzen erkennbar.

Die Hypothesen H1 bis H12[1072] postulieren in diesem Kontext einen Zusammenhang zwischen der Form sowie der Art der Beziehung und dem Informationstransfer zwischen den Akteuren, wobei die Art der Beziehung und die

---

[1072] Aufgrund der Anzahl und Komplexität der Hypothesen werden diese nachfolgend wiederholt, um die Nachvollziehbarkeit der getroffenen Einschätzung zu gewährleisten.

Form der Beziehung die unabhängige Variablen darstellen und der Transfer von Informationen über das Cluster bzw. der Transfer von fachlich relevanten Informationen die abhängigen Variablen (siehe hierzu Tabelle 26).

Tabelle 26: Hypothesen zum Einfluss auf den Informationstransfer[1073]

Nr.	Hypothesen
H1	*Informale horizontale* Beziehungen zwischen den Humanressourcen verschiedener Akteure eines Clusters führen zum Transfer von *Informationen über das Cluster*.
H2	*Formale horizontale* Beziehungen zwischen den Humanressourcen verschiedener Akteure eines Clusters führen zum Transfer von *Informationen über das Cluster*.
H3	*Informale horizontale* Beziehungen zwischen den Humanressourcen verschiedener Akteure eines Clusters führen zum Transfer von *fachlich relevanten Informationen*.
H4	*Formale horizontale* Beziehungen zwischen den Humanressourcen verschiedener Akteure eines Clusters führen zum Transfer von *fachlich relevanten Informationen*.
H5	*Informale vertikale* Beziehungen zwischen den Humanressourcen verschiedener Akteure eines Clusters führen zum Transfer von *Informationen über das Cluster*.
H6	*Formale vertikale* Beziehungen zwischen den Humanressourcen verschiedener Akteure eines Clusters führen zum Transfer von *Informationen über das Cluster*.
H7	*Informale vertikale* Beziehungen zwischen den Humanressourcen verschiedener Akteure eines Clusters führen zum Transfer von *fachlich relevanten Informationen*.
H8	*Formale vertikale* Beziehungen zwischen den Humanressourcen verschiedener Akteure eines Clusters führen zum Transfer von *fachlich relevanten Informationen*.
H9	*Informale laterale* Beziehungen zwischen den Humanressourcen verschiedener Akteure eines Clusters führen zum Transfer von *Informationen über das Cluster*.
H10	*Formale laterale* Beziehungen zwischen den Humanressourcen verschiedener Akteure eines Clusters führen zum Transfer von *Informationen über das Cluster*.
H11	*Informale laterale* Beziehungen zwischen den Humanressourcen verschiedener Akteure eines Clusters führen zum Transfer von *fachlich relevanten Informationen*.

[1073] Eigene Darstellung.

H12 *Formale laterale* Beziehungen zwischen den Humanressourcen verschiedener Akteure eines Clusters führen zum Transfer von *fachlich relevanten Informationen*.

In Bezug auf die postulierten Wirkungszusammenhänge zwischen der Art der Beziehung (horizontal, vertikal, lateral) und den Transfer von Informationen über das Cluster bzw. fachlich relevanter Informationen kann für die lateralen und vertikalen Beziehungen ein Zusammenhang mit *voller Übereinstimmung* festgestellt werden. In Bezug auf die horizontalen Beziehungen ist zu sagen, dass hier nur eine *Übereinstimmung mit Einschränkungen* festzustellen ist. Zwar führen alle genannten Beziehungen zum Transfer von Informationen über das Cluster und zum Transfer von fachlich relevanten Information, womit eine volle Übereinstimmung gegeben wäre, hinsichtlich der horizontalen Beziehungen kann aber keine abschließende Beurteilung stattfinden, da die Anzahl der horizontalen Akteure im Cluster zu gering ist und diese insgesamt zwar in der gleichen Branche tätig sind, grundsätzlich aber in unterschiedlichen Nischen bzw. Sparten, sodass keine direkte Wettbewerbersituation eintritt, sondern mehr eine Komplementarität. Sehr wohl konnte aber auch in den wenigen horizontalen Beziehungen ein Transfer von Informationen über das Cluster und von fachlich relevanten Informationen festgestellt werden. Dies ist damit zu begründen, dass die horizontalen Akteure zum einen gemeinsam in Projekten des Clusters tätig sind und zum anderen enge geschäftliche Verflechtungen bestehen. Bei der Betrachtung der *Beziehungsart* kann zwischen dem theoretischen und empirischen Muster entsprechend nur eine *Übereinstimmung mit Einschränkung* festgestellt werden, da keine eindeutige Einschätzung in Bezug auf die postulierten Wirkungszusammenhänge der Hypothesen H1 bis H4 gegeben werden konnte.

In Bezug auf die postulierten Wirkungszusammenhänge zwischen der Form der Beziehung (formal/informal) und dem Transfer von Informationen über das Cluster bzw. von fachlich relevanten Informationen ist anzumerken, dass für den Transfers von fachlich relevanten Informationen sowohl formale Beziehungen, wie etwa Forschungskooperationen und die Auftragsforschung als auch informale Beziehungen genutzt werden, was einen Nachweis entsprechend schwer macht. Informationen über das Cluster werden hingegen verstärkt in formalen Beziehungen ausgetauscht, was vor allem damit begründet werden kann, dass beim Transfer dieser Informationen kaum Verträge und unternehmerische Vorgaben verletzt werden können. Gleichzeitig findet der Transfer aber auch in informalen Beziehungen statt. Zusammenfassend kann dementsprechend bei der *Beziehungsform* eine *volle Übereinstimmung* zwischen theoretischen und empirischen Pattern festgestellt werden, da in den theoretisch hergeleiteten Hypothesen kein Bezug auf die jeweilige Ausprägung genommen wurde, sondern lediglich eine Wenn-dann-Beziehung postuliert wurde, die entsprechend durch das empirische Datenmaterial gestützt wird, da in beiden Beziehungsformen Informationen über das Cluster und fachlich relevante Informationen transferiert werden

Zusammenfassend ist entsprechend eine Übereinstimmung mit Einschränkung für die Hypothesen H1, H2, H3 und H4 geben während bei den Hypothesen H5, H6, H7, H8, H9, H10, H11 und H12 eine vollständige Übereinstimmung gegeben ist.

5.1.2 Wirkungszusammenhang zwischen der Intensität der Beziehung und dem Transfer von Informationen

Neben der Art und Form der Beziehungen wurde ebenfalls ein direkter Zusammenhang zwischen der Intensität der Beziehung und den Informationstransfer postuliert, wobei die Intensität der Beziehung die unabhängige Variable darstellt und der Transfer von Informationen über das Cluster bzw. der Transfer von fachlich relevanten Informationen die abhängigen Variablen. Im theoretischen Muster wird angenommen, dass mit steigender Intensität der Beziehungen mehr fachlich relevante Informationen zwischen den Humanressourcen der Akteure transferiert werden, während bei einer geringen Beziehungsintensität eher Informationen über das Cluster ausgetauscht werden. Formalen Ausdruck finden diese theoretischen Annahmen in den Hypothesen H13 und H14. Die Untersuchungsergebnisse der befragten Akteure der Fallstudie sprechen für eine *volle Übereinstimmung*. So ergab das empirische Muster, dass die Intensität der Beziehung beim Austausch von fachlich relevanten Informationen hoch ist und eine schwache Ausprägung beim Transfer von Informationen über das Cluster vorliegt. Entsprechend ist eine volle Übereinstimmung für die Hypothesen H13 und H14 gegeben.

5.1.3 Wirkungszusammenhang zwischen dem Vertrauen in der Beziehung und dem Transfer von Informationen

In der theoretischen Ausarbeitung wurde vermutet, dass das Vertrauen zwischen den Humanressourcen der verschiedenen Akteure einen Einfluss auf die transferierten Informationen hat. In den Hypothesen H15 und H16 wurde angenommen, dass mit zunehmendem Grad des Vertrauens fachlich relevante Informationen ausgetauscht werden, wohingegen bei einem geringen Grad des Vertrauens zwischen den Humanressourcen der Akteure mehr Informationen über das Cluster transferiert werden. Der theoretisch vermutete Zusammenhang zwischen dem Grad des Vertrauens und dem Transfer von Informationen kann auf empirischer Ebene bestätigt werden. So zeigen die Ergebnisse der Untersuchung, dass der Grad des Vertrauens zwischen den Humanressourcen als vertrauensvoll bis sehr vertrauensvoll einzustufen ist. Innerhalb der Transferbeziehung wird aber abhängig vom Grad des Vertrauens entschieden, welche Informationen geteilt werden und welche nicht. So konnte bei der Datenauswertung herausgearbeitet werden, dass die Akteure eher geneigt sind, fachlich relevantes Wissen zu transferieren, wenn es sich um vertrauensvolle Beziehungen handelt, während sie ansonsten, also in Beziehungen, in denen das Vertrauen sich erst entwickeln muss oder nur schwach ausgeprägt ist, eher Informationen über das Cluster transferieren. Das theoretische Muster entspricht damit dem empirischen Muster, weshalb eine *volle Übereinstimmung* gegeben ist. Womit ebenfalls die Hypothesen H15 und H16 gestützt werden können.

5.2 CLUSTERSPEZIFISCHES WISSEN IN DER PRAXIS

Der Begriff „clusterspezifisches Wissen" wurde im konzeptionellen Teil der Arbeit mit Bezug auf die Arbeiten von Hayek (1945) und Williamson (1979) sowie Lundvall/Johnson (1994) hergeleitet. Dabei wurden die allgemeinen Erkenntnisse der jeweiligen Arbeit in Relation zum Cluster gesetzt. Die Definition setzt sich so aus zwei Kernkomponenten zusammen: zum einen den *idiosynkratischen Kenntnissen und zum anderen den idiosynkratischen Fähigkeiten*. Dabei wurden aus den Ansätzen von Hayek (1945) und Williamson (1979) speziell die Ausführungen zur Spezifität bzw. Faktorspezifität in die Definition aufgenommen, während von Lundvall/Johnson (1994) die Ausarbeitungen zu den Wissensarten mit in die Definition einflossen. Die sich so ergebene Definition von clusterspezifischem Wissen wurde im weiteren Verlauf der Arbeit operationalisiert, um für die vorgeschlagene Konzeptualisierung Anhaltspunkte in der empirischen Untersuchung finden zu können. In der empirischen Untersuchung wurde entsprechend versucht, Ausprägungen des clusterspezifischen Wissens zu identifizieren, und Erklärungsansätze zu finden, was unter clusterspezifischem Wissen in der Praxis zu verstehen ist. Im Rahmen der Datenauswertung ergaben sich für die idiosynkratischen Kenntnisse Ausprägungen in Form von Process Idiosyncracies, Know-who bzw. Responsibility Idiosyncracies und teilweise von Communication Idiosyncracies. Für die idiosynkratischen Kenntnisse konnten Ausprägungen in Form von Knowhow, Know-what und Equipment Idiosyncracies festgestellt werden. In der Definition von clusterspezifischem Wissen wurde beschrieben, dass nicht alle beinhalteten Wissensbestandteile kodifiziert werden könnten. Auch dies spiegelte sich in der empirischen Untersuchung wider. So wurde festgestellt, dass die idiosynkratischen Kenntnisse über das Cluster vollständig zu kodifizieren sind, während die idiosynkratischen Fähigkeiten nur teilweise bis nicht zu kodifizieren sind; somit ist eine große Übereinstimmung der vorgeschlagenen Konzeptualisierung des clusterspezifischen Wissens und den Daten aus der empirischen Untersuchung gegeben. Insgesamt wird daher davon ausgegangen, dass es sich um eine angemessene Definition von clusterspezifischem Wissen handelt. Gleichzeitig ist aber weitere Forschung indiziert, da die in der empirischen Untersuchung festgestellten Anhaltspunkte der Konzeptualisierung nicht immer klar zwischen „branchenspezifisch" und „clusterspezifisch" zugeordnet werden konnten. Die nächsten beiden Schritte der Analyse untersuchen, ob der Wirkungszusammenhang zur Generierung von clusterspezifischen Wissen durch das empirische Datenmaterial gestützt wird.

5.2.1 Wirkungszusammenhang zwischen dem Transfer von Informationen über das Cluster und der Generierung von idiosynkratischen Kenntnissen

Im theoretischen Teil der Arbeit bzw. im Modell wurde in Hypothese H17 ein direkter Wirkungszusammenhang zwischen dem Transfer von Informationen über das Cluster und der Generierung von idiosynkratischen Kenntnissen postuliert. Es wird also angenommen, dass der Transfer von Informationen über das Cluster zu idiosynkratischen Kenntnissen führt. Um diese Hypothese mittels des empirischen Datenmaterials stützen zu können, müsste ein erfolgreicher Transfer von Informationen über das Cluster zwischen den Humanressourcen der Akteure stattgefunden haben und diese Informationen müssten dann vom Individuum mittels seines Wissenskontexts interpretiert worden sein, um das so generierte clusterspezifische Wissen anschließend anzuwenden oder weiterzuentwickeln. Im Rahmen der empirischen Untersuchung konnte festgestellt werden, dass Informationen über das Cluster zwischen den Humanressourcen der Akteure ausgetauscht werden und dass diese Informationen wiederverwendet oder weiterentwickelt werden, womit von idiosynkratischen Kenntnissen zu sprechen ist. Daher ist eine *volle Übereinstimmung* für das theoretische und empirische Muster sowie für die Hypothese H17 gegeben.

5.2.2 Wirkungszusammenhang zwischen dem Transfer von fachlich relevanten Informationen und der Generierung von idiosynkratischen Fähigkeiten

Im theoretischen Modell wurde in Hypothese H18 ebenfalls ein direkter Wirkungszusammenhang zwischen dem Transfer von fachlich relevanten Informationen und der Generierung von idiosynkratischen Fähigkeiten postuliert. Es wird also angenommen, dass der Transfer von fachlich relevanten Informationen zu idiosynkratischen Fähigkeiten führt. Um diese Hypothese mithilfe des empirischen Datenmaterials stützen zu können, müsste ein erfolgreicher Transfer von fachlich relevanten Informationen über das Cluster zwischen den Humanressourcen der Akteure stattgefunden haben. Diese Informationen müssten dann vom Individuum mittels seiner individuellen Wissensbasis interpretiert worden sein. Durch die Verknüpfung der transferierten fachlich relevanten Informationen mit dem vorhandenen Wissen würde es zur Generierung von clusterspezifischem Wissen kommen. Im Rahmen der empirischen Untersuchung konnte festgestellt werden, dass fachlich relevante Informationen zwischen den Humanressourcen der Akteure ausgetauscht werden, und dass diese Informationen wiederverwendet oder weiterentwickelt werden, weshalb von idiosynkratischen Fähigkeiten zu sprechen ist. Dadurch ist eine *volle Übereinstimmung* für das theoretische und empirische Muster sowie für die Hypothese H18 gegeben.

Nachdem auch eine Übereinstimmung in Bezug auf die Generierung von clusterspezifischem Wissen gegeben werden konnte, wird nachfolgend auf das Wettbewerbspotenzial von clusterspezifischem Wissen eingegangen werden.

5.3 Übereinstimmung bezüglich des Potenzials von clusterspezifischem Wissen zur Generierung von Wettbewerbsvorteilen

Im Rahmen des konzeptionellen Teils der Arbeit wurde auf Basis des Resourcebased View und des Relational View ein Analyserahmen entwickelt, der es zu beurteilen ermöglichen soll, welches Potenzial das clusterspezifische Wissen hat, Wettbewerbsvorteile auf Unternehmens- und Netzwerkebene des Clusters zu erwirtschaften. Die Überprüfung des Potenzials von clusterspezifischem Wissen, Wettbewerbsvorteile zu generieren, stellt das zweite Segment des Modells dar, indem postuliert wird, dass das clusterspezifische Wissen die nötigen VRIN-Kriterien gem. Barney aufweist. Es wird dementsprechend postuliert, dass clusterspezifisches Wissen das Potenzial besitzt, Wettbewerbsvorteile auf Unternehmensebene zu realisieren, wenn es wertvoll, selten, nicht oder nur schwer zu imitieren und nicht zu substituieren ist. In Bezug auf die Netzwerkebene konnten in der Literatur keine äquivalenten Kriterien ausfindig gemacht werden, weshalb hier mit Bezug auf die Relational View analysiert wurde, welche Renten mithilfe von clusterspezifischem Wissen generiert werden könnten bzw. welchen Beitrag das clusterspezifische Wissen zur Rentengenerierung leisten könnte. Hier wird postuliert, dass das clusterspezifische Wissen zu einer effizienteren Kommunikation innerhalb des Clusters beitragen kann, einen Beitrag dazu leistet, dass die spezifische Aufnahmefähigkeit der Akteure erhöht wird und dass es sich um eine komplementäre Ressource handelt. Die theoretisch so konstatierten Zusammenhänge zwischen dem clusterspezifischen Wissen und dessen Potenzial, Wettbewerbsvorteile zu realisieren, werden nachfolgend mit dem empirischen Muster konfrontiert. Eine getrennte Betrachtung des clusterspezifischen Wissens in Form von idiosynkratischen Kenntnissen und Fähigkeiten wird nur dann vorgenommen, wenn sich in der Datenauswertung Besonderheiten ergeben haben.

5.3.1 Wirkungszusammenhang zwischen clusterspezifischem Wissen und dessen Potenzial Wettbewerbsvorteile auf Unternehmensebene zu erwirtschaften

Um festzustellen, inwieweit die Ausprägungen der erhobenen Variablen mit denen im Modell übereinstimmen, werden nachfolgend kurz die postulierten Wirkungszusammenhänge, die dazugehörigen Variablen und deren Abhängigkeiten je Hypothese dargestellt, bevor sie mit den empirischen Muster konfrontiert werden. Hierbei ist zu berücksichtigen, dass alle postulierten Wirkungszusammenhänge der Hypothesen H19 bis H23 vorliegen müssen, damit das Potenzial zur Generierung von Wettbewerbsvorteilen auf Unternehmensebene gegeben ist. Die Ausprägungen der Eigenschaften von clusterspezifischem Wissen werden herangezogen, um das Potenzial der Ressource im Hinblick auf die Generierung von Wettbewerbsvorteilen zu beurteilen. Dementsprechend wird in Hypothese H19 vermutet, dass je clusterspezifischer das Wissen ist, desto größer das Potenzial zur Generierung von Wettbewerbsvorteilen für den einzelnen Akteur ist. Dabei stellt das clusterspezifische Wissen die unabhängige Variable dar und das Potenzial zur Realisierung von Wettbewerbsvorteilen die abhängige Variable. Im Rahmen der empirischen Untersuchung konnte festgestellt werden, dass das clusterspezifische Wissen über eine hohe Spezifität verfügt. Entsprechend der Ausprägung kann festgestellt werden, dass eine *volle Übereinstimmung* für das empirische und theoretische Muster und damit entsprechend für die Hypothese H19 gegeben ist.

In Hypothese H20 wird postuliert, dass je wertvoller das clusterspezifische Wissen ist, desto größer das Potenzial zur Generierung von Wettbewerbsvorteilen für den einzelnen Akteur ist. Dabei stellt das clusterspezifische Wissen wieder die unabhängige Variable dar und das Potenzial zur Realisierung von Wettbewerbsvorteilen die abhängige Variable. In der empirischen Untersuchung wurde festgestellt, dass das clusterspezifische Wissen eine hohe Werthaltigkeit hat. Folglich kann eine *volle Übereinstimmung* zwischen dem in Hypothese H20 postulierten theoretischen Zusammenhang und dem empirischen Muster bestätigt werden. Das Datenmaterial der empirischen Untersuchung stützt damit in hohem Maße die Hypothese H20.

In Hypothese H21 wird postuliert, dass je seltener das clusterspezifische Wissen ist, desto größer ist das Potenzial zur Generierung von Wettbewerbsvorteilen für den einzelnen Akteur. Dabei stellt das clusterspezifische Wissen abermals die unabhängige Variable dar und das Potenzial zur Realisierung von Wettbewerbsvorteilen die abhängige Variable. In der Datenauswertung wurde festgestellt, dass eine Unterscheidung hinsichtlich der idiosynkratischen Kenntnisse und Fähigkeiten sowie zwischen dem Verhältnis „innerhalb des Clusters" und für „Clusterexterne" zu erfolgen hat. So ist das clusterspezifische Wissen für Externe insgesamt als selten zu beurteilen, während die idiosynkratischen Kenntnisse clusterintern als Klubgut zu bewerten sind. In Bezug auf die idiosynkratischen Fähigkeiten wurde bereits ausgeführt, dass diese auch im Cluster selten vorzufinden sind, zum einen wegen der Diversität innerhalb der Branche, und zum anderen wegen des Entstehungsvorgangs. So sind lediglich wenige Akteure bei der Generierung beteiligt, und es kann in den einzelnen Unternehmen zu Weiterentwicklungen des clusterspezifischen Wissens kommen, wodurch im ersten Moment nur ein Akteur über die Fähigkeiten verfügen würde. Basierend auf diesen Ausführungen wird eine *Übereinstimmung mit Einschränkung* für das empirische und theoretische Muster angenommen, was jedoch nicht zum Verwerfen der Hypothese H21 führt, da das clusterspezifische Wissen insgesamt trotzdem als selten zu beurteilen ist.

In Hypothese H22 wird angenommen, dass je schwieriger das clusterspezifische Wissen zu imitieren ist, desto größer das Potenzial zur Generierung von Wettbewerbsvorteilen für den einzelnen Akteur ist. Dabei stellt das clusterspezifische Wissen die unabhängige Variable dar und das Potenzial zur Realisierung von Wettbewerbsvorteilen die abhängige Variable. Für das clusterspezifische Wissen wurde in der Datenauswertung ein hoher Imitationsschutz festgestellt, dementsprechend ist eine Imitation von clusterspezifischem Wissen nur schwer zu realisieren. Eine *volle Übereinstimmung* des theoretischen und empirischen Musters ist damit gegeben und der postulierte Zusammenhang in Hypothese H22 in hohem Maße durch das empirische Material gestützt wird.

In Hypothese H23 wird postuliert, dass je weniger das clusterspezifische Wissen zu substituieren ist, desto größer ist das Potenzial zur Generierung von Wettbewerbsvorteilen für den einzelnen Akteur. Dabei stellt das clusterspezifische Wissen die unabhängige Variable dar und das Potenzial zur Realisierung von Wettbewerbsvorteilen die abhängige Variable. Im Rahmen der empirischen Untersuchung konnte aufgezeigt werden, dass das clusterspezifische Wissen nicht zu substituieren ist. Es liegt entsprechend eine *volle Übereinstimmung* des empirischen und theoretischen Pattern vor. Die Hypothese H23 wird unter diesen Gesichtspunkten in hohem Maße durch das empirische Material gestützt.

Insgesamt kann entsprechend der Auswertung festgestellt werden, dass es sich bei der Ressource „clusterspezifisches Wissen" aufgrund ihrer Eigenschaften für die Unternehmen um eine strategische Ressource handelt, die das Potenzial hat, Renten zu generieren. Es wird davon ausgegangen, dass es sich je nach Verwendung um die genannten Rentenarten aus Kapitel 4.7.1 handeln wird.[1074]

[1074] Vgl. hierzu Kapitel IV, Abschnitt 5.1 Analyse von clusterspezifischem Wissen auf der Unternehmensebene unter Verwendung des Cluster-based View of Knowledge, S. 147 f.

5.3.2 Wirkungszusammenhang zwischen clusterspezifischem Wissen und dessen Potenzial Wettbewerbsvorteile auf Netzwerkebene zu erwirtschaften

In Bezug auf das Potenzial von clusterspezifischem Wissen zur Generierung von Wettbewerbsvorteilen auf der Netzwerkebene wurde untersucht, ob das clusterspezifische Wissen zu einer effizienteren Kommunikation führt, zu einer Erhöhung der absorptive capacity (spezifische Aufnahmefähigkeit) der Akteure führt, und ob es sich beim clusterspezifischen Wissen um eine komplementäre Ressource handelt. Die so gewählten Schwerpunkte der Untersuchung stellen konkret auf die Möglichkeit der Rentengenerierung auf Netzwerkebene ab. Neben den Anforderungen an das clusterspezifische Wissen müssen noch Nebenbedingungen erfüllt werden, damit es wirklich zur Rentenerfüllung kommt. Im untersuchten Fall lagen diese Nebenbedingungen, wie etwa die interorganisationalen Routinen zum Wissensaustausch, vor, weshalb eine genaue Einschätzung bezüglich des Potenzials zur Rentengenerierung formuliert werden kann. Es darf dabei aber nicht außer Acht gelassen werden, dass diese Rahmenbedingungen nicht immer vorliegen und es deshalb zu Verzerrungen in Bezug auf die Beurteilung des Potenzials von clusterspezifischem Wissen kommen kann. Insgesamt wurden drei Hypothesen aufgestellt, die nachfolgend kurz erörtert und analysiert werden.

In Hypothese H24 wurde postuliert, dass das clusterspezifische Wissen zu einer effizienteren Kommunikation innerhalb des Clusters führt. Dabei stellt das clusterspezifische Wissen die unabhängige Variable dar und die effizientere Kommunikation die abhängige Variable. In der Datenauswertung konnte festgestellt werden, dass das clusterspezifische Wissen zu einer effizienteren Kommunikation beiträgt. Dementsprechend entspricht das theoretische Muster dem empirischen Muster, was dazu führt, dass eine *volle Übereinstimmung* gegeben ist und die Hypothese H24 wird entsprechend durch das empirische Datenmaterial gestützt.

In Bezug auf die Erhöhung der spezifischen Aufnahmefähigkeit wurde postuliert, dass das clusterspezifische Wissen zu einer Erhöhung der spezifischen Aufnahmefähigkeit von Wissen der Clusterakteure führt. Hierbei stellt das clusterspezifische Wissen die unabhängige Variable dar und die spezifische Aufnahmefähigkeit die abhängige Variable. Bei den untersuchten Akteuren des Clusters konnten sowohl Routinen zum Wissensaustausch festgestellt werden als auch die Tatsache, dass die idiosynkratischen Kenntnisse eine geteilte Wissensbasis im Cluster darstellen. In Bezug auf die idiosynkratischen Fähigkeiten könnte es sich ähnlich verhalten, was aber nicht abschließend nachgewiesen werden konnte. Dies ist vor allem mit der starken Diversität der Branche zu erklären und der sich so ergebenden Produktspezialisierung. Insgesamt kann deshalb nur eine *Übereinstimmung mit Einschränkungen* gegeben werden. Die Hypothese H25 wird aber nicht verworfen, da sie grundsätzlich den richtigen Wirkungszusammenhang postuliert. Entsprechend sollte eine weitere Überprüfung der Hypothese in einem Cluster einer nicht so stark diversifizierten Branche durchgeführt werden, um basierend auf den sich ergebenen Ergebnissen evtl. eine entsprechende Modifikation der Hypothese vorzunehmen.

In der letzten Hypothese (H26) wird postuliert, dass falls clusterspezifisches Wissen eine komplementäre Ressource ist, sie dann das Potenzial besitzt, Wettbewerbsvorteile zu generieren. Das clusterspezifische Wissen stellt auch in diesem Fall die unabhängige Variable dar und das Potenzial zur Realisierung von Wettbewerbsvorteilen die abhängige Variable. In der Datenauswertung konnte dieser Wirkungszusammenhang teilweise für die idiosynkratischen Fähigkeiten festgestellt werden. Insgesamt wird für den untersuchten Fall aufgrund der geringen Ausprägungen jedoch *keine Übereinstimmung* angenommen. Die Ablehnung der Hypothese H26 ist damit zu begründen, dass es wenig teamorientierte Interdependenzen im untersuchten Cluster gibt, weshalb der Wirkungszusammenhang im untersuchten Fall nicht nachgewiesen werden konnte. Die Hypothese sollte aber dennoch im theoretischen Modell beinhaltet bleiben, da ein grundsätzlicher Wirkungszusammenhang aufgrund der schwachen Ausprägungen zu vermuten ist. Sollte der Wirkungszusammenhang jedoch auch in der Untersuchung eines nächsten Clusters nicht vorgefunden werden, indem eine starke Ausprägung der teamorientierten Interdependenzen vorhanden ist, so ist die Hypothese H26 abschließend zu verwerfen.

Insgesamt kann entsprechend der Auswertung festgestellt werden, dass es sich bei der Ressource „clusterspezifisches Wissen" um eine strategische Ressource handelt, die das Potenzial besitzt, Wettbewerbsvorteile zu realisieren. Es wird davon ausgegangen, dass es sich je nach Verwendung der Ressource auf der Unternehmensebene um Quasi-Renten, Ricardo-Renten, monopolistische Renten handeln wird, während sie auf der Netzwerkebene das Potenzial besitzt, relationale Renten zu erwirtschaften. Für eine wiederholte Betrachtung sei auf das Kapitel 4.7.2 verwiesen, in dem die zu erwirtschaften Rentenarten ausführlich behandelt wurden.[1075]

5.4 Schlussfolgerungen für das Modell

Zusammenfassend kann basierend auf dem Pattern Matching, dem Muster des theoretischen Modells und dem empirischen Datenmaterial ein hohes Maß an Übereinstimmungen festgestellt werden. In den Analysepunkten, bei denen eine Überstimmung mit Einschränkungen festgestellt wurde, konnte eine Erklärung der Abweichung gegeben werden. In einem Punkt führte der Wirkungszusammenhang zu keiner Übereinstimmung. Trotz dieses Umstands wurde die Hypothese im Modell belassen, da davon auszugehen ist, dass sie aufgrund zu weniger teamorientierter Interdependenzen nicht in der nötigen Ausprägung vorgefunden werden konnte. Insgesamt konnten auf Basis der erhobenen Daten keine Anhaltspunkte gefunden werden, die zum Verwerfen des entwickelten Modells führen.

Basierend auf der Tatsache, dass das gewonnene Datenmaterial aus lediglich einer Fallstudie stammt, in der 11 Analyseeinheiten untersucht wurden, können die so erarbeiteten Ergebnisse lediglich erste Erkenntnisse bzw. Implikationen für die weiterführende Forschung geben. Unter Berücksichtigung des Umstands, dass bis zum jetzigen Zeitpunkt kein theoretisches Modell bekannt ist, das sich mit der Entstehung von clusterspezifischem Wissen und dessen Potenzial zur Generierung von Wettbewerbsvorteilen auf Unternehmensebene und Netzwerkebene auseinandersetzt, sind diese Erkenntnisse über die Wirkungszusammenhänge für die weiterführende Forschung durchaus wertvoll, denn das theoretische Modell bildet die Basis für weitere empirische Untersuchungen. Wie im Vorfeld der Untersuchung hervorgehoben wurde, handelt es sich bei den postulierten Modellbeziehungen um Beziehungen zwischen sehr komplexen Variablen, was einen gewissen Spielraum für die Interpretation gibt. Um diesen Interpretationsspielraum möglichst zu minimieren, wurde im Abschnitt 3.2 im Kapitel über die empirische Untersuchung eine theoriegeleitete Variablenoperationalisierung durchgeführt, die Argumentationsketten im Rahmen der Modellentwicklung offengelegt und den Gutachtern das erhobene Datenmaterial zur Verfügung stellt, sodass diese bei Bedarf ebenfalls eine wiederholte Auswertung vornehmen können. Die so gewählten Maßnahmen

---

[1075] Vgl. hierzu Kapitel IV Abschnitt 5.2 Analyse von clusterspezifischem Wissen auf der Netzwerkebene unter Verwendung des Cluster-based View of Knowledge, S. 148 ff.

sollen eine möglichst hohe Güte der Daten sichern (Vgl. V 2.3 im Kapitel der empirischen Untersuchung).[1076]

Im Ergebnis kann festgehalten werden, dass die erwarteten Wirkungszusammenhänge, bei den untersuchten Akteuren der Fallstudie, vorerst größtenteils durch das empirische Datenmaterial gestützt werden. Es gibt dementsprechend keinen Anlass, das Modell zu verwerfen. So wurde festgestellt, dass die Qualität der Beziehung einen Einfluss auf den Transfer von Informationen hat und dass der Transfer von Informationen über das Cluster sowie von fachlich relevanten Informationen zu idiosynkratischen Kenntnissen bzw. idiosynkratischen Fähigkeiten führt, die zusammen das clusterspezifische Wissen bilden. In diesem Zusammenhang konnten auch Anhaltspunkte in der empirischen Untersuchung identifiziert werden, die die Definition von clusterspezifischem Wissen stützen. Weiterhin konnte festgestellt werden, dass das clusterspezifische Wissen das Potenzial besitzt, Wettbewerbsvorteile auf Unternehmens- und Netzwerkebene zu erwirtschaften. Somit kann geschlussfolgert werden, dass die postulierten Modellbeziehungen mit Ausnahme eines Falls durch die Untersuchung voll oder mit Einschränkung gestützt werden. In Bezug auf eine Modifizierung des Modells ist anzumerken, dass aufgrund der dargestellten Ausprägungen der staatlichen Hilfen, diese ebenfalls mit in das Modell aufgenommen werden sollten. Es ist davon auszugehen, dass die monetären Mittel der staatlichen Hilfen Einfluss auf die Vernetzung im Cluster haben und damit auf die Qualität der Beziehungen. Dementsprechend wären die staatlichen Hilfen bei den Rahmenbedingungen des Clusters anzusiedeln. Es kann aber ebenso ein Zusammenhang zwischen den staatlichen Hilfen und dem Informationstransfer postuliert werden, womit die staatlichen Hilfen der Variablengruppe „Qualität der Beziehungen" zuzuordnen wären. Die entsprechende Hypothese wäre in diesem Zusammenhang H27: Je höher der monetäre Wert der staatlichen Hilfen zur Förderung der Wissensbildung ist, desto eher werden fachlich relevante Informationen ausgetauscht. In gewisser Weise würde das Vertrauen in der Beziehung sowie die Intensität der Beziehung durch finanzielle Mittel ersetzt bzw. teilweise kompensiert werden. Dementsprechend würde die zweite Hypothese lauten H28: Je geringer der monetäre Wert der staatlichen Hilfen zur Förderung der Wissensbildung ist, desto eher werden

---

[1076] Vgl. Eidems (2010), S. 177.
[1077] Quelle: Eigene Darstellung.

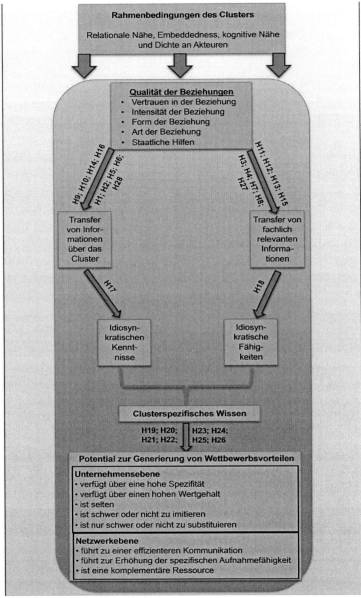

Abbildung 32: Erweitertes Analysemodell zum clusterspezifischen Wissen[1077]

Informationen über das Cluster ausgetauscht. Da in Bezug auf die Rahmenbedingungen des Cluster davon ausgegangen wird, dass diese Faktoren für jedes Cluster allgemeingültig sind und die staatliche Förderung einen individuellen Sachverhalt darstellt, wird die Variable „staatliche Hilfen" in die Variablengruppe „Qualität der Beziehungen" aufgenommen. Eine entsprechende Überprüfung hat in der weiteren Forschung zu erfolgen. Die Überlegungen zu den staatlichen Hilfen werden nachfolgend im erweiterten Gesamtmodell dargestellt (Vgl. Abbildung 32).

5.5 Kritische Würdigung des Modells

Das Modell liefert einen umfassenden Einblick in den Generierungsprozess von clusterspezifischem Wissen und gibt erste Erkenntnisse in Bezug auf sein Potenzial, Wettbewerbsvorteile zu erwirtschaften. So zeigt das erste Modellsegment, welche Variablen einen Einfluss auf die Beziehungen der Akteure haben, in denen Informationen über das Cluster oder fachlich relevante Informationen transferiert werden. Weiterhin wird verdeutlicht, welche Informationen zu clusterspezifischem Wissen führen und was unter clusterspezifischem Wissen zu verstehen ist. Das zweite Modellsegment, das auf Basis der integrativen Verknüpfung der beiden Theorieansätze, dem Resource-based View und dem Relational View, entstanden ist, zeigt die Eigenschaften von clusterspezifischem Wissen auf, die sein Potenzial charakterisieren, Wettbewerbsvorteile auf Unternehmens- und Netzwerkebene zu realisieren. Eine Gültigkeit der Explikationen zum clusterspezifischen Wissen bzw. der Wirkungszusammenhänge des Modells kann aber nur für die in dieser Arbeit durchgeführten Einzelfallstudie gegeben werden, sodass, wie bereits erklärt wurde, keine Generalisierung in statistischem Sinne vorgenommen werden kann.[1078] Die Auswahl der nomothetischen Fallstudie wurde auch nicht zu diesem Zweck ausgewählt, sondern vielmehr unter dem Gesichtspunkt getroffen, die theoretischen Ausarbeitungen anhand des erhobenen Datenmaterials zu überprüfen.[1079] Auch wenn die in der empirischen Ausarbeitung gewonnen Erkenntnisse die theoretisch Überlegungen stützen, verweist Siggelkow in Bezug auf die Theoriebildung auf Folgendes:

„The theory should stand on its own feet. One needs to convince the reader that the

---

[1078] Vgl. Borchardt/Göthlich (2009), S. 36, sowie Zaugg (2006), S. 7 ff.
[1079] Vgl. Eidems (2010), S. 182.

conceptual argument is plausible and use the case as additional [...] justification for one's argument."[1080]

Zu den empirischen Ergebnissen ist weiterhin auszuführen, dass in den einzelnen Interviews subjektive Einschätzungen erhoben wurden. Es ist dementsprechend nicht auszuschließen, dass die Interviewpartner bemüht waren, die Fragen so zu beantworten, dass sie den vermeintlichen Erwartungen des Forschers gerecht werden. Mitunter könnte es auch sein, dass die Interviewpartner sozial erwünschte Antworten geben haben, die den Anforderungen an das Spitzencluster entsprechen. Das wäre vor allem im Zusammenhang mit der für die Akteure wichtige staatliche Förderung nachvollziehbar.[1081] Es kann aber nicht nur auf Probandenseite ein Bias gegeben sein, sondern auch auf der Seite des Wissenschaftlers. So besteht die Möglichkeit, dass die Ansichten des Forschers die Forschungsergebnisse beeinflussen (Researcher Bias).[1082] Um diesen Bias zu Entgegen, wurden die Gütekriterien der Fallstudienmethode angewendet. Zusätzlich wurden neben der Datenerhebung in Form von Befragungen ebenfalls eine Dokumentenanalyse und eine Fragebogenerhebung durchgeführt. Insgesamt wurde die mögliche Fehlerquelle des Researcher Bias sowohl bei der Datenerhebung als auch bei der dazugehörigen Auswertung im Hinterkopf behalten, um so eine stete Sensibilisierung für die Anfälligkeit gegenüber den Research Bias zu gewährleisten.[1083]

[1080] Siggelkow (2007), S. 21.
[1081] Vgl. Müller (2010b), S. 206.
[1082] Vgl. Maxxwell (2005), S. 108.
[1083] Vgl. zu diesem Vorgehen Eidems (2010), S. 182.

VI SCHLUSSBETRACHTUNG

Im ersten Teil der Schlussbetrachtung wird eine Zusammenfassung der Ergebnisse erfolgen. Im Anschluss daran werden Implikationen für die Praxis geben, sowohl aus theoretischer Sicht als auch aus der empirischen Untersuchung. Das Ende der Arbeit stellen die Schlussfolgerungen für den weiteren Forschungsbedarf und ein Ausblick dar.

1 ZUSAMMENFASSUNG DER ERGEBNISSE

Die Zielsetzung der vorliegenden Arbeit bestand aufgrund des in Kapitel I dargestellten Forschungsbedarfs in der Beantwortung der folgenden Fragestellungen:
- Was ist clusterspezifisches Wissen?
- Wie wird clusterspezifisches Wissen generiert?
- Welches Potenzial hat clusterspezifisches Wissen zur Generierung von Wettbewerbsvorteilen?

Zur Beantwortung dieser Fragestellungen wurde im Rahmen der Ausarbeitung in Teil II der Arbeit differenziert betrachtet, was unter einem Cluster zu verstehen ist, um auf die Thematik der Arbeit vorzubereiten und um eine Wissensgrundlage zu schaffen. In Abschnitt III der Arbeit wurde der theoretische Bezugsrahmen geschaffen sowie die Synthese des Resource-based View und des Relational View vorgenommen. Diese integrative Verknüpfung war notwendig, um die Wirkungszusammenhänge im zweiten Modellabschnitt theoretisch herleiten zu können, in dem auf das Potenzial zur Realisierung von Wettbewerbsvorteilen abgestellt wurde. Ebenfalls bildete die Synthese unter Berücksichtigung des clusterspezifischen Wissens die Grundlage für den Analyserahmen. Der Analyserahmen in Form des Cluster-based View of Knowledge wurde in Abschnitt 4 dieser Arbeit theoretisch hergeleitet. Dieser Umstand ergab sich aus dem Sachverhalt, dass nach der Synthese der beiden theoretischen Ansätze erst geklärt werden musste, was unter clusterspezifischem Wissen aus theoretischer Sicht zu verstehen ist und wie es generiert werden könnte. Hierzu war es erforderlich, die Wissensthematik inklusive des Wissenstransfers aufzuarbeiten, um basierend auf diesen theoretischen Grundlagen und unter Einbezug der clusterspezifischen Erkenntnisse eine Definition von clusterspezifischem Wissen geben zu können sowie den möglichen Entstehungsprozess zu beschreiben. Diese theoretischen Überlegungen bildeten die Basis für das erste Modellsegment zum clusterspezifischen Wissen und den darin postulierten Wirkungszusammenhängen. In Teil V der Arbeit wurde die empirische Untersuchung in Form der Pattern-Matching-Logik vorgenommen, um das theoretische Muster dem empirischen Muster gegenüberzustellen, um so zu überprüfen, inwieweit die theoretischen Überlegungen/Ergebnisse anhand der empirischen Ergebnisse gestützt werden konnten. Die vorliegende Arbeit mit den darin entwickelten Modell zum clusterspezifischen Wissen und der Untersuchung des Potenzials von clusterspezifischem Wissen, Wettbewerbsvorteile auf Unternehmens- und Netzwerkebene zu generieren, bilden mit ihren Erkenntnissen und Erklärungen einen wesentlichen Beitrag in der Forschung, da bis dato keine Arbeit bekannt ist, welche eine solche Schwerpunktsetzung auf das clusterspezifische Wissen und dessen Potenzial zur Realisierung von Wettbewerbsvorteilen in das Erkenntnis- und Erklärungsinteresse gestellt hat.

Nachfolgend werden die Ergebnisse der vorliegenden Arbeit zusammengefasst, bevor im Anschluss mit der Herleitung der theoretischen sowie praktischen Implikationen begonnen wird. Den Abschluss der Arbeit bildet die Darstellung des Ausblicks.

1.1 Das entwickelte Modell

Das theoretische Modell wurde entwickelt, da zum Zeitpunkt des Forschungsbeginns kein Modell vorhanden war, das herangezogen werden konnte, um zu erklären, auf Basis welcher Beziehungen clusterspezifisches Wissen entsteht und welche Variablen einen Einfluss auf den Informationstransfer im Cluster haben. Weiterhin gab es keinerlei Ausführungen darüber, was unter clusterspezifischem Wissen zu verstehen ist und ob es das Potenzial besitzt, Wettbewerbsvorteile auf Unternehmens- und Netzwerkebene zu generieren. Diese Fragestellungen sind aber essenziell, da ein erhebliches Interesse darin besteht, zu erklären, warum Cluster so erfolgreich sind, welche Ressourcen zum Erfolg beitragen können und welchen Nutzen ein Cluster für Einzelunternehmungen bieten kann. Basierend auf diesen Forschungslücken wurde das zweiteilige Modell entwickelt.

Das erste Modellsegment, das aus drei Stufen besteht, der *Qualität der*

Beziehungen, dem *Transfer von Informationen* und dem *clusterspezifischen Wissen* basiert auf den Erkenntnissen der Clusterforschung und den theoretischen Grundlagen der strategischen Managementforschung sowie dem Wissensmanagement. Die Berücksichtigung der verschiedenen theoretischen Strömungen sowie der Erkenntnisse aus dem Bereich der Clusterforschung ermöglichten es, die Wirkungszusammenhänge im ersten Modellsegment herzuleiten. So konnte mithilfe der verschiedenen Ansätze eine theoretische Herleitung bzw. Identifikation der Variablen erfolgen, bei denen ein Einfluss auf die Beziehungen, in denen clusterspezifisches Wissen entsteht, vermutet wurde. Weiterhin war es möglich herzuleiten, welche Informationsarten zu clusterspezifischem Wissen führen können und was unter dem Begriff „clusterspezifisches Wissen" zu verstehen ist.

Im zweiten Modellsegment wurden, basierend auf dem Cluster-based View of Knowledge, Wirkungszusammenhänge, die einen Zusammenhang zwischen den Eigenschaften von clusterspezifischem Wissen und dessen Potenzial, Wettbewerbsvorteile auf Unternehmens- und Netzwerkebene zu generieren, postuliert.

Es konnte mithilfe des Modells und der darauf basierenden empirischen Untersuchung festgestellt werden, dass im untersuchten Fall in allen Beziehungsarten (horizontal, vertikal, lateral) Informationen über das Cluster und fachliche relevante Informationen transferiert werden, die dann zu clusterspezifischem Wissen führen. Besonders relevant für die Generierung von idiosynkratischen Fähigkeiten sind hier die Beziehungen zu den lateralen Akteuren wie Forschungseinrichtungen und Hochschulen. Daneben spielen aber auch immer die vertikalen Beziehungen eine wichtige Rolle beim Informationstransfer, der zu clusterspezifischem Wissen führen kann. In Bezug auf das Vertrauen ist auszuführen, dass fachlich relevante Informationen verstärkt in vertrauensvollen Beziehungen transferiert werden, während Informationen über das Cluster auch in nicht so vertrauensvollen Beziehungen ausgetauscht werden. Zum gleichen Ergebnis konnte in Bezug auf die Intensität der Beziehungen gekommen werden. So werden in besonders intensiven Beziehungen verstärkt fachlich relevante Informationen transferiert, während in Beziehungen mit geringer Intensität eher Informationen über das Cluster transferiert werden. Ein klares Ergebnis in Bezug auf die Beziehungsform kann zum jetzigen Zeitpunkt nicht gegeben werden, aber es wurde eine Tendenz erkennbar, dass fachlich relevantes Wissen vor allem in informellen Beziehungen transferiert wird, während Informationen über das Cluster in formalen Beziehungen transferiert werden. Es war ebenfalls möglich festzustellen, dass der Transfer von Informationen über das Cluster zu idiosynkratischen Kenntnissen führen kann, während die fachlich relevanten Informationen zu den idiosynkratischen Fähigkeiten führen. Insgesamt konnte auch die für das Modell entwickelte Definition von clusterspezifischem Wissen durch die empirische Untersuchung gestützt werden. Weiterhin konnte festgestellt werden, dass das clusterspezifische Wissen sowohl auf Unternehmensebene als auch auf Netzwerkebene das Potenzial besitzt, Wettbewerbsvorteile zu generieren.

Zusammenfassend kann festgestellt werden, dass durch die gewonnenen Erkenntnisse ein wertvoller Erklärungsbeitrag für die Clusterforschung geleistet wurde. So bietet der Analyserahmen, das Modell und die empirische Untersuchungen eine gute Plattform für die weitere Forschung.

1.2 Die Fallstudie

Wegen der Komplexität der Fragestellung sowie der Komplexität und Vielzahl der Variablen wurde die Fallstudienmethodik ausgewählt, um das theoretische Modell zu überprüfen. Innerhalb der Fallstudienmethodik fiel die Entscheidung auf die eingebettete nomothetische Einzelfallstudie, da sie zur Überprüfung der aufgestellten Hypothesen besonders geeignet ist. Die Analyse der postulierten Wirkungszusammenhänge der Hypothesen erfolgte mithilfe der Pattern-Matching-Logik. Hierzu wurde das theoretische Muster mit dem empirischen Muster konfrontiert. Das Ergebnis der Auswertung ergab, dass die theoretisch postulierten Wirkungszusammenhänge der Variablen größtenteils mit der Praxis übereinstimmen. Zusammenfassend kann darauf basierend festgestellt werden, dass eine vorläufige theoretische Verallgemeinerung der innerhalb des Modells angenommen Beziehungen möglich ist, nicht jedoch die Verallgemeinerung im statistischen Sinne. Die Ergebnisse sind damit nicht auf andere Cluster und deren Kontext übertragbar. Das Untersuchungsobjekt kann aber als typischer Fall für andere Fälle betrachtet werden, weshalb die Ergebnisse Schlüsse auf andere vergleichbare Cluster zulassen, die ebenfalls einer wissensintensiven Branche angehören und wo ähnliche Rahmenbedingungen vorliegen.[1084]

[1084] Vgl. Eidems (2010), S. 185; Kittel-Wegner/Meyer (2002), S. 31.

2 Praktische Implikationen für das Clustermanagement und die Akteure des Clusters in wissensintensiven Branchen

Das Forschungsinteresse bzw. der Forschungsschwerpunkt der vorliegenden Arbeit war begründet in einem Mangel einer geeigneten theoretischen Grundlage zur Analyse und Erklärung von clusterspezifischem Wissen, seines Entstehungsprozesses und dem Potenzial Wettbewerbsvorteile auf Unternehmens- und Netzwerkebene zu realisieren sowie einem Mangel an Implikationen für die Praxis. So gab auch Interviewpartner 7 an: „[...] es ist ganz wichtig, glaube ich, Handlungsempfehlungen zu geben, aus so einer Arbeit heraus." Nachfolgend werden deshalb abgeleitet aus dem theoretischen Modell und aus der empirischen Untersuchung Gestaltungshinweise für die Praxis des Clustermanagements in wissensintensiven Branchen gegeben.

2.1 Praktische Implikationen auf Basis der theoretischen Erkenntnisse und des Modells

Das entwickelte Modell der vorliegenden Arbeit ist in erster Linie als vereinfachte Darstellung der Wirklichkeit zu verstehen, indem die Generierung von clusterspezifischem Wissen anhand des interorganisationalen Wissenstransfers im Cluster sowie dessen Potenzial Wettbewerbsvorteile auf Unternehmens und Netzwerkebene zu generieren, dargestellt wird. Dabei werden definierte Elemente des Untersuchungsobjekts verallgemeinert und zueinander in Beziehung gesetzt. Praktische Implikationen können deshalb vornehmlich nur aus den Wirkungsbeziehungen abgeleitet werden. Es können dementsprechend keine detaillierten Implikationen für das Clustermanagement abgeleitet werden, sondern nur Implikationen zur Berücksichtigung allgemeiner Faktoren mit Relevanz.

Als spezifische Merkmale aus dem Modell lassen sich ableiten, dass die Ressource „clusterspezifisches Wissen" eine hervorgehobene Rolle für das lokalisierte Wertschöpfungssystem darstellt, da es das Potenzial besitzt, Wettbewerbsvorteile zu erwirtschaften. Auf Basis der Interaktion der fokalen Akteure wird die Generierung von clusterspezifischem Wissen ermöglicht, das grundsätzlich in zwei Ausprägungen vorliegt: zum einen in Form der idiosynkratischen Kenntnisse über das Cluster und zum anderen in Form von idiosynkratischen Fähigkeiten. In Bezug auf die Beziehungen ist darauf zu achten, dass mit steigendem Grad des Vertrauens und mit steigender Intensität der Beziehung die Bereitschaft zum Austausch von fachlich relevanten Informationen zunimmt. Aus diesem Grund sollten zum Beginn einer Beziehung vertrauensstärkende Maßnahmen durchgeführt werden. Innerhalb von formalen interorganisationalen Beziehungen könnte die Vertrauensbildung bspw. durch eine gerechte Verteilung der Intellectual Property Rights gefördert werden bzw. durch entsprechende Geheimhaltungsvereinbarungen, die bereits in der Anbahnungsphase von gemeinsamen Projekten geschlossen werden. In Bezug auf die Intensität ist zu sagen, dass der intensivste Wissenstransfer in Beziehungen, mit teamorientierten Interdependenzen anzunehmen ist, da in diesen Beziehungen eine gegenseitige Abhängigkeit gegeben ist, aber auch die Möglichkeit zur Realisierung höherer Renten. In Bezug auf die Kooperationspartner sollten die Akteure des Clusters einen engen Bezug zu den lateralen Akteuren aufbauen, da sie der Wissensspeicher und Wissensgenerator im Cluster sein können. Daneben dürfen die Beziehungen zu vertikalen und horizontalen Akteuren aber nicht vernachlässigt werden, da sie durch ihre jeweiligen Kompetenzbereiche wertvolle Entwicklungspartner sein können. In Bezug auf die informale Beziehung wird angenommen, dass diese besonders beim Transfer von fachlich relevanten Informationen genutzt werden, bspw. in Form von Hilfestellungen oder guten Ratschlägen. Die Akteure des Cluster sollten dementsprechend Möglichkeiten nutzen, sich miteinander zu vernetzen und regelmäßige Treffen anstreben, um so die Qualität der Beziehung zu erhöhen.

In Bezug auf das clusterspezifische Wissen ist zu sagen, dass dieses nutzbringend in die Organisation eingebracht werden sollte, da es grundsätzlich das Potenzial besitzt, Wettbewerbsvorteile zu generieren. Für das Cluster insgesamt stellt das clusterspezifische Wissen ebenfalls eine wichtige Ressource dar, weil aufgrund der idiosynkratischen Kenntnisse bspw. eine effektivere Kommunikation ermöglicht wird. Dementsprechend sollten auch Clusterakteure, die sich nicht gut kennen, im ersten Moment bereit sein, zumindest Informationen über das Cluster auszutauschen. Gleichzeitig sollte das Clustermanagement dafür sorgen, dass es Routinen des Wissenstransfers gibt und möglichst viele Akteure im Cluster über clusterspezifisches Wissen verfügen, denn so kann die spezifische Aufnahmefähigkeit von Wissen der Clusterakteure erhöht werden.

Neben den theoretischen Implikationen aus dem Modell und der theoretischen Erkenntnisse können auch Implikationen aus der empirischen Untersuchung abgeleitet werden, was Gegenstand des nächsten Abschnitts ist.

2.2 Praktische Implikationen aus der empirischen Untersuchung

Die hier gegeben Gestaltungshinweise richten sich in erster Linie an das untersuchte Cluster und dessen Akteure, da allgemeingültige Gestaltungshinweise aus der empirischen Untersuchung heraus grundsätzlich nicht anhand einer Einzelfallstudie erfolgen können. Um eine Verallgemeinerung zu ermöglichen, müsste eine Datenerhebung und Auswertung in einer Anzahl weiterer Cluster erfolgen. Da jedoch angestrebt wird die nachfolgenden Ausführungen sowohl allgemein als auch fallspezifisch zu halten, werden die Ausführungen grundsätzlich auf einem hohen Abstraktionsniveau gehalten Nur wenn es erforderlich ist, wird auf die fallspezifischen Besonderheiten eingegangen.

Die empirische Untersuchung gibt umfassende Informationen über den Entstehungsablauf von clusterspezifischem Wissen und stellt die relevanten Einflussfaktoren auf die interorganisationalen Beziehungen dar, die als Ausgangspunkt für die Entstehung von clusterspezifischem Wissen angesehen werden. Weiterhin stellt die empirische Untersuchung die Relevanz von clusterspezifischem Wissen für die einzelnen Akteure im Cluster aber auch für das Netzwerk dar, indem aufgezeigt wird, welches Potenzial clusterspezifisches Wissen zur Realisierung von Wettbewerbsvorteilen auf Unternehmens- und Netzwerkebene hat. Entsprechend dieser Schwerpunkte richten sich die Implikationen vor allem an die fokalen Unternehmen, aber auch an das Clustermanagement.

Als Ergebnis der Datenanalyse ist festzustellen, dass vertrauensvolle und intensive interorganisationale Beziehungen zwischen den horizontalen, vertikalen und lateralen Akteuren des Clusters den Grundstein für die Generierung von clusterspezifischem Wissen bilden. Diese Einschätzung deckt sich mit der Darstellung der grundsätzlichen Relevanz von Beziehungsformen innerhalb des Clusters von Astor und Broich Die Autoren schreiben in ihrer Arbeit:

„Cluster leben von der Interaktion der Akteure und verfügen über „aktive Kanäle für wirtschaftliche Transaktionen, Dialog und Kommunikation."[1085] Die Kooperationen können unterschiedliche Formen umfassen und beinhalten sowohl formelle als auch

---
[1085] Enright (1998), S. 18, zitiert nach Astor/Broich (2011), S. 14.

informelle Austauschbeziehungen. Sie sind zielgerichtet und dienen dazu, die Effizienz zu steigern und eine verstärkte Anknüpfung an die Wissenschaftsinfrastruktur vorzunehmen."[1086]

Dementsprechend lassen sich für das Clustermanagement folgende Implikationen ableiten:

Das Management eines Clusters sollte dafür Sorge tragen, dass eine entsprechende Infrastruktur innerhalb des Clusters gegeben ist, die es den Akteuren ermöglicht sich in regelmäßigen Abständen zu treffen und zu vernetzen, um so Routinen zum Wissensaustausch und zur Vernetzung bilden zu können. Hierzu sind verschiedene Medien denkbar, bspw. Vortragsreihen, Workshops zu branchenspezifischen Themen, aber auch Förderkreise und Messen. Diese formalen Veranstaltungen ermöglichen es den Akteuren sich ungezwungen kennenzulernen, sich über ihre gegenseitigen Kompetenzen auszutauschen und ermöglichen so die Gestaltung von informalen Beziehungen. Entsprechend der Untersuchung können diese informalen Beziehungen in Kooperationen münden, die ansonsten nicht zustande gekommen wären, weil die Kompetenzen des Gegenübers einfach nicht bekannt und auf dem ersten Blick keine gemeinsamen Synergien erkennbar waren.

Die fokalen Akteure sollten dem Clustermanagement zuarbeiten, indem sie Eigeninitiative zeigen indem sie sich bspw. als Referent für bestimmte Themen anbieten und ggf. ihre Räumlichkeiten zur Verfügung stellen. Das bietet den Vorteil, dass andere Akteure innerhalb des Clusters einen möglichst guten Überblick über die Kompetenzen und Tätigkeitsfelder der fokalen Akteure erhalten. Weiterhin sollten die fokalen Akteure an den Clusteraktivitäten teilnehmen, denn nur durch das interaktive Mitwirken und Teilnehmen, kann die Vernetzung gefördert werden.

Weitere Aufgabe des Clustermanagements sollte es sein, Kapital, bspw. in Form von staatlichen Förderungen für das Cluster einzuwerben. Dieses Kapital sollte dann dazu verwendet werden, Forschungs- und Entwicklungsprojekte zu initiieren. Diese Forschungsprojekte tragen nämlich in entscheidendem Maße zur Generierung von clusterspezifischem Wissen bei. Darüber hinaus tragen sie zur Generierung und Intensivierung der Beziehungen zwischen den Akteuren bei sowie zur Vertrauensbildung der interorganisationalen Beziehungen. Die geförderten F&E-Projekte sollten allerdings nur als Möglichkeit bzw.

[1086] Astor/Broich (2011), S. 14.

als Training verstanden werden zur Generierung von eigenfinanzierten unternehmensübergreifenden F&E-Projekten. Denn in Zeiten der ständigen Haushaltskürzungen darf nicht darauf spekuliert werden, dass eine Förderung ewig beigehalten wird. Vielmehr sollte sie als Hilfe zur Selbsthilfe verstanden werden, was in diesem Fall bedeuten würde, zu lernen, wie eigene Projekte zu finanzieren und aufzusetzen sind.

Für die Akteure im Cluster bedeutet das, an gemeinschaftlichen Kooperationsbeziehungen zu arbeiten, die sich idealerweise von reziproken Beziehungen hin zu teamorientierten Beziehungen entwickeln. Die fokalen Akteure sollten gezielt in ihrem Cluster auf die Suche nach Kooperationspartnern gehen, um so die positiven Rahmenbedingungen im Cluster bestmöglich ausnutzen zu können. Insgesamt sollten die Akteure des Clusters aber auch eine enge Beziehung zu Hochschulen und Forschungseinrichtungen aufbauen, also zu den lateralen Akteuren, da die lateralen Akteure als Wissensspeicher verstanden werden können und oftmals Testeinrichtungen vorhalten, die sonst nicht zugänglich sind

Weiterhin sollten die Akteure sich nicht gegenüber dem Wissensaustausch verschließen, da gemeinsam ein höherer Mehrwert generiert werden kann. In Bezug auf das clusterspezifische Wissen ist zu sagen, dass die Akteure sich über dessen Potenzial bewusst werden sollten und es dementsprechend in ihre Unternehmung implementieren. Gerade bezüglich der Nutzung des clusterspezifischen Wissens innerhalb der eignen Organisation scheint es Schwächen in der Umsetzung zu geben. So führte Interviewpartner 2 sinngemäß aus:

„Im Vorfeld ist es wichtig, die Wissensvorräte zu erkennen und zu teilen, damit etwas neues entstehen kann, im Anschluss daran, muss das Wissen im Unternehmen eingegliedert werden, daran mangelt es oftmals. Es sind nämlich nicht alle Mitarbeiter intrinsisch motiviert."

Der Interviewpartner führte im Zusammenhang mit einer anderen Frage weiter aus:

„Das ausgetauschte Wissen wird nicht immer weitergegeben und verstaubt so in den Köpfen der einzelnen Mitarbeiter. Hier müsste man ansetzen und Anreize entwickeln, die den Wissensaustausch stärken."

Dementsprechend sollten die fokalen Akteure über ein aktives Wissensmanagement verfügen, das dafür sorgt, dass in ihren Unternehmen Anreize geschaffen werden, dass Wissen in die Organisation zu implementieren und weiterzuentwickeln. Eine allgemeingültige Implikation zu den entsprechenden Anreizsystemen kann hier nicht gegeben werden, da jedes Unternehmen über eine Vielzahl von Anreizmechanismen verfügt, um die Wissensbereitstellung zu forcieren. Grundsätzlich macht es die Komplexität von Anreizen und Motivation schwer die Grundlagenforschung in die Praxis zu übertragen.[1087]

Weiterhin muss berücksichtigt werden, dass nicht nur positive Effekte durch den Wissenstransfer entstehen können. Durch das opportunistische Verhalten einzelner Akteure können ebenfalls negative Effekte für den Einzelnen Akteuer auftreten. Diese könnten ihren Ausdruck in Form von Outbound-spillover Renten finden.

3 Schlussfolgerungen für die Forschung

Wie bereits kurz in der Arbeit aufgezeigt wurde, gibt es einige Bereiche, an denen weitere Forschungsarbeiten anschließen können. Nachfolgend werden weitere Schlussfolgerungen aus theoretischer und methodischer Sicht gezogen.

Die theoretische Zielsetzung dar Arbeit lag in der Definition des Begriffs „clusterspezifisches Wissen" und in der Herleitung eines Modells, das den komplexen Entstehungsprozess von clusterspezifischem Wissen beschreibt. Die vorliegende Arbeit leistet mit der Definition von clusterspezifischem Wissen und der Erklärung des Entstehungsprozesses einen wesentlichen Beitrag zum Stand der Forschung, da basierend auf dem Entstehungsprozess von clusterspezifischem Wissen Variablen identifiziert werden konnten, die einen Einfluss auf die Generierung von clusterspezifischem Wissen haben. Die Definition war unbedingt erforderlich, um darauf basierend die ökonomische Bedeutung von clusterspezifischen Wissen herausarbeiten zu können und damit einen weiteren Erklärungsansatz für die Vorteilhaftigkeit von Clustern zu geben. Basierend auf den Ausarbeitungen zum clusterspezifischen Wissen wurde das zweite Modellsegment entwickelt, das zu Erklärungszwecken dient, das Potenzial von clusterspezifischem Wissen einzuschätzen Wettbewerbsvorteile auf Unternehmens- und Netzwerkebene zu generieren. Die sich daraus ergebene komplexe Analysesituation der verschiedenen Ebenen im Cluster erforderte eine Synthese verschiedener theoretischer Ansätze. Mithilfe der Synthese des Rescource-based View und des Relational View sowie den Erkenntnissen zum

---
[1087] Vgl. Staiger (2004), S. 272.

clusterspezifischen Wissen, wurde unter Berücksichtigung der Fragestellung ein Analyserahmen entwickelt, der es zu untersuchen ermöglicht, welches Potenzial clusterspezifisches Wissen hat, Wettbewerbsvorteile zu realisieren. Die entsprechenden Überlegungen, die sich aus dem Analyserahmen ergaben, fanden daraufhin Eingang in das Modell. An diesem Punkt besteht weiterer Forschungsbedarf. Zwar konnten die Überlegungen basierend auf dem Resource-based View und dem Relational View dazu beitragen, das *Potenzial* von clusterspezifischem Wissen zu beurteilen Wettbewerbsvorteile zu realisieren, das Modell und der Analyserahmen müssten jedoch in einem nächsten Schritt so modifiziert werden, dass nachgewiesen wird, dass *das clusterspezifische Wissen auch zu Wettbewerbsvorteilen führt* und nicht lediglich des Potenzial dafür besitzt. Aufbauend auf diesen weiterführenden theoretischen Entwicklungen erscheinen zusätzliche qualitative Forschungsarbeiten wünschenswert, die den Fallstudiencharakter der vorliegenden Ergebnisse ergänzen können.[1088] Weiterhin bilden die Bewertung von Wissen und der Nachweis der Wissensgenerierung ein Feld mit weiterem Forschungsbedarf. So äußerte Interviewpartner 1 sich sinngemäß:

„Grundsätzlich gibt es immer Probleme, nachzuweisen, dass die Zusammenarbeit neues Wissen generiert, die Messbarkeit ist praktisch kaum möglich. Wir wissen zwar, dass es so ist, aber wie wollen sie das belegen? [...]."

Ein Ansatz für weitere Forschung könnte ebenfalls die Aufnahme des Market-based View in Form des Five-Forces-Ansatzes von Porter in den theoretischen Bezugsrahmen bilden, um beurteilen zu können, ob die Intensität der Rivalität zwischen den Akteuren im Cluster einen Einfluss auf die Bereitschaft hat, fachlich relevante Informationen oder Informationen über das Cluster zu transferieren. Mitunter könnte dies auch von Interesse sein, zur Einschätzung, ob die Verhandlungsstärke der Lieferanten einen Einfluss auf den Wissenstransfer zwischen den Akteuren hat, oder ob eine hohe Bedrohung von Ersatzprodukten einen Einfluss auf die Generierung von clusterspezifischem Wissen hat. Insgesamt ist die Aufnahme der theoretischen Perspektive des Market-based View allerdings als kritisch zu betrachten, da eine Inkommensurabilität mit der theoretischen Strömung des Resource-based View angenommen wird.

Allgemein scheint weitere qualitative Forschung indiziert zu sein, um die im Modell entwickelten Wirkungsbeziehungen sowie die Definition und Kon-

---
[1088] Vgl. Kaminski (2009), S. 241.

zeption von clusterspezifischen Wissen durch weitere empirische Ergebnisse untermauern zu können, das erscheint vor allem unter dem Gesichtspunkt erforderlich, dass nicht alle Wirkungszusammenhänge durch das empirische Datenmaterial gestützt werden konnten. So sollte bei der Auswahl eines weiteren Falls ein Cluster Berücksichtigung finden, in dem die horizontalen Akteure in einem direkten Wettbewerb stehen, um den Wirkungszusammenhang der Hypothesen H1 bis H4 prüfen zu können. Weiterhin sollte es sich um ein Cluster handeln, in dem homogene Güter hergestellt werden, um eine Überprüfung des Wirkungszusammenhangs der Hypothese H25 zu ermöglichen, da in der Untersuchung aufgrund der Diversität der Tätigkeitsfelder keine klare Aussage in Bezug auf die idiosynkratischen Fähigkeiten getroffen werden konnte. Es war entsprechend nicht eindeutig feststellbar, ob die idiosynkratischen Fähigkeiten zu einer Erhöhung der spezifischen Aufnahmefähigkeit von Wissen führen. Dies ist damit zu begründen, dass die untersuchten Unternehmen zu spezialisiert waren und deshalb das Vorhandensein von gemeinsamen idiosynkratischen Fähigkeiten relativ begrenzt war. Als letzte Prämisse sollte darauf geachtet werden, dass das Cluster über eine starke Vernetzung verfügt mit einer hohen Anzahl von teamorientierten Interdependenzen, um so überprüfen zu können, ob clusterspezifisches Wissen eine komplementäre Ressource darstellt (Hypothese H26). Durch weitere empirische Forschung könnten demnach das entwickelte Modell sowie die darin beinhalteten Hypothesen ergänzt oder ggf. konsolidiert werden.

Insgesamt ist festzustellen, dass die vorliegende Arbeit einen tief greifenden theoretischen Erklärungsansatz zum clusterspezifischen Wissen, der Entstehung von clusterspezifischem Wissen und seinem Potenzial Wettbewerbsvorteile zu realisieren gibt. Ein nicht zu unterschätzender Mehrwert für die Forschung besteht ebenfalls in der systematischen Aufarbeitung zum Bereich der Wissensthematik, da vor allem auf diesem Fachgebiet eine einheitliche und strukturierte Ausarbeitung aufgrund der vielen verschiedenen theoretischen Strömungen nicht gegeben ist. Weiterhin konnten aus dem Modell und der empirischen Untersuchung praktische und theoretische Implikationen für die betriebliche Praxis und die Forschung abgeleitet werden. Nachdem die Implikationen für die betriebliche Praxis und Forschung gegeben wurden und eine nochmalige Zusammenfassung der Ergebnisse erfolgte, werden nachfolgend die Limitationen der Studie dargestellt, bevor die Arbeit mit einem Ausblick abschließt

4 Limitationen

So wie jede wissenschaftliche Arbeit, unterliegt auch diese Studie gewissen Limitationen, die sich vor allem aus der empirischen Methodik ergeben, aber auch aus dem theoretischen Modell.

Bezüglich der empirischen Untersuchung lassen sich zusammenfassend folgende Limitationen feststellen. Erstens können für die Untersuchungsergebnisse keine Generalisierungen im statistischen Sinne vorgenommen werden, eine vorläufige Gültigkeit der empirischen Ergebnisse ist entsprechend nur in der durchgeführten Einzelfallstudie gegeben. Dies ist damit zu begründen, dass das gewonnene Datenmaterial aus lediglich einer Fallstudie stammt, in der 11 Analyseeinheiten untersucht wurden. Als zweite Limitation kann das stetige Problem der Validität der Untersuchungsergebnisse angeführt werden. So können sich Einschränkungen der Validität bspw. dadurch ergeben, dass in den einzelnen Interviews subjektive Einschätzungen erhoben wurden. Die Interviewpartner könnten bei ihren Aussagen bemüht gewesen sein, die Fragen so zu beantworten, dass sie den vermeintlichen Erwartungen des Forschers gerecht werden. Mitunter könnte es auch sein, dass die Interviewpartner sozial erwünschte Antworten geben haben, um bspw. den Anforderungen an das Spitzencluster gerecht zu werden.[1089] Ein Bias kann aber nicht nur auf Probandenseite gegeben sein, sondern auch auf der Seite des Wissenschaftlers. So besteht die Möglichkeit, dass die Ansichten des Forschers die Forschungsergebnisse beeinflussen (Researcher Bias).[1090] Eine Beeinträchtigung könnte bspw. durch eine unbewusste Beeinflussung der Interviewpartner stattgefunden haben. Ebenfalls könnte eine subjektive Datenauswertung erfolgt sein, die eine Beeinträchtigung bedingen würde.[1091] Drittens ist bezüglich der Datenerhebung wiederholend anzumerken, dass nicht alle Befragten den Mitschnitt des Interviews ermöglicht haben. So dass im direkten Anschluss, basierend auf den während der Befragung angefertigten Mitschriften, Gedächtnisprotokolle verfasst werden mussten, welche zur Auswertung herangezogen wurden. Das so gewonnene Datenmaterial in Form von Gedächtnisprotokollen kann entsprechend Lücken aufweisen, da während des Interviews lediglich Kernaussagen und Stichworte schriftlich fixiert werden konnten. Ebenfalls beruhen

---

[1089] Vgl. Häder (2006), S. 212.
[1090] Vgl. Baker/Gentry (2006), S. 322.
[1091] Vgl. Berekoven et al. (2006), S. 96.

die Notizen lediglich auf einer subjektiven Auswahl des Interviewers. Welche Maßnahmen ergriffen wurden, um die genannten Verzerrungen der empirischen Untersuchung zu vermeiden, ist bereits im Abschnitt 5.5 dieses Kapitels erörtert worden sowie bei der Darstellung der Gütekriterien der gewählten Forschungsmethodik im Abschnitt 2.3 desselben Kapitels. Auf eine Wiederholung soll deshalb an dieser Stelle verzichtet werden. Viertens wurden die Hypothesen und damit die Fragen theoretisch abgeleitet, durch das deduktive Vorgehen könnten entsprechend weitere Einflussfaktoren mit Forschungsrelevanz unberücksichtig geblieben sein.[1092]

Bezüglich der Limitationen des Modells ist demnach festzustellen, dass dieses lediglich als eine vereinfachte Darstellung der Wirklichkeit zu verstehen ist, indem mittels postulierter Wirkungszusammenhänge die Generierung von clusterspezifischem Wissen, anhand des interorganisationalen Wissenstransfers im Cluster, sowie dessen Potenzial Wettbewerbsvorteile auf Unternehmens- und Netzwerkebene zu generieren, dargestellt wird. Aufgrund der Komplexitätsreduzierung könnte es möglich sein, dass wichtige Einflussfaktoren bei der theoretischen Herleitung nicht in die Betrachtung mit einbezogen wurden, weshalb es zu Fehleinschätzung bzw. zu verfälschten Annahmen kommen kann. Weiterhin können praktische Implikationen nur aus den Wirkungsbeziehungen abgeleitet werden. Infolgedessen sind die praktischen Implikationen lediglich als erste Gestaltungsempfehlungen zu verstehen, die Implikationen zur Berücksichtigung allgemeiner Faktoren mit Relevanz geben. Des Weiteren sind die Implikationen für die Praxis grundsätzlich nicht auf andere Cluster übertragbar.

Als weitere Limitation der Studie ist anzuführen, dass aufgrund der Komplexität der Definition von clusterspezifischem Wissen nicht für alle Bestandteile der Konzeptionalisierung empirische Anhaltspunkte gefunden werden konnten. So konnte in Bezug auf das clusterspezifische Fachvokabular als ein Bestandteil der idiosynkratischen Kenntnisse keine eindeutige Ausprägung festgestellt werden, was damit zu begründen ist, dass der Übergang zwischen branchenspezifischem Vokabular und clusterspezifischem Vokabular fließend ist. In diesem Zusammenhang war ebenfalls nicht eindeutig feststellbar, ob es sich bei den idiosynkratischen Fähigkeiten in Form von Equipment Idiosyncracies um clusterspezifisches oder branchenspezifisches Wissen handelt. Auch

---

[1092] Vgl. Neumann (2010), S. 84.

bezüglich der idiosynkratischen Fähigkeiten in Form von Know-what konnte keine abschließende Einschätzung erfolgen, da lediglich zwei der befragten Akteure im Cluster das besondere Faktenwissen darstellten. Um eine abschließende Einschätzung geben zu können, sollte in weiteren Untersuchungen nach Anhaltspunkten für die Konzeptionalisierung von clusterspezifischem Wissen geforscht werden.

Als letzte Limitation der Untersuchung ist anzuführen, dass es sich bei dem Untersuchungsobjekt um ein Cluster handelte, welches erfolgreich am Spitzencluster-Wettbewerb des Bundesministeriums für Bildung und Forschung teilgenommen hat. Eine Bedingung für die erfolgreiche Teilnahme am Spitzenclusterwettbewerb war die Bildung von innovativen Kooperationsformen zwischen den Akteuren.[1093] Es könnte folglich sein, dass die Bildung der Kooperationen nur stattgefunden hat und stattfindet, um die Förderungen für das Cluster zu realisieren. Es ist entsprechend notwendig, in einem nächsten Forschungsschritt, ein Cluster zu untersuchen, welches nicht durch eine staatliche Förderung unterstützt wird, um die in der Arbeit dargestellten Ergebnisse bestärken zu können. Von Interesse ist hierbei, ob sich auch in einem Cluster, in dem alle Akteure in einem Konkurrenzverhältnis stehen entsprechende Routinen bzw. Kooperationen bilden, die zur Generierung von clusterspezifischem Wissen beitragen.

Nachdem die Limitationen der Studie zusammenfassend darstellt wurden, schließt die Arbeit mit einem Ausblick ab.

5 Ausblick

Cluster stehen immer noch im Forschungsinteresse und werden aufgrund ihrer Komplexität und Vielfältigkeit sicherlich auch noch weiter im Fokus der Forschung bleiben. Vor allem ihre Fähigkeit, Wettbewerbsvorteile zu erzielen, wird weiterhin Untersuchungsgegenstand der wirtschaftswissenschaftlichen Forschung sein, denn noch immer kann nicht abschließend erklärt werden, welche Faktoren, Rahmenbedingungen und Ressourcen Cluster so erfolgreich machen. Weiterhin mangelt es noch immer an Forschung, die ihren Forschungsfokus auf die Einzelunternehmung im Cluster legt und probiert, die Vorteilhaftigkeit der Ansiedlung aus Unternehmenssicht zu begründen. Die hier vorliegende Arbeit hat gezeigt, dass das clusterspezifische Wissen eine

---

[1093] Vgl. BMBF (2010a), S. 17.

Ressource sein kann, die das Potenzial besitzt, Wettbewerbsvorteile auf Unternehmensebene und Netzwerkebene zu erwirtschaften. Weiterhin gibt die Arbeit Implikationen für die betriebliche Praxis, indem sie Einflussfaktoren benennt, die die Austauschbeziehungen von Informationen entscheidend determinieren. Im Rahmen der Arbeit erfolgte eine Verknüpfung unterschiedlicher Erkenntnisse und Theorieansätze der verschiedenen wissenschaftlichen Strömungen, um dadurch eine möglichst ganzheitliche Sichtweise aus ökonomischer und wissensökonomischer Perspektive geben zu können. Diese Vorgehensweise stellt den Ausgangspunkt für weitere Disziplin übergreifende Forschung dar, um der Komplexität der Analyse eines Clusters gerecht zu werden. Die Ergebnisse der Arbeit heben die Relevanz eines aktiven Wissensmanagements und Clustermanagements hervor, um einen institutionalisierten Wissenstransfer in räumlich konzentrierten Wertschöpfungssystemen zu gewährleisten. Der Fokus des Managements sollte hierbei auf der Schaffung von Plattformen zum interorganisationalen Austausch liegen, die die Möglichkeit bieten, Wissen zu akkumulieren, zu sichern und einer kommerziellen Verwertung zuzuführen.[1094] Gleichzeitig sollte ein weiterer Fokus auf der Wissensimplementierung und Weiterverarbeitung innerhalb der Organisationen liegen. Nur wenn beide Bereiche, also sowohl die Netzwerkebene als auch die Unternehmensebene, ineinandergreifen, kann eine stetige Wissensgenerierung gewährleistet werden.

Das im Rahmen der Arbeit erstellte Modell sowie der Analyserahmen zum clusterspezifischen Wissen bieten ein hilfreiches Analyseraster für weitere Forschungsvorhaben in Bereich der Clusterforschung und können damit einen wichtigen theoretischen und empirischen Beitrag zur Einschätzung des ökonomischen Wertes von clusterspezifischem Wissen geben.

[1094] Vgl. Rimkus (2008), S. 88.

Anhang I: Fragebogen zum Forschungsprojekt „Clusterspezifisches Wissen"

Fragebogen zum Forschungsprojekt „Clusterspezifisches Wissen"

Bitte senden Sie den ausgefüllten Fragebogen bis zum **5. Dezember 2011** an uns zurück.
Bitte beantworten Sie möglichst alle Fragen.
Schicken Sie den Fragebogen jedoch auch dann an uns zurück, wenn Sie nicht alle Fragen beantwortet haben.
Alle Angaben werden auf Wunsch streng vertraulich und anonymisiert behandelt.

---

1. Wann wurde Ihre Organisation gegründet? ....

---

2. Gibt es weitere Niederlassungen/Sitze ihrer Organisation?
   - ☐ Nein
   - ☐ Ja   Wie viele: ....
       davon in Deutschland: ....
       davon im Ausland: ....

---

3. Wie viele Mitarbeiter beschäftigt ihre Organisation?
   Insgesamt: ....   davon in Deutschland: ....
   davon im Ausland: ....

4. Wie hat sich Ihre Mitarbeiteranzahl in den letzten 5 Jahren entwickelt?
   - ☐ gestiegen   ☐ gleich geblieben   ☐ gefallen

5. Welche Rechtsform hat Ihre Organisation? ....

6. Was produziert Ihre Organisation bzw. welche Dienstleistung bietet sie an?
   ....

7. Können Sie Kooperationspartner (bspw. Zulieferer oder Abnehmer) innerhalb des Clusters identifizieren, mit denen Ihre Organisation intensiv in Verbindung steht? Falls ja, in welchem Bereich arbeiten Sie zusammen (bspw. Entwicklung neuer Produkte)?
   - ☐ Nein
   - ☐ Ja, mit folgendem Akteur im Bereich: ....

---

8. Bestehen intensive Kooperationen Ihrer Organisation mit anderen Dienstleistern (bspw. Interessenverbände oder Universitäten) innerhalb des Clusters? Falls ja, in welchem Bereich arbeiten Sie zusammen (bspw. Forschung und Entwicklung neuer Produkte)?
   - ☐ Nein
   - ☐ Ja, mit folgendem Akteur im Bereich: ....

9. Besteht zwischen Ihrer Organisation und Ihren Kooperationspartnern eine Abhängigkeit (bspw. können Sie ein Produkt oder eine Leistung nur gemeinsam erbringen)?
   - ☐ Nein
   - ☐ Ja, mit folgendem Akteur besteht folgende Abhängigkeit: ....

---

10. Wie würden Sie das Vertrauensverhältnis zwischen Ihnen und Ihren Kooperationspartnern einschätzen?

sehr vertrauensvoll	vertrauensvoll	eher nicht vertrauensvoll	nicht vertrauensvoll	*keine Beurteilung möglich*
☐	☐	☐	☐	☐

ANHANG I

11. Welche Bedeutung haben die folgenden Inputfaktoren für Ihr Unternehmen:

	eine sehr hohe Bedeutung	eine eher hohe Bedeutung	eine eher geringe Bedeutung	eine sehr geringe Bedeutung	gar keine Bedeutung	keine Beurteilung möglich
Zulieferer, die qualifizierte und zum Teil auf Ihre Bedürfnisse abgestimmte Zulieferungen anbieten	☐	☐	☐	☐	☐	☐
Günstige Inputkosten, z.B. durch economies of scale bei den Zulieferern oder geteilte (Transport-)Kosten durch Kooperation mit Unternehmen	☐	☐	☐	☐	☐	☐
Spezialisierte Forschungseinrichtungen wie bspw. Universitäten oder ein Fraunhofer Institut	☐	☐	☐	☐	☐	☐
Ein spezialisierter Arbeitskräftepool	☐	☐	☐	☐	☐	☐
Sonstiges:	☐	☐	☐	☐	☐	☐

12. Wie verfügbar sind diese Inputfaktoren an Ihrem Standort?

	ausreichend verfügbar	verfügbar	knapp	sehr knapp	keine Beurteilung möglich
Zulieferer, die qualifizierte und zum Teil auf Ihre Bedürfnisse abgestimmte Zulieferungen anbieten	☐	☐	☐	☐	☐
Günstige Inputkosten, z.B. durch economies of scale bei den Zulieferern oder geteilte (Transport-)Kosten durch Kooperation mit Unternehmen	☐	☐	☐	☐	☐
Spezialisierte Forschungseinrichtungen wie bspw. Universitäten oder ein Fraunhofer Institut	☐	☐	☐	☐	☐
Ein spezialisierter Arbeitskräftepool	☐	☐	☐	☐	☐
Sonstiges:	☐	☐	☐	☐	☐

13. Können Sie Ressourcen identifizieren, um die Sie mit anderen Unternehmen/Organisationen im Wettbewerb stehen, z.B. qualifiziertes Personal?
☐ Nein
☐ Ja, und zwar sind es die folgenden Ressourcen: ....

14. Welche der unter 13 genannten Ressourcen sehen Sie als besonders kritisch, d.h. besonders wertvoll für Ihre Geschäftstätigkeit und Ihren Geschäftserfolg an?
....

15. Für wie strategisch wertvoll halten Sie im Falle Ihres Unternehmens folgende immaterielle Ressourcen:

	strategisch sehr wertvoll	strategisch wertvoll	strategisch eher nicht wertvoll	strategisch unwichtig	keine Beurteilung möglich
Wissen	☐	☐	☐	☐	☐
Image	☐	☐	☐	☐	☐
Patente	☐	☐	☐	☐	☐
Reputation	☐	☐	☐	☐	☐
Sonstiges:	☐	☐	☐	☐	☐

16. Welcher der in Frage 15 genannten Ressourcen messen Sie die größte strategische Bedeutung bei?
....

17. Bitte beurteilen Sie die von Ihnen in Frage 16 identifizierte Ressource mit der größten strategischen Bedeutung anhand der folgenden Eigenschaften:

sehr knapp	eher knapp	eher nicht knapp	überhaupt nicht knapp	*keine Beurteilung möglich*
☐	☐	☐	☐	☐
sehr immobil	eher immobil	eher nicht immobil	überhaupt nicht immobil	*keine Beurteilung möglich*
☐	☐	☐	☐	☐
in keiner Weise substituierbar	nur sehr schwer substituierbar	relativ leicht substituierbar	problemlos substituierbar	*keine Beurteilung möglich*
☐	☐	☐	☐	☐
in keiner Weise imitierbar	nur sehr schwer imitierbar	relativ leicht zu imitieren	problemlos imitierbar	*keine Beurteilung möglich*
☐	☐	☐	☐	☐

18. Für wie strategisch wertvoll halten Sie im Falle Ihrer Organisation Humanressourcen (bspw. qualifiziertes Personal)?

strategisch sehr wertvoll	strategisch eher wertvoll	strategisch eher nicht wertvoll	strategisch nicht wertvoll	*keine Beurteilung möglich*
☐	☐	☐	☐	☐

19. Bitte beurteilen Sie die Humanressourcen (Fachkräfte/besonders qualifiziertes Personal) Ihrer Organisation anhand der folgenden Eigenschaften:

sehr knapp	eher knapp	eher nicht knapp	überhaupt nicht knapp	*keine Beurteilung möglich*
☐	☐	☐	☐	☐
sehr immobil	eher immobil	eher nicht immobil	überhaupt nicht immobil	*keine Beurteilung möglich*
☐	☐	☐	☐	☐
in keiner Weise substituierbar	nur sehr schwer substituierbar	relativ leicht substituierbar	problemlos substituierbar	*keine Beurteilung möglich*
☐	☐	☐	☐	☐
in keiner Weise imitierbar	nur sehr schwer imitierbar	relativ leicht zu imitieren	problemlos imitierbar	*keine Beurteilung möglich*
☐	☐	☐	☐	☐

Möchten Sie, dass Ihre Angaben vertraulich und anonymisiert behandelt werden?
☐ ja   ☐ nein

Vielen Dank für Ihre Unterstützung!

Würden Sie sich für ein vertiefendes Interview bereit erklären?

☐ ja
☐ nein

Ihr Name: _____

Ihre Position: _____

Name Ihrer Organisation/Institution: _____

Tel.: _____

E-Mail: _____

ANHANG II: INTERVIEWLEITFADEN ZUM „CLUSTERSPEZIFISCHEN WISSEN"

Einführung

1. Erläuterung des Forschungsprojekts
2. Ziel und Ablauf bzw. Dauer des Interviews
   (a) Fokus des Interviews:
      i. Qualität der Beziehungen als Einflussfaktor auf den Transfer von Informationen
      ii. Die Entstehung von clusterspezifischem Wissen und was es ist.
      iii. Einschätzung des Potenzials von clusterspezifischem Wissen zur Generierung von Wettbewerbsvorteilen
   (b) Erlaubnis zur Aufnahme des Gesprächs (Vertraulichkeitserklärung)

Allgemeine Informationen (persönliche Darstellung)

1. Wie lange sind Sie bereits in dieser Organisation tätig?
2. Für welche Tätigkeits- bzw. Funktionsbereiche sind Sie zuständig?
3. Was ist Ihre Hauptaufgabe?

Allgemeine Informationen (Organisation)

1. Könnten Sie mir kurz beschreiben, in welchen Märkten und Geschäftsfeldern Ihre Organisation hauptsächlich tätig ist?
2. In welchem Sektor innerhalb des Luftfahrtclusters Hamburg gehört Ihre Organisation?
3. Welche Leistung erstellt Ihre Organisation für die Luftfahrt

Informationen über das Cluster/idiosynkratische Kenntnisse

1. Kennen Sie Ansprechpartner innerhalb des Clusters, die nicht zu Ihrer Organisation gehören?
   (a) Wissen Sie auch, über welche Kompetenzen, Fähigkeiten oder Informationen diese Ansprechpartner verfügen?

(b) Würden Sie sagen, dass diese Kenntnisse über die Ansprechpartner und Ihre Kompetenzen clusterspezifisch sind?
2. Wenn Sie etwas von einem dieser Ansprechpartner benötigen, haben Sie da eine bestimmte Vorgehensweise, um ihr Ziel zu erreichen?
    (a) Wie kommunizieren Sie bspw. mit dieser Person?
    (b) Würden Sie sagen, dass diese Kenntnisse clusterspezifisch sind?
3. Gibt es innerhalb des Clusters bestimmte Fachausdrücke, z. B. technischer Art?
    (a) Könnten Sie mir hierfür Beispiele nennen?
    (b) Würden Sie sagen, dass diese Fachausdrücke clusterspezifisch sind?
4. Wissen Sie, wer im Cluster miteinander im Kontakt steht bzw. welche Kooperationen bestehen?
    (a) Könnten Sie auch etwas über das Abhängigkeitsverhältnis zwischen den Akteuren sagen?
    (b) Welche Abhängigkeiten sind Ihnen bspw. bekannt?
    (c) Würden Sie sagen, dass diese Kenntnisse clusterspezifisch sind?

Grad der Kodifizierbarkeit

1. Wenn Sie sich mit anderen Akteuren über diese Kenntnisse austauschen, welche Kommunikationsmedien verwenden Sie?

Qualität der Beziehungen

Beziehungsart:
1. Mit welchen Akteuren innerhalb des Clusters tauschen Sie sich *hauptsächlich* zu dem eben genannten Thema aus?
    (a) Zulieferer/Abnehmer
    (b) Wettbewerber
    (c) Andere Institutionen, wie Forschungseinrichtungen/Universitäten/Dienstleistern

Intensität der Beziehung:
1. Wie würden Sie die Intensität der Zusammenarbeit zwischen Ihnen und den genannten Akteuren beschreiben?
    (a) Stehen Sie mit einem der Akteure um bestimmte Ressourcen im Wettbewerb?
    (b) Welche Ressourcen sind das?
    (c) Stellt Ihre Organisation ein Produkt oder eine Dienstleistung her, die ein Inputfaktor für einen der genannten Akteure ist?
    (d) Tauschen Sie mit einem der genannten Akteure gegenseitig Produkte oder Dienstleistungen aus?
        i. Welche/s Produkte oder Dienstleistung sind es?

(e) Gibt es in Ihrer Organisation Produkte oder Dienstleistungen, die Sie nur in Zusammenarbeit mit einem anderen Akteure herstellen können?
  i. Welche Outputs sind das bspw.?

Vertrauen:
1. Wie würden Sie die Beziehung zwischen Ihnen und den genannten Akteuren einschätzen?
   (a) Wie nehmen Sie das Verhalten der genannten Akteure wahr?
      i. Verhalten sich die Akteure immer im Interesse der Beziehung oder gibt es auch opportunistisches Verhalten?
   (b) Wie würden Sie die Glaubwürdigkeit Ihrer Clusterpartner beschreiben?
   (c) Wie schätzen Sie die Fähigkeit Ihrer Clusterpartner ein, Wissen in die Beziehung einzubringen?
   (d) Wie zufrieden sind Sie mit den Leistungen Ihrer Clusterpartner?

Beziehungsform:
1. Wenn Sie „Informationen über das Cluster" mit dem oben genannten Akteuren austauschen, müssen Sie da bestimmte Regeln beachten?
   (a) Welche Regeln gibt es?
   (b) Sind die Beziehungen zwischen Ihnen und den anderen Akteuren eher geplant oder ungeplant?

Wissenstransfer

1. Wenn Sie Informationen über das Cluster erhalten haben, was machen Sie mit diesen Informationen?
   (a) Verwenden Sie die Informationen eins zu eins wieder?
   (b) Vernetzen Sie diese Informationen mit bereits vorhandenen Informationen?
   (c) Würden Sie sagen, durch die Vernetzung erlangen Sie neue Kenntnisse?

Idiosynkratische Fähigkeiten

1. Gibt es Fähigkeiten, die nur im Cluster vorhanden sind?
   (a) Gibt es bspw. ein bestimmtes Know-how, das es nur im Cluster gibt?
   (b) Gibt es bestimmte Fertigungstechniken, Wissen über Maschinen, Produktionsabläufe oder Informationsprozesse, die es so nur in diesem Cluster gibt?
   (c) Gibt es Wissen über Werkstoffe oder Materialeigenschaften, das es so nur hier im Cluster gibt?

Grad der Kodifizierbarkeit

1. Glauben Sie, es wäre möglich, mir die genannten Fähigkeiten in verbaler oder schriftlicher Form zu vermitteln, oder müsste ich anwesend sein und beobachten, was sie machen, um diese Fähigkeiten zu erlernen?
2. Glauben Sie, es wäre möglich, mir diese Fähigkeiten mittels Workshops, Gruppenarbeit oder Unternehmensbesichtigungen anzueignen?
3. Wenn Sie sich mit anderen Akteuren über diese fachlichen Informationen austauschen, welche Kommunikationsmedien verwenden Sie?

Fachlich relevante Informationen

1. Warum tauschen Sie fachliche Informationen mit anderen Akteuren aus?
   (a) Wie verwenden Sie die Ihnen zur Verfügung gestellten Informationen?
   (b) Benötigen Sie diese Informationen um Unternehmensziele zu erreichen?

Qualität der Beziehungen

Beziehungsart:
1. Mit welchen Akteuren innerhalb des Clusters tauschen Sie *hauptsächlich* fachlich relevante Informationen aus?
   (a) Zulieferer/Abnehmer
   (b) Wettbewerber
   (c) Andere Institutionen, wie Forschungseinrichtungen/Universitäten/Dienstleistern

Intensität der Beziehung:
1. Wie würden Sie die Intensität der Zusammenarbeit zwischen Ihnen und den genannten Akteuren beschreiben?
   (a) Stehen Sie mit einem der Akteure um bestimmte Ressourcen im Wettbewerb?
   (b) Stellt Ihre Organisation ein Produkt oder eine Dienstleistung her, die ein Inputfaktor für einen der genannten Akteure ist?
   (c) Tauschen Sie mit einem der genannten Akteure gegenseitig Produkte oder Dienstleistungen aus?
   (d) Gibt es in Ihrer Organisation Produkte oder Dienstleistungen die Sie nur in Zusammenarbeit mit einem der genannten Akteure erwirtschaften können?

Vertrauen:
1. Wie würden Sie die Beziehungen zwischen Ihnen und den genannten Akteuren einschätzen?
   (a) Wie nehmen Sie das Verhalten der genannten Akteure wahr?
      i. Verhalten sie sich immer im Interesse der Beziehung oder gibt es auch opportunistisches Verhalten?
   (b) Wie würden Sie die Glaubwürdigkeit Ihrer Clusterpartner beschreiben?
   (c) Wie schätzen Sie die Fähigkeit Ihrer Clusterpartner ein, Wissen in die Beziehung einzubringen?
   (d) Wie zufrieden sind Sie mit den Leistungen Ihrer Clusterpartner?

Beziehungsform:
1. Wenn Sie „fachlich relevante Informationen" mit dem oben genannten Akteuren austauschen, müssen Sie da bestimmte Regeln beachten?
2. Welche Regeln gibt es?
   (a) Sind die Beziehungen zwischen Ihnen und den anderen Akteuren eher geplant oder ungeplant?

Grad der Kodifizierbarkeit

1. Glauben Sie, es wäre möglich, mir die genannten Kenntnisse in verbaler oder schriftlicher Form zu vermitteln oder müsste ich anwesend sein und beobachten, was sie machen, um diese Kenntnisse ebenfalls zu erlangen?
2. Glauben Sie, es wäre möglich, mir diese Kenntnisse mittels Workshops, Gruppenarbeit oder Unternehmensbesichtigungen aneignen?
3. Wenn Sie sich mit anderen Akteuren über diese Kenntnisse austauschen, welche Kommunikationsmedien verwenden Sie?

Wissenstransfer

1. Wenn Sie fachlich relevante Informationen erhalten haben, was machen Sie mit diesen Informationen?
   (a) Verwenden Sie die Informationen eins zu eins wieder?
   (b) Vernetzen Sie diese Informationen mit bereits vorhandenem Wissen?
   (c) Würden Sie sagen, durch die Vernetzung erlangen Sie neue Fähigkeiten?
   (d) Was machen Sie mit den neuen Fähigkeiten?

Wettbewerbsvorteile Unternehmensebene

Nachfolgend soll davon ausgegangen werden, dass die clusterspezifischen Informationen und Fähigkeiten, clusterspezifisches Wissen darstellen.

1. Können Sie dieser Aussage grundsätzlich zustimmen oder würden Sie unter clusterspezifischem Wissen etwas anderes verstehen?
2. Was würden Sie sagen, welchen Beitrag die clusterspezifischen Kenntnisse und Fähigkeiten zur Zielerreichung Ihres Unternehmens leisten?
3. Haben auch andere Akteure des Clusters Zugriff auf clusterspezifische Kenntnisse und Fähigkeiten?
   (a) In welchem Ausmaß können Sie auf dieses Wissen zugreifen?
4. Glauben Sie, es wäre möglich, dass andere Mitbewerber innerhalb oder außerhalb des Clusters, Ihre clusterspezifischen Kenntnisse und Fähigkeiten nacharmen?
   (a) Was würden Sie sagen, wie Ihr clusterspezifisches Wissen entstanden ist?
      i. Hat es sich im Zeitverlauf entwickelt oder verfügten Sie von Anfang an über dieses Wissen?
   (b) Glauben Sie, Wettbewerber innerhalb oder außerhalb des Clusters sind in der Lage nachzuvollziehen, wie das clusterspezifische Wissen entstanden ist?
   (c) Was würden Sie sagen, ist es clusterinternen oder -externen Organisationen möglich nachzuvollziehen, aufgrund welcher Ressourcen Sie Wettbewerbsvorteile realisieren?
   (d) Würden Sie sagen, das clusterspezifische Wissen gehört zu diesen Ressourcen?
5. Welchen Teil des clusterspezifischen Wissens würden Sie als besonders relevant zur Realisierung von Wettbewerbsvorteilen einschätzen?
6. Glauben Sie, es wäre für eine externe Organisation wirtschaftlich, das clusterspezifische Wissen zu imitieren?
7. Würden Sie sagen, dass Sie clusterspezifisches Wissen durch eine andere Ressource ersetzen können?

Wettbewerbsvorteile Netzwerkebene

1. Würden Sie sagen, dass die clusterspezifischen Kenntnisse oder Fähigkeiten zu einer effizienteren Kommunikation beitragen?
   (a) Bietet Ihre Organisation oder bieten andere Akteure des Clusters, Workshops, Seminare oder Unternehmensbesichtigungen an, die dazu beitragen, dass sich die Akteure untereinander besser verständigen können?
   (b) Glauben Sie, dass auf Basis ihrer clusterspezifischen Kenntnisse, die Qualität und oder die Geschwindigkeit der Kommunikation zwischen Ihnen und anderen Akteuren im Cluster zugenommen hat? Wenn ja, wie drückt sich diese Zunahme aus?
   (c) Würden Sie sagen, dass aufgrund des clusterspezifischen Wissens Missverständnisse im Kommunikationsprozess verringert werden? Warum?
2. Gibt es zwischen Ihnen und anderen Akteuren bestimmte Routinen zum Informationsaustausch?
3. Würden Sie sagen, diese Routinen sind clusterspezifisch und wenn ja, warum?
   (a) Mit welchen Akteuren haben Sie solche Routinen entwickelt?
      i. Zulieferer/Abnehmer
      ii. Wettbewerber
      iii. Sonstige Institutionen wie Universitäten oder Dienstleister
   (b) Würden Sie sagen, dass es neben Ihnen andere Akteure im Cluster gibt, die über selbes oder ähnliches Wissen verfügen?
   (c) Würden Sie sagen, dass dieses Wissen die Kommunikation zwischen Ihnen verbessert?
4. Gibt es im Cluster bestimmte Verhaltensregeln die opportunistisches Verhalten von einzelnen Akteuren reduzieren können? Wenn ja, welche?
5. Wenn Sie die Anzahl von geeigneten Kooperationspartnern im Cluster betrachten, würden Sie sagen, diese ist begrenzt?
6. Würden Sie sagen, dass bestimmte Akteure im Cluster oder Sie selbst, sich so stark spezialisiert haben, dass eine Abhängigkeit vorliegt?
   (a) Würden Sie sagen, dass diese Abhängigkeit auch durch gemeinsame Investitionen besteht?

ANHANG III: DIE WISSENSARTEN NACH TALLMANN ET AL.

Type of Knowledge	Firm Specific	Cluster Specific
Component:		
- Stock and flows of knowledge	- Subject to discovery, runs from simple engineering knowledge to the application of scientific principles	- Becomes available to all members of the cluster through spillovers
- Describes an identifiable element of a body of knowledge	- May be imported from another organization or discipline	- The more tacit and systemic, the more slowly it spreads through the cluster
- Relates to exogenous conditions or laws	- Subject to regulatory protection	- Subject to interpretation by individual firms as it is combined with their firm-specific knowledge
- Relatively transparent		- Primary component of traded and untraded flows of knowledge among firms within the cluster
- Runs from highly technical to highly systemic		- Provides short-term competitive advantage to the cluster while public within the cluster
- Relatively mobile among organizations with similar stocks of knowledge		

Type of Knowledge	Firm Specific	Cluster Specific
Architectural:		
- Primarily stocks of knowledge	- Private knowledge of the firm's structure, systems, cultures, etc., arising from unique experience	- Quasi-private to cluster members
- Relates to an understanding of a system of knowledge or organization	- Includes routines for the absorption, organization, and exploitation of component knowledge into complex capabilities	- Establishes the relationships among the members of the cluster, the "rules of the game"
- Path dependent and endogenous to the system in which it is embedded	- Organizationally embedded and dispersed	- Develops at the cluster level through evolutionary processes as the cluster members interact over time
- Non-transparent and causally ambiguous	- Limits the ability of the firm to absorb knowledge from other firms	- Increases absorptive capacity of members for component knowledge from the cluster
- Tacit, systemic, and embedded in the organization	- Provides sustained firm-level competitive advantage	- Limits knowledge flows across cluster boundaries
- Relatively immobile between organizations at the level of knowledge		

Tabelle 27: Effekte und Eigenschaften von Wissen[1095]

[1095] Quelle: Tallman et al. (2004), S. 263.

LITERATURVERZEICHNIS

Abel, J./Möller, R./Treumann, K.P. (1998): Einführung in die Empirische Pädagogik. Kohlhammer, Stuttgart, Berlin, Köln, 1998.
Adler, P./Kwon, S.-W. (2002): Social capital: Prospects for a new concept. In: Academy of Management Review, 27. Jg., Nr. 1, 2002, S. 17-40.
Aghamanoukjan, A./Buber, R./Meyer, M. (2009): Qualitative Interviews. Gabler, Wiesbaden, 2009.
Ahlers, T. (2001): Wissensmanagement und Motivation. Diplomica Verlag, Hamburg, 2001.
Ahlert, M./Blaich, G./Spelsiek, J. (2006): Vernetztes Wissen. Organisationale, motivationale, kognitive und technologische Aspekte des Wissensmanagements in Unternehmensnetzwerken. Deutscher Universitäts-Verlag, Wiesbaden, 2006.
Al-Laham, A. (2003): Organisation des Wissensmanagements. Verlag Vahlen, München, 2003.
Albrecht, F. (1993): Strategisches Management der Unternehmensressource Wissen: Inhaltliche Ansatzpunkte und Überlegungen zu einem konzeptionellen Gestaltungsrahmen. Peter Lang Verlag, Frankfurt am Main, 1993.
Albrecht, K./Alexander, K./Allen, D./Bartlett, C. A./Belbin, M./al., et. (2003): Michael Porter. Campus Management Band 2. Verlag, Campus. Campus Verlag, Frankfurt und New York.
Aleman, H. von/Ortlieb, P. (1975): Die Einzelfallstudie. In: van Koolwijk, J./Wieken-Mayer, M. (1975, Hrsg.): Techniken der empirischen Sozialforschung, Bd. 2: Untersuchungsformen. Oldenbourg, München, 1975, S. 157-177.
Alexopoulos, A./Monks, K. (2004): A Social Capital Perspective on the Role of Human Resource Practices in Intra-organisational Knowledge Sharing. S. 21.
Alisch, K./Winter, E./Arentzen, U. (2000, Hrsg.). Gabler Wirtschaftslexikon. Gabler Verlag, Wiesbaden, 2000.
Almeida, P./Grant, R. M. (1998): International corporations and cross-border knowledge transfer in the semiconductor industry. A Report to the Carnegie-Bosch Institut. Pittsburg, 1998.
Alting, C. (2006): Der Cluster als Garant regionalwirtschaftlichen Erfolgs? Die praktsiche Umsetzung des Clusterskonzepts am Beispiel des „dortmund-project". Geographisches Institut – Soziöokonomie des Raumes. Rheinische Friedrich-Wilhelms-Universität, Bonn.
Altiparmak, S. (2002): Der ressourcenorientierte Ansatz und institutionelle Unternehmenstheorie. In: Bellmann, K./Freiling, J./Hammann, P./Mildenberger,

U. (2002, Hrsg.): Aktionsfelder des Kompetanz-Managements, Ergebnisse des II. Symposiums Strategisches Kompetenz-Management. Deutscher Universitäts-Verlag, Wiesbaden, 2002, S. 276-292.

Amelingmeyer, J. (2002): Wissensmanagement. Analyse und Gestaltung der Wissensbasis von Unternehmen. Deutscher-Universitäts-Verlag, Wiesbaden, 2002.

Amelingmeyer, J. (2004): Wissensmanagement. Analyse und Gestaltung der Wissensbasis von Unternehmen. Deutscher Universitäts-Verlag, Wiesbaden, 2004.

Amit, R./Schoemaker, P. J. H. (1993): Strategic Assets and Organizational Rent. In: Strategic Management Journal, 14. Jg., Nr. 1, 1993, S. 33-46.

Andaleeb, S. S. (1992): The Trust Concept: Research Issues for Channels of Distribution. In: Research in Marketing, 11. Jg., Nr. 1, 1992, S. 1-34.

Anderson, J. C./Narus, J. A. (1990): A Model of Distributor Firm and Manufacturer Firm Working Partnerships. In: Journal of Marketing, 50. Jg., Nr. 1, 1990, S. 42-58.

Antonelli, C. (1999): The evolution of industrial organization of the production of knowledge. In: Cambridge Journal of Economics, 23. Jg., Nr. 2, 1999, S. 243-260.

Arikan, A. T. (2009): Interfirm Knowledge Exchanges And The Knowledge Creation Capability Of Clusters. In: Academy of Management Review, 34. Jg., Nr. 4, 2009, S. 658-676.

Arndt, F. (2008): Managing Dynamic Capabilities in Alliance Portfolios. From a static dyadic alliance management to a dynamic allianace portfolio management. Diplomica, Hamburg, 2008.

Arrow, K. J. (1962): The Economic Implications of Learing by Doing. In: The Review of Economic Studies, 29. Jg., Nr. 3, 1962, S. 155-173.

Arweiler, A. (2003): Cicero rhetor: Untersuchungen zur antiken Literatur und Geschichte. Walter de Gruyter, Berlin und New York, 2003.

Astor, M./Broich, B. (2011): Cluster in der Umsetzung. Lösungen für die regionale Innovationspolitik. Prognos Studien Innovation, Basel und Berlin, 2011.

Atteslander, P. (2003): Methoden der empirischen Sozialforschung. Walter de Gruyter GmbH, Berlin, 2003.

Atteslander, P. (2008): Methoden der empirischen Sozialforschung. Erich Schmidt Verlag, Berlin, 2008.

Bachinger, M./Pechlaner, H. (2011, Hrsg.): Netzwerke und regionale Kernkompetenzen: der Einfluss von Kooperationen auf die Wettbewerbsfähigkeit von Regionen. Regionen und Netzwerke. Kooperationsmodelle zur brancehnübergreifenden Kompetenzentwicklung., Gabler, Wiesbaden, 2011.

Backhaus, K. (2003): Industriegütermarketing. Vahlen Franz GmbH, München, 2003.

Bagban, K. (2010): Kombination und Wechselwirkung der Steuerung. Eine relationale Analyse der Mehrwertschaffung im Konzern. Gabler, Wiesbaden, 2010.
Baker, S. M./Gentry, J. W. (2006, Hrsg.): Framing the research and avoiding harm: representing the vulnerability of consumers. Handbook of Qualitative Research Methods in Marketing. Edward Elgar Publishing Limited, Massachusetts, 2006.
Bamberger, I./Wrona, T. (1996): Der Ressourcenansatz und seine Bedeutung für die Strategische Unternehmensführung. In: Schmalenbachs Zeitschrift für die betriebswirtschaftliche Forschung, 48. Jg., Nr. 2, 1996, S. 130-153.
Bamler, V./Werner, J./Wustmann, C. (2010): Lehrbuch Kindheitsforschung. Grundlagen, Zugänge und Methoden. Juventa Verlag, Weinheim und München, 2010.
Bandulet, F. (2005): Finanzierung technologieorientierter Unternehmensgründungen. Wirtschaftshistorische und institutionenökonomische Erklärungsansätze von Schumpeter bis Williamson. Deutscher Universitäts-Verlag, Wiesbaden, 2005.
Bäppler, E. (2008): Nutzung des Wissensmanagements im Strategischen Management. Zur interdisziplinären Verknüpfung durch den Einsatz von IKT. Gabler, Wiesbaden, 2008.
Barney, J. B. (1986a): Organizational Culture: Can It Be a Source of Sustained Competitive Advantage? In: Academy of Management Review, 11. Jg., Nr. 3, 1986a, S. 656-665.
Barney, J. B. (1986b): Strategic Factor Markets – Expections, Luck, and Business Strategy. In: Management Science, 32. Jg., Nr. 10, 1986b, S. 1230 – 1241.
Barney, J. B. (1988): Returns to Bidding Firms in Mergers and Acquisitions: Reconsidering the Relatedness Hypothesis. In: Strategic Management Journal, 9. Jg., Nr. S1, 1988, S. 71-78.
Barney, J. B. (1991): Firm resources and sustained competitve advantage. In: Journal of Management, 17. Jg., Nr. 1, 1991, S. 99-120.
Barney, J. B./Arikan, A. T. (2001): The Resource-Based View: Origins and Implications. In: Hitt, M./Freeman, R. E./Harrison, J. S. (2001, Hrsg.): The Blackwell handbook of strategic management. Blackwell, Oxford und Malden, 2001, S. 124-188.
Bartlett, C. A./Ghoshal, S. (1990): Internationale Unternehmensführung: Innovation, globale Effizienz differenziertes Marketing. Campus Verlag, Frankfurt a. M. und New York, 1990.
Bathelt, H. (2008): Knowledge-based clusters: regional multiplier models and the role of ‚buzz' and ‚pipelines'. In: Karlsson, C. (2008, Hrsg.): Handbook of research on cluster theory. Edward Elgar Publishing, Cheltenham, 2008, S. 78-92.
Bathelt, H./Glücker, J. (2003): Wirtschaftsgeographie. Ökonomische Beziehungen in räumlicher Perspektive. UTB, Stuttgart, 2003.
Bathelt, H./Malmberg, A./Maskell, P. (2004): Clusters and knowledge: local buzz,

global pipelines and the process of knowledge creation. In: Progress in Human Geography, 28. Jg., Nr. 1, 2004, S. 31-56.

Bea, F. X. (2000): Entscheidungen des Unternehmens. In: Bea, F. X./Dichtl, E./Schweitzer, E. (2000, Hrsg.): Allgemeine Betriebswirtschaftslehre Band I: Grundfragen. Nr. 8. Aufl. Lucius & Lucius, Stuttgart, 2000, S. 303-410.

Bea, F. X./Haas, J. (2004): Strategisches Management. Lucius & Lucius, Stuttgart, 2004.

Bea, F. X./Haas, J. (2005): Strategisches Management. UTB, Stuttgart, 2005.

Becker, D. R. (2005): Ressorucen-Fit bei M&A-Transaktionen. Konzeptionalisierung, Operationalisierung und Erfolgswirkung. DUV Gabler Edition Wissenschaft, Wiesbaden, 2005.

Beerheide, E./Katenkamp, O. (2011, Hrsg.): Wissensarbeit im Innovationsprozess. Innovationsmanagement 2.0. Handlungsorientierte Einführung und praxisbasierte Impulse. Gabler, Wiesbaden, 2011.

Behnke, J./Baur, N./Behnke, N. (2006): Empirische Methoden der Politikwissenschaft. UTB, Paderborn, 2006.

Behrens, K. C. (1961): Allgemeine Standortbestimmungslehre. Westdeutscher Verlag, Köln, 1961.

Bendt, A. (2000): Wissenstransfer in multinationalen Unternehmen. Gabler, Wiesbaden, 2000.

Benger, A. (2007): Gestaltung von Wertschöpfungsnetzwerken. GITO, Berlin, 2007.

Berekoven, L./Eckert, W./Ellenrieder, P. (1987): Marktforschung. Methodische Grundlagen und praktische Anwendung. Gabler, Wiesbaden, 1987.

Berekoven, L./Eckert, W./Ellenrieder, P. (2006): Marktforschung: Methodische Grundlagen und praktsiche Anwendung. Gabler, Wiesbaden, 2006.

Berg, L. van den/Braun, E./Winden, W. van (2001): Growth Clusters in European Cities: An Integral Approach. In: Urban Studies, 38. Jg., Nr. 1, 2001, S. 186-206.

Bergeron, S./Lallich, S./Le Bas, C. (1998): Location of innovating activities, industrial structure and techno-industrial clusters in the French economy, 1985-1990. Evidence from US patenting. In: Research Policy, 26. Jg., Nr. 7-8, 1998, S. 733-752.

Berghoff, H./Sydow, J. (2007): Unternehmerische Netzwerke – Theoretische Konzepte und historische Erfahrungen. In: Berghoff, H./Sydow, J. (2007, Hrsg.): Unternehmerische Netzwerke. Eine historische Organisationsform mit Zukunft? Kohlhammer Stuttgart, 2007, S. 9-44.

Bernecker, T. (2005): Entwicklungsdynamik organisatiorischer Netzwerke. Konzeption, Muster und Gestaltung. Deutscher Universitätsverlag, Wiesbaden, 2005.

Berres, W. (1998): Knowledge Networking holt das Wissen aus den Köpfen. In: iO Management, 10. Jg., 1998, S. 58-61.

Berster, F. (2003): Wissen und Lernprozesse in der Logistik. Tectum Verlag, Marburg, 2003.

Bhandar, M. (2008): Knowledge Clusters: Dealing with a Multilevel Phenomenon. U21Global Graduate School For Global Leaders, Singapore, 2008.

Bick, M. (2004): Knowledge Management Support System – Nachhaltige Einführung organisationsspezifsichen Wissensmanagements. Fachbereich Wirtschaftswissenschaften. Duisburg-Essen (Campus Essen), Essen.

Bierbauer, S. (2000): Das Modell zur Wissensschaffung im Unternehmen nach Nonaka und Takeuchi. Fachhochschule Stuttgart, Studiengang Informationswirtschaft, Stuttgart, 2000.

Birkenshaw, J. (2001): Why is Knowledge Management so Difficult? In: Business Strategy Review, 12. Jg., Nr. 1, 2001, S. 11-18.

Bishop Aeronautical Engineers GmbH (2011): „BISHOP GmbH Aeronautical Engineers – AIRLINE OPERATIONS COMMUNITY". Bishop Aeronautical Engineers GmbH, Hamburg. S. 4.

Blaich, G. (2004): Wissenstransfer in Franchisenetzwerken. Eine lerntheoretische Analyse. Deutscher Universitäts-Verlag, Wiesbaden, 2004.

Blanc, H./Sierra, C. (1999): The internationalisation of R&D by multinationals: a trade-off between external and inter proximity. In: Cambridge Journal of Economics, 23. Jg., Nr. 2, 1999, S. 187-206.

Blinda, L. (2007): Markenführungskompetenzen eines identitätsbasierten Markenmanagements. Konzeptualisierung, Operationalisierung und Wirkungen. Deuitscher Universitäts-Verlag, Wiesbaden, 2007.

BMBF (2010a): Deutschlands Spitzencluster. Germany's Leading-Edge Clusters. Innovationsförderung", Referat „Neue Instrumente und Programme für. BMBF, Bonn und Berlin.

BMBF (2010b): Ideen, die höher fliegen. Der „Luftfahrtcluster Metropolregion Hamburg". Innovationsförderung, Rerferat „Neue Instrumente und Programme der. BMBF, Berlin.

Böhm, D. (2009): Lokale Barrieren der globalen Informationsgesellschaft. Zum Stellenwert der Informations- und Kommunikationstechnologien in Entwicklungsländern. Diplomica Verlag, Hamburg, 2009.

Boos, M. (1992): Typology of Case Studies. Rainer Hampp Verlag, München/Mering, 1992.

Borchardt, A./Göthlich, S. E. (2009): Erkenntnisgewinnung durch Fallstudien. Gabler, Wiesbaden, 2009.

Bornemann, M./Denscher, G./Sammer, M. (2004): Kommunikation und Intellectual Capital Reporting. In: Reinhardt, R./Eppler, M. J. (2004, Hrsg.): Wissenskommunikation in Organisaitonen. Methoden Instrumente Theorien. Springer Verlag, Berlin, Heidelberg und New York, 2004, S. 386-403.

Bornemann, M./von Schmidt, R. R. (2008): Handbuch Wissensbilanz: Umsetzung und Fallstudien. Schmidt (Erich) Verlag, Berlin, 2008.

Bortz, J./Döring, N. (2003): Forschungsmethoden und Evaluation für Human- und Sozialwissenschaftler Springer, Berlin, 2003.

Boschma, R. A. (2004): Competitiveness of Regions from an Evolutionary Perspective. In: Regional Studies Association, 38. Jg., Nr. 9, 2004, S. 1001-1014.

Boschma, R. A. (2005): Proximity and Innovation: A Critical Assessment. In: Regional Studies Association, 39. Jg., Nr. 1, 2005, S. 61-74.

Brahma, S. S./Chakraborty, C. (2011): From Industry to Firm Resources: Resource-Based View of Competitive Advantage. In: IUP Journal of Business Strategy, 8. Jg., Nr. 2, 2011, S. 7-21.

Braun, M. H. J. (2009): Wettbewerbsstrategien von Online Casinos. Eine Analyse auf Basis der Kombination von Resource-, Industry- und Institution-Based View. Institut für Management. Univeristät Koblenz Landau, Koblenz.

Breisig, T. (2006): Betriebliche Organisation. NWB-Studienbücher, Herne und Berlin, 2006.

Breschi, S./Malerba, F. (2007, Hrsg.): Clusters, Networks, and Innovation: Research Results and New Directions. Clusters, Networks, an Innovation. Oxford University Press, Oxford and New York, 2007.

Brooking, A. (1998): Corporate Memory: Strategies for Knowledge Management. International Thomson Business Press, London, 1998.

Brosis, H.-B./Koschel, F. (2001): Methoden der empirischen Kommunikationsforschung. Eine Einführung. Westdeutscher Verlag, Wiesbaden, 2001.

Brown, K./Burgess, J./Festing, M./Royer, S. (2010, Hrsg.): Value Adding Webs and Clusters. Concepts and Cases. Schriftenreihe Internationale Personal- und Strategieforschung: Band 5. Rainer Hampp Verlag, Mering, 2010.

Brown, K./Burgess, J./Festing, M./Royer, S./Steffen, C./Waterhouse, J. (2007): The Value Adding Web A Multi-level Framework of Competitive Advantage Realisation in Firm-Clusters. ESCP-EAP Working Paper No. 27. ESCP-EAP European School of Management Berlin, Berlin, 2007.

Brown, K./Burgess, J./Festing, M./Royer, S./Steffen, C./Waterhouse, J. (2008): Single firms and competitive advantage in clusters – context analysis identifying the embeddedness of a winery in the Hunter Valley. In: Festing, M./Royer, S. (2008, Hrsg.): Current issues in international human resource management and strategy research. Rainer Hampp Verlag, München, 2008, S. 157-178.

Brown, K./Burgess, J./Festing, M./Royer, S./Steffen, C./Waterhouse, J./Keast, R. (2010): Conceptualising clusters as overlapping value adding webs. In: Brown, K./Burgess, J./Festing, M./Royer, S. (2010, Hrsg.): Value Adding Webs and Clusters. Concepts and Cases. Rainer Hampp Verlag München, Mering, 2010, S. 11-42.

Brühl, R./Horch, N./Orth, M. (2008): Der Resource-based View als Theorie des strategischen Managements – Empirische Befunde und methodologische Anmerkungen. ESCP-Working Paper. Lehrstuhl für Unternehmensplanung und Controlling, Berlin, 2008.

Bruhn, M. (2011): Relationship Marketing. Das Management von Kundenbeziehungen. Franz Vahlen GmbH, München, 2011.

Brunner, D./Voigt, T. (2007): Unternehmerische Entscheidungen im Innovationskontext genossenschaftlicher Organisationen: Eine fallstudienbasierte Analyse. Philipps-Universität Marburg, Marburg, 2007.

Brüsemeister, T. (2008): Qualitative Forschung, Ein Überblick. VS Verlag für Sozialwissenschaften, Wiesbaden, 2008.

Bühner, R. (2004): Betriebswirtschaftliche Organisationslehre. Oldenbourg Wissenschaftsverlag, München, 2004.

Bührer, S. (2006): „Competence Centers" in Germany: How Can Policymakers Support the Improved Diffusion of Knowledge? In: Carayannis, E. G./Campbell, D. F. J. (2006, Hrsg.): Knowledge Creation, Diffusion, and Use in Innovation Networks and Knowledge Clusters. A Comparative Systems Approach across the United States, Europe, and Asia. PRAEGER, London, 2006, S. 203-223.

Burger, D. (2011): Computergestützter organisationaler Wissenstransfer und Wissensgenerierung. Ein Experteninterview basierter Forschungsansatz. VS Verlag für Sozialwissenschaften, Wiesbaden, 2011.

Burgess, B. K./Festing, M./Royer, S./Steffen, C./Waterhouse, J. (2008): Single firms and competitive advantage in clusters – context analysis identifying the embeddedness of a winery in the Hunter Vally. In: Festing, M./Royer, S. (2008, Hrsg.): Current issues in international human resource management and strategy research (Schriftreihe Internationale Preosnal- und Strategieforschung). Hampp, München, 2008, S. 157-178.

Bürki, D. M. (1996): Der ‚resource-based view' Ansatz als neues Denkmodell des strategischen Managements. Difo-Druck GmbH, Bamberg, 1996.

Burmann, C. (2002): Strategische Flexibilität und Strategiewechsel als Determinanten des Unternehmenswertes. Deutscher Universitäts-Verlag, Wiesbaden, 2002.

Burr, W./Stephan, M. (2006): Dienstleistungsmanagement. Innovative Wertschöpfungskonzepte für Dienstleistungsunternehmen. W. Kohlhammer Druckerei, Stuttgart, 2006.

Burzan, N. (2005): Quantitative Methoden der Sozialforschung. Eine Einführung für die Kulturwissenschaften. UTB, Konstanz, 2005.

Busch, M. W. (2008): Kompetenzsteuerung in Arbeits- und Innovationsteams. Eine gestaltungsorientierte Analyse. Gabler, Wiesbaden, 2008.

Caballero, R. J./Hammour, M. L. (1996): The „Fundamental Transformation" in

Macroeconomics. In: The American Economic Review, 86. Jg., Nr. 2, 1996, S. 181-186.

Castanias, R. P./Helfat, C. E (1991): Managerial Resources und Rents. In: Journal of Management, 17. Jg., Nr. 1, 1991, S. 155-171.

Caves, R. E. (1980): Industrial organization, corporate strategy and structure. In: Journal of Economic Literature, 58. Jg., Nr. 1, 1980, S. 64 – 92.

Caviola, S. (2000): Vorschulkinder und Gewalt im Kinderprogramm. Eine qualitative Untersuchung zur Rezeption gewalthaltiger Fernsehinhalte der Vorschulkinder. LIT Verlag, Münster, 2000.

Chatterjee, S./Wernerfelt, B. (1991): The Link between Resources and Typ of Diversification: Theory and Evidence. In: Strategic Management Journal, 12. Jg., Nr. 1, 1991, S. 33-48.

Choo, C. W. (1998): The Knowing Organization. How Organizations Use Information to Construct Meaning, Create Knowledge, and Make Decisions. Oxford University Press, New York et al., 1998.

Choudhury, V./Sampler, J. L. (1997): Information Specificity and Environmental Scanning: An Economic Perspective. In: MIS Quarterly, 21. Jg., Nr. 1, 1997, S. 25-53.

Collis, D. J. (1991): A Resource-based Analysis of Global Competition: The Case of the Bearings Indsutry. In: Strategic Management Journal, 12. Jg., Nr. Special Issue, 1991, S. 49-68.

Collis, D. J./Montgomery, C. A. (2005): Corpoarte Strategy – A resource-based approach. Mc Gray-Hill / Irwin, Bosten et al., 2005.

Colombo, M./Grilli, L./Piva, E. (2006): In search for complementary assets: Alliance strategies of high-tech start-ups. In: Research Policy, 35. Jg., 2006, S. 1166-1199.

Conner, K. R. (1991): The Resource-based View Challenge to the Indsutry-Structure Perspective. In: Academy of Management Journal, Best Papers Proceedings. Jg., 1991, S. 17-21.

Cook, T. D./Campbell, D. T. (1979): Quasi-Experimentation. Design and Analysis for field settings. Rand McNally, Chicago, Illinois, 1979.

Corsten, H. (1998): Grundlagen der Wettbewerbsstrategie. B. G. Teubner, Stuttgart und Leipzig, 1998.

Cowan, R. (2007): Network Models of Innovation and Knowledge Diffusion. In: Breschi, S./Malerba, F. (2007, Hrsg.): Clusters, Networks, and Innovations. Oxford University Press, Oxford and New York, 2007, S. 29 – 53.

Cowan, R./Paul, D./Foray, D. (2000): The explicit economics of knowledge codification and tacitness. In: Industrial and Corporate Change, 9. Jg., Nr. 2, 2000, S. 211-254.

Cressey, D. R. (1950): The Criminal Violation of Financial Trust. In: American Sociological Review, 15. Jg., 1950, S. 738-743.

Cressey, D. R. (1971): Other People's Money. A Study in the Social Psychology of Embezzlement. Wadsworth, Belmont, 1971.

Curtis, M. (2008): Schutz von Wissen in strategischen Allianzen – Eine kritische Bestandsaufnahme der Managementliteratur. Institut für Management, Fachbereich Wirtschaftswissenschaften. FU Berlin, Berlin.

Daft, R. L./Lengel, R. H. (1984): Information richness: a new approch to managerial behavior and organizational design. In: Cummings, L. L./Staw, B. M. (1984, Hrsg.): Research in Organizational Behavior. Nr. 6. Aufl. JAI Press, Homewood, IL., 1984, S. 191-233.

Daft, R. L./Lengel, R. H. (1986): ORGANIZATIONAL INFORMATION REQUIREMENTS, MEDIA RICHNESS AND STRUCTURAL DESIGN. In: Management Science, 32. Jg., Nr. 5, 1986, S. 554-571.

Danielli, G./Backhaus, N./Laube, P. (2009): Wirtschaftsgeographie und globalisierter Lebensraum. Lerntexte, Aufgaben mit Lösungen und Kurztheorie. Compendio Bildungsmedien, Zürich, 2009.

Dannenberg, P. (2007): Cluster-Strukturen in landwirtschaftlichen Wertschöpfungsketten in Ostdeutschland und Polen. Am Beispiel des Landkreises Elbe-Elster und des Powiats Pyrzyce. Lit Verlag, Berlin, 2007.

Dasgupta, P./Stoneman, P. (1987): Introduction. In: Dasgupta, P./Stoneman, P. (1987, Hrsg.): Economic Policy and Technological Performance. Cambridge University Press, Cambridge, 1987, S. 1-6.

Davenport, T. H./Laurence, P. (1999): Wenn Ihr Unternehmen wüßte, was es alles weiß. Das Praxishandbuch zum Wissensmanagement. Moderne Industrie, Landsberg am Lech, 1999.

Davenport, T. H./Prusak, L. (1998): Working Knowledge. How Organizations Manage What They Know. Harvard Business School Press, Harvard, 1998.

de Luca, L. M./Atuahene-Gima, K. (2007): Market Knowledge Dimensions and Cross-Functional Collaboration: Examining the Different Routes to Product Innovation Performance. In: Journal of Marketing, 71. Jg., Nr. 1, 2007, S. 95-112.

de Oliveira Wilk, E./Fensterseifer, J., E. (2003): Use of resource-based view in industrial cluster strategic analysis. In: International Journal of Operations & Production Management, 23. Jg., Nr. 9, 2003, S. 995-1009.

de Vaus, A. (2001): Research Design in Social Research. Thousand Oaks, London, 2001.

Deckow, F. (2006): Vertrauen durch Kompetenzmarketing. Ein ganzheitlicher Ansatz zur Vermarktung von Kontraktgütern. Gabler, Wiesbaden, 2006.

Demsetz, H. (1988): The theory of the firm revisited. In: Journal of Law and Economics, 4. Jg., Nr. 1, 1988, S. 141-161.

den Hertog, P./Roelandt, T. J. A. (1999): Cluster analysis and cluster-based policy making; the state of the art. In: Roelandt, T. J. A./den Hertog, P. (1999, Hrsg.):

Cluster Analysis and Cluster-based Policy: New Perspectives and Rationale in Innovation Policy. OECD Publishing, Paris, 1999, S. 413-427.

Dierickx, I./Cool, K. (1988): Competitive Advantage, A Resource Based Perspective. INSEAD Working Paper no. 88/07. Fontainebleau, 1988.

Dierickx, I./Cool, K. (1989): Asset Stock Accumulation and Sustainablitity of Competitive Advantage In: Management Science, 35. Jg., Nr. 12, 1989, S. 1504-1511.

Dietel, H./Franck, E./Royer, S. (2008): Wettbewerbsvorteile auf zwei- und mehrseitigen Dienstleistungsmärkten. Verschiedene Formen der Wertschöpfungsorganisation. In: Zeitschrift Führung + Organisation, 77. Jg., 2008, S. 332-340.

Dietrich, A. (2007): Die Entwicklung organisatorischer Kompetenz – Selbstorganisation und nachhaltiges Management als Voraussetzung für effizientes und effektives organisatorisches Handeln. In: Zeitschrift für Wirtschafts- und Unternehmensethik, 8. Jg., Nr. 2, 2007, S. 178-195.

DiMaggio, P./Powell, W. (1983): The iron cage revisited: Institutional isomorphism and collective nationality in organizational fields. In: Amercan Journal of Sociology, 48. Jg., Nr. 2, 1983, S. 147-160.

Dittmar, C. (2004): Knowledge Warehouse, Ein integrativer Ansatz des Organisationsgedächtnisses und die computergestützte Umsetzung auf Basis des Data Warehouse-Konzepts. Deutscher Universitäts-Verlag, Wiesbaden, 2004.

Doney, P. M./Cannon, J. P. (1997): An Examination of the Nature of Trust in Buyer-Seller Relationships. In: Journal of Marketing, 61. Jg., Nr. 2, 1997, S. 35-51.

Dosi, G. (1988): The nature of the innovative process. In: Dosi, G./Freeman, C./Nelson, R./Silverberg, G./Soete, L. (1988, Hrsg.): Technical Change and Economic Theory. Printer Publication Ltd., London und New York, 1988, S. 221-238.

Doz, Y./Hamel, G. (1991): Alliances in Technology Strategies. Insead Working Paper. Fontainebleau, 1991.

Dreier, V. (1997): Empirische Politikforschung. Oldenbourg, München, 1997.

Drucker, P. F. (1994): Post-capitalist society. Harper Paperbacks, New York, 1994.

Duschek, S. (1998): Kooperative Kernkompetenzen – Zum Management einzigartiger Netzwerkressourcen. In: Zeitschrift für Führung und Organisation, 76. Jg., Nr. 4, 1998, S. 230-236.

Duschek, S. (2002): Innovation in Netzwerken: Renten, Relationen, Regeln. Gabler, Wiesbaden, 2002.

Duschek, S. (2004): Inter-firm resources and sustaned competitive advantage. In: Management Revue, 15. Jg., Nr. 1, 2004, S. 53-73.

Duschek, S./Sydow, J. (2002): Ressourcenorientierte Ansätze des strategischen Managements. Zwei Perspektiven auf Unternehmenskooperation. In: Wirtschaftswissenschaftliches Studium, 31. Jg., Nr. 8, 2002, S. 426 – 432.

Dyer, J.H./Singh, H. (1998): The relational view: Cooperative strategies and sources

of interorganizational competitive advantage. In: Academy of Management Review, 23. Jg., 1998, S. 660-679.
EADS N.V. HR-OD (2011): Personell Report 2010. Leiden/NL, 2011.
Eberl, P. (2001): Die Generierung des organisationalen Wissens aus konstruktivistischer Perspektive In: Schreyögg, G. (2001, Hrsg.): Wissen in Unternehmen. Konzepte, Maßnahmen, Methoden. Erich Schmidt Verlag, Berlin, 2001, S. 41-66.
Echambadi, R./Campbell, B./Agarwal, R. (2006): Encouraging Best Practice in Quantitative Management Research: An Incomplete List of Opportunities. In: Journal of Management Studies, 43:8. Jg., 2006, S. 1801-1820.
Eckert, C. K. (2009): Wissenstransfer im Auslandsentsendungsprozess. Eine empirische Analyse der Rolle des Expartriates als Wissenstransfer-Agent. Gabler, Wiesbaden, 2009.
Edelmann, A. (2004): Dienstleistungen von Konsumgüterherstellern. Deutscher Universitäts Verlag, Wisebaden, 2004.
Eidems, J. (2010): Globale Standardisierung und lokale Anpassung im internationalen Personalmanagement. Rainer Hammp Verlag, München, Mering, 2010.
Eisenhardt, K. M. (1989): Building Theories from Case Study Research. In: The Academy of Management Review, 14. Jg., Nr. 4, 1989, S. 532-550.
Eisenhardt, K. M./Santos, F. M (2002): Knowledge-Based View: A New Theory of Strategy? In: Pettigrew, A./Thomas, H./Whittington, R. (2002, Hrsg.): Handbook of Strategy & Management. SAGE Publications Ltd, London, Thousand Oaks and New Dehli, 2002, S. 139-165.
Eisenhardt, K. M./Shoonhoven, C. B. (1996): Resource-based view of strategic alliance formation. Strategic and social effects in entrepreneurial firms. In: Organization Science, 7. Jg., Nr. 2, 1996, S. 136-150.
Engel, B. (2011): Nachhaltige Gewinne durch gebundene Kunden. Eine Analyse des transaktionskostentheoretischen Hold-Up. Gabler, Wiesbaden, 2011.
Engelhard, J. (2000): Gabler Wirtschaftslexikon. Gabler Wirtschaftslexikon. Verlag, Gabler. Gabler, Wiesbaden.
Engeser, M. (2004): Toyotas Geheimnis. In: Wirtschaftswoche, 58. Jg., 2004, S. 79-83.
Enkel, E. (2005): Management von Wissensnetzwerken. Deutscher Universitäts-Verlag, Wiesbaden, 2005.
Enright, M. J. (1998): Regional clusters and firm strategy. The dynamic firm. In: Chandler, A./Hagström, P-/Sölvell, Ö. (1998, Hrsg.): The role of technology, strategy, organization and regions. Oxford University Press, Oxford, 1998, S. 315-342.
Enright, M. J. (2003): What we know and what we should know. In: Bröcker, J./Dohse, D./Soltwedel, R. (2003, Hrsg.): Innovation Clusters and Interregional Competition. Springer, Berlin, Heidelberg und New York, 2003, S. 99-129.

Ernst, S. (2004): Wissensmanagement in der Landeskonferenz Niedersächsischer Hochschulfrauenbeauftragter: Das Praxisprojekt (CIWM). In: Feltz, N./Koppke, J. (2004, Hrsg.): netzwerke. formen. wissen. Vernetzungs- und Abgrenzungsdynamiken der Frauen- und Geschlechterforschung. LIT Verlag, Münster, 2004, S. 150-161.

Euler, D. (1992): Didaktik des computergestützten Lernens. Praktische Gestaltung und theoretische Grundlagen. Band 3. Bildung & Wissen, Nürnberg, 1992.

Evanschitzky, H. (2003): Erfolg von Dienstleistungsnetzwerken. Ein Netzwerkmarketingansatz. Deutscher Universitäts-Verlag, Wiesbaden, 2003.

Fallgatter, M. J. (2007): Junge Unternehmen. Charakteristika, Potenzial, Dynamik. Kohlhammer, Stuttgart, 2007.

Feagin, J. R./Orum, A. M./Sjoberg, G. (1991): A case for case study. University of Noth Carolina Press, Chapel Hill, NC, 1991.

Feitner, P. (2010): Organisationales Lernen als partizipatives Gestaltungskonzept für kleine und mittlere Unternehmen. Peter Lang GmbH Internationaler Verlag der Wissenschaften, Frankfurt am Main, 2010.

Festing, M. (1999): Strategisches Internationales Personalmanagement. Rainer Hampp, München und Mering, 1999.

Festing, M. (2004): Der Beitrag strategischer Managementansätze zur Erklärung des Unternehmensverhaltens – eine personalmanagementorientierte Perspektive. In: Festing, M./Martin, A./Mayrhofer, W./Nienhüser, W. (2004, Hrsg.): Personaltheorie als Beitrag zur Theorie der Unternehmung. Festschrift für Prof. Dr. Wolfgang Weber zum 65. Geburtstag. Rainer Hammp Verlag, München und Mering, 2004, S. 197-224.

Festing, M./Dowling, P. J./Weber, W./Engle, A. D. (2011): Internationales Personalmanagement. Gabler, Wiesbaden, 2011.

Festing, M./Royer, S./Steffen, C. (2010a): Case Studies on Mechanical Watch Clusters. In: Brown, K./Burgess, B. K./Festing, M./Royer, S. (2010a, Hrsg.): Value Adding Webs and Clusters. Rainer Hampp Verlag, Mering, 2010a, S. 126-171.

Festing, M./Royer, S./Steffen, C. (2010b): Können Unternehmen durch Cluster Wettbewerbsvorteile realisieren? Eine ressourcenbasierte Analyse am Beispiel des Uhrenclusters Glashütte. In: Zeitschrift für Management, 5. Jg., Nr. 2, 2010b, S. 165-185.

Feyerabend, P. (1976): Wider den Methodenzwang. Skizze einer anarchistischen Erkenntnistheorie. Suhrkamp Verlag, Frankfurt am Main, 1976.

Figueiredo, P./Silveira, G./Sbragia, R. (2008): RISK SHARING PARTNERSHIPS WITH SUPPLIERS: THE CASE OF EMBRAER. In: Journal of Technology Management & Innovation, 3. Jg., Nr. 1, 2008, S. 27-37.

Fischer, E. (2009): Das kompetenzorientierte Management der touristischen Destination. Gabler, Wiesbaden, 2009.

Fischer, M. (1993): Make-or-Buy-Entscheidungen im Marketing. Neue Institutionenlehre und Distributionspolitik. Gabler, Wiesbaden, 1993.

Flick, U. (2004): Triangulation. Eine Einführung. VS Verlag für Sozialwissenschaften, Wiesbaden, 2004.

Flick, U. (2005): Wissenschaftstheorie und das Verhältnis von qualitativer und quantitativer Forschung. In: Mikos, L./Wegener, C. (2005, Hrsg.): Qualitative Medienforschung. Ein Handbuch. UVK Verlagsgesellschaft mbH, Konstanz, 2005, S. 19-29.

Flick, U. (2007): Qualitative Sozialforschung. Eine Einführung. Rowohlt Taschenbuch Verlag, Reibek bei Hamburg, 2007.

Flick, U./Kardorff, E. von/Steinke, I. (2000): Qualitative Forschung: Ein Handbuch. Rowohlt Taschenbuch, Reibek, 2000.

Foddy, W (1993): Constructing Questions for Interviews and Questionnaires, Theory and Practice in Social Research. Cambridge University Press, Cambridge, 1993.

Foerster, H. von (1973): On constructing reality. In: Preiser, F. E. (1973, Hrsg.): Environmental Design Research, Bd. 2. Dowden, Hutchinson & Ross, Stroudbourg, 1973, S. 35-46.

Foss, N. J. (1993): Theories of the Firm. Contractual and Competence Perspectives. In: Journal of Evolutionary Economics, 3. Jg., 1993, S. 127 – 144.

Foss, N. J. (1997): Resourcees and Strategy: A Brief Overview of Themes and Contributions. In: Foss, N. J. (1997, Hrsg.): Resources, Firms, and Strategies. Oxford University Press, Oxford, 1997, S. 3-18.

Foss, N. J. (1998): The resource-based perspective: an assessment and diagnosis of problems. In: Scandinavian Journal of Management, 14. Jg., Nr. 3, 1998, S. 133-149.

Freiling, J. (2001): Resource-based View und ökonomische Theorie. Grundlagen und Positionierung des Ressourcenansatzes. Gabler Verlag und Deutsche Universitäts-Verlag, Wiesbaden, 2001.

Freiling, J. (2004): Competence-based View der Unternehmung. In: Die Unternehmenung, 58. Jg., Nr. 1, 2004, S. 5-25.

Freiling, J./Reckenfelderbäumer, M. (2010): Markt und Unternehmung. Eine marktorientierte Einführung in die Betriebswirtschaftslehre. Gabler, Wiesbaden, 2010.

Frost, J. (2005): Märkte in Unternehmen. Deutscher Universitäts-Verlag, Wiesbaden, 2005.

Frunzke, H. (2004): Von der Kompetenz im strategischen Management zur Netzkompetenz. Gabler, Wiesbaden, 2004.

Fuchs, M. (2006): Sozialkapital, Vertrauen und Wissenstransfer in Unternehmen. Deutscher Universitäts-Verlag, Wiesbaden, 2006.

Fuchs, M./Apfelthaler, G. (2009): Managment internationaler Geschäftstätigkeit. Springer-Verlag, Wien und New York, 2009.

Gabler, T. (2000): Institution. Gabler Wirtschaftslexikon. Gabler, T. Gabler, Wiesbaden. S. 1564-1565.

Gabler, T. (2010): Ressource. Gabler Wirtschaftslexikon. Gabler, T. Gabler Verlag, Wiesbaden.

Gehle, M. (2006): Internationales Wissensmanagement. Zur Steigerung der Flexibilität und Schlagkraft wissensintensiver Unternehmen. Deutscher Universitäts-Verlag, Wiesbaden, 2006.

Geißler, C. (2009): Kompetenzbasiertes Markenmanagment in Verlagsunternehmen. Ein explorativer Ansatz. Gabler, Wiesbaden, 2009.

Gerstenmaier, J./Mandl, H. (1995): Wissenserwerb unter konstruktivistischer Perspektive. In: Zeitschrift für Pädagogik, 41. Jg., Nr. 6, 1995, S. 867 – 888.

Gertler, M. S. (1993): Implementing Advanced Manufacturing Technologies in Mature Industrial Regions: Towards a Social Model of Technology Production. In: Regional Studies Association, 27. Jg., Nr. 7, 1993, S. 665-680.

Geyer, G./Venn, A. (2001): Ökonomische Prozesse – Globalisierung und Transformation. Eine institutionenökonomische Analyse aus der Perspektive des institutionellen Wandels und der Transaktionskostenökonomik. LIT Verlag, Münster, Hamburg und London, 2001.

Geyskens, L./Steenkamp, J.-B. E. M./Kumar, N. (1998): Generalizations about trust in marketing channel relationships using meta-analysis. In: International Journal of Research in Marketing, 15. Jg., Nr. 3, 1998, S. 223-248.

Geyskens, L./Steenkamp, J.-B. E. M./Scheer, L. K./Kumar, N. (1996): The effects of trust and interdependence on relationship commitment: A trans-Atlantic study. In: International Journal of Research in Marketing, 13. Jg., Nr. 4, 1996, S. 303-317.

Gilbert, D. U. (2003): Vertrauen in strategischen Unternehmensnetzwerken. Ein strukturationstheoretischer Ansatz. Deutscher Universitäts-Verlag, Wiesbaden, 2003.

Gläser, J./Laudel, G. (2009): Experteninterviews und qualitative Inhaltsanalyse. Lehrbuch. VS Verlag für Sozialwissenschaften, Wiesbaden, 2009.

Glasersfeld, E. von (1996): Radikaler Konstruktivismus. Ideen, Ergebnisse, Probleme. Suhrkamp Verlag, Frankfurt, 1996.

Glazer, R. (1991): Marketing in an Information-Intensive Environment: Strategic Implications of Knowledge as an Asset. In: Journal of Marketing, 55. Jg., Nr. 4, 1991, S. 1-19.

Gorden, I. R./McCann, P. (2000): Industrial clusters: Complexes, agglomeration and/or social networks? In: Urban Studies, 36. Jg., Nr. 3, 2000, S. 245-262.

Gourlay, S. (2006): Conceptualizing Knowledge Creation: A Critique of Nonaka's Theory. In: Journal of Management Studies, 43. Jg., Nr. 7, 2006, S. 1415-1436.

Grandori, A. (2000): Organization and Economic Behaviour. Routledge Chapman & Hall, London, 2000.
Granovetter, M. (1973): The Strength of Weak Ties. In: Amercan Journal of Sociology, 78. Jg., Nr. 6, 1973, S. 1360-1380.
Granovetter, M. (1990): The Old and the New Economic Sociology: A History and an Agenda. In: Friedland, R./Robertson, A. F. (1990, Hrsg.): Beyond the Marketplace. Rethinking Economy and Society. Walter de Gruyter Inc., New York, 1990, S. 89-113.
Grant, R. M. (1991): The Resource-Based Theory of Competitive Advantage, Implications for Strategy Formulation. In: California Management Review, 33. Jg., 1991, S. 114-135.
Grant, R. M. (1996a): Prospering in Dynamically-competitive Environments: Organizational Capability as Knowledge Integration. In: Organization Science, 7. Jg., Nr. 4, 1996a, S. 375-387.
Grant, R. M. (1996b): Toward a knowledge-based theory of the firm. In: Strategic Management Journal, 17. Jg., Nr. Winter Special Issue, 1996b, S. 109-122.
Grant, R. M. (2004): Dirección estratégica. Conceptos, técnicas y aplicaciones. In: tme tratados y manuales de empresa, 2. Aufl. Jg., 2004.
Grant, R. M./Baden-Fuller, C. (1995): A Knowledge Based Theory of Interfirm Collaboration 5th Anual Meeting of the Academy of Management, Vancouver, Academy of Management Best Paper Proceedings, 6. – 9. August 1995.
Grant, R. M./Nippa, M. (2006): Strategisches Management, Analyse, Entwicklung und Implementierung von Unternehmensstrategien. Pearson Studium, München et. al, 2006.
Gresse, C. (2010): Wissensmanagement im Technologietransfer. Ein Einfluss der Wissensmerkmale in F&E-Kooperationen. Gabler, Wiesbaden, 2010.
Greve, W./Wentura, D. (1997): Wissenschaftliche Beobachtung. Eine Einführung. Psychologie Verlags Union, Weinheim, 1997.
Grill, P. (2011): Die Bedeutung strategisch wertvoller Ressourcen für erfolgreiche Mergers & Acquisitions-Entscheidungen. Gabler, Wiesbaden, 2011.
Gulati, R. (1995): Does Familiarty breed Trust?- The implications of repeated ties for contractual choice in alliances. In: Management Journal, 38. Jg., Nr. 1, 1995, S. 85-112.
Gulati, R./Gargiulo, M. (1999): Where Do Interorganizational Networks Come From? In: American Journal of Sociology, 104. Jg., Nr. 5, 1999, S. 1398 – 1438.
Gulati, R./Nohria, N./Zaheer, A. (2000): Strategic Networks. In: Strategic Management Journal, 21. Jg., Nr. 3, Special Issue: Strategic Networks, 2000, S. 203-215.
Güldenberg, S. (2003): Wissensmanagement und Wissenscontrolling in lernenden Organisationen. Ein systemtheoretischer Ansatz. Deutscher Universitäts-Verlag, Wiesbaden, 2003.

Gynawali, D. R./Madhavan, R. (2001): Cooperative Networks and Competitive Dynamics: A Structural Embeddedness Perspective. In: Academy of Management Review, 26. Jg., Nr. 3, 2001, S. 431-445.

Habann, F. (1999): Kernressourcenmanagement in Medienunternehmen. Lohmar Verlag, Köln, 1999.

Hadeler, T/Winter, E. (2000): Hermeneutik. Gabler Wirtschaftslexikon. Gabler, T. Gabler, Wiesbaden.

Häder, M. (2006): Empirische Sozialforschung. Eine Einführung. VS Verlag für Sozialwissenschaften, Wiesbaden, 2006.

Haedrich, G./Jenner, T. (1996): Strategische Erfolgsfaktoren in Konsumgütermärkten. In: Die Unternehmung, 50. Jg., Nr. 1, 1996, S. 13-26.

Hærem, T./Krogh von, G./Roos, J. (1996): Knowledge-Based Strategic Change. In: Krogh von, G./Roos, J. (1996, Hrsg.): Managing Knowledge. Perspectives on cooperation and competition. SAGE Publications ltd., London, California und New Delhi, 1996, S. 116-136.

Haertsch, P. (2000): Wettbewerbsstragien für Electronic Commerce: Eine kritische Überprüfung klassischer Strategiekonzepte. Josef Eul Verlag, Köln, 2000.

Halder, G. (2005): Strukturwandel in Clustern am Beispiel der Medizintechnik in Tuttlingen. LIT Verlag, Berlin, 2005.

Hamburg Airport GmbH (2011a): Geschäftsbericht 2010. Flughafen Hamburg, Hamburg, 2011a.

Hamburg Airport GmbH (2011b): Organigramm & Kerngeschäftsbereiche. Hamburg Airport GmbH, 2011b. URL: http://www.airport.de/de/u_unt_ organigramm_kernbereiche.html (Stand 28.11.2011).

Hamdouch, A. (2010): Conceptualising Innovation Networks and Clusters. In: Laperche, B./Sommers, P./Uzunidis, D. (2010, Hrsg.): Innovation Networks and Clusters. The knowledge backbone. P.I.E. Peter Lang, Bruxelles et al., 2010, S. 21-64.

Hamel, G./Prahalad, C. K. (1993): Strategy as Strech and Leverage. In: Harvard Business Review, 71. Jg., Nr. 2, 1993, S. 75-84.

Hamel, G./Prahalad, C. K. (1997): Wettlauf um die Zukunft. Wie Sie mit bahnbrechenden Strategien die Kontrolle über Ihre Branche gewinnen und die Märkte von morgen schaffen. Ueberreuter Wirtschaft, Wien, 1997.

Hamiltion, J./Suslow, V. (2009): Übungen zur Mikroökonomie. Pearson Studium, München, 2009.

Hanft, A. (1998): Personalentwicklung zwischen Weiterbildung und „organisationalem Lernen". Rainer Hammp Verlag, München, Mering, 1998.

Hansen, F. (2010): Wachsamkeit in der industriellen Beschaffung. Dimensionen, Determinanten und Konsequenzen. Gabler, Wiesbaden, 2010.

Hansen, S. (2008): Lernen durch freiwilliges Engagement. Eine empirische Studie zu Lernprozessen in Vereinen. VS Verlag für Sozialwissenschaften, Wiesbaden, 2008.

Hansmann, K.-W. (2006): Industrielles Management. Oldenbourg, München, 2006.

Harrison, B. (1992): Industrial districts: old wine in new bottles? In: Regional Studies, 26. Jg., Nr. 5, 1992, S. 469-483.

Hartlieb, E. (2002): Wissenslogistik: Effektives und effizientes Management von Wissensressourcen. Deutscher Universitäts-Verlag, Wiesbaden, 2002.

Hasler Roumois, U. (2007): Studienbuch Wissensmanagement. Orell Füssli Verlag, Zürich, 2007.

Hawes, J. M./Mast, K. E./Swam, J. E. (1989): Trust Earning Perceptions of Sellers and Buyers. In: Journal of Personal Selling & Sales Management IX, 9. Jg., Nr. 1, 1989, S. 1-8.

Hayek, F. von (1945): The Use of Knowledge in Society. In: American Economic Review, 35. Jg., Nr. 4, 1945, S. 519-530.

Head, K./Ries, J./Swenson, D. (1995): Agglomeration benefits and location choice: Evidence from Japanes manufacturing investments in the United States. In: Journal of International Economics, 48. Jg., Nr. 3-4, 1995, S. 223-247.

Hedberg, B. (1981): How organizations learn and unlearn. In: Nystrom, P. C./Starbuck, W. H. (1981, Hrsg.): Handbook of organizational design. Nr. vol. 1: Adapting organizations to their enviroments. Oxford Univiersity Press, New York, 1981, S. 3-27.

Hegewald, B. (2003): Virtuelle Unternehmen. Eine funktionsübergreifende Analyse – dargestellt am Beispiel Call Center. Tectum Verlag, Marburg, 2003.

Heineberg, H. (2007): Einführung in die Anthropogeographie/Humangeographie. Verlag Ferdinand Schöningh (UTB), Paderborn, 2007.

Heinze, T. (2001): Qualitative Sozialforschung: Einführung, Methodologie und Forschungspraxis. Oldenbourg, München und Wien, 2001.

Helfert, G. (1998): Teams in Relationship Marketing: Design effektiver Kundenbeziehungen. Gabler, Wiesbaden, 1998.

Helmstädter, E. (2003): The Economics of Knowledge Sharing. A New Instituional Approach Edward Elgar Publishing Limited, Cheltenham, 2003.

Henckel, D./von Kuczkowski, K./Lau, P./Pahl-Weber, E./Stellmacher, F. (2010): Wissensgesellschaft. VS Verlag für Sozialwissenschaften, Wiesbaden, 2010.

Heppner, K. (1997): Organisation des Wissenstransfer, Grundlagen, Barrieren und Instrumente. Gabler, Wiesbaden, 1997.

Herrmann, T./Hoffmann, M./Kienle, A./Rieband, N. (2003, Hrsg.): Metawissen als Voraussetzung kooperativer Wissensarbeit und seine Unterstützung durch Awarenessmechanismen. Wissen und Lernen in virtuellen Organisationen. Konzepte Praxisbeispiele Perspektiven., Physica-Verlag, Heidelberg, 2003.

Hervás-Oliver, J. L./Albors-Garrigós, J. A. (2007): Do clusters capabilities matter?

An empirical apllication of the resource-based view in cluster. In: ENTREPRENEURSHIP & REGIONAL DEVELOPMENT, 19. Jg., 2007, S. 113-136.

Hervás-Oliver, J. L./Albros-Garrigós, J. (2008): Local knowlege domains and the role of MNE affiliates in bridging and complementing a cluster's knowledge. In: ENTREPRENEURSHIP & REGIONAL DEVELOPMENT, 20. Jg., 2008, S. 581-598.

Heusler, K. F. (2004): Implementierung von Supply Chain Management. Deutscher Universitäts-Verlag, Wiesbaden, 2004.

Heußler, T. (2011): Zweitliche Entwicklung von Netzwerkbeziehungen. Theoretische Fundierung und empirische Analyse am Beispiel von Franchise-Netzwerken. Gabler, Wiesbaden, 2011.

Hippel, E. von (1988): The Source of Innovation. Oxford University Press, New York und Oxford, 1988.

Hofer, C. W./Schendel, D. (1978): Strategy Formulation: Analytical Concepts. West Publishing Company, St. Paul, Mass, et. al, 1978.

Hohenstein, F. (2010): Gesundheitsregion Mittelhessen – entsteht in Gießen ein Medizincluster? Institut für Geographie. Justus-Liebig- Universität Gießen, Gießen.

Hopf, C. (1993): Zum Verständnis von innerfamilialen sozialen Erfahrungen, Persönlichkeitsentwicklung und politischen Orientierungen. Dokumentation Erörterung des methodischen Vorgehens in einer Studie zu diesem Thema. Institut für Sozialwissenschaften der Universität Hildesheim, 1993. URL: http://w2.wa.uni-hannover.de/mes/berichte/rex93.htm (Stand 22.09.2010).

Hopf, C. (1996): Hypothesenprüfung und qualitative Sozialforschung. In: Strobel, R./Böttger, A. (1996, Hrsg.): Wahre Geschichten. Zur Theorie und Praxis qualitativer Interviews. Nomos, Baden-Baden, 1996, S. 9-21.

Howells, J. R. L. (2002): Tacit Knowledge, Innovation and Economic Geography. In: Urban Studies, 39. Jg., Nr. 5/6, 2002, S. 871-884.

Huber, F. (2010): Do Clusters really matter for innovation practices in information technology? Questioning the significance of technological knowledge spillovers. Summer Conference 2010 on „Opening Up Innovation: Strategy, Organization and Technology". DRUID, Imperial College London Business School.

Hugenberg, H. (2004): Strategisches Management in Unternehmen. Ziele – Prozesse – Verfahren. Gabler, Wiesbaden, 2004.

Hullmann, A. (2001): Internationaler Wissenstransfer und technischer Wandel. Bedeutung, Einflussfaktoren und Ausbilck auf technologiepolitische Implikationen am Beispiel der Nanotechnologie in Deutschland. Physica-Verlag, Heidelberg, 2001.

Hüsemann, S. (2002): Web-basierte Informationsaustauschplattform für internationale humanitäre Projekte. Deutscher Universitäts-Verlag Wiesbaden, 2002.

Hussy, W./Schreier, M./Echterhoff, G. (2010): Forschungsmethoden in Psychologie und Sozialwirtschaft. Springer Verlag GmbH, Berlin und Heidelberg, 2010.

HWF Hamburgische Gesellschaft für Wirtschaftsförderung mbH (2011): Tor zur Welt und Erlebnislandschaft. HWF Hamburgische Gesellscahft für Wirtschaftsförderung mbH,, 2011. URL: http://www.hamburg-luftfahrtstandort.de/index.php?id=43 (Stand 28.11.2011).

Inkpen, A. C. (1996): Creating Knowledge through Collaboraton. In: California Management Review, 39. Jg., Nr. 1, 1996, S. 123-140.

Inpken, A. C./Crossan, M. M. (1995): Believing is Seeing: Joint Ventures and Organizational Learning. In: Journal of Management Studies, 32. Jg., Nr. 5, 1995, S. 595-618.

Itami, H. (1987): Mobilizing Invisible Assets. Havard University Press, Cambridge, Massachusetts und London, 1987.

Jacobs, D./de Man, A.-P. (1996): Clusters, Indsutrail Policy and Firm Strategy: A Menu Approach. In: Technology Analysis & Strategic Management, 8. Jg., Nr. 4, 1996, S. 105-136.

Jahn, D. (2006): Einführung in die vergleichende Politikwissenschaft. Lehrbuch. VS Verlag für Sozialwissenschaften, Wiesbaden, 2006.

Janich, N. (1998): Fachliche Information und inszenierte Wissenschaft. Fachlichkeitskonzepte in der Wirtscahftsförderung. Gunter Narr Verlag, Tübingen, 1998.

Jänig, C. (2004): Wissensmanagement. Springer, Berlin et al., 2004.

Jensen, M. C./Meckling, W. H. (1992): Specific and General Knowledge, and Organizational Structure. In: Werin, L./Wijkander (1992, Hrsg.): Contract Economics. Basil Blackwell, Oxford, 1992, S. 251-274.

Jensen, M. C./Meckling, W. H. (2002): Specific and General Knowledge, and Organizational Structure. In: Langlois, R. N./Yu, T. F.-L./Robertson, P. (2002, Hrsg.): Alternative theories of the firm. Volume 1. Elgar Reference Collection. International Library of Critical Writings in Economics, vol. 154., Cheltenham und Northampton, 2002, S. 604-627.

Johnson, G./Scholes, K./Whittington, R. (2011): Strategisches Management eine Einführung. Analyse, Entscheidungen und Umsetzung. PEARSON Studium, München, 2011.

Jost, P.-J. (2009): Organisation und Koordination, Eine ökonomische Einführung, Lehrbuch. Gabler, Wiesbaden, 2009.

Jungwirth, C. (2006): Wissensabhängige Strategiewahl in der Venture-Capital-Industrie. Eine theoretische und empirsche Analyse. Deutscher Universitäts-Verlag, Wiesbaden, 2006.

Kaminski, S. (2009): Die regionale Clustermarke. Konzepte strategischer Markenführung. Gabler, Wiesbaden, 2009.

Karrer, M. (2006): Supply Chain Performance Management. Entwicklung und Ausgestaltung einer unternehmensübergreifenden Steuerungskonzeption. Deutscher Universitäts-Verlag, Wiesbaden, 2006.

Kelemis, A./Guenzel, C. (1997): Die Ressource Wissen im Unternehmen. In: DV-Management, 2. Jg., 1997, S. 51-54.

Kelle, U. (1994): Empirisch begründete Theoriebildung. Zur Logik und Methodologie interpreativer Sozialforschung. Deutscher Studien Verlag, Weinhein, 1994.

Kelle, U./Erzberger, C. (2000): Qualitative und quantitative Methoden: kein Gegensatz. In: Flick, U./Kardorff, E. von/Steinke, I. (2000, Hrsg.): Qualitative Forschung. Ein Handbuch. Rowohlt Taschenbuch, Reinbek, 2000, S. 299-309.

Kelle, U./Kluge, S. (1999): Vom Einzelfall zum Typus. Fallvergleich und Fallkontrastierung in der qualitativen Sozialforschung. Leske und Budrich, Opladen, 1999.

Kelle, U./Kluge, S./Prein, G. (1993): Strategien der Geltungssicherung in der qualitativen Sozialforschung. Zur Validitätsproblematik im interpretativen Paradigma. Arbeitspapier. Der Vorstand des Sfb 186, 1993.

Kepper, G. (1996): Qualitative Marktforschung: Methoden, Einsatzmöglichkeiten und Beurteilungskriterien. DUV, Wiesbaden, 1996.

Kern, M. (2003): Planspiele im Internet. Netzbasierte Lernarrangements zur Vermittlung betriebswirtschaftlicher Kompetenz. Deutscher Universitäts-Verlag, Wiesbaden, 2003.

Kerssens-Van Drongelen, I. C./de Weerd-Nederhof, P. C./Fisscher, O. A. M. (1995): Improving Knowledge Management in R&D: a Practical Model to Describe the Issues of Knowledge Management. R&D Conference „Knowledge, Technology and Innovative Organisations. Blackwell Publishers Ltd., S. Miniato (Pisa, Italia).

Kesidou, E./Szirmai, A. (2008): Local knowledge spillovers, innovation and export performance in developing countries: empirical evidence from the Uruguay software cluster. In: The European Journal of Development Research, 20. Jg., Nr. 2, 2008, S. 281-298.

Kiendl, S. C. (2007): Markenkommunikation mit Sport. Sponsoring und Markenevents als Kommunikationsplattform. Deutscher Universitäts Verlag, Wiesbaden, 2007.

Kiese, M. (2008a): Cluster und Netzwerke: Chancen und Herausforderungen für die Wirtschaftsförderung. Fachkonferenz „Zukunftsfelder in Ostdeutschland: Perspektiven und Handlungsstrategien" im Bundesministerium für Verkehr, Bau und Stadtentwicklung, Berlin.

Kiese, M. (2008b): Stand und Perspektiven der regionalen Clusterforschung. In: Kiese, M./Schätzl, L. (2008b, Hrsg.): Cluster und Regionalentwicklung. Theorie, Beratung und praktische Umsetzung. Rohn, Dortmund, 2008b, S. 9-50.

Kirchgeorg, M. (2005): Kreislaufstrategische Netzwerke. In: Zentes, J./Swoboda, B./Morschett, D. (2005, Hrsg.): Kooperationen, Allianzen und Netzwerke.

Grundlagen – Ansätze – Perspektiven. Nr. 2. überarb. und erw. Aufl. Gabler, Wiesbaden, 2005, S. 475-504.

Kirsch, W. (2009): „Mein Lieblingsbegriff: Inkommensurabilität" – Werner Kirsch im Interview. In: Zeitschrift für Management, 4. Jg., Nr. 2, 2009, S. 173-184.

Kirsten, J. (2007): Netzwerke zwischen Wissenschaft und Technik. Eine Analyse am Beispiel der deutschen Tissue-Engineering-Industrie. Deutscher Universitäts-Verlag, Wiesbaden, 2007.

Kittel-Wegner, E./Meyer, J. (2002): Die Fallstudie in der betriebswirtschaftlichen Forschung und Lehre. Schriften zum Management und KMU. Universität Flensburg, Flensburg.

Klabunde, S. (2003): Wissensmanagement in der integrierten Produkt- und Prozessgestaltung. Best-Practice-Modelle zum Management von Meta-Wissen. Deutscher Universitäts-Verlag, Wiesbaden, 2003.

Kleer, M. (1991): Gestaltung von Kooperationen zwischen Industrie- und Logistikunternehmen, Ergebnisse theoretischer und empirischer Unterschungen. Schmidt, Berlin, 1991.

Klein, B./Crawfort, R. G./Alchian, A. A. (1978): Vertical Integration, Appropriable Rents and the Competitive Contracting Process. In: Journal of Law and Economics, 21. Jg., Nr. 2, 1978, S. 297-326.

Kleining, G. (1995): Lehrbuch Entdeckende Sozialforschung. Band I. Von der Hermeneutik zur qualitativen Heuristik. Beltz Psychologie Verlags Union, Weinheim, 1995.

Kogut, B./Zander, U. (1992): Knowledge of the Firm, Combinative Capabilities, and the Replication of Technology. In: Organization Science, 3. Jg., 1992, S. 383-397.

Kogut, B./Zander, U. (1993): Knowledge of the Firm and the Evolutionary Theory of the Multinational Corporation. In: Journal of International Business STudies, 24. Jg., Nr. 4, 1993, S. 625-645.

Kohler, J. (2008): Wissenstransfer bei hoher Produkt- und Prozesskomplexität. Pilotierung, Rollout und Migration neuer Methoden am Beispiel der Automobilindustire. Gabler, Wiesbaden, 2008.

Koller, H.-C. (2003): Hermeneutik. Leske und Budrich, Opladen, 2003.

Kornmeier, M. (2007): Wissenschaftstheorie und wissenschaftliches Arbeiten. Eine Einführung für Wirtschaftswissenschaftler. Physica-Verlag, Heidelberg, 2007.

Koschatzky, K. (2001): Räumliche Aspekte im Innovationsprozess. Ein Beitrag zur neuen Wirtschaftsgeographie aus Sicht der regionalen Innovationsforschung. In: Wirtschaftsgeographie Band 19, 2001.

Krafft, L (2006): Entwicklung räumlicher Cluster. Das Beispiel Internet- und E-Commerce-Gründungen in Deutschland. Deutscher-Universitäts-Verlag, Wiesbaden, 2006.

Kreitel, W. A. (2008): Ressource Wissen, Wissensbasiertes Projektmanagement erfolgreich im Unternehmen einführen und nutzen. Mit Empfehlungen und Fallbeispielen. Gabler GWV Fachverlage, Wiesbaden, 2008.

Krenn, S. (2006): Imitation von Auslandsmarkteintritten. Eine empirische Analyse anhand der Markteintritte deutscher Unternehmen in Mittel- und Osteuropa. Deutscher Universitäts-Verlag, Wiesbaden, 2006.

Kreutz, H. (1972): Soziologie der empirischen Sozialforschung. Enke, Stuttgart, 1972.

Kreyer, F. (2009): Strategieorientierte Restwertbestimmung in der Unternehmensbewertung. Eine Untersuchung des langfristigen Rentabilitätsverlaufs europäischer Unternehmen. Gabler, Wiesbaden, 2009.

Krogh, G. von/Ichijo, K./Nonaka, I. (2000): Enabling Knowledge Creation. How to Unlock the Mystery of Tacit Knowledge and Release the Power of Innovation. Oxford University Press, Oxford et al., 2000.

Krogh, G. von/Köhne, M. (1998): Der Wissenstransfer in Unternehmen: Phasen des Wissenstransfers und wichtige Einflussfaktoren. In: Die Unternehmung, 52. Jg., Nr. 5/6, 1998, S. 235-252.

Krogh, G. von/Roos, J. (1992): Towards a Competence-Based Perspective of the Firm. Norwegian School of Management, Norwegian, 1992.

Krogh, G. von/Türtscher, P./Urwyler, M. (2003): Junge Unternehmen und ihre Kunden: Die Vor- und Nachteile von engen Kundenbeziehungen. In: Matzler, K./Pechlaner, H./Renzel, B. (2003, Hrsg.): Werte schaffen. Perspektiven einer stakeholderorientierten Unternehmensführung. Gabler, Wiesbaden, 2003, S. 188-202.

Krol, B. (2010): Standortfaktoren und Standorterfolg im Electronic Retailing. Gabler, Wiesbaden, 2010.

Kröll, A.-M. (2003): Interorganisationale Netzwerke. Nutzung Sozialen Kapitals für Marteintrittsstrategien. Deutscher Universitäts-Verlag, Wiesbaden, 2003.

Kromrey, H. (2002): Empirische Sozialforschung. Modelle und Methoden der standardisierten Datenerhebung und Datenauswertung. UTB, Verlag Leske + Budrich, Opladen, 2002.

Kromrey, H. (2006): Empirische Sozialforschung. Lucius & Lucius Verlagsgesellschaft mbH, Stuttgart, 2006.

Küchenhoff, J./Mahrer Klemperer, R. (2009): Psychotherapie im psychiatrischen Alltag. Die Arbeit an der therapeutischen Beziehung. Schattauer GmbH, Stuttgaret, 2009.

Kuhn, T. (1970): The Structure of Scientific Revolutions. University of Chicago Press, Chicago, 1970.

Kujath, H. J. (2005): Die neue Rolle der Metropolregionen in der Wissensökonomie. In: Kujath, H. J. (2005, Hrsg.): Knoten im Netz. Zur Rolle der Metropolregionen in der Dienstleistungswirtschaft und Wissensökonomie. LIT Verlag, Münster, 2005, S. 23-63.

Kumar, N./Scheer, L. K./Steenkamp, J.-B. E. M. (1995): The Effects of Pereceived Interdependence on Dealer Attitudes. In: Journal of Marketing Research, 32. Jg., Nr. 3, 1995, S. 348-356.

Kunkel, K. (2010): Regionale Cluster und regionale Arbeitsmärkte. Prozesse der Flexibilisierung und Spezialisierung am Beispiel des Luftfahrtclusters Hamburg. LIT Verlag, Berlin, 2010.

Küpper, W./Homp, C. (2000): Organisation, Macht und Ökonomie. Mikropolitik und die Konstitution organisationaler Handlungssysteme. Gabler, Wiesbaden, 2000.

Kuschinsky, N. (2008): Stabilisierung von Hersteller-Lieferantenbeziehungen als pfadabhängiger Organisationsprozess. Peter Lang GmbH, Frankfurt am Main, 2008.

Kutschker, M./Schmid, S. (1995): Netzwerke internationaler Unternehmungen,. Diskussionsbeitrag Nr. 64 der Wirtschaftswissenschaftlichen Fakultät Ingolstadt. Katholische Universität Eichstätt, Eichstätt, 1995.

Kutschker, M./Schmid, S. (2008): Internationales Management. Oldenbourg, München, 2008.

Lagendijk, A. (2001): Scaling knowledge production: How significant is the region? Springer, Berlin, 2001.

Lamnek, S. (2005): Qualitative Sozialforschung, Lehrbuch. Belitz Verlag, Programm PVU Psychologie Union, Weinheim, 2005.

Landwehr, S. (2005): Know-how-Management bei der Gründung innovativer Unternehmen. Deutscher Universitäts-Verlag, Wiesbaden, 2005.

Laperche, B./Uzunidis, D. (2010): The Knowledge Base of Innovation Networks In: Laperche, B./Sommers, P./Uzunidis, D. (2010, Hrsg.): Innovation Networks and Clusters. The Knowledge Backbone. P.I.E. Peter Lang, Bruxells et al., 2010, S. 11-17.

Larzelere, R. E./Huston, T. L. (1980): The dyadic trust scale: Toward understanding interpersonal trust in close relationships. In: Journal of Marriage and the Family, 42. Jg., Nr. 3, 1980, S. 595-604.

Lauschmann, E. (1976): Grundlagen einer Theorie der Regionalpolitik. Schroedel Verlag, Hannover, 1976.

Lavie, D. (2006a): Interconnected firms and the value of network resources. In: Cooper, C. L./Finkelstein, S. (2006a, Hrsg.): Advances in mergers and acquisitions. JAI Press, San Diego, 2006a, S. 127-141.

Lavie, Dovev (2006b): The competitive advantage of interconnected firms: an extension of the resource-based view. In: Academy of Management Review, 31. Jg., Nr. 3, 2006b, S. 638-658.

Lee, M. H. (1999): On models, modelling and the distinctive nature of model-based reasoning. In: AI Communications, 12. Jg., Nr. 3, 1999, S. 127 – 137.

Lefrancois, G. R. (2003): Psychologie des Lernens. Springer, Berlin, Heidelberg und New York, 2003.

Lehner, F. (2003): Information Sharing und Wissensaustausch in Unternehmen. In: Geyer-Schulz, A./Taudes, A. (2003, Hrsg.): Informationswirtschaft: Ein Sektor mit Zukunft. Köllen, Bonn, 2003, S. 300-319.

Lehner, F. (2009): Wissensmanagement. Grundlagen, Methoden und technische Unterstützung. Carls Hanser Verlag, München und Wien, 2009.

Lembke, G. (2005): Wissenskooperation in Wissensgemeinschaften. Förderung des Wissensaustausches in Organisationen. LearnAct Verlagsgesellschaft mbH, Wiesbaden, 2005.

Lenz, R. T. (1980): Strategic Capability: A concept and framwork for analysis. In: Academy of Management Review, 5. Jg., Nr. 2, 1980, S. 225 – 234.

Lincoln, Y./Guba, E. G. (1985): Naturalistic inquiry. Sage Publications, Newbury Park, CA, 1985.

Lindesmith, A. R. (1968): Addiction and Opiates. Aldine, Chicago, 1968.

Linhard, A. H. (2001): Die erfolgreiche Umsetzung Strategischer Erfolgspotentiale – Der Ressourcenorientierte Ansatz im Marketing. Wirtschaftswissenschaften. Freie Universität Berlin, Berlin. S. 340.

Lippmann, S. A./Rumel, R. P. (1982): Uncertain Imitability: An Analysis of Interfirm Differences in Efficiency under Competition. In: The Bell Journal of Economics, 13. Jg., Nr. 2, 1982, S. 418-438.

Lo, V. (2003): Wissensbasierte Netzwerke im Finanzsektor. Das Beispiel des Mergers & Acquisitions-Geschäfts. Deutscher Universitäts-Verlag/GWV Fachverlag GmbH, Wiesbaden, 2003.

LoBiondo-Wood, G. (2005): Pflegeforschung. Methoden, Bewertung, Anwendung. Elsevier, München, 2005.

Lockett, A./Thompson, S./Morgenstern, U. (2009): The development of the resource-based view of the firm: A critical appraisal. In: International Journal of Management Reviews, 11. Jg., Nr. 1, 2009, S. 9-28.

Lüdecke, C. (2008): IT-Integration bei Mergers & Acquisitions. Wirtschaftsinformatik der Produktionsunternehmen. Universität Duisburg-Essen, Norderstedt. S. 155.

Lüdke, H. (2005): Strategische Konzepte zur Unternehmensführung. Dynamische Alternativen zum Positionierungsansatz Porters. Deutscher Universitäts-Verlag, Wiesbaden, 2005.

Luftfahrtcluster Metropolregion Hamburg (2008): Bewerbung im Spitzencluster-Wettbewerb des BMBF. Strategiedokument. Hamburg, Behörde für Wirtschaft

und Arbeit. HWF Hamburgische Gesellschaft für Wirtschaftsförderung mbH, Hamburg.
Luftfahrtcluster Metropolregion Hamburg (2010): Zweiter Fortschrittsbericht im Spitzencluster-Wettbewerb des BMBF. Arbeit, Behörde für Wirtschaft und. Behörde für Wirtschaft und Arbeit, Hamburg. S. 32.
Luftfahrtcluster Metropolregion Hamburg (o. J.): Engagement und Kooperation: Initiative Luftfahrtstandort Hamburg. Behörde für Wirtschaft und Arbeit Hamburg, Hamburg.
Lufthansa Technik AG (2010): Standorte: Lufthansa Technik in Hamburg. Firmenzentrale und Kompetenzzentrum. Lufthansa Technik AG, 2010. URL: http://www.lufthansa-technik.com/applications/portal/lhtportal/lhtportal.portal?requestednode=19&_pageLabel=Template5_6&_nfpb=true&webcacheURL=TV_I/Company-new/About-us/Portrait/Locations/HAM_DE.xml&setLang=german (Stand 27.11.2011).
Lundvall, B./Johnson, B. (1994): THE LEARNING ECONOMY. In: Journal of Industry Studies, 1. Jg., Nr. 2, 1994, S. 23-42.
Lundvall, B.-A. (1988): Innovation as an interactive process: from user-producer interaction to the national system of innovation. In: Dosi, G./Freeman, C./Nelson, R./Silverberg, G./Soete, L. (1988, Hrsg.): Technical Chance and Economic. Printer Publication Ltd., London und New York, 1988, S. 349-369.
Lütje, S. (2009): Kundenbeziehungsfähigkeit. Konzeptionalisierung und Erfolgswirkung. Gabler, Wiesbaden, 2009.
Magnus, K.-H. (2007): Erfolgreiche Supply-Chain-Kooperation zwischen Einzelhandel und Konsumgüterherstellern. Eine empirische Untersuchung der Händlerperspektive. Deutscher Universitäts-Verlag, Wiesbaden, 2007.
Mahoney, J. T./Pandian, J. R. (1992): The Resource-Based View within the Conversation of Strategic Management. In: Strategic Management Journal, 13. Jg., Nr. 5, 1992, S. 363-380.
Maier, G./Tödtling, F. (2006): Regional- und Stadtökonomik 1. Standorttheorie und Raumstruktur. Springer Verlag, Wien und New York, 2006.
Maier, R. (2002): Knowledge Management Sytems. Information and Communication Technologies for Knowledge Management. Springer, Berlin et al., 2002.
Malmberg, A. (1996): Industrial geography: agglomeration and local milieu. In: Progress in Human Geography, 20. Jg., Nr. 3, 1996, S. 392-403.
Malmberg, A./Maskell, P. (1997): Toward an explanation of regional specialization and industry agglomeration. In: European Planning Studies, 5. Jg., Nr. 1, 1997, S. 25-41.
Malmberg, A./Maskell, P. (2002): The elusive concept of localization economies: towards a knowledge-based theory of spatial clustering. In: Environment and Planing, 34. Jg., Nr. 3, 2002, S. 429-449.

Malmberg, A./Power, D. (2005): (How) Do (Firms in) Clusters Create Knowledge? In: Industry an dInnovation, 12. Jg., Nr. 4, 2005, S. 409-431.

Mamaradshvili, P./Ritter, V. (2010): Was ist eine Theorie? ETH Zürich, Zürich, 2010.

Manger, D. (2009): Innovation und Kooperation. Zur Organisierung eines regionalen Netzwerks. transcript Verlag, Bielefeld, 2009.

March, J. G. (1991): Exploration and Exploitation in Organizational Learning. In: Organization Science, 2. Jg., Nr. 1, 1991, S. 71-81.

Marshall, A. (1890): Principles of Economics: An introductory volume. London, 1890.

Marshall, A. (1920): Principles of economics. Macmillan, London, 1920.

Martin, R./Sunley, P. (2002): Deconstructing Clusters: Chaotic Concept or Policy Panacea? In: Journal of Economic Geography, 3. Jg., Nr. 1, 2002, S. 5-35.

Martin, R./Sunley, P. (2003): Deconstructing clusters: chaotic concept or policy panacea? In: Journal of Economic Geography, 3. Jg., Nr. 1, 2003, S. 5-35.

Maskell, P. (2001): Towards a knowledge-based theory of the geograpical cluster In: Industrial and Corporate Change, 10. Jg., Nr. 4, 2001, S. 921 – 943.

Maskell, P./Malmberg, A. (1999a): The competitiveness of firms and regions ‚ubiquitification' and the importance of localized learning. In: European Urban and Regional Studies, 6. Jg., Nr. 9, 1999a, S. 9-25.

Maskell, P./Malmberg, A. (1999b): Localised learning and industrial competitiveness. In: Cambridge Journal of Economics, 23. Jg., Nr. 2, 1999b, S. 167-185.

Matlachowsky, P. (2008): Implementierungsstand der Balanced Scorecard. Fallstudienbasierte Analyse in deutschen Unternehmen. Gabler Verlag, Wiesbaden, 2008.

Matthiesen, U./Reutter, G. (2003): Lernende Region – Mythos oder lebendige Praxis? Bertelsmann, Bielefeld, 2003.

Maturana, H. R./Varela, F. (1987): Der Baum der Erkenntnis. Scherz, München, 1987.

Maurer, I. (2003): Soziales Kapital als Erfolgsfaktor junger Unternehmen. Eine Analyse der Gestaltung und Entwicklungsdynamik der Netzwerke von Biotechnologie Start-ups. Westdeutscher Verlag, Wiesbaden, 2003.

Maurer, J. (2011): Der Luftfahrtcluster Metropolregion Hamburg arbeitet an der Zukunft der Luftfahrt. In: Frankfurter Allgemeine HOCHSCHULANZEIGER, Nr. 115, 04.10.2011.

Maxxwell, J. A. (2005): Qualitative Research Design. An interactive Aproach. 2nd. Aufl., Sage Publications Inc., Thousand Oaks, London, New Delhi, 2005.

Mayring, P. (2002): Einführung in die qualitative Sozialforschung. Psychologie Verlags Union, Weinheim, 2002.

McCutcheon, D. M./Meredith, J. R. (1993): Conducting case study research in operations management. In: Journal of Operations Management, 11. Jg., Nr. 3, 1993, S. 239-256.

McEvily, B./Zaheer, A. (1999): Bridging ties: A source of firm heterogenity in competitive capabilities. In: Strategic Management Journal, 20. Jg., Nr. 12, 1999, S. 1122-1156.

Meinsen, S. (2003): Konstruktivistisches Wissensmanagement: Wie Wissensarbeiter ihre Arbeit organisieren. Beltz, Weinheim, Basel, Berlin, 2003.

Mencke, C. (2005): Vertrauen in sozialen Systemen und in der Unternehmensberatung. Eine Grundlagenanalyse und Hinweise für eine vertrauenssensible Beratungspraxis am Beispiel größerer mittelständischer Unternehmen. Gabler, Wiesbaden, 2005.

Mendel, H. (2005): Einführung in den pädagogischen Konstruktivismus. LIT Verlag, Münster, 2005.

Mertens, P./Griese, J./Ehrenberg, D. (1998): Virtuelle Unternehmen und Informationsverarbeitung. Springer, Berlin, Heidelberg und New York, 1998.

Mertins, K./Alwert, K./Heisig, P. (2005): Wissensbilanzen. Intelektuelle Kapital erfolgreich nutzen und entwickeln. Springer, Berlin, Heidelberg und New York, 2005.

Mesquita, L. F. (2007): Starting over when the bickering never ends: Rebuilding aggregate trust among clustered firms through trust facilitators. In: Academy of Management Review, 32. Jg., Nr. 1, 2007, S. 72-91.

Mesquita, L. F./Anand, J./Brush, T. H. (2008): Comparing the resource-based view and relational view: Knowledge transfer and spillover in vertical alliances. In: Strategic Management Journal, 29. Jg., Nr. 9, 2008, S. 913 – 941.

Meyer, J. (2007): Evaluation von E-Learning aus erwachsenenpädagogischer Perspektive. GRIN Verlag, Norderstedt, 2007.

Meyer, W. (1960): Die Theorie der Standortwahl. Entwicklung, Inhalt und wirtschaftstheoretische Behandlung des Standortproblems. Duncker & Humbolt, Berlin, 1960.

Mikus, B. (2003): Strategisches Logistikmanagement. Ein markt-, prozess- und ressourcenorientiertes Konzept. Deutscher Universitäts-Verlag, Wiesbaden, 2003.

Mitchell, J. C. (1969): The CONCEPT AND USE OF SOCIAL NETWORKS. In: Mitchell, J. C. (1969, Hrsg.): Social Networks in Urban Situations. Analysis of Personal Relationships in Central African Towns. The University Press, Manchester, 1969, S. 1-50.

Mitchell, R./Burgess, J./Waterhouse, J./McNeil, K. (2009): Knowledge Flow in clustered smes: Technological specialists as knowledge Gatekeepers. Cluster Research Conference, University of Flensburg.

Möhring, W./Schlütz, D. (2010): Die Befragung in der Medien- und Kommunikationswissenschaft. Eine praxisorientierte Einführung. Lehrbuch. VS Verlag für Sozialwissenschaften, Wiesbaden, 2010.

Molzberger, G. (2007): Rahmungen informellen Lernens. Zur Erschließung neuer Lern- und Weiterbildungsperspektiven. GWV Fachverlage GmbH, Wiesbaden, 2007.

Moran, P./Ghoshal, S. (1999): Markets, Firms, and the Process of Economic Development. In: Academy of Management Review, 24. Jg., Nr. 3, 1999, S. 390-412.

Morgan, R. M./Hunt, S. D. (1994): The Commitment-Trust of Relationship Marketing. In: Journal of Marketing, 58. Jg., Nr. July – August, 1994, S. 20-38.

Moritz, A./Rimbach, F. (2006): Soft Skills für Young Professionals. GABAL Verlag, Offenbach, 2006.

Muche, S. (2007): Corporate Citizenship und Korruption. Ein systematisches Konzept von Unternehmensverantwortung. Gabler, Wiesbaden, 2007.

Müller, B. (2010a): DIE BEDEUTUNG VON KARRIEREMANAGEMENT IM RAHMEN DER AUSLANDSENTSENDUNG VON FÜHRUNGSKRÄFTEN – VERTRAGSTHEORETISCHE ANALYSE UND ILLUSTRATIVE FALLSTUDIE DER ROBERT BOSCH GMBH. Lehrstuhl für Interkulturelle Führung und Personalmanagement. ESCP Europe Wirtschaftshochschule Berlin e. V., Berlin. S. 288.

Müller, B. (2010b): Die Bedeutung von Karrieremanagement im Rahmen der Auslandsentsendung von Führungskräften. Vertragstheoretische Analyse und illlustrative Fallstudie der Robert Bosch GmbH. Rainer Hammp Verlag, München/Mering, 2010b.

Müller, J. (2009): Projektteamübergreifender Wissensaustausch. Fehlervermeidung und organisationales Lernen druch interaktive Elemente einer Wissenskultur. Gabler, Wiesbaden, 2009.

Müller-Stewens, G./Lechner, C. (2005): Strategisches Management, Wie strategische Initiativen zum Wandel führen. In: Der St. Galler General Management Navigator, 3., aktu. Aufl. Jg., 2005.

Nahapiet, J./Ghoshal, S. (1998): Social capital, intellectual capital, and the organizational advantage. In: Academy of Management Review, 23. Jg., Nr. 2, 1998, S. 242-266.

Nelson, R. R./Winter, S. G. (1982): The Schumpeterian Tradeoff Revisited. In: American Economic Review, 72. Jg., Nr. 1, 1982, S. 114-132.

Neumann, N. (2010): Marken verbinden! Eine empirische Untersuchung zum Psychological Sense of Community unter Markennutzern. FGM Verlag, München, 2010.

Newbert, S. L. (2007): Empirical Research on the resource-based View of the firm: An assessment and suggestions for future research. In: Strategic Management Journal, 28. Jg., Nr. 2, 2007, S. 121-146.

Nienhüser, W. (1993): Die Leistungsfähigkeit unterschiedlicher Methoden zur Erforschung von Entscheidungsprozessen. In: Becker, F. G./Martin, A. (1993, Hrsg.): Empirische Personalforschung. Methoden und Beispiele, Sonderband der Zeitschrift für Personalforschung. Rainer Hampp Verlag, München und Mering, 1993, S. 69-92.

Nienhüser, W. (1996, Hrsg.): Die Entwicklung theoretischer Modelle als Beitrag zur Fundierung der Personalwirtschaftslehre. Überlegungen am Beispiel der Erklärung des Zustandekommens von Personalstrategien. Grundlagen der Personlawirtschaft. Gabler, Wiesbaden, 1996.

Nieschlag, R./Dichtl, E./Hörschgen, H. (2002): Marketing. Ducker & Humblot, Berlin, 2002.

Nolte, H./Bergmann, R. (1998): Ein Grundmodell des ressourcenorientierten Ansatzes der Unternehmensführung. In: Nolte, H. (1998, Hrsg.): Aspekte ressourcenorientierter Unternehmensführung. München & Mering, Köln., 1998, S. 1-29.

Nonaka, I. (1994): A Dynamic Theory of Organizational Knowledge Creation. In: Organization Science, 5. Jg., Nr. 1, 1994, S. 14-37.

Nonaka, I./Konno, N. (1998): The Concept of „Ba". Building a Fundation fpr Knowledge Creation. In: California Management Review, 43. Jg., Nr. 3, 1998, S. 40-54.

Nonaka, I./Takeuchi, H. (1995): The knowledge-creating company. How Japanese companies create the dynamics of innovation. Oxford University Press, New York and Oxford, 1995.

Nonaka, I./Takeuchi, H. (1997): Die Organisation des Wissens. Campus Verlag, Frankfurt und New York, 1997.

Nonaka, I./Toyama, R./Noboru, K. (2000): SECI, Ba and Leadership: a Unified Model of Dynamic Knowledge Creation. In: Nonaka, I./Teece, D. J. (2000, Hrsg.): MANAGING INDUSTRIAL KNOWLEDGE. Creation, Transfer and Utilization. SAGE Publications, London, Thousand Oaks und New Delhi, 2000, S. 23-50.

Nooteboom, B. (2000): Learning by Interaction: Absorptive Capacity, Cognitive Distance and Governance. In: Journal of Management and Governance, 4. Jg., Nr. 1-2, 2000, S. 69-92

Nooteboom, B. (2009): A Cognitive Theorey of the Firm. Learning, Governance and Dynamic Capabilities. Edward Elgar Publishing Ltd., Cheltenham und Northampton, 2009.

North, K. (2005): Wissensorientierte Unternehmensführung. Wertschöpfung durch Wissen. GWV Fachverlag GmbH, Wiesbaden, 2005.

Novak, A. (2008): TOUR D'EUROPE FU¨R DIE A380. In: DB mobil – was uns bewegt. 2008, S. 34-42.

Oberschulte, H. (1996): Organisatorische Intelligenz. Walter de Gruyter, Berlin, 1996.

OECD (1999): Boosting Innovation: The Cluster Approach. OECD Publishing, Paris, 1999.

Oerlemans, L. A. G./Meeus, M. T. H./Boekema, F. W. M. (2001): Firm cluster in and innovation: Determinants and effects. In: Regional Science, 80. Jg., Nr. 3, 2001, S. 337-356.

Oliver, C. (1997): Sustainable Competitive Advantage: Combining Institutional and Resource-Based Views. In: Strategic Management Journal, 18. Jg., Nr. 9, 1997, S. 697-714.

Østergaard, C. R. (2009): Knowledge flows through social networks in a cluster: Comparing university and industry links. In: Structural Change and Economic Dynamics, 20. Jg., Nr. 3, 2009, S. 196-210.

Pak, Y. S./Park, Y. R. (2004): A framework of knowledge transfer in cross-border joint Ventures: an empirical test of korean context. In: Management International Review, 44. Jg., Nr. 4, 2004, S. 417-434.

Patti, A. L. (2006): Economic clusters and the supply chain: a case study. In: Supply Chain Management, 11. Jg., Nr. 3, 2006, S. 266-270.

Paul, C. (2011): Personalrisikomanagement aus ressourcentheoretischer Perspektive. Josef EUL Verlag GmbH, Lohmar und Köln, 2011.

Pauwels, P./Matthyssens, P. (2004): The architecture of multple case study research in international business. In: Marschan-Piekkari, R./Welch, C. (2004, Hrsg.): Handbook of qualitative research methods for internatals business. Edward Elgar Publishing Limited, Cheltenham, UK, 2004, S. 125-143.

Peteraf, M. (1993): The cornerstones of competitive advantage: a resoruce-based view. In: Strategic Management Journal, 14. Jg., Nr. 3, 1993, S. 179-191.

Peters, M. L. (2008): Vertrauen in Wertschöpfungspartnerschaften zum Transfer von retentivem Wissen. Gabler, Wiesbaden, 2008.

Petkau, A. (2008): Erfolgspotentialentwicklung forstwirtschaftlicher Zusammenschlüsse durch Verbundbildung – eine auf dem Ressourcenansatz basierende Analyse. Forst- und Umweltwissenschaft. Albert-Ludwigs-Universität, Freiburg i. Brsg.

Petzold, K. (2005): Rechtfertigung strategischer Managemententscheidungen. Eine Analyse im Kontext der Corporate Governance. Deutscher Universitäts-Verlag, Wiesebaden, 2005.

Pfeifer, T. (2001): Qualitäts Management. Strategien, Methoden, Techniken. Carl Hanser Verlag, München und Wien, 2001.

Pfohl, H.-C./Bode, A./Alig, S. (2010): Netzwerkspezifische Wettbewerbsvorteile durch Cluster. In: Wirtschaftswissenschaftliches Studium, 39. Jg., Nr. 11, 2010, S. 531-537.

Picot, A./Reichwald, R./Wigand, R. T. (2003): Die grenzenlose Unternehmung. Information, Organisation und Management. Lehrbuch zur Unternehmensführung im Informationszeitalter. Gabler, Wiesbaden, 2003.

Piening, E. P. (2010): Prozessdynamiken der Implementierung von Innovationen. Eine empirische Analyse dynamischer Fähigkeiten und ihrer Wirkung in Krankenhäusern. Gabler, Wiesbaden, 2010.

Polanyi, M. (1966): The Tacit Dimension. Routhledge & Kegan, New York, 1966.

Polanyi, M. (1985): Implizites Wissen. Suhrkamp, Frankfurt am Main, 1985.

Porter, M. E. (1990): The Competitive Advantage of Nations. Free Press, New York, 1990.

Porter, M. E. (1991a): Nationale Wettbewerbsvorteile. Erfolgreich konkurrieren auf dem Weltmarkt. Droemer Knauer, München, 1991a.

Porter, M. E. (1991b): Towards a Dynamic Theory of Strategy. In: Strategic Management Journal, 12. Jg., Nr. Special Issue, 1991b, S. 95-117.

Porter, M. E. (1993): Nationale Wettbewerbsvorteile. Erfolgreich konkurrieren auf dem Weltmarkt. Ueberreuter, Wien, 1993.

Porter, M. E. (1994): Toward a Dynamic Theory of Strategy. In: Rumel, R. P./Schendel, D. E./Teece, D. J. (1994, Hrsg.): Fundamental Issues in Strategy: A Research Agenda. Havard Business School Press, Bosten Massachussets, 1994, S. 423-461.

Porter, M. E. (1998a): Clusters and the new economics of competition. In: Harvard Business Review, 76. Jg., Nr. 6, 1998a, S. 77-90.

Porter, M. E. (1998b): The Competitve Advantage of Nations. Free Press, Oxford, 1998b.

Porter, M. E. (2000): Location, competition, and economic development: local clusters in global economy. In: Economic Development Quarterly, 14. Jg., Nr. 1, 2000, S. 15-34.

Porter, M. E. (2003): Locations, clusters, and company strategy. In: Clark, G. L./P., Feldman M./Gertler, M. S. (2003, Hrsg.): The Oxford handbook of economic geography. Oxford University Press, Oxford, 2003, S. 253-274.

Porter, M. E. (2004): Competitive strategy. Techniques for analysing industries and competitors. Free Press, New York, 2004.

Porter, M. E./Kramer, M. R. (2002): The Competitive Advantage of Corporate Philanthropy. In: Harvard Business Review, 80. Jg., Nr. 12, 2002, S. 56-68 bzw. 55-16.

Potzner, A. (2008): Innovationskooperationen entlang Supply Chains. Eine Analyse der europäischen Aviation-Industrie. Gabler, Wiesbaden, 2008.

Poznanski, S. (2007): Wertschöpfung durch Kundenintegration. Eine empirische Untersuchung am Beispiel von Strukturierten Finanzierungen. Deutscher Universitäts-Verlag, Wiesbaden, 2007.

Prahalad, C. K./Hamel, G. (1990): The Core Competence of the Corporation. In: Harvard Business Review, 68. Jg., Nr. 3, 1990, S. 79-91.
Prahalad, C. K./Hamel, G. (1991): Nur Kernkompetenzen sichern das Überleben. In: Harvard Manager, 13. Jg., Nr. 2, 1991, S. 66-78.
Prange, C. (2002): Organisationales Lernen und Wissensmanagement, Fallbeispiele aus der Unternehmenspraxis. Gabler, Wiesbaden, 2002.
Priem, R. L./Butler, J. E. (2001): Is the Resource-Based „View" a Useful Perspective for Strategic Management Research. In: Academy of Management Review, 26. Jg., Nr. 4, 2001, S. 22-40.
Probst, G. (2002): Wissensmanagement in öffentlichen Institutionen. In: Bund & Wirtschaft, 1. Jg., Nr. 2, 2002, S. 40-42.
Probst, G./Raub, S./Romhardt, K. (1999): Wissen Managen. Wie Unternehmen ihre wertvollste Ressource optimal nutzen. Gabler, Frankfurt am Main, 1999.
Probst, G./Raub, S./Romhardt, K. (2006): Wissen managen. Wie Unternehmen ihre wertvollste Ressource optimal nutzen. Gabler, Wiesbaden, 2006.
Probst, G./Raub, S./Romhardt, K. (2010): Wissen managen. Wie Unternehmen ihre wertvollste Ressource optimal nutzen. Gabler, Wiesbaden, 2010.
Probst, G./Romhardt, K./Raub, S. (1997): Wissen managen – Wie Unternehmen ihre wertvollste Ressource optimal nutzen. Frankfurter Allgemeine Buch, Frankfurt am Main, 1997.
Quinn, J. B./Anderson, P./Finkelstein, S. (1999): Das Potential in den Köpfen gewinnbringender nutzen. Cal Hanser Verlag, München und Wien, 1999.
Rallet, A./Torre, A. (1999): Is Geographical Proximity necessary in the Innovation Networks in the Era of Global Economy? In: Geojournal, 49. Jg., Nr. 4, 1999, S. 373-380.
Rao, H. (1994): The social construction of reputation: Certification process, legitimization, and the survival of organizations in the American automobile industry, 1895-1912. In: Strategic Management Journal, 15. Jg., Nr. S1, 1994, S. 29-44.
Rasche, C./Wolfrum, B. (1993): Ressourcenorientierte Unternehmensführung – Ein ressourcenorientierter Ansatz. In: Die Betriebswirtschaftslehre, 54. Jg., Nr. 4, 1993, S. 501-517.
Rasche, C./Wolfrum, B. (1994): Ressourcenorientierte Unternehmensführung. In: Die Betriebswirtschaft, 54. Jg., Nr. 4, 1994, S. S. 501-517.
Raschke, F. W. (2009): Regionale Wettbewerbsvorteile. Identifikation, Analyse und Management von Clustern am Beispiel der Logisktik im Rhein-Main Gebiet. Gabler, Wiesbaden, 2009.
Rathenow, M. (2011): Theorien der Allianzforschung: Inwiefern die relationale Perspektive und die sozale Austauschtheorie den Transaktionskostenansatz ergänzen. Diplomica, Hamburg, 2011.

Raueiser, M. (2005): Das Biotechnologie-Cluster in nordeuropäischen Wachstumsraum Øresundregion. Kölner Wissenschaftsverlag, Köln, 2005.

Reger, G. (1997): Koordination und strategisches Management internationaler innovationsprozesse. Physica-Verlag, Heidelberg, 1997.

Rehäuser, J./Krcmar, H. (1996): Wissensmanagement im Unternehmen. In: Schreyögg, G./Conrad, P. (1996, Hrsg.): Wissensmanagement. De Gruyter, Berlin, 1996, S. 1-40.

Rehm, A. (2006): Marktforschung. Quantitative und Qualittative Methoden im Vergleich. GRIN, München, 2006.

Reichel, K. (2010): Reorganisation als politische Arena. Eine Fallstudie an der Schnittstelle zwischen öffentlichem und privatwirtschaftlichem Sektor. Gabler, Wiesbaden, 2010.

Reichertz, J. (1986): Probleme qualitativer Sozialforschung. Zur Entwicklungsgeschichte der Objektiven Hermeneutik. Campus Verlag, Frankfurt, 1986.

Reinhardt, G. D./Gradinger, F. (2007): Behinderung in der Werbung – zwischen Unsichtbarkeit und Provokation. In: Jäckel, M. (2007, Hrsg.): Ambivalenzen des Konsums und der werblichen Kommunikation. Nr. 1. Aufl. VS Verlag FÜR SOZIALWISSENSCHAFTEN, Wiesbaden, 2007, S. 91-108.

Reinhardt, I. (2007): Eine neutrale Theorie der Wettbewerbsdominanz. Kölner Wissenschaftsverlag, Köln, 2007.

Reinmann, G. (2005): Das Verschwinden der Bildung in der E-Learning-Diskussion. Universität Augsbug, 2005.

Reinmann, G./Seiler, T. B. (2004): Der Wissensbegriff im Wissensmanagement. In: Reinmann, G./Seiler, T. B. (2004, Hrsg.): Psychologie des Wissensmanagements, Perspektiven, Theorien und Methoden. Hogrefe, Göttingen, 2004, S. 11-23.

Reiß, T./Koschatzky, K. (1997): Biotechnologie, Unternehmen, Innovationen, Förderinstrumente. Physica Verlag, Heidelberg, 1997.

Renz, T. (1998): Management in internationalen Wiesbaden, Gabler, 1998.

Renzel, B. (2003): Wissensbasierte Interaktion. Selbst-evolvierende Wissensströme in Unternehmen. Deutscher Universitäts-Verlag, Wisebaden, 2003.

Reyes, G. (1996): Wider die Vergesslichkeit – Wissenmanagement im Unternehmen. In: Cogito, 1. Jg., 1996, S. 42-44.

Ricardo, D. (1994): ÜBER DIE GRUNDSÄTZE DER POLITISCHEN ÖKONOMIE UND DER BESTEUERUNG. Metropolis-Verlag, Marburg, 1994.

Ridder, H.-G./Conrad, P./Schirmer, F./Bruns, H.-J. (2001): Strategisches Personalmanagement. Mitarbeiterführung, Integration und Wandel aus ressourcenorientierter Perspektive. Verlag moderne industrie, Landsberg, 2001.

Riempp, G. (2004): Integrierte Wissens-management-Systeme. Architektur und praktische Anwendung. Springer-Verlag, Berlin und Heidelberg, 2004.

Rimkus, M. (2008): Wissenstransfer in Clustern. Eine Analyse am Beispiel des Biotech-Standortes Martinsried. Gabler Edition Wissenschaft, Wiesbaden, 2008.

Robins, J. A. (1994): Public Information and Private Profit, Notes on a Resource-Based Theory of Management. In: Academy of Management, Best Papers Proceedings. Jg., 1994, S. 47-51.

Rousseu, D. M./Sitkin, S. B./Burt, R. S./Camerer, C. (1998): Introduction to special topic forum: Not so different after all: A Cross-Discipline view of trust. In: Academy of Management Review, 23. Jg., Nr. 3, 1998, S. 393-404.

Royer, S. (2000): Strategische Erfolgsfaktoren horizontaler kooperativer Wettbewerbsbeziehungen. Eine auf Fallstudien basierende erfolgsorientierte Analyse am Beispiel der Automobilindustrie. Rainer Hampp Verlag, München und Mering, 2000.

Royer, S./Festing, M./Steffen, C./Brown, K./Burgess, J./Waterhouse, J. (2009): The value adding web at work – developing a toolbox to analyse firm cluster. Danish-German Research Papaer. Flensburg und Sonderborg, 2009.

Rüdiger, M./Vanini, S. (1998): Das Tacit knowledge-Phänomen und seine Implikationen für das Innovationsmanagement. In: Die Betriebswirtschaft, 58. Jg., Nr. 4, 1998, S. 467-480.

Rühli, E. (1995): Ressourcenmanagement – Strategischer Erfolg dank Kernkompetenzen. In: Die Unternehmung, 49. Jg., Nr. 2, 1995, S. 91-105.

Rumelt, R. P. (1974): Strategy, Structure, and Economic Performance. Havard University Press, Oxford, 1974.

Runge, T. (2009): Die Lenkungssteuer als ein umweltpolitisches Instrument. VDM, Saarbrücken, 2009.

Rüschenpöhler, H. (1958): Der Standort industrieller Unternehmungen als betriebswirtschaftliches Problem. Versuch einer betriebswirtschaftlichen Standortlehre. Duncker & Humblot, Berlin, 1958.

Saab, S. (2007): Commitment in Geschäftsbeziehungen. Konzeptualiseirung und Operationalisierung für das Business-to-Business-Marketing. Deutscher Universitäts-Verlag, Wiesbaden, 2007.

Sammerl, N. (2006): Innovationsfähigkeit und nachhaltiger Wettbewerbsvorteil. Messung – Determinanten – Wirkungen. Deutscher Universitäts-Verlag, Wiesbaden, 2006.

Sanchez, R. (1999): Implementing Competence-Based Strategic Management: Identifying and Managing Five Modes of Competence. Institut für Industrieökonomik und Unternehmensstrategie, Kopenhagen, 1999.

Sanchez, R. (2004): Understanding competence-based management Identifying and managing five modes of competence. In: Journal of Business Research, 57. Jg., Nr. 5, 2004, S. 518-532.

Sanchez, R./Heene, A. (1996): A Systems View of the firm in Competence-based

Competition. In: Sanchez, R./Heene, A./Thomas, H. (1996, Hrsg.): Dynamics of Competence-based Competition: Theory and Practice in the New York Strategic Management. Pergamon, Oxford et al., 1996, S. 39-62.

Sanchez, R./Heene, A. (1997a): A Competence Perspective on Strategic Learning and Knowledge Management. In: Sanchez, R./Heene, A. (1997a, Hrsg.): Strategic Learning and Knowledge Management. Nr. 1. Aufl. John Wiley & Sons, Chichester et al., 1997a, S. 3-15.

Sanchez, R./Heene, A. (1997b): Reinventing Strategic Management: New Theory and Practice for Competence-based Competition. In: European Management Journal, 15. Jg., Nr. 3, 1997b, S. 303-317.

Sanchez, R./Heene, A./Thomas, H. (1996): Introduction: Towards the Theory and Practice of Competence-based Competition. In: Sanchez, R./Heene, A./Thomas, H. (1996, Hrsg.): Dynamics of Competence-based Competition: Theory and Practice in the New Strategic Management. Pergamon, Oxford et al., 1996, S. 63-84.

Sautter, B. (2004): Regionale Cluster. Konzepte, Analyse und Strategie zur Wirtschaftsförderung. In: Standort – Zeitschrift für Angewandte Geographie, 28. Jg., Nr. 2, 2004.

Schantin, D. (2004): Makromodellierung von Geschäftsprozessen. Kundenorientierte Prozessgestaltung durch Segmentierung und Kaskadierung. Deutscher Universitäts-Verlag, Wiesbaden, 2004.

Schätzl, L. (2001): Wirtschaftsgeographie 1 Theorie. UTB, Stuttgart, 2001.

Schäuble, S. (1998): Wissen und Wissenssurrogate: eine Theorie der Unternehmung. Gabler, Wiesbaden, 1998.

Schauer, H./Frank, U. (2002): Vergleichende Buchbesprechung. Einführung von Wissensmanagement und Wissensmanagementsystemen. In: Wirtschaftsinformatik, 44. Jg., Nr. 4, 2002, S. 381-386.

Scheff, J. (2001): Learning Regions, Regional Networks as an Answer to Global Challenges. Peter Lang Publication Inc., Frankfurt am Main, 2001.

Scheideler, J.-A. (2010): Entsteht hier ein Cluster? Eine Netzwerkanalyse der Bochumer IT-Sicherheitsbranche. Diplomica Verlag, Hamburg, 2010.

Scherer, A. G. (1998): Pluralism and Incommensurability in Strategic Management and Organization Theory: A Problem in Search of a Solution. In: Organizations, 5. Jg., Nr. 2, 1998, S. 147-168.

Scherer, A. G./Steinmann, H. (1999): Some Remarks on the Problem of Incommensurability in Organization Studies. In: Organization Studies, 20. Jg., Nr. 3, 1999, S. 519-544.

Scherngell, T. (2007): Interregionale Wissensspillovers in der europäischen High-Tech Industrie. Eine empirische Analyse. Deutscher Universitäts-Verlag, Wiesbaden, 2007.

Schindler, M. (2002): Wissensmanagement in der Projektentwicklung. Eul, Lohmar, 2002.

Schmid, S. (2005): Kooperation: Erklärungsperspektiven interaktionstheoretischer Ansätze. In: Zentes, J./Swoboda, B./Morschett, D. (2005, Hrsg.): Kooperationen, Allianzen und Netzwerke. Grundlagen – Ansätze – Perspektiven. Nr. 2. überarb. und erw. Aufl. Gabler, Wiesbaden, 2005, S. 235-256.

Schmid, S. M. (2010): Der Wettbewerb zwischen Business Webs. Strategien konkurrierender Unternehmensnetzwerke im IPTV-Markt. Gabler, Wiesbaden, 2010.

Schmidle, C. M. (2004): Projektbasiertes Prozessmodell für ereignisorientiertes Wissensmanagement in mittleren und größeren Bauunternehmen. Vdf Hochschulverlag, Zürich, 2004.

Schmidt, A. (2009): Relational View. In: Zeitschrift für Planung & Unternehmenssteuerung, 20. Jg., 2009, S. 129-137.

Schneider, C. R. (2008): Erfolgsfaktoren in kleinen Dienstleistungsunternehmen. Eine Analyse am Beispiel der Gastronomie. Gabler, Wiesbaden, 2008.

Schneider, D. (1997): Betriebswirtschaftslehre. Band 3: Theorie der Unternehmung. Oldenbourg, München, 1997.

Schneider, H./Breid, C. (2006): Clusterbildung und globale Konkurrenz von Kommunen. In: Robert, R./Konegen, N. (2006, Hrsg.): Globalisierung und Lokalisierung. Zur Neubestimmung des Kommunalen in Deutschland. Waxxmann Verlag, Münster, 2006, S. 119-134.

Schneider, U. (1996): Wissensmanagement in der wissensbasierten Unternehmung. Das Wissensnetz in und zwischen Unternehmen knüpfen. In: Schneider, U. (1996, Hrsg.): Wissensmanagement. Die Aktivierung des intellektuellen Kapitals. Frankfurter Allgemeine Buch, Frankfurt am Main, 1996, S. 13-49.

Schnell, R./Hill, P. B./Esser, E. (2008): Methoden der empirischen Sozialforschung. Oldenbourg, München, 2008.

Schöne, C. (2009): Innovationsnetzwerke zwischen Unternehmen. Funktionsprinzipien, Probleme, Lösungen. LIT Verlag, Berlin et. al., 2009.

Schreyögg, G./Conrad, P. (2006): Management von Kompetenz. Gabler, Wiesbaden, 2006.

Schreyögg, G./Geiger, D. (2003): Wenn alles Wissen ist, ist Wissen am Ende nichts?! In: Die Betriebswirtschaft, 63. Jg., Nr. 1, 2003, S. 7-22.

Schreyögg, G./Geiger, D. (2004): Kann man implizites Wissen in explizites Wissen konvertieren? Die Wissensspirale auf dem Prüfstand. In: Frank, U. (2004, Hrsg.): Wissenstheorie in Ökonomie und Wirtschaftsinformatik. Theoriebildung und -bewertung, Ontologien, Wissensmanagement. Deutscher Universitäts-Verlag, Wiesbaden, 2004, S. 269-288.

Schreyögg, G./Geiger, D. (2005): Zur Konvertierbarkeit von Wissen – Wege und

Irrwege im Wissensmanagement. In: Zeitschrift für Betriebswirtschaft, 75. Jg., Nr. 5, 2005, S. 433-454.

Schröder, K. A. (2003): Mitarbeiterorientierte Gestaltung des unternehmensinternen Wissenstransfers. Identifikation von Einflussfaktoren am Beispiel von Projektteams. Deutscher Universitäts-Verlag, Wiesbaden, 2003.

Schuster, J. (2004): Wann ist eine Theorie gut? Eine Einführung in grundlegende wissenschaftstheoretische Begriffe und Prinzipien. Ludwig-Maximilians-Universität München, München, 2004.

Schütz, A. (2003): Strukturen der Lebenswelt. UVK, Konstanz, 2003.

Seifert, F. (2002): Die Wettbewerbspotenziale von Bankmergern. Eine geschäftsfeldspezifische Untersuchung anhand des Resource-based View. Physica-Verlag, Heidelberg, 2002.

Seiffert, H. (2006): Einführung in die Wissenschaftstheorie 2. Phänomenologie, Hermeneutik und Historische Metode, Dialektik. München, Verlag C. H. Beck, 2006.

Seiffert, H./Radnitzky, G. (1992): Handlexikon zur Wissenschaftstheorie. dtv wissenschaft, München, 1992.

Seipel, C./Rieker, P. (2003): Integrative Sozialforschung. Konzepte und Methoden der qualitativen und quantitativen empirichen Forschung. Juventa, München, 2003.

Selznick, P. (1957): Leadership in Administration: A Sociological Interpretation. University of California Press, Berkeley, Los Angeles und London, 1957.

Seuring, S. (2008): Assessing the rigor of case study research in supply chain management. In: Supply Chain Management, 13. Jg., Nr. 2, 2008, S. 128-137.

Siebert, H. (2002): Der Konstruktivismus als pädagogische Weltanschauung. Entwurf einer konstruktivistischen Didaktik. VAS-Verlag für Akademiche Schriften, Bad Homburg, 2002.

Siebert, H. (2006): Ökonomische Analyse von Unternehmensnetzwerken. In: Sydow, J. (2006, Hrsg.): Management von Netzwerkorganisationen. Beiträge aus der „Managementforschung". Nr. 4. Aufl. Gabler, Wiesbaden, 2006, S. 7-28.

Siggelkow, N. (2007): Persuasion with case studies. In: Academy of Management Journal, 50. Jg., Nr. 1, 2007, S. 20-24.

Simonin, B. L. (1999): Ambiguity and the process of knowledge transfer in strategic alliances. In: Strategic Management Journal, 20. Jg., Nr. 7, 1999, S. 595-623.

Sivadas, E./Dwyer, R. F. (2000): An Examination of Organisational Factors Influencing New Product Success in Internal and Alliance-Based Processes. In: The Journal of Marketing, 64. Jg., Nr. 1, 2000, S. 31-49.

Skulschus, M./Wiederstein, M. (2009): Grundlagen empirischer Sozialforschung Befragungen und Fragebogen im Unternehmen. Comelio GmbH, Essen, 2009.

Sodeik, N. (2009): Projektmanagement wertorientierter Mergers & Acquisitions. Josef EUL Verlag GmbH, Lohmar – Köln, 2009.

Söllner, A. (2003): Die neue internationale Arbeitsteilung. In: Rese, M./Söllner, A./Utzig, B. P. (2003, Hrsg.): Relationships Marketing. Standortbestimmung und Perspektiven. Springer-Verlag, Berlin und Heidelberg, 2003, S. 172-188.

Söllner, A. (2008): Einführung in das Internationale Managment, Eine institutionenökonomische Perspektive, Lehrbuch. Gabler, Wiesbaden, 2008.

Spence, A. M. (1974): Market signalling: Informational transfer hiring and related screening processes. Oxford University Press, Cambridge Massachusetts, 1974.

Spender, J.-C. (1996): Making knowledge the basis of a dynamic theory of the firm. In: Strategic Management Journal, 17. Jg., Nr. Winter Special Issue, 1996, S. 45-62.

Sreckovic, M./Windsperger, J. (2011a): Organization of Knowledge Transfer in Clusters: A Knowledge-Based View. Franchising, Alliances and Cooperatives. In: Tuunanen, M./Windsperger, J./Cliquet, G./Hendrikse, G. (2011a, Hrsg.): New Developments in the theory of networks. Springer-Verlag, Berlin und Heidelberg, 2011a, S. 299-315.

Sreckovic, M./Windsperger, J. (2011b): Organization of Knowledge Transfer in Clusters: A Knowledge-Based View. Franchising, Alliances and Cooperatives. Vienna University of Technology, 2011b.

Staiger, M. (2004): Anreizsysteme im Wissensmanagement. In: Wyssusek, B. (2004, Hrsg.): Wissensmanagement komplex. Perspektiven und soziale Praxis. Erich Schmidt Verlag, Berlin, 2004, S. 259-274.

Steffen, C. (2011): How firms profit from acting in networked environments: realising competitive advantages in business clusters. A resource-oriented case study analysis of the German and Swiss watch industry. Strategisches und Internationales Management. Universität Flensburg, Flensburg.

Steiner, M./Hartmann, C. (2006): Organizational Learning in Clusters: A Case Study on Material and Immaterial Dimensions of Cooperation. In: Regional Studies, 40. Jg., Nr. 5, 2006, S. 493-506.

Steinmüller, W. (1993): Informationstechnologie und Gesellschaft: Einführung in die Angewandte Informatik. Wissenschaftliche Buchgesellschaft, Darmstadt, 1993.

Sterr, T. (2003): Industrielle Stoffkreislaufwirtschaft im regionalen Kontext. Betriebswirtschaftlich-ökologische und geographische Betrachtungen in Theorie und Praxis. Springer-Verlag, Berlin und Heidelberg, 2003.

Stockinger, D. (2010): Handlungsräume und Akteure der Clusterpolitik in den USA. Implementierungsprozesse in North Carolina, Oregon udn Pennsylvania aus politisch-ökonomischer und institutioneller Perspektive. Logos Verlag Berlin GmbH, Berlin, 2010.

Straßer, P. (2008): Können erkennen – reflexives Lehren und Lernen in der beruflichen Benachteiligtenförderung. Entwicklung, Erprobung und Evaluation eines

reflexiven Lehr-Lerntraings. W. Bertelsmann Verlag GmbH & Co KG, Bielefeld, 2008.
Strauss, A. L. (1998): Grundlagen qualitativer Sozialforschung,. Wilhelm Fink Verlag, München, 1998.
Stumpf, M. (2005): Erfolgskontrolle der Integrierten Kommunikation. Messung des Entwicklungsstandes integrierter Kommunikationsarbeit in Unternehmen. Gabler, Wiesbaden, 2005.
Süllwold, F. (1959): Bedingungen und Gesetzmäßigkeiten des Problemlösungsverhaltens. In: Graumann, C. F. (1959, Hrsg.): Denken. Nr. 3. Aufl. Kiepenhauer & Witsch, Köln, 1959, S. 273-295.
Süß, S. (2004a): Internaltionales Personalmanagement. Eine theoretische Betrachtung. Rainer Hampp Verlag, Mering, 2004a.
Süß, S. (2004b): Weitere 10 Jahre später: Verhaltenswissenschaften und Ökonomik. Eine Chance für die Personalwirtschaftslehre. In: Zeitschrift für Personalforschung, 18. Jg., Nr. 2, 2004b, S. 222-242.
Sveiby, K.-E. (1996): Transfer of Knowledge and the Information Processiing Professions. In: European Management Journal, 14. Jg., Nr. 4, 1996, S. 379 – 388.
Swan, J. E./Trawick, J. R./Rink, F. L./Roberts, D. R. (1988): Measuring Dimensions of Purchaser Trust of Industrial Salespeople. In: Journal of Personal Selling & Sales Management, 8. Jg., Nr. 1, 1988, S. 1-9.
Swann, G. M. P./Prevezer, M. (1998): The Dynamics of Industrial Clustering: International Comparisons in Computing and Biotechnology. In: Swann, G. M. P./Prevezer, M./Stout, D. (1998, Hrsg.). Oxford University Press, Oxford, 1998, S. 1-12.
Sydow, J. (1992): Strategische Netzwerke. Evolution und Organisation. Gabler, Wiesbaden, 1992.
Sydow, J. (2005): Strategische Netzwerke. Evolution und Organisation. Gabler, Wiesbaden, 2005.
Sydow, J. (2006): Management von Netzwerkorganisationen – Zum Stand der Forschung. Gabler, Wiesbaden, 2006.
Sydow, J./van Well, B. (2010): Wissensintensiv durch Netzwerkorganisation – Strukturationstheoretische Analyse eines wissenintensiven Netzwerks. In: Sydow, J. (2010, Hrsg.): Management von Netzwerkorganisationen. Beiträge aus der „Managementforschung". Nr. 5. aktual. Aufl. Gabler, Wiesbaden, 2010, S. 143-187.
Szeless, G. (2001): Diversifikation und Unternehmenserfolg, Eine empirische Analyse deutscher, schweizerischer und österreichischer Unternehmen. HSG, St. Gallen.
Szulanski, G. (1996): Exploring internal stickiness. Impediments to the transfer of best practice wthin the firm. In: Strategic Management Journal, 17. Jg., Nr. Winter Special Issue, 1996, S. 27-43.

Takeuchi, H./Nonaka, I. (2004): HITOSUBASHI ON KNOWLEDGE MANAGEMENT. Wiley & Sons (Asia) Pte Ltd, Singapore, 2004.

Tallman, S./Jenkins, M./Henry, N./Pinch, S. (2004): Knowledge, Cluster, and Competitive Advantage. In: Academy of Management Review, 28. Jg., Nr. 2, 2004, S. 258-271.

Teece, D. J. (1985): Multinational enterprise, internal governance and industrial organization. In: America Econimic Review, 75. Jg., Nr. 2, 1985, S. 233-238.

Teece, D. J. (1986): Profiting from technological innovation: Implications for integration, collaboration, licensing and public policy. In: Research Policy, 15. Jg., Nr. 6, 1986, S. 285-305.

Tesch, P. (1980): Die Bestimmungsgründe des internationalen Handelns und der Direktinvestitionen. Eine kritische Untersuchung der außenwirtschaftlichen Theorien und Ansatzpunkte einer standorttheoretischen Erklärung der leistungswirtschaftlichen Auslandsbeziehungen der Unternehmen. Duncker & Humblot, Berlin, 1980.

Thiel, M. (2002): Wissenstransfer in komplexen Organisationen, Effizienz durch Wiederverwendung von Wissen und Best Practices. Deutscher Universitäts-Verlag, Wiesbaden, 2002.

Thome, H. (2007): Methoden der Sozialforschung. Campus Verlag, Frankfurt am Main, 2007.

Thompson, J. D. (1967): Organizations in Action. McGraw-Hill, New York et al., 1967.

Thoms, U. (2003): Langfristige Beziehungen zwischen Unternehmen. Zum Wert und zur Stabilität inter-organisationaler Partnerschaften. Deutscher Universitäts-Verlag, Wiesbaden, 2003.

Tichy, G. (1997): Cluster-Konzepte – Ihre Bedutung für die österreichische Wirtschafts- und Technologiepolitik. In: Wirtschaftspolitische Blätter, 44. Jg., Nr. 3-4, 1997, S. 249-256.

Tichy, G. (2001): Regionale Kompetenzzyklen. Zur Bedeutung von Produktlebenszyklus- und Clusteransätzen im regionalen Kontext. In: Zeitschrift für Wirtschaftsgeographie, 45. Jg., Nr. 3-4, 2001, S. 181-201.

Töpfer, A. (2009): Lean Management und Six Sigma: Die wirkungsvolle Kombination von zwei Konzepten für schnelle Prozesse und fehlerfreie Qualität. In: Töpfer, A. (2009, Hrsg.): Lean Six Sigma. Erfolgreiche Kombination von Lean Management, Six Sigma und Design for Six Sigma. Springer-Verlag, Berlin und Heidelberg, 2009, S. 25-68.

Torchim, W. (1989): Outcome pattern matching and progam theory. In: Evaluation and Program Planning, 12. Jg., 1989, S. 355-366.

Trevino, L. K./Lengel, R. H./Bodensteiner, W./Gerloff, E. A./Muir, N. K. (1990): The richness imperative and cognitive style: The Role of Individual Differences

in Media Choice Behavior. In: Management Communication Quarterly, 4. Jg., Nr. 2, 1990, S. 176-197.
Trippl, M. (2004): Innovative Cluster in alten Industriegebieten. Stadt und Regionalforschung. LIT Verlag, Wien, 2004.
Trochim, W. M. (2006): Research Methods Knowledge Base – The Theory of Pattern Matching. 2006. URL: http://www.socialresearchmethods.net/kb/pmconval.php (Stand 17.10.2011).
Tsang, E. W. K. (2000): Transaction Cost and Resource-based Explanations of Joint Ventures: A Comparison and Synthesis. In: Organization Studies (Walter de Gruyter GmbH & Co. KG.), 21. Jg., Nr. 1, 2000, S. 215.
Tücke, M. (2005): Psychologie in der Schule – Pyschologie für die Schule, Eine themenzentrierte Einführung in die Pädagogiseh Psychologie für (zukünftige) Lehrer. Lit-Verlag, Münster, 2005.
Uzzi, B. (1996): The sources and consequences of embeddedness for the economic performance of organizations. In: American Sociological Review, 61. Jg., Nr. 4, 1996, S. 674-698.
Uzzi, B. (1999): Embeddedness in the Making of Financial Capital – How Social Relations and Networks benefit Forms seeking Financing. In: American Sociological Review, 64. Jg., Nr. 8, 1999, S. 481-505.
Voigt, T. A. (2011): Das Datenerhebungsdilemma in der empirischen Strategieforschung. Methodendiskussion und Handlungsempfehlungen am Beispiel der Lebensmittelindustrie. VS Verlag für Sozialwissenschaften, Wiesbaden, 2011.
Völker, R./Neu, J. (2008): Supply Chain Collaboration: Kollaborative Logistikkonzepte für Third- und Fourth-Tier-Zulieferer. Physica-Verlag, Heidelberg, 2008.
Walter, A. (1998): Der Beziehungsmotor: Ein personaler Gestaltungsansatz für erfolgreiches Relationship Marketing. Gabler, Wiesbaden, 1998.
Weber, B. (1996): Die Fluide Organisation. Paul Haupt, Bern, 1996.
Weber, W./Mayrhofer, W./Nienhüser, W./Rodehuth, M./Rüther, B. (1994): Betriebliche Bildungsentscheidungen. Rainer Hampp Verlag, München und Mering, 1994.
Weimer, G. (2009): Service Reporting im Outsourcing-Controlling: Eine empirische Analyse zur Steuerung des Outsourching-Dienstleisters. Gabler, Wiesbaden, 2009.
Weiss, M./Hungenberg, H./Döberich, C./Warnecke, D. (2010): Identifikation von immateriellen Unternehmensressourcen zum Wachstum durch Diversifikation – Das VRILS-Modell – Ein konzeptioneller Ansatz Friedrich-Alexander-Universität, Erlangen-Nürnberg, 2010.
Weissenberger-Eibl, M. A./Schwenk, J. (2010): Dynamic Relational Capabilities (DRC). In: Stephan, M./Kerber, W./Kessler, T./Lingenfelder, M. (2010, Hrsg.): 25 Jahre ressourcen- und kompetenzorientierte Forschung. Der Kompetenzbasier-

te Ansatz auf dem Weg zum Schlüsselparadigma in der Managementforschung. Gabler, Wiesbaden, 2010, S. 255-276.
Welge, M. K./Al-Laham, A. (2003): Strategisches Management. Gabler, Wiesbaden, 2003.
Werner, M. (2004): Einflussfaktoren des Wissenstransfers in wissensintensiven Dienstleistungsunternehmen. Eine explorativ-empirische Untersuchung bei Unternehmensberatungen. Deutscher Universitäts-Verlag, Wiesbaden, 2004.
Wernerfelt, B. (1984): A resource-based view of the firm. In: Strategic Management Journal, 5. Jg., Nr. 2, 1984, S. 272-280.
Wiegand, M. (1996): Prozesse organisationalen Lernens. Gabler, Wiesbaden, 1996.
Wilkesmann, M. (2009): Wissenstransfer im Krankenhaus. Institutionelle und strukturelle Voraussetzungen. VS Verlag für Sozialwissenschaften, Wiesbaden, 2009.
Williamson, O. E. (1979): Transaction-Cost Economics: The Governance of Contractual Relations. In: Journal of Law and Economics, 22. Jg., Nr. 2, 1979, S. 233-261.
Williamson, O. E. (1985): The ECONOMIC INSTITUTIONS of CAPITALISM. Firms, Markets, Relational Contracting. Free Press, New York & London, 1985.
Williamson, O. E. (1996): Transaktionskostenökonomik. LIT Verlag, Hamburg, 1996.
Winslow, W. (1995): The making of silicon valley. A one hundred year renaissance Santa Clara Valley Historical Association, California, 1995.
Winter, S. G. (1987): Knowledge and Competence as Strategic Assets. In: Teece, D. J. (1987, Hrsg.): The Competitive Challenge: Strategies for industrial Innovation and Renewal. Ballinger, New York, 1987, S. 159-184.
Wittmann, W. (1979): Wissen in der Produktion. Poeschel, Stuttgart, 1979.
Wöhe, G. (2000): Einführung in die Betriebswirtschaftslehre. Vahlen, München, 2000.
Wolf, M. U (2010): Employer-Branding: Bedeutung für die strategische Markenführung. Forschungsergebnisse im Kontext erfolgreicher und nicht erfolgreicher Beispiele aus der Praxis. Diplomica Verlag GmbH, Hamburg, 2010.
Wolff, C. (2005): Stabilität und Flexibilität von Kooperationen. Entwicklung einer wettbewerbsorientierten Flexibilitätstheorie am Beispiel der Automobilbranche. Deutscher Universittäs-Verlag, Wiesbaden, 2005.
Wolff, D. (1999): Autonomes Lernen – ein Weg zur Mehrsprachigkeit. Gunter Narr Verlag, Tübigen, 1999.
Wratschko, L (2009): Strategic Orientation and Alliance Portfolio Configuration. The Interdependence of Strategy and Alliance Portfolio Management. Gabler, Wiesbaden, 2009.
Wrede, D. (2007): Das Gold in den Köpfen der Mitarbeiter- Zur Integration von

Ideen- und Wissensmanagement. Philosophische Fakultät. Gottfried Wilhelm Leibniz Universität Hannover, Hannover.
Wrona, T. (2005): Die Fallstudienanalyse als wissenschaftliche Forschungsmethode. ESCP-EAP Working Paper. ESCP-EAP Europäische Wirtschaftshochschule Berlin, Berlin, 2005.
Yalcinkaya, G./Griffith, D. A. (2006): An Exploratory examination of the factors influencing distrbutor self-perceived power channel relationships: a seven-country study. In: Solberg, C. A. (2006, Hrsg.): Relationship between exporters and their foreign sales and marketing intermediaries. ELSEVIER, Amsterdam et al., 2006, S. 267-286.
Yin, R. K. (1989): Case Study Research – Design and Methods. Sage ltd., Newbury Park, CA, 1989.
Yin, R. K. (2003): Case Study Research. Design and Methods. Sage Publications Inc., Thousand Oaks, London und New Delhi, 2003.
Yin, R. K. (2009): Cas Study Research. Design and Methods. SAGE Publications, Los Angeles, London, New Delhi, Singapore und Washington DC, 2009.
Zack, M. H. (1999): Knowledge and Strategy. Butterworth-Heinemann, Woburn, 1999.
Zademach, H.-M./Rimkus, M. (2009): Herausforderung Wissenstransfer in Clustern – Neues Wissen vom Biotechnologiestandort Martinsried. In: Schmalenbachs Zeitschrift für betriebswirtschaftliche Forschung, 61. Jg., Nr. 6, 2009, S. 416-438.
Zajac, E. (1994): SMJ 1994 Best Paper Prize to Birger Wernerfelt. In: Strategic Management Journal, 16. Jg., 1994, S. 169-170.
Zander, U./Kogut, B. (1995): Knowledge and the speed of the transfer and imitation of organizational capabilities: an empirical test. In: Organization Science, 5. Jg., Nr. 1, 1995, S. 76-92.
Zaugg, R. J. (2006): Fallstudien als Forschungsdesign der Betriebswirtschaftslehre – Anleitung zur Erarbeitung von Fallstudien. Diskussionspapiere der WHL – Wissenschaftlichen Hochschule Lahr. Lehrstuhl für Allgemeine Betriebswirtschaftslehre / Personalmanagement und Organisation, Lahr, 2006.
Zaunmüller, H. (2005): Anreizsysteme für das Wissensmanagement in KMU. Deutscher Universitäts-Verlag, Wiesbaden, 2005.
Zboralski, K. (2007): Wissensmanagement durch Communities of Practice. Eine empirische Untersuchung von Wissensnetzwerken. Deutscher Universitäts-Verlag, Wiesbaden, 2007.
Zentes, J./Swoboda, B./Morschett, D. (2005): Kooperationen, Allianzen und Netzwerke. Grundlagen – Ansätze – Perspektiven. Gabler, Wiesbaden, 2005.
Zentrum für Angewandte Luftfahrtforschung GmbH (2010): research industrialise connect. ZAL, Hamburg.
Zimmer, M./Ortmann, G. (1996): Strategisches Management, strukturationstheo-

retisch betrachtet. In: Hinterhuber, H. H./Al-Ani, A./Handlbauer, G. (1996, Hrsg.): Das Neue Strategische Management. Elemente und Perspektiven einer zukunftsorientierten Unternehmensführung. Gabler, Wiesbaden, 1996, S. 87-114.

Zobolski, A. (2008): Kooperationskompetenz im dynamischen Wettbewerb. Eine Analyse im Kontext der Automobilindustrie. Gabler, Wiesbaden, 2008.

Zschiedrich, H. (2006): Ausländische Direktinvestitionen und regionale Industriecluster in Mittel- und Osteuropa. In: Hummel, T. R. (2006, Hrsg.): Schriften zum Internationalen Management. Nr. 14. 1. Aufl., Rainer Hampp Verlag, Mering, 2006.

zu Knyphausen, D. (1993): ‹Why are Firms different?› – Der „Ressourcenorientierte Ansatz" im Mittelpunkt einer aktuellen Kontroverse im Strategischen Management. In: DBW, 53. Jg., 1993, S. 771-792.

RUNGE GmbH – Gebäudereinigung

Ihr Partner in Sachen Sauberkeit

Kontaktieren Sie uns für Ihr persönliches Dienstleistungsangebot

Rung GmbH – Gebäudereinigung

Lange Str. 1 A

27749 Delmenhorst

☎ 04221 – 120033

📠 04221 – 120034

✉ runge.gmbh@ewetel.net